Otto/Schnurr (Hrsg.)
Privatisierung und Wettbewerb in der Jugendhilfe

Otto/Schnurr (Hrsg.)

Privatisierung und Wettbewerb in der Jugendhilfe

Marktorientierte Modernisierungsstrategien in internationaler Perspektive

Luchterhand

Die Deutsche Bibliothek – CIP-Einheitsaufnahme

Otto, Hans-Uwe:
Privatisierung und Wettbewerb in der Jugendhilfe: Marktorientierte Modernisierungsstrategien in internationaler Perspektive /
Hans-Uwe Otto; Stefan Schnurr. -
Neuwied; Kriftel: Luchterhand, 2000
ISBN 3-472-04667-8

www.luchterhand.de

Umschlag: arttec grafik simon & wagner, St. Goar
Papier: Permaplan von Arjo Wiggins Spezialpapiere, Ettlingen
Druck: Neuwieder Verlagsgesellschaft mbH, Neuwied
Printed in Germany, Dezember 2000

∞ Gedruckt auf säurefreiem, alterungsbeständigem und chlorfreiem Papier

Inhaltsverzeichnis

Einleitung

HANS-UWE OTTO / STEFAN SCHNURR
*„Playing the Market Game?" –
Zur Kritik markt- und wettbewerbsorientierter Strategien einer
Modernisierung der Jugendhilfe in internationaler Perpektive* 3

Managerialismus, Wettbewerb und die Rolle der Profession

IRA M. SCHWARTZ / MARK STERN / TAMMY WHITE
Privatisierung und gesellschaftlicher Wandel in den USA 23

EVELYN Z. BRODKIN
*Neuorganisation des Wohlfahrtsstaats:
Neue Steuerungsmodelle – Alte Bürokratieprobleme* 43

MICHAEL MUETZELFELDT
*Markt, Organisation und Profession –
Erfahrungen aus dem australischen „Contract State"* 65

GEERT VAN DER LAAN
*Handlungsspielräume von Sozialarbeitern unter Marktbedingungen –
Das Beispiel Niederlande* 87

JOHN HARRIS / BRUCE M. KIRK
Jugendgerichtssystem und Managerialismus in England 111

Beziehungen zwischen Kostenträgern, Anbietern und Nutzern

NEIL GILBERT
Dienstleistungskontrakte: Strategien und Risiken 143

SISSEL SEIM
*Marktförmige Steuerungsmodelle und Nutzerpartizipation:
Zwischen Anspruch und Wirklichkeit* 155

TOR SLETTEBO
Privatisierung in der norwegischen Heimerziehung 175

TERESA MARKOWITZ
Die Privatisierung der Jugendhilfe in Kansas und Florida 193

PAUL LINOSSIER
Träger im Wettbewerb –
Ein Bericht aus der Innenperspektive 207

HARALD KOHT
Erfahrungen mit dem Outsourcing öffentlicher Dienste –
Ein Fallbeispiel 217

SUNE SUNESSON
Schweden zwischen staatlicher Wohlfahrt und Marktorientierung 231

TOMMY LUNDSTRÖM
Quasi-Märkte ohne Qualitätskontrolle?
Kommunalverwaltungen, gemeinnützige Träger und
Privatunternehmen in der schwedischen Jugendhilfe 239

Modernisierungsperspektiven für die deutsche Jugendhilfe – Eine Diskussion

EDITH NIEHUIS
Politische Zukunftsperspektiven einer am Gemeinwohlauftrag
orientierten Jugendhilfe 261

REINER PROELSS
Was haben die Modernisierungsansätze
der neunziger Jahre gebracht? – Eine Zwischenbilanz 271

JOACHIM MERCHEL
Verwaltungsmodernisierung und sozialarbeiterische Fachlichkeit –
ein „Spiel ohne Sieger"? 275

NORBERT WOHLFAHRT
Markt und Wettbewerb im Verhältnis zwischen öffentlichen
und freien Trägern der Jugendhilfe 283

GABY FLÖSSER
Vom Ende des Korporatismus zum Wettbewerb ohne Ende? 291

AUTORINNEN UND AUTOREN 303

Einleitung

Hans-Uwe Otto / Stefan Schnurr

„Playing the Market Game?“ – Zur Kritik markt- und wettbewerbsorientierter Strategien einer Modernisierung der Jugendhilfe in internationaler Perspektive

1. Ein neues Paradigma?

Markt- und wettbewerbsorientierte Steuerungsmodelle stehen seit nunmehr knapp zehn Jahren im Mittelpunkt kontroverser Debatten um die zukünftige Organisation der Jugendhilfe in Deutschland.[1] Damit finden – mit einiger Verzögerung – internationale Modernisierungstrends auch in der Bundesrepublik ihren Niederschlag. In vielen westlichen Ländern ist die Einführung wettbewerbsbasierter Finanzierungs-, Organisations- und Steuerungsmodelle inzwischen zu einer strukturprägenden Form der Modernisierung des Wohlfahrtsstaats einschließlich des Funktionsbereichs der Jugendhilfe geworden. Im Zuge dieser Entwicklung haben sich die institutionellen, politischen und organisatorischen Rahmenbedingungen der Jugendhilfe (und der Sozialen Arbeit insgesamt) in vielfältiger Hinsicht gewandelt. Diese Entwicklung ist Ausdruck länder- und sektorenübergreifender Trends zur Neustrukturierung der Erbringung öffentlicher bzw. öffentlich finanzierter Dienste und Leistungen. Hier sind insbesondere drei Diskurse zu nennen, in denen dieses Veränderungen entworfen und begründet werden.

---

[1] Der vorliegende Band versammelt die erweiterten Beiträge zu einer internationalen Fachtagung „Playing the Market Game? Marktförmige Steuerungsmodelle für die Jugendhilfe: Internationale Erfahrungen – Perspektiven für die Bundesrepublik?“, die unter der Leitung der Herausgeber im März 2000 in Bielefeld stattgefunden hat und vom *Bundesministerium für Familie, Senioren, Frauen und Jugend* großzügig gefördert wurde. Die Herausgeber danken allen, die zur Entstehung dieses Bandes beigetragen haben. Ein besonderer Dank gilt Katrin Brüggemann-Helmold, Jenny Kolkmann und Mark Schrödter.

Re-strukturierung des Wohlfahrtsstaats

Auf der politischen Ebene steht die Frage auf der Agenda, wieviel soziale Wohlfahrt sich ein Nationalstaat leisten kann – oder leisten will, um sich, wie es neuerdings heißt, im globalen Wettbewerb um Investitionen eine aussichtsreiche Marktaufstellung zu erobern bzw. diese zu festigen. In fast allen europäischen Ländern wird seit einigen Jahren die öffentliche Meinung von Positionen dominiert, die eine Revision und selektive Ausdünnung der sozialstaatlichen Leistungs- und Programmstrukturen fordern und dafür eintreten, die Verantwortung für soziale Probleme und ihre Bearbeitung neu zu verteilen: Staat und Wirtschaftsunternehmen sollen von dieser Verantwortung entlastet werden, während Einrichtungen der gesellschaftlichen Selbstorganisation im sogenannten Dritten Sektor und die einzelnen Bürger selbst mehr Verantwortung übernehmen sollen. Gleichzeitig wird in Aussicht gestellt, daß eine solche Neuverteilung der Verantwortung zu einer Befreiung von staatlicher Bevormundung und einer Erweiterung von Selbstbestimmungsmöglichkeiten und Autonomie führen wird. Nachdem der Wohlfahrtsstaat bisheriger Prägung dazu beigetragen habe, durch umfassende Daseinsvorsorge die Bindungen zwischen den Bürgern zu schwächen und die Entfaltung der außerhalb des staatlichen Sektors schlummernden Innovations- und Problemlösungspotentiale zu behindern, werde der Rückzug des Staates aus dem Feld der organisierten Hilfe nun die Spielräume eröffnen, in denen sich neuartige und zukunftsfähige Modi einer zivilgesellschaftlich verankerten Bearbeitung sozialer Probleme herausbilden können. Die gesellschaftspolitische Brisanz dieser Debatte liegt vor allem darin, daß das Versprechen auf eine Wiederaneignung gesellschaftlicher Funktionsbereiche durch die Bürger mit der Verpflichtung verknüpft wird, zusammen mit den neuen Freiheiten auch die Verantwortung für die (keineswegs nur selbst produzierten) Risiken zunehmend zu übernehmen. Damit wird der bisherige Anspruch des Wohlfahrtsstaats auf eine Verallgemeinerung sozialer Sicherheit aufgegeben – nicht aber der staatliche Anspruch auf das Privileg, soziale Probleme und die legitimen Formen und Strategien ihrer Bewältigung zu definieren.

Markt und Wettbewerb als Mechanismen der Koordination

Ein weiteres Kennzeichen dieser gegenwärtigen Debatte ist, daß die Frage nach den Grenzen sozialer Gerechtigkeit mit der Frage nach einer neuen Form der Steuerung sozialer Dienste verbunden wird. Mit den normativen Grundlagen des Wohlfahrtsstaats werden zugleich die bisher geltenden Paradigmen der Koordination und Organisation öffentlich erbrachter oder öffentlich finanzierter sozialer Dienste und Leistungen zur Disposition gestellt. Die oben skizzierte Frage nach einer angemessenen Verteilung der Verantwortung setzt sich in der gegenwärtigen Debatte fort als Frage nach der effizienten Verteilung der Leistungserbringung auf öffentliche (staatliche, kommunale), nicht-öffentliche (gemeinnützige, Non-profit-Organisationen etc.) und gewerbliche Träger. Weitgehend unumstritten ist in diesem Kontext die Annahme, daß die entscheidenden Rationalitätspotentiale in einer optimalen Abstimmung zwischen den verschiedenen Akteuren innerhalb eines pluralistischen *welfare mix* liegen (Evers/Olk 1996) – und natürlich in einer Optimierung der Passung von individuellen Bedürfnissen und gewährten Diensten und Leistungen – was aber nun die Frage aufwirft, nach welchen Kriterien denn dieses Optimum bestimmt und nach welchem Modus Ressourcen und Akteure, Bedarfe und Leistungen miteinander koordiniert werden sollen. Die Lösungen für diese Problemstellung werden seit einigen Jahren vorwiegend im Markt und im Wettbewerb gesucht: Markt und Wettbewerb gelten zunehmend als *die* rationalitätssichernden Modi der Koordination, die bei maximaler Flexibilität und Innovationsoffenheit eine optimale Allokation und Nutzung von Ressourcen ermöglichen. Entsprechend soll das bisherige System der Erbringung sozialer Wohlfahrt modifiziert und abgelöst werden durch eine Orientierung an einem Modell der Sozialwirtschaft.

Für die beteiligten Akteure bedeutet die Übertragung von Wettbewerbselementen auf die Steuerung sozialer Dienste eine Modifikation der Rollenzuweisungen: diejenige Seite, die die Leistungen finanziert (im allgemeinen Staat, Land, Kreise und Kommunen), erhält die Rolle des Auftraggebers; diejenige Seite, die die Leistungen erbringt (öffentliche, gemeinnützige, gewerbliche Leistungserbringer), erhält die Rolle des Auftragnehmers und diejenige Seite, die die Leistungen konsumiert bzw. gebraucht, erhält die Rolle des Kunden bzw. Nutzers. Intendiert ist also gemäß dieser Konzeption in erster Linie eine klare Trennung zwischen Auftraggebern/Käufern und Auftragnehmern/Leistungserbringern – ein Sachverhalt der unter dem Terminus *purchaser/provider-split* (Käufer/Erbringer-Trennung) bekannt geworden ist. Die Beziehungen zwischen Auftrag*gebern*, die Leistungen kaufen und Auftrag*nehmern*, die Leistungen erbringen, sollen grundsätzlich durch Kontrakte bzw. Verträge geregelt werden, in denen verbindliche Vereinbarungen darüber zu treffen sind, welche Spezifikationen von Diensten und Leistungen, mit welchen (Qualitäts-) Eigenschaften, zu welchen Kosten erbracht werden sollen (*Contracting*, Kontraktmanagement). Die Antworten auf die Grundfrage in der *mixed economy* des Wohlfahrtsstaats , „wer soll welche Leistung erbringen" lassen sich so in einen veränderten – und von den Vertreten der Wettbewerbsorientierung als höher-rational bewerteten – Kontext der Präferenzbildung einspeisen, in dem die Finanziererseite auf der Basis ökonomischer Daten und Kriterien *erstens* entscheiden kann, welche Dienste und Leistungen sie selbst erbringt und welche sie von externen Akteuren in ihrem Auftrag erbringen läßt (*make or buy*-Entscheidungen), und *zweitens* welchem der externen Leistungserbringer – die nun auf einer Art Markt miteinander konkurrieren – sie per Kontrakt einen entsprechenden Auftrag erteilt (*Outcontracting*). Schließlich sollen sich *drittens* angesichts einer erhöhten Verbindlichkeit und Rechenschaftspflichtigkeit (*accountability*) der vertraglichen Vereinbarungen über die gekauften Dienste und Leistungen und deren Eigenschaften, die durch präzise zu definierende Leistungsindikatoren zu ergänzen sind, der Finanziererseite neue Möglichkeiten eröffnen, die tatsächliche Leistungserbringung dichter zu kontrollieren. Damit sind die Grundzüge der Konzeption eines wettbewerbsorientierten Wohlfahrtsstaats benannt. Sind die skizzierten Rollenzuweisungen zu einem hinreichenden Grade institutionalisiert, ist der Wettbewerb prinzipiell offen für gewerbliche (oder jedenfalls privatrechtlich verfaßte) Leistungserbringer, und hat sich der Kontrakt als zentrales Steuerungsinstrument durchgesetzt, so ließe sich von einem markt- und wettbewerbsorientierten Erbringungsregime sprechen; der beschriebene Institutionalisierungsprozeß selbst und die damit verbundenen Teilschritte werden inzwischen auch hierzulande als Privatisierung bezeichnet.

New Public Management und Managerialismus

Der bedeutendste Ausgangspunkt dieses an Markt und Wettbewerb orientierten Modernisierungsdiskurses ist der internationale *New Public Management*-Diskurs (z.B. Hood 1991, Caiden 1991, Naschold 1993, Reichard 1996, Wollmann 1996). Mit diesem Sammelbegriff verbinden sich Reforminitiativen in zahlreichen westlichen Industrienationen, in deren Verlauf (etwa seit den 1980er Jahren) die Rolle und Funktion des Staates und der öffentlichen Verwaltung bei der Erbringung und Vorhaltung von Dienstleistungen einer grundsätzlichen Kritik und Revision unterzogen wurde und die zu einem grundlegenden Wandel der Erbringungsregimes öffentlicher Dienste und Leistungen geführt haben. Waren es in der ersten Phase vor allem Länder wie die USA, Canada, U.K., Australien und Neuseeland, die in dieser Weise Reformen durchgeführt haben, so haben sich in den neunziger Jahren mehr und mehr europäische Länder wie die Niederlande, und – etwas verspätet – auch die skandinavischen Länder und Deutschland diesem Trend angeschlossen (Reichard/Wollmann 1996). Im anglo-amerikanischen Sprachgebrauch werden solche Neustrukturierungsansätze und die sie begründenden Konzeptionen kritisch auch als „Managerialismus“ bezeichnet (Pollitt 1990,

Alford 1993, Enteman 1993, Rees/Rodley 1995, Considine/Painter 1997, Harris 1998). Die Grundannahmen des managerialistischen Modernisierungsdiskurses lassen sich folgendermaßen zusammenfassen:

1. marktförmige Prinzipien der Produktion und des Austauschs von Gütern und Leistungen, die sich bei der Steuerung von Unternehmen bewährt haben (Koordination auf der Basis von Verträgen, Entscheidungen auf der Basis von Kosten/Nutzen-Kalkülen), lassen sich auf nicht-erwerbswirtschaftliche Leistungsbereiche übertragen (Öffentliche Verwaltung, Bildungssystem, Gesundheitssystem, Sozialsystem usw.);
2. wo sie in diesen Leistungsbereichen die konventionellen hierarchisch-bürokratischen Prinzipien schwächen, verdrängen oder substitutieren, wird dies zu nachhaltigen Rationalitätssteigerungen führen (vgl. Rees 1995: 15, Muetzelfeldt 1996: 13, Clarke/Newman 1997: 60).

Wettbewerb, Markt und Management, so diese Konzeption weiter, liefern aber nicht nur die Anhaltspunkte für eine rationale Präferenzbildung auf der Ebene der Steuerung und der Allokation von Programmen und Diensten, sondern auch Instrumente zur Umsetzung von Entscheidungen auf der Ebene der Organisation mit entsprechenden Auswirkungen auf Arbeitsvollzüge und Handlungspraxen. Im Hinblick auf die Gestaltung *inner*organisatorischer Strukturen und Handlungsabläufe lassen sich folgenden Kernannahmen des Managerialismus herausstellen:

3. Handlungskoordinierung auf der Basis präziser Zielformulierungen und Aufgabenbeschreibungen ist rationaler als Handlungskoordinierung auf der Basis von Wissen, abstrakten Regeln (auch Ethiken) und Aushandlungssystemen.
4. Ergebniskontrolle auf der Basis objektiver quantifizierbarer Parameter ist rationaler als Ergebniskontrolle auf der Basis kommunikativer Abstimmungs- und Rückkopplungsprozesse.

Marktförmige und managerielle Prinzipien der Koordination und des Entscheidens erhalten damit zugleich den Status von legitimitätssichernden Merkmalen einer rationalen Gestaltung von Organisationen *überhaupt* und damit auch für die Gestaltung von Organisationen und Praxen im Sozialsektor, einschließlich der Jugendhilfe.

2. Wettbewerb und Kontraktmanagement im deutschen Jugendhilfesystem

Nachdem die *Kommunale Gemeinschaftsstelle für Verwaltungsvereinfachung (KGSt)* Anfang der neunziger Jahre ihr „Neues Steuerungsmodell" für Kommunalverwaltungen vorgelegt hat, mit dem das Institut den Anspruch verbindet, Kernaussagen des internationalen *New Public Management*-Diskurses auf die deutsche Verwaltung zu übertragen (vgl. KGSt 1993a) und das zurecht als „deutsche Variante des 'New Public Management'" bezeichnet worden ist (Reichard 1996: 241), und nachdem weiter die KGSt in verschiedenen Empfehlungen ihre Reformkonzeption spezifisch auf das Feld der Jugendhilfe zugeschnitten hat (KGSt 1994, 1996, 1998), orientiert sich eine beachtliche Anzahl von Kommunen und Kreisen bei der Umsetzung ihrer Modernisierungsbemühungen im Bereich der Jugendhilfe an diesem Modell. Nach einer vom *Deutschen Jugendinstitut* im Rahmen des Projekts „Dauerbeobachtung von Jugendhilfe" durchgeführten Erhebung haben 21 % der befragten Jugendämter Umstrukturierungen gemäß den Empfehlungen der KGSt bereits durchgeführt, 41% planen diese für die nächste Zeit (van Santen 1998: 37). Auch wenn diese Zahlen möglicherweise eher Absichten widerspiegeln als tatsächliche Entwicklungen (und man berücksichtigen sollte, daß Modelle unterschiedlich rezipiert und gewöhnlich im Verlauf der Umsetzung modifiziert werden), so ist doch davon auszugehen, daß auch das deutsche Jugendhilfesystem den Weg zu einem wettbewerbsorientierten Erbringungsregime eingeschlagen hat (bzw. zu einer Version davon). Angetrieben wird dieser Prozeß nicht zuletzt durch die in den 90er Jahren vorgenommenen Neufassungen der Paragraphen 93 BSHG und 78a-78g KJHG, in denen die Beziehungen zwischen Kostenträgern und Leistungerbringern und die Praxis der Refinanzierung neu geregelt werden: das alte Kostendeckungsprinzip wird abgelöst durch das kontraktualistische Prinzip der Kosten- und Leistungsvereinbarung (z.B. Münder 1998, Wiesner 1999, sowie die Beiträge von Flösser, Proelß und Wohlfahrt in diesem Band). Die Effekte der verschiedenen Neuregelungen gehen über die jeweils unmittelbar betroffenen Rechtsgebiete hinaus und bedeuten einen Einstieg in eine andere Systemlogik. Die fortschreitende Diffundierung wettbewerbsorientierter und managerialistischer Konzeptionen im Bereich der sozialen Dienste und der Jugendhilfe öffnet einen Möglichkeitsraum für nachhaltige Strukturveränderungen, sowohl auf der Ebene der Beziehungen zwischen öffentlichen Kostenträgern und gemeinnützigen bzw. privaten Leistunganbietern als auch auf der Ebene der Organisation und der Beziehungen zwischen leistungserbringenden Organisationen, Professionellen und Nutzern. Diese Strukturveränderungen fügen sich ein in eine sozialpolitische „Generalagenda", über die versucht wird, auf der Basis einer Neudefinition von Staatsaufgaben unter dem Schlagwort des „aktivierenden Staates" staatliche Normierungs- und Kontrollfunktionen zu revitalisieren.

Diese Entwicklungen werden in der deutschen Jugendhilfelandschaft seit nunmehr über zehn Jahren kontrovers diskutiert. Befürworter versprechen sich eine nachhaltige Leistungssteigerung durch den Abbau von Bürokratie, erweiterte Flexibilität und verstärkte Bürger- bzw. Nutzerorientierung. Kritiker befürchten eine Überformung sozialpädagogischer Handlungskontexte durch die Logik der Ökonomie und erwarten Tendenzen des Leistungsabbaus und der Deprofessionalisierung. Für eine realistische Einschätzung der Chancen und Risiken können daher Erfahrungen aus anderen Ländern, in denen markt- und wettbewerbsorientierte Steuerungsmodelle bereits seit einigen Jahren breite Verwendung finden, einen wertvollen Beitrag leisten. Den vorliegenden Band verstehen wir als einen Auftakt zur unseres Erachtens fälligen Internationalisierung der deutschen Diskussion über die Formen, Wirkungen und Gestaltungsspielräume markt- und wettbewerbsorientierter bzw. managerialistischer Wohlfahrtserbringung im Bereich der Jugendhilfe und der sozialen Dienste insgesamt. Eine Internationalisierung dieser Debatte kann dazu beitragen, die spezifischen strukturellen Problemstellungen einer am Leitbild ökonomischer Effizienz und Effektivität ausgerichteten Steuerung sozialer Dienste in einem breiteren Zugriff zu klären und damit die Diskussion um die Suche nach geeigneten Modellen und Ansätzen für eine handlungsfeldangemessene Modernisierung voranzubringen.

3. Entwicklungslinien in internationaler Perspektive

Unter dieser Zielsetzung versammelt dieser Band Analysen und Berichte aus den Ländern *Australien*, *England*, den *Niederlanden*, *Norwegen*, *Schweden* und den *USA*. Damit werden Staaten mit unterscheidbaren Modernisierungsvarianten präsentiert, an deren Beispiel das gegenwärtige Spektrum markt- und wettbewerborientierter Steuerungsmodelle im Funktionsbereich der *Child and Youth Welfare* und die jeweiligen Potentiale und Risiken – in einem breiten Zugriff erkennbar werden. Daraus ergibt sich weiter die Möglichkeit, die bundesdeutsche Situation unter politischen wie auch wohlfahrtssystematischen Gesichtspunkten in unterschiedlichen Entwicklungsverläufen und Prioritätensetzungen zu spiegeln.

Norwegen – größere Vielfalt durch Privatisierung

Mit *Norwegen* und *Schweden* sind zwei skandinavische Länder vertreten, deren Jugendhilfesystem traditionell von einer relativ hohen Staatsfixiertheit geprägt war, die sich seit den späten 80er Jahren zu lösen beginnt. Wie in vielen Ländern bedeutet „Dezentralisierung" auch hier vor allem den Rückzug des *Zentral*staats und die Delegation von Kompetenzen an untergeordnete Körperschaften, wie z.B. Kreise und Kommunen. In beiden Ländern hat sich die Adaption des *New Public Management*–Diskurses in besonderer Weise auf den Bereich der Heimerziehung ausgewirkt. In *Norwegen* schufen die wohlfahrtsstaatlichen Reformen in den 1990er Jahre – wie in vielen anderen Ländern auch – u.a. die rechtlichen Möglichkeiten, öffentliche Dienste an konkurrierende Leistungserbringer auszulagern, was inzwischen dazu geführt hat, daß die Zahl privatgewerblicher Anbieter in diesem Sektor kontinuierlich wächst (von 30 % im Jahr 1995 auf 34 % im Jahr 1998). Nach den bisherigen Beobachtungen liegt der Effekt der Privatisierung hier vor allem in einer Erweiterung des Programmangebots: die neuen Heime in privater Trägerschaft (oft handelt es sich um Kleinst-Heime, die von Sozialarbeitern geführt werden) nehmen Jugendliche auf, für die die konventionellen Heimträgern kein adäquates Angebot bereitstellen (vgl. den Beitrag von Slettebø sowie den Beitrag von Koht in diesem Band).

Schweden – Quasi-Märkte ohne Qualitätsstandards

Während in der norwegischen Heimerziehung also eine Ergänzung des nach wie vor dominierenden öffentlichen Sektors durch spezialisierte gewerbliche Anbieter stattfindet, wurden in Schweden seit den 80er und 90er Jahren im Rahmen einer Politik der Ausgründungen und des *Out-Contracting* die Anteile öffentlicher und privatgewerblicher Träger in der Heimerziehung zugunsten der letzteren verschoben. In keinem Segment des schwedischen Wohlfahrtsstaats ist die Privatisierung heute so weit vorangeschritten, wie in der Heimerziehung. Über die Praxis innerhalb der nicht-öffentlich getragenen Einrichtungen ist kaum etwas bekannt – außer, daß der Anteil der dort beschäftigten Fachkräfte mit Ausbildung in Sozialarbeit oder Psychologie deutlich geringer ist, als in vergleichbaren Einrichtungen in öffentlicher Trägerschaft. Hier entsteht gegenwärtig ein weitgehend dereguliertes Erbringungsregime, in dem die Kontrolle der erbrachten Leistungen auf der Basis von Qualitätsstandards ausschließlich Sache der kommunalen Ebene ist, die damit aber in vielen Fällen überfordert zu sein scheint (vgl. den Beitrag von Lundström in diesem Band).

Niederlande – Pragmatische Marktorientierung

In den *Niederlanden* wurden markt- und wettbewerbsorientierte Modelle der Erbringung Sozialer Dienste bereits in den achtziger Jahren aufgegriffen. Die seitdem eingeleiteten Reformen haben inzwischen zu einer erkennbaren Dominanz eines „business-like, market-oriented approach in the welfare sector" (van der Laan 1994: 37) geführt. Die in den Niederlanden eingeleitete Reorganisation des Wohlfahrtsstaats folgt dabei weitgehend der Konzeption eines „aktivierenden Staats". Gleichzeitig wurden nach englischem Vorbild auch die Beziehungen zwischen Kostenträgern und Leistungserbringern nach Marktprinzipien neu strukturiert. In diesem Kontext ist auch das niederländische Jugendhilfesystem durch das 1989 verabschiedete und 1992 eingeführte *Wet op de Jeugdhulpverlening* von Grund auf neu geordnet worden. Zuständigkeit und Finanzverantwortung wurden von der nationalen Ebene auf die Länderebene übertragen. Die Stellung der anspruchsberechtigten Bürger und der Träger bzw. der leistungserbringenden Einrichtungen wurden gegenüber den staatlichen und kommunalen Behörden deutlich aufgewertet. Gleichzeitig wurde bestimmt, daß (öffentliche und freie) Träger in einen nach Marktprinzipien organisierten Wettbewerb eintreten und ihre Angebote auf einem (Quasi-) Markt anbieten. Der Übergang zu einer Angebotsorientierung und die Annäherung an fast schon tayloristisch zu nennende Modelle der Leistungserbringung haben den institutionellen und organisatorischen Kontext der Sozialarbeit nachhaltig verändert. Innerhalb dieser Grundströmung einer markt- und wettbewerbsorientierten Modernisierung findet man in den Niederlanden ein breites Spektrum vielfältiger Praxisprojekte, in denen auch gegenläufige einer Re-Professionalisierung zu beobachten sind (vgl. den Beitrag von van der Laan in diesem Band).

England – Managerialismus und Deprofessionalisierung

Mit *England* ist jenes Land vertreten, das als erstes unter den europäischen Ländern seine öffentlichen Institutionen einschließlich der sozialen Dienste und der Jugendhilfe nach den Konzepten des *New Public Management* umstrukturiert hat. Die Einführung von Marktprinzipien in die institutionellen und organisatorischen Rahmenbedingungen der Erbringung sozialer Dienste ist in kaum einem europäischen Land weiter vorangeschritten als in England. Mit der Verabschiedung des *Children Act* im Jahre 1989 und des *National Health und Community Care Act* im Jahre 1990 wurden auch im Jugendhilfebereich Quasi-Märkte mit limitierten Budgets flächendeckend eingeführt. Begleitet wurde diese Entwicklung von einer strikten Trennung von Behörden bzw. Einrichtungen in *Purchaser* und *Provider* und einer zunehmenden Auslagerung von Diensten an gemeinnützige und gewerbliche Dienstleister. Gleichzeitig wurden die kommunalen *Social Service Departments* verkleinert und einem an der Aufbau- und Ablauforganisation ansetzenden Reformprozeß unterzogen. Die mittlere Ebene wurde suspendiert, Ressourcenverantwortung wurde tiefer delegiert und Budgetierungsverfahren eingeführt, die teilweise durch den Einsatz von informations-technologischen Ablauf- und Entscheidungsprogrammen unterstützt werden. In England wurden managerialistische Steuerungsansätze mit einer Radikalität und einer Tiefenwirkung auf die Handlungsebene durchgesetzt, die (mindestens) in den westeuropäischen Ländern ihresgleichen sucht. Der fundamentale Wandel auf der Ebene der organisatorischen Rahmenbedingungen zeigt tiefgreifende Folgen, sowohl für die Leitbilder sozialpädagogischer Professionalität, als auch für den Arbeitsprozeß. Sozialarbeiter werden zunehmend als Manager betrachtet, und ihre Tätigkeit wird unter Management-Gesichtspunkten beurteilt (Harris 1998, Dominelli 1996, White 2000). Im England des New Labour zeigt sich weiter, daß eine managerialistische Steuerung Sozialer Dienste mit repressiven Jugend- und Sozialpolitiken (z.B. die managerielle Exekution von Ausgeh- und Aufenthaltsverboten für minderjährige *Nicht*straffällige) und einer Zentralisierung staatlicher Macht bestens kompatibel ist und sogar mit den ideologischen Versatzstücken eines „autoritären Kommunitarismus" bestens harmoniert. Das bedeutet auch: Die sozialpolitischen Rahmensetzungen und die je gewachsenen Strukturen spielen hinsichtlich der Wirkungen managerieller Steuerung eine kaum zu überschätzende Rolle (vgl. den Beitrag von Harris/Kirk in diesem Band).

USA – Strukturaufbau durch Privatisierung

Die *USA* wurden seit 1996 in zahlreichen Bundesstaaten Initiativen zur Privatisierung sozialer Hilfen auch im Bereich der Kinder- und Jugendhilfe gestartet. Privatisierung ist auch in den USA kein eindeutig definierter Begriff, sondern eher ein Sammelbegriff, der verschiedene Formen der Beteiligung nicht-staatlicher Träger an der Leistungserbringung umfaßt – vom *Out-Contracting* und Kontraktmanagement über *Public-Private-Competition*, Gutscheinsysteme und Ausgründungen bis zur Übertragung von Aufgaben an Inititativen aus dem Bereich der Non-Profit-Organisationen. Unter den Privatisierungsinitiativen im Funktionsbereich der Kinder- und Jugendhilfe sind vor allem die der Bundesstaaten Kansas, Florida (vgl. den Beitrag von Markowitz in diesem Band), sowie Michigan und Texas bekannt geworden, die in den USA als Vorreiter gelten (vgl. Craig et al. 1998). Diese Reformansätze verfolgen in erster Linie das Ziel, überhaupt erst einmal ein verläßliches, im ganzen Bundesstaat gleichermaßen zugängliches Basissystem (Adoptionsvermittlung, Pflegekinderwesen, Heimerziehung) aufzubauen, das den Mindestanforderungen an eine humane und zielgruppengerechte Versorgung genügt. Es ist kein Geheimnis, daß die meisten Staaten, die solche Initiativen durchführen, dies deshalb tun, weil sie sich durch Sammelklagen von Bürgerrechtsorganisationen (sog. *law suits*) dazu gezwungen sehen, welche die teilweise skandalösen Zustände etwa im Bereich der Heimerziehung anprangern und die Bundesstaaten in die Verantwortung nehmen. Seitdem Clinton's *Welfare Reform* von 1996 den Bundesstaaten nicht nur ausdrücklich die Zuständigkeit für die Programme sozialer Hilfen und Dienste (einschließlich der auf Kinder und Jugendliche bezogenen) übertragen und gleichzeitig nicht-öffentliche Träger als Leistungserbringer zugelassen hat (vgl. den Beitrag von Schwartz et al. in diesem Band, sowie Backhaus-Maul 1999) und die bisher in öffentlicher Hand befindlichen Träger der Dienste ihre Aufgaben nicht in einer akzeptablen Art und Weise erfüllen, sehen zahlreiche Bundessaaten in der Übertragung der Aufgaben an nicht-öffentliche Leistungserbringer den idealen Ausweg, der sie aus diesem nachvollziehbaren Dilemma herausführt. Kontraktmanagement erweist sich hier als Instrument, mit dem es erstmals gelingt, Mindest-Standards und eine formale Qualitätskontrolle wirksam durchzusetzen. Erforderlich wird es aber u.a. deshalb, weil bisher überhaupt keine hinreichenden Instrumente zur Kontrolle zur Verfügung standen und weil das Professionalisierungsniveau der bisher dominanten öffentlichen Träger weit unter dem liegt, was uns aus westeuropäischen Ländern (bislang) vertraut ist. Strukturell gesehen gleichen also die Zielsetzungen und Aufgabenstellungen, unter denen sich „Privatisierung“ in den USA als eine weiterführende Strategie erweist, denen, die im Deutschland der 1920er Jahre anstanden (und mit den dort herausgebildeteten Arrangements der Zusammenarbeit zwischen öffentlichen und freien Trägern eine auf viele Jahre stabile Lösung fanden) weit mehr als jenen der deutschen Jugendhilfe im Übergang zum 21. Jahrhundert.

Australien – Victoria als „Contract State“

Australien zählt zu jenen Ländern, die bereits Anfang der achtziger Jahre begannen, den öffentlichen Sektor nach den Konzeptionen des *New Public Management* zu modernisieren, wobei der australische Bundesstaat Victoria von Anfang an eine Vorreiterrolle spielte. Seit Beginn der Kennett Regierung im Jahr 1992 hat Victoria weitere tiefgreifende Reformen des öffentlichen Sektors durchgeführt (*Public Sector Management Act*, *State Owned Enterprises Act*, *Employee Relations Act*, *Management Improvment Initiative*), in denen der Weg der Marktorientierung konsequent fortgesetzt und in vielerlei Hinsicht radikalisiert wurde. Diese Reformen der neunziger Jahre sind gekennzeichnet durch „new roles, new accountabilities and new institutions. (...) The common thread running through all of them is the introduction, to an extent much greater than previously in any government in Australia, of a particular mechanism of governance: the contract. More than any other, Victoria can increasingly seen as a 'contract state' – that is, one in which activity previously subject to some form of organisational hierarchy is governed by contracts (or quasi-contracts) between buyers and seller, either inside or outside the public sector" (Alford et al. 1994: 1-2). Aufgrund seiner prononcierten Orientierung an kontraktualistischen Steuerungsmodellen ist Australien – und hier insbesondere der Bundesstaat Victoria – als extreme Ausprägung auf einem Spektrum der Orientierung an Markt und Wettbewerb von besonderem Interesse. Um so interessanter scheint es, daß gerade aus der Perspektive dieses Landes betont wird, daß auch mit der breiten Einführung kontraktualistischer Steuerungsmodelle sich die politischen wie auch fachlichen Handlungsspielräume keineswegs restlos auflösen; stattdessen öffnen sich in einem wettbewerbsorientierten Erbringungsregime (modifizierte) Handlungs- und Ermessensspielräume für die Soziale Arbeit, die es zu analysieren und zu erproben gilt (vgl. die Beiträge von Muetzelfeldt und Linossier in diesem Band).

4. Übergreifende Problemstellungen

Blickt man auf dieses Spektrum länderspezifischer Entwicklungspfade, so muß man feststellen: Der markt- und wettbewerbsorientierte Wohlfahrtsstaat ist eher Leitbild als Realität und bleibt in beidem diskussionswürdig. Die Identität des Modells verliert rasch an Schärfe und Kontur, wenn die verschiedenen Elemente und Komponenten, die seine Identität in systematischer Hinsicht ausmachen, in die Sphäre der realen Institutionen und Organisationen eingebracht werden. Während viele Befürworter und Kritiker gleichermaßen dazu neigen, eine Eins-zu-eins-Blaupausen-Übertragbarkeit wettbewerbsorientierter und managerieller Modelle anzunehmen – und damit „Management" als Quelle universell anwendbarer Lösungstechniken ebenso überschätzen, wie sie die lokalen Besonderheiten, die Machtspiele auf der politischen und organisatorischen Ebene und den Eigensinn von Akteuren unterschätzen (vgl. den Beitrag von Muetzelfeldt in diesem Band) – zeigt ein international erweiterter Blick auf Rezeption und Adaption eher eine Vielfalt von Versionen und unterschiedlichen Mischungsverhältnissen. Jede Implementation des Modells erfordert dessen Übersetzung in die jeweiligen historisch gewachsenen nationalstaatlich geprägten Wohlfahrts- und Berufskulturen, sowie Träger- und Organisationsstrukturen (vgl. den Beitrag von Sunesson in diesem Band). Die Modellversionen, die auf diese Weise entstehen, werden nicht nur von solchen gewachsenen Faktoren beeinflußt und modifiziert, sondern auch von den Merkmalen des Implementationsverlaufes selbst, der zu einem maßgeblichen Teil von den jeweiligen Motivlagen, Kräfteverhältnissen und Konfliktstellungen in den Feldern der Sozial- und Jugend(hilfe)politik bestimmt wird. Gleichwohl bleibt die Rede von einem internationalen Modernisierungstrend richtig, zumal zu beobachten ist, daß es offenbar systematische Problemstellungen gibt, die trotz aller länderspezifischen Ausprägungen wiederkehrend sichtbar werden. Diese Problemstellungen können an dieser Stelle nicht systematisch entfaltet, sondern nur angedeutet werden:

- *Kooperationsbeziehungen und Machtverhältnisse zwischen öffentlichen Auftraggebern und nicht-öffentlichen Leistungserbringern*

Es ist davon auszugehen, daß sich im Rahmen eines markt- und wettbewerbsorientierten Erbringungsregimes neuartige Verhältnisse wechselseitiger Abhängigkeit zwischen öffentlichen Auftraggebern und nicht-öffentlichen Leistungserbringern herausbilden werden.

Mit dem *purchaser/provider-split* wird typischerweise der Anspruch verbunden, die Finanziererseite zu stärken und ihr die Schlüsselposition hinsichtlich der Definition von Leistungsmerkmalen einzuräumen. Andererseits eröffnet das Wettbewerbszenario und die damit verbundenen Marktzwänge starken Anbietern eine Möglichkeit zur Fusion bis hin zur Monopolbildung (vgl. den Beitrag von Merchel in diesem Band). Es ist eine offene Frage, welcher der beiden Seiten es jeweils gelingen wird, ihre strukturellen Möglichkeiten zur Festigung einer Vormachtstellung zu nutzen. In beiden Fällen aber bliebe wenig Spielraum für eine wirkungsvolle Artikulation und Durchsetzung von Nutzerinteressen. Generell ist die Erweiterung der Nutzerpartizipation durch Markt und Wettbewerb bislang noch ein weitgehend uneingelöstes Versprechen geblieben (vgl. die Beiträge von Seim und Niehuis in diesem Band).

- *Virtuelle Dreiparteien – Verträge*

Ein systematisches Problem der Übertragung von Marktgesetzen auf das Feld der sozialen Dienste liegt in der Tatsache begründet, daß es sich hier grundsätzlich immer um Verträge zwischen drei Parteien handelt: zwischen Finanzierern, Leistungserbringern und Nutzern. Diese Ausgangslage zwingt den Finanzierer dazu, Leistungsmerkmale möglichst präzise und in beobachtbaren Kategorien zu beschreiben. Damit aber besteht die Gefahr, daß all jene Aspekte eines Hilfeprozesses, die sich nicht vorab beschreiben und klären lassen, sondern die sich erst in zirkulären, kommunikativ gesteuerten Prozessen der Interaktion und Aushandlung herausbilden, tendenziell ausgeblendet werden, oder zumindest an Relevanz verlieren. Dieser Sachverhalt begründet einen Opportunitätskontext für eine Kommodifizierung sozialer Wohlfahrt, mit dem Risiko einer Schwächung professioneller Praxis und einer Minderung der Qualität sozialer Dienste (vgl. den Beitrag von Gilbert in diesem Band). Darüber hinaus bleibt die Steuerungsfunktion solcher Dreiparteien-Vertäge so lange unterkomplex und unzureichend, solange die Nutzerseite nicht systematisch in die Definition von Leistungen und Qualitätsmerkmalen einbezogen wird.

- *De-Professionalisierung*

Die Einführung markt- und wettbewerbsorientierter Steuerungsmodelle führt in vielen Fällen zu einer Veränderung der typischen Aufgabenzuschnitte und beruflicher Leitbilder professioneller Sozialer Arbeit. Die Figur des autonom agierenden, nur seiner Professionalität verpflichteten Sozialarbeiters könnte abgelöst werden durch die Figur eines nurmehr Ausführenden, der sich an den „Handbüchern" und Instruktionen der Qualitätssicherungsverfahren und den betriebswirtschaftlichen Vorgaben des Managements orientiert. Ein erhöhter Wettbewerbsdruck kann zudem dazu führen, daß im Unterbietungswettbewerb der konkurrierenden Leistungserbrinnger den Ansprüchen des Marktes nicht anders entsprochen werden kann als durch eine Personalpolitik der De-Professionalisierung. Wenn die legitimen Muster professioneller Kompetenz neu herausgefordert werden, dann stellt sich die Frage, ob ökonomische Regulative die Problemwahrnehmung und die Angemessenheitsregeln von Professionellen zum Nachteil der eigenlogischen Kalküle und Relevanzstrukturen sozialarbeiterischen/sozialpädagogischen Wissens überformen, bzw. ob sich veränderte Typen professioneller Kompetenz herausbilden, die betriebswirtschafliches Wissen und Management-Wissen als Ressource für die Gestaltung von Organisationsstrukturen und Hilfeprogrammen in eine erweiterte Fachlichkeit integrieren..

5. Zukunftsperspektiven

Die Tatsache der wachsenden Verbreitung wettbewerbsorientierter Steuerungsmodelle rechtfertigt noch nicht die Schlußfolgerung, es müsse sich ja wohl auch um eine vernünftige Sache handeln, die ihre Versprechen auch tatsächlich einlöst. (Man würde auch nicht ohne weiteres aus der globalen Vermarktung von Marken-Fast-Food den Schluß ziehen, daß es sich bei den dort vertriebenen Produkten um kulinarische Spitzenqualität handelt). Daß die Steuerungsmodelle, die im Kontext des *New Public Management* entwickelt und verbreitet werden, in so vielen Ländern als attraktiv und vernünftig angesehen werden, ist zunächst einmal ein Beleg für ihre ausgesprochen stark ausgeprägte Anschlußfähigkeit, die – auf den ersten Blick jedenfalls – durch sektoren- oder länderspezifische Besonderheiten kaum nennenswert getrübt wird. Der Grund für diese Anschlußfähigkeit, so unsere These, liegt zunächst einmal weniger in den Wirkungen (die im übrigen bislang kaum systematisch überprüft werden), als in der Tatsache, daß sich dieser Diskurs an Semantiken und Institutionen anschließt, die in allen modernen und wirtschaftlich erfolgreichen Staaten nicht nur bereits vorhanden, sondern sogar grundlegend für das Funktionieren dieser Gesellschaften sind: Markt, Wettbewerb, Kaufen und Verkaufen, Preise und Leistungen, Verträge, Kosten/Nutzen-Kalküle usw. Dies sind immerhin Institutionen und Konventionen, die das gesellschaftliche Leben, die Beziehungen zwischen Individuen und zwischen Organisationen in allen modernen Gesellschaften bestimmen – und als solche scheinen sie sogar bedeutend uniformer und unmittelbar besser nachvollziehbar, als etwa die vielfältigen und wenig transparenten national, regional und sektoral geprägten Institutionen und Programme des sozialen Sektors mit ihren jeweiligen historisch ausdifferenzierten Leistungstypen, Berufssystemen und Handlungsformen. Ist dann ein gewisser Implementations- und Verbreitungsgrad einer Modernisierungsstrategie in einem gesellschaftlichem Feld erst einmal erreicht, wächst innerhalb des Feldes und in verwandten Feldern der Druck auf die dort beheimateten Akteure und Organisationen, gleichzuziehen und zumindest formal oder nach außen sichtbar sich dem Trend anzuschließen. So gesehen ist der Siegeszug markt- und wettbewerbsorientierter Rationalisierungsstrategien im sozialen Sektor einschließlich der Jugendhilfe ein Exempel für grundlegende Annahmen der institutionalistischen Organisationstheorie, die davon ausgeht, daß in modernen Gesellschaften Organisationen sich ihre Strukturen und Praktiken nicht aussuchen können, weil sie in institutionalisierte Kontexte eingebunden sind, in denen es eben gerade nicht beliebig ist, was als rational gilt und daher einer Organisation Legitimität, Anschlußfähigkeit und Kommunikationsfähigkeit mit ihrer Umwelt garantiert: „Das bedeutet, Organisationen sehen sich dem Zwang ausgesetzt, Praktiken und Verfahren zu inkorporieren, die definiert werden von den vorherrschenden rationalitätsverbürgenden Konzeptionen darüber, wie Organisationen arbeiten, und die gesellschaftlich institutionalisiert sind. Organisationen, die dies tun, erhöhen ihre Legitimität und ihre Überlebensaussichten, unabhängig von der unmittelbaren Wirksamkeit der angenommenen Praktiken und Verfahren" (Meyer/Rowan 1991: 41, übersetzt). Übertragen auf die Organisationen des sozialen Sektors heißt das: genauso, wie bis in die späten achtziger Jahre hinein das bürokratische Paradigma legitimitätsverbürgend, aber wirkungshemmend Strukturen und Verfahren im Bereich der sozialen Dienste dominierte, erfolgt nun eine Umkrempelung und Anpassung des Feldes an das Markt-Paradigma, wobei keineswegs garantiert ist, daß damit die alten Problemstellungen überwunden werden. Ebensogut gibt es Anzeichen dafür, daß sie sich in neuem Gewande wiederholen, und möglicherweise in manchen Aspekten sogar verschärfen (vgl. Grunow 1998; vgl. die Beiträge von Brodkin und van der Laan in diesem Band).

Betrachtet man die gegenwärtige Situation der Jugendhilfe in der Bundesrepublik, so zeigt sich diese im Stadium einer 'halbierten Modernisierung'. Die Implementation wettberwerbsorientierter Steuerungsmodelle erfolgte im Zuge einer Reforminitiative, die in erster Linie auf eine Modernisierung der *Verwaltung* zielte. In einer ersten und von Euphorie getragenen Phase wurde das Neue Steuerungsmodell als willkommener Ansatzpunkt für eine Modernisierung jener bürokratischen Organisationsformen begrüßt, die schon lange als Hindernis und Hemmschuh einer sozialpädagogischen Fachlichkeit im Sektor der öffentlichen Jugendhilfe angesehen wurden. Erst allmählich wurde manchen Beteiligten deutlich, daß die mit dem Steuerungsmodell verbundenen Struktur- und Handlungslogiken einerseits durch die Dezentralisierung von Entscheidungskompetenzen neue Möglichkeiten für professionelle Autonomie (und die Aufwertung des Sozialpädagogischen gegenüber „der Verwaltung") eröffnen, andrerseits aber ihr Handeln durch die Rahmenvorzeichnungen der Ökonomie und der Vertragskultur auf neue Weise strukturiert und limitiert wird. Zentrale Aspekte einer notwendigen fachlichen Modernisierung, die zum gegenwärtigen Zeitpunkt noch nicht vollzogen sind (und zu denen sich das Neue Steuerungsmodell nur scheinbar neutral verhält), sind die Erweiterung von demokratischen Teilhabeformen und Partizipationsrechten der Nutzer, sowie die Weiterentwicklung der Sozialen Arbeit als Dienstleistungsprofession und deren Durchsetzung in der Jugendhilfe im Rahmen einer Neuvermessung des Verhältnisses von Profession, Organisation und Nutzern. Zu einer Diskussion der hier angesprochenen Fragen und Probleme will dieser Band einen weiterführenden Beitrag leisten.

Literatur

Alford, J./ D. O'Neill/ L. McGuire/ M. Considine/ M. Muetzelfeldt/ J. Ernst (1994) The Contract State, in: Alford, J./ D. O'Neill (Ed.) *The Contract State. Public Management and the Kennett Government*, Deakin University, Gelong (Deakin University Press)

Alford, J. (1993) Towards a New Public Management: Beyond Managerialism and its Critics, *Australian Journal of Public Administration*, **52**, 2, 135-148

Backhaus-Maul, H. (Hg.) (1999) *Von der Sozialhilfe in die Erwerbsarbeit. Die Welfare Reform in den USA als Vorbild?* Frankfurt am Main (Eigenverlag des Deutschen Vereins für öffentliche und private Fürsorge)

Caiden, G.E. (1991) *Administrative Reforms Comes of Age*, Berlin-New York (de Gruyter)

Clarke, J./ J. Newman (1997) *The Managerial State: Power, Politics and Ideology in the Remaking of Social Welfare*, London et al. (Sage)

Considine, M./ M. Painter (Hg.) (1997) *Managerialism: the great debate*, Carlton South (Melbourne Univ. Press)

Craig, C./ T. Kulik/ T. James/ Sh. Nielsen (1998) Blueprint for the Privatization of Child Welfare, *Reason Public Policy Institute*, Policy Study No. 248 [www.rppi.org/ps248.html]

Dominelli, L. (1996) Deprofessionalizing Social Work: Anti-Oppressive Practice, Competencies and Postmodernism, *British Journal of Social Work*, **26**, 153-175

Enteman, W.F. (1993) *Managerialism. The Emergence of a New Ideology*, Madison – London (The University of Wisconsin Press)

Evers, A./ Th. Olk (Hg.) (1996) *Wohlfahrtspluralismus: vom Wohlfahrtsstaat zur Wohlfahrtsgesellschaft*, Opladen (Westdeutscher Verlag)

Grunow, J. (1998) Democratization by Modernization? The Future Development of Social Service Organization, in: Flösser, G./ H.-U. Otto (Ed.) *Towards More Democracy in Social Services*, Berlin, New York (Walter de Gruyter)

Harris, J. (1998) Scientific Management, Bureau-Professionalism, New Managerialism: The Labour Process of State Social Work, *British Journal of Social Work*, **28**, 839-862

Hood, C. (1991) A Public Management for all Seasons?, *Public Administration*, 3-19

KGSt – Kommunale Gemeinschaftsstelle für Verwaltungsvereinfachung (1993) Das neue Steuerungsmodell – Begründung, Konturen, Umsetzung, *KGSt-Bericht Nr. 5/1993*, Köln

KGSt – Kommunale Gemeinschaftsstelle für Verwaltungsvereinfachung (1994) Outputorientierte Steuerung der Jugendhilfe, *KGSt-Bericht Nr. 9/1994*, Köln

KGSt – Kommunale Gemeinschaftsstelle für Verwaltungsvereinfachung (1996) Integrierte Fach- und Ressourcenplanung in der Jugendhilfe, *KGSt-Bericht Nr. 3/1996*, Köln

KGSt - Kommunale Gemeinschaftsstelle für Verwaltungsvereinfachung (1998) Kontraktmanagement zwischen öffentlichen und freien Trägern in der Jugendhilfe, *KGSt-Bericht Nr. 12/1998*, Köln

Meyer, J.W./ B. Rowan (1991) Institutionalized Organizations: Formal Structure as Myth and Cerenony, in: Powell, W.W./ P.J. DiMaggio (Hg.) *The New Institutionalism in Organizational Analysis*, Chicago et al. (University of Chicago Press)

Muetzelfeldt, M. (1996) The Organization and the Market, in: Palmer, G./ S. Clegg (Ed.) *Constituting Management: Markets, Meanings, and Identities*, Berlin–New York (deGruyter), 13-31

Münder, J. (1998) Von der Subsidiarität über den Korporatismus zum Markt?, *Neue Praxis*, **28**, 3-12

Naschold, F. (1993) *Modernisierung des Staates. Zur Ordnungs- und Innovationspolitik des öffentlichen Sektors*, Berlin (Ed. Sigma)

Pollitt, Ch. (1990) *Managerialism and the Public Services*, Basingstoke (Macmillan)

Rees, S./ G. Rodley (1995) *The Human Costs of Managerialism, Advocating the Recovery of Humanity*, Leichhardt NSW (Pluto Press Australia)

Rees, S. (1995) The Fraud and the Fiction, in: Rees, S./ G. Rodley (Ed.) *The Human Costs of Managerialism, Advocating the Recovery of Humanity*, Leichhardt NSW (Pluto Press Australia), 15-27

Reichard, Ch./ H. Wollmann (Hg.) (1996) *Kommunalverwaltung im Modernisierungsschub?* Basel-Boston-Berlin (Birkhäuser)

Reichard, Ch. (1996) Die "New-Public-Management"-Debatte im internationalen Kontext, in: Reichard, Ch./ H. Wollmann (Hg.) *Kommunalverwaltung im Modernisierungsschub?*, Basel-Boston-Berlin (Birkhäuser), 241-274

van der Laan, G. (1994) An etiquette for social workers (Ein Fragebogen für Sozialarbeiter), in: Gehrmann, G. u.a. (Hg.) *Perspektiven sozialer Arbeit in Europa 2000*, Weinheim (Deutscher Studien Verlag), 37-49

van Santen, E. (1998) „Output" und „Outcome" der Implementierung Neuer Steuerung. Empirische Befunde zu den Erscheinungsformen und Folgen der Neuen Steuerung in der Jugendhilfe, *Neue Praxis*, **28**, Heft 1, 36-49

White, V. (2000) Profession und Management. Über Zwecke, Ziele und Mittel in der Sozialen Arbeit, in: *Widersprüche*, 20, 77, Der kontraktuelle Sozialstaat – Herrschaft des Managements? Ende der Profession? 9 – 27

Wiesner, R. (1999) Die Neuregelung der Entgeltfinanzierung in der Kinder- und Jugendhilfe, *Zentralblatt für Jugendrecht*, **86**, 3, 79-85

Wollmann, H (1996) Verwaltungsmodernisierung: Ausgangsbedingungen, Reformanläufe und aktuelle Modernisierungsdiskurse, in: Reichard, Ch./ H. Wollmann (Hg.) *Kommunalverwaltung im Modernisierungsschub?*, Basel-Boston-Berlin (Birkhäuser), 1-43

Managerialismus, Wettbewerb und die Rolle der Profession

Ira M. Schwartz / Mark J. Stern / Tammy White

Privatisierung und gesellschaftlicher Wandel in den USA

Es hat den Anschein, daß sich die Bemühungen, den Wohlfahrtsstaat zu privatisieren, zu einer weltweiten Bewegung entwickelt haben. Wenn gleich die anderen Aufsätze in diesem Band zwar hinreichend zeigen, daß hinsichtlich der Privatisierung beträchtliche Unterschiede zwischen verschiedenen Staaten bestehen, so bedarf doch die in ganz unterschiedlichen gesellschaftlichen Kontexten simultan stattfindende Entwicklung zu einer Restrukturierung der Wohlfahrtsprogramme einer Erklärung. In der Diskussion um die Privatisierung lag der Schwerpunkt bei ihren Befürwortern wie Gegnern gleichermaßen auf dem Faktor *Effizienz*. Die Befürworter der Anwendung „marktförmiger" Mechanismen und Instrumente – wie etwa Einsatz von gewinnorientierten Unternehmen, Differenzierung zwischen Nachfragern und Anbietern, Einsatz von Gutscheinen (*vouchers*), – vertraten die Auffassung, daß die alten wohlfahrtsstaatlichen Bürokratien nicht mehr dazu in der Lage waren, die ihnen zugewiesenen Aufgaben zu erfüllen. Die Verlagerung hin zum Markt sei ein Weg, „Disziplin" und „Initiative" in ein System einzubringen, das ohne weiteres in Unvermögen und Ineffizienz versinken könnte.

Obwohl die Gegner der Privatisierung diesen Behauptungen skeptisch gegenüberstehen, haben sie sich hauptsächlich auf die potentiellen *Konsequenzen* einer größeren Effizienzorientierung konzentriert. Die Verlagerung auf marktförmige Mechanismen, so ihre Befürchtungen, schränke mit großer Wahrscheinlichkeit die Verfügbarkeit von Diensten ein, gefährde den gleichberechtigten Zugang zu ihnen und ignoriere die nur schwer meßbaren Bedürfnisse der Klienten. Die Forderung des Marktes nach 'meßbaren outcomes', so die Befürchtung, trete die für die Leistungserbringung entscheidende Prozeßhaftigkeit mit Füßen.

Die Diskussion um die Privatisierung befindet sich zweifellos noch in einer sehr frühen Phase. In diesem Aufsatz wird deshalb ein analytischer Ansatz entwickelt, der die Privatisierung auf der Grundlage von zwei Hypothesen untersucht:

- Wir brauchen ein wesentlich detaillierteres Verständnis der Motive für die Privatisierung. Insbesondere müssen wir drei ganz unterschiedliche Stoßrichtungen unterscheiden: Effizienz, *Predation*[1] und *Empowerment.*
- Die Privatisierungsbewegung ist eng mit der gegenwärtigen Umstrukturierung des gesellschaftlichen Lebens verknüpft. Drei wichtige gesellschaftliche Veränderungen – technologische Neuerungen, Globalisierung und die Umstrukturierung der bürgerlichen Gesellschaft – haben je auf ihre Weise auf die Privatisierung des Wohlfahrtsstaates hingewirkt.

Beides – die verschiedenartigen Beweggründe für die Privatisierung und ihre Verankerung in dem gegenwärtig zu beobachtenden gesellschaftlichen Wandel straft die Modelle der gesellschaftlichen Veränderungen Lügen, die in die Debatte über die Privatisierung eingebracht worden sind. Besonders solche Schlagwörter wie das *New Public Management* und der sog. *Managerialismus* lassen auf ein Modell schließen, bei dem die gesellschaftlichen Veränderungen eine Art *top-down*-Verlauf nehmen und in dem die Kader der marktorientierten Verwaltungsbeamten die Avantgarde der gesellschaftlichen Veränderungen abgeben. Tatsächlich können die staatlichen Akteure jedoch meistens nur auf Entwicklungen reagieren bzw. müssen unter Bedingungen handeln, die sich ihrer Kontrolle entziehen. Im Vergleich mit formal-staatlich zentralisierten Aktivitäten bietet die Globalisierung den verschiedensten Unternehmen Gelegenheiten zu *Predation.* Gleichzeitig wird durch die Umstrukturierung der bürgerlichen Gesellschaft die Legitimität und die Fähigkeit des Staates, Kontrolle über das gesellschaftliche Leben auszuüben, in Frage gestellt.

Schließlich beeinflußt die technologische Entwicklung in spezifischer Art und Weise die Prozesse der Privatisierung. Die revolutionären Entwicklun-

---

[1] Anm. der Herausgeber: Der Terminus *Predation* – wörtlich: Ausplünderung, Ausbeutung, Ausnutzung – bezeichnet hier den Sachverhalt, daß Organisationen wohlfahrtsstaatliche Programme und Leistungen *mißbräuchlich,* also entgegen den allgemein akzeptierten Intentionen zu ihrer partikularistischen Bereicherung „ausnutzen"; bspw. können sich Organisationen den Umstand zu Nutze machen, daß ihnen von staatlichen Stellen Klienten zugeführt werden, deren Arbeitskraft sie ausbeuten können; andererseits können sie das System der Leistungsübernahme bzw. des *Contracting* insofern „ausplündern", als sie eine staatliche Refinanzierung einstreichen, aber die im allgemeinen mehr oder weniger ohnmächtigen Klienten in einer Weise „versorgen" die weit unter dem erhaltenen Gegenwert liegt (und so mißbräuchlich den Gewinn maximieren), was man im Deutschen vermutlich als „Abzockerei" bezeichnen würde. Insofern grenzt sich *Predation* von dem in der US-amerikanischen Diskussion positiv konnotierten *profit-motive* (Profitstreben) ab, also von einem Profit, der *nicht* auf mißbräuchlicher Basis erwirtschaftet wurde.

gen auf dem Gebiet der Datenverarbeitung und der Kommunikationstechnologie macht vieles von der alten „Grundstruktur" des Wohlfahrtsstaates – das Büro, den Termin, das Formular, den Telefonanruf usw. – irrelevant. Gleichzeitig eröffnen diese Veränderungsprozesse – besonders dort, wo sie auf dem Feld der computervermittelten Kommunikation zusammenfließen – als gleichsam *permissive* Technologiestrategie Möglichkeitsräume für beide Gesichter der Privatisierung: *Predation* und *Empowerment.*

Kurzum, die Debatte um die Privatisierung ist um einiges breiter als es erscheint. Es handelt sich schlichtweg nicht um einen Wettbewerb über die Formen, in den Wohlfahrtsprogramme durchgeführt und finanziert werden. Ganz fundamental, wie in einer Lupe gebündelt, können wir einen Blick auf den sich verändernden Charakter der Gesellschaft im Verhältnis zum Markt und zum Staat werfen.

1. Motive für die Privatisierung

Wir gehen von drei unterschiedlichen Motiven für die Privatisierung aus: Effizienzsteigerung, *Predation* und *Empowerment.* In der Praxis sind sie nur in seltenen Fällen in Reinform zu beobachten, sie gehen folglich oft ineinander über. Die Einführung dieser Unterscheidung liefert freilich die Grundlage für die Beurteilung ihrer spezifischen Rolle in Einzeldebatten über die Privatisierung der Sozialen Dienste.

Effizienzsteigerung

Der am häufigsten genannte Vorteil der Privatisierung wird mit Effizienz in Verbindung gebracht. Die Behauptung, daß die Privatisierung im Vergleich mit öffentlichen Dienstleistungen effizienter ist, leitet sich aus drei Faktoren ab: Profitstreben, Managementorientierung und dem Einsatz der Arbeitskraft.

Amerikaner setzen traditioneller Weise großes Vertrauen in das Profitstreben. Gib jemandem die Möglichkeit, Geld zu verdienen, und dies wird seine Einstellung und sein Verhalten revolutionieren. In den letzten Jahren wurde dieser Lehrsatz in Diskussionen um das Gemeinwohl zunehmend in Umlauf gebracht. In der Diskussion um die Bildungsreform beispielsweise gilt der Einsatz 'marktförmiger' Mechanismen als Ansporn zu Innovation und als starker Motivationsfaktor.

Wenngleich in der Privatisierungsdiskussion das Gewinnstreben am häufigsten als das Mittel zur Effizienzsteigerung genannt wird, findet sich hinter dieser Annahme mit die Behauptung, daß die Privatisierung einen neuen Typus öffentlichen Managements hervorbringen wird. Während der traditionelle Manager das Ideal der Weberschen Bürokratietheorie verkörpert, dessen Rolle von Regeln bestimmt und dessen Position aus einem objektiven Maß von Kompetenz abgeleitet wird, setzt das *New Public Management* auf den *New Public Manager*: Clever, innovativ und skrupellos (Lynn 1998).

Doch sind zumindest im Kontext der amerikanischen Debatte die Effizienzansprüche sehr oft in direktem Zusammenhang mit Fragen der Vergütung der Arbeitsleistungen verknüpft. In den vergangenen drei Jahrzehnten ist die Zahl der gewerkschaftlich organisierten Arbeitnehmer in keinem Sektor so rasch gestiegen wie unter den Angestellten des öffentlichen Dienstes. In den USA läßt sich ein Großteil des „Effizienzargumentes“ darauf zurückführen, daß nur Privatunternehmen gewerkschaftlich organisierte durch billigere, nicht organisierte Arbeitskräfte ersetzen könnten.

Predation

Ein zweiter Motivhintergrund für die Privatisierung der sozialen Dienste liegt in der Möglichkeit zur Ausnutzung ihrer pradatorischen Charakter. Ein Großteil der Arbeit im Bereich der sozialen Dienste ist die mit sog. wehrlosen Bevölkerungsgruppen, die viele Probleme haben und über wenig Ressourcen verfügen. Unter jeweils verschiedenen Bedingungen läßt sich aus der Arbeit mit diesem Klientel im Endeffekt für die, die diese Problemgruppen ausnutzen wollen, leicht Profit schlagen.

Die Möglichkeiten von Privatunternehmen, ihre politische Macht einzusetzen um wehrlose Bevölkerungsgruppen auszunutzen, ist folglich ein wichtiger Gesichtspunkt bei den Privatisierungsbestrebungen.

Man kann das am Beispiel der Gefangenenarbeit zeigen. Nahezu durchgängig im 19. bis ins frühe 20. Jahrhundert hinein hatten die einzelnen Staaten die Möglichkeit, Strafgefangene als Arbeitskräfte anzubieten. Wie Jones in *The Dispossessed* herausgearbeitet hat, trat die Gefangenenarbeit in einer Reihe von Südstaaten als Nachfolger der Sklaverei auf (Jones 1992). Da die Strafgefangenen die grundlegenden Rechte und Freiheiten der ‘freien Arbeitskraft’ nicht besaßen (und noch weniger das Recht, sich gewerkschaftlich zu organisieren oder zu streiken), konnten sie dazu gezwungen werden, Arbeit unter Bedingungen zu verrichten, die freie Arbeiter nicht akzeptiert hätten.

Als Reaktion auf die Berichte über den vielfältigen Mißbrauch der Gefangenenarbeit verhinderten einzelne Bundesstaaten in den 20er Jahren des 20. Jahrhunderts einen direkten Wettbewerb zwischen Unternehmen, die Gefangene beschäftigen und am freien Markt tätigen Unternehmen. In den letzten Jahren erlebt jedoch die Gefangenenarbeit im Rahmen einer weit verbreiteten Privatisierung von Gefängnissen eine Neuauflage. Dies wird als probates Mittel zur Resozialisierung der Gefängnisinsassen angesehen, weshalb wieder mehr Strafgefangene für gewinnorientierte Unternehmen arbeiten (Light 2000, Goldsmith 1999, Gondles 1999, Burton-Rose et al.1998).

Diese Zunahme von Unternehmen, die im wesentlichen mit Strafgefangenen arbeiten, ist freilich kein Randphänomen. Während der letzten zehn Jahre haben die Regierungen der einzelnen Bundesstaaten mit aggressiven Strategien gegen Kriminalität die Anzahl der Gefängnisinsassen und den Anteil der Bevölkerung in sog. Besserungsanstalten (*correctional supervision*) hochschnellen lassen. Zum Beispiel befand sich im Jahre 1996 einer von elf farbigen Amerikanern in einer Besserungsanstalt. Wenn Privatunternehmen eingeräumt wird, die Arbeitskraft dieser Personen nutzen zu können, bietet das immer auch Möglichkeiten der Ausbeutung (*Prediation*) wohlfahrtsstaatlicher Programme und Leistungen (Maguire/Pastore 1999).

Auf einer etwas weniger verfänglichen Ebene ist die weitverbreitete Nutzung des *Out-Contracting*, im Verbund mit dem Mißbrauch politischer Beziehungen zur Erzielung von Profiten anzusiedeln. Beispielsweise folgte die Regierung Guiliani in der Stadt New York als Teil ihrer aggressiven Wohlfahrtsreform ein weitverbreitetes *Out-Contracting* von sozialen Diensten für Empfänger von Sozialleistungen. Wie die *New York Times* berichtete, gingen einige der eingeworbenen Verträge an Organisationen, deren Leitung sich mit den politischen Kampagnen des New Yorker Bürgermeisters eng verbunden fühlte. Die Nutzung politischer Beziehungen zur Absicherung solcher Verträge ist zwar in keiner Weise neu, bietet jedoch eine weitere Möglichkeit zu *Predation* auf den eingeschlagenen Pfaden der Privatisierung (Bernstein 2000).

Wie nicht anders zu erwarten, zeichnet sich jetzt als Hauptstoßrichtung einer mißbräuchlich ausnutzenden Privatisierung (*predatory privatization)* das Sozialversicherungssystem ab. Ungeachtet der privaten Anstrengung zur Einkommenssicherung im Ruhestand werden jetzt von der Finanzdienstleistungsindustrie gewaltige Kräfte mobilisiert, getragen von der Hoffnung, eine neue Marktnische zu erobern. Diese Bemühungen, im Verbund mit der Verpflichtung auf gemeinsame Ziele, PR-Kampagnen und direktem Lobbyismus, werden einen nicht zu verhindernden, spezifischen Einfluß auf den Ausgang der gesamten Debatte haben. Die Öffentlichkeit und ihre Vertreter werden den Nutzen der unterschiedlichen Reformpläne für die Allgemeinheit nur unter Schwierigkeiten unvoreingenommen und neutral einschätzen können, während die privaten Interessen von Aktienmaklern, Banken und Finanzberatern weitaus einsichtiger sind (Chait 1999, Clark et al. 1999, U.S. Social Security Administration 1999).

In welchem Ausmaß auch immer: Privatisierung wird von mißbräuchlicher Ausnutzung (*Predation*) begleitet werden. Die von der Forschung und von der Politik zu klärenden Fragen sind die nach dem Ausmaß des Mißbrauchs in einzelnen Bereichen. Falls das Verfolgen der Profitabilität zu Innovation, Einsparungen und Qualitätsverbesserungen führt, kann dies den Preis wert sein. In bestimmten Situationen kann das Profitmotiv jedoch schlichtweg zu einer Zerstörung der Politik und Praxis der sozialen Fürsorge führen.

Empowerment

Im Gegensatz zu Effiziensteigerung und *Predation* als Motive für die Privatisierung, die eindeutig mit linken bzw. rechten politischen Wertigkeiten verknüpft sind, ist das *Empowerment* politisch beliebig verwendbar. Für die rechtskonservativen Befürworter führt die Privatisierung zum *Empowerment* auf der Basis von *Konsumenten-Souveränität*; die Eröffnung von Wahlmöglichkeiten wird den Bürger zum Verbraucher machen, der Maßstäbe dafür setzt, welche Dienste ankommen und welche nicht. Viele aus dem linken Lager hoffen, daß die *Entbürokratisierung* der sozialen Dienste eine Gelegenheit bietet für die Erweiterung des Staatsbürgerschaftsbegriffes und eine Demokratisierung der Regierungsmacht (Miranda/Lerner 1995).

Die gegenwärtige Diskussion um die Schulreform in den Vereinigten Staaten verdeutlicht beispielhaft, wie die politische Ambiguität des *Empowerment* die Politikverläufe beeinflussen kann. Sie liefert ein Fallbeispiel dafür, wie die verschiedenen Motive für die Privatisierung in der Praxis eine politische Dynamik in Gang setzen können, die seit langem eingeführte politische Kategorien transzendiert. Im Laufe der 1980er Jahre wurde die Privatisierung im Bereich der Bildung von zwei unterschiedlichen Strömungen beschleunigt: Gutscheine und Charter-Schulen. Doch gegen Ende der 90er Jahre sind diese Bewegungen in gewisser Hinsicht zu einer politischen Stoßrichtung verschmolzen, die die „öffentliche“ Bildung im neuen Jahrhundert möglicherweise von Grund auf erneuert.

Das Konzept der Gutscheine im öffentlichen Bildungswesen war dabei die reinere Variante der beiden Privatisierungsformen. Auf der Grundlage einer Untersuchung über die Auswirkungen der Bürokratisierung auf das Versagen des öffentlichen Bildungswesens behaupten die Befürworter der Gutscheine, daß, wenn man Eltern Gutscheine zur Verfügung stelle und ihnen die damit verbundene Souveränität verleihe, sie als Verbraucher wohl abgewogene Entscheidungen hinsichtlich der Effizienz bzw. Ineffizienz von Schulen treffen würden. Genauer gesagt, unterstellen diese Befürworter, daß die Gutscheine öffentliche Schulen dazu zwingen würden, mit Privatschulen in Wettbewerb zu treten und damit einen starken Anreiz für ihre Innovation liefern.

Obwohl die „Gutschein-Bewegung" mit dem Anspruch auf Effizienz und *Empowerment* begann, verlagerte sich ihr Interesse zügig zum blanken Eigennutz. Auf der einen Seite sahen die Gewerkschaften, die die Lehrer im öffentlichen Bildungswesen und andere schulische Angestellte vertraten, das Aufkommen von Gutscheinen richtiger Weise als Bedrohung ihrer Arbeitsstellen an, weshalb sie zum dezidiertesten Gegner von Schulgutscheinen wurden. Auf der anderen Seite betrachteten Sponsoren von religiösen Schulen etwa – was in vielen amerikanischen Großstädten synonym mit der römisch-katholischen Kirche ist – die Gutscheine als Mittel zum Einwerben finanzieller Unterstützung durch die Öffentlichkeit, um die sie sich lange bemüht hatten. Daher hat der Kampf um den Eigennutz zwischen den Gewerkschaften der Lehrer im öffentlichen Dienst und den religiösen Privatschulen die Probleme der Wahlfreiheit und des *Empowerment*, die die Diskussion um die Gutscheine vorantreiben sollten, beträchtlich überschattet (Schrag 1999).

Über die Gutscheine möglicherweise in eine politische Sackgasse zu geraten und von konstitutionellen Einwänden gegen diese aufgrund der Trennung von Kirche und Staat überschattet, hat sich das Interesse in verstärktem Maße auf die Charter-Schulen verlagert. Die sog. Charter-Schulen gingen aus unterrichtsbezogenen Management-Experimenten der 80er Jahre hervor. Man sorgte sich um die Auswirkungen großer traditioneller Bürokratien auf die Innovationsfähigkeit öffentlicher Schulen, und das 'Chartern' kleiner Schulen mit einem breiteren Mandat zur Autonomie versprach dagegen, zur Innovation anzuspornen, die Schulen stärker in die Verantwortung zu nehmen und die Lernerfolge zu verbessern.

Im Zuge der allgemeinen Frustration über den mit Gutscheinen verbundenen Aufwand gewannen jedoch die Charter-Schulen bald neue Anhänger unter denjenigen, die nach einer gründlicheren Privatisierung strebten. Daher haben sich die Charter-Schulen im Gegensatz zur Variante mit den Gutscheinen weitreichende Unterstützung im gesamten politischen Spektrum gesichert und konnten im Laufe der vergangenen zehn Jahre ein eindrucksvolles Wachstum verzeichnen. Im Schuljahr 1999/2000 gab es in den ganzen USA 1.682 Charter-Schulen mit 350.000 Schülern (Center for Education Reform 1999). Neunundsiebzig dieser Schulen wurden vom größten amerikanischen gewinnorientierten Bildungsanbieter – Edison Schools, Inc. – geleitet. Vor nicht allzu langer Zeit ließ sich Edison an der Börse einführen und bot seine Aktien auf der Wall Street an, womit die Bildung mit kapitalistischen Optimismus auf den freien Markt geworfen wurde (Toch 1999). Nicht nur wer Bildung anbietet, sondern auch in welcher Art und Weise unsere Kinder gebildet werden, hat sich in Folge der Privatisierung mit der wachsende Verbreitung von Charter-Schulen gewandelt. Charter-Schulen lassen den Schulleitern im allgemeinen größere Autonomie. Es wird ihnen überlassen, den Lehrplan, die Organisationsstruktur und den Bildungsschwerpunkt der jeweiligen Schule selbst zu bestimmen (Lane 1999). Der Preis für diese Autonomie ist die Verantwortlichkeit der Schulen für hohe Leistungs- und Schülernotenstandards, um die Verlängerung der Charter zu gewährleisten.

Hinter diesem Charter-Schulen-Szenario halten die privaten Manager weiterhin die Verantwortung für das Bildungsangebot in Händen, obwohl die Schule immer noch eine mit öffentlichen Geldern finanzierte öffentliche Schule sein kann. Darüber hinaus können zusätzliche Gelder von privaten Spenden eingeworfen werden, wenn die Finanzierung durch die öffentliche Hand für die Eröffnung einer Charter-Schule nicht ausreicht. Edison beispielsweise erhielt von einem privaten Spender mehrere Millionen Dollar zur Eröffnung von Schulen in Kalifornien, wo die öffentlichen Ausgaben für Bildung relativ gering sind (Toch 1999).

Charter-Schulen sind das anschaulichste Beispiel dafür, wie die Diskussion um die Privatisierung über die traditionellen politischen Kategorien hinausgehen kann. Der Eindruck des Versagens der Bürokratie – insbesondere wenn er sich auf die Bereitstellung von Dienstleistungen für die Bildung bezieht – ist nicht auf einen Teil des politischen Spektrums beschränkt. Im Gegenteil, das Eintreten für neue – weniger hierarchische, flexiblere und diversifiziertere Organisationsformen – ist tief in dem grundlegenden sozialen Wandel verankert, den eine globalisierte Gesellschaft in den vergangenen Jahrzehnten erfahren hat.

2. Privatisierung und die Umstrukturierung des gesellschaftlichen Lebens: Technologischer Wandel, Globalisierung und die neue Bürgergesellschaft

Für ihre Gegner ist die Privatisierung nichts anderes als ein Hinterhalt; sie ist schlicht und ergreifend ein Instrument zur Unterminierung wohlfahrtsstaatlicher Errungenschaften und eine Einladung zur Abzockerei. Doch eine zurückhaltendere Bewertung der Privatisierung muß zugeben, daß sie einen Trend darstellt, der im Vergleich mit dem gesellschaftlichen Wandel der vergangenen dreißig Jahre fundamentaler ist. Der revolutionäre technische Wandel, der sich auf alle Aspekte des gesellschaftlichen Lebens ausgewirkt hat, bietet auch neue Gelegenheiten für den Wandel der Beziehung zwischen Bürgern und Staat. Simultan dazu hat der Aufbau globaler Wirtschaftssysteme die Souveränität territorial abgrenzbarer Staaten in Frage gestellt. Schließlich fordern das Versagen traditioneller Methoden gesellschaftlicher Organisation und das Auftauchen neuer Identitäten und neuer gesellschaftlicher Institutionen die traditionellen Formen staatlichen Handelns heraus und verschaffen der Privatisierung neue Möglichkeiten.

Technologie

Während der ersten Generationen der Computertechnologie schien es so, als ob diese die traditionell hierarchischen Bürokratien stärken würde. Ein Sinnbild der frühen Nachkriegskultur war die zentralisierte Computeranlage, wo Techniker in weißen Kitteln systematisch Daten sammeln und analysieren würden, um die 'richtigen' Lösungen für die Probleme fortgeschrittener Gesellschaften bereitzustellen. Ist es da überraschend, daß eins der wichtigsten Mottos der Neuen Linken der 60er Jahre lautete: „Ich bin ein Mensch: Bitte nicht falten, biegen oder anderweitig verstümmeln"?

Doch in demselben Maße wie unser Glaube an die Technokratie, ist auch die Vorstellung eines zentralisierten Computereinsatzes als Stützpfeiler der Bürokratie geschwunden. Die rapide Verbreitung neuer Technologien – insbesondere des Internets und in neuer Form der Kommunikation und des Informationsaustausches – haben die Möglichkeiten einer Dezentralisierung staatlicher Macht radikal verändert.

Kommunikation war schon immer der Dreh- und Angelpunkt für das Funktionieren des Wohlfahrtsstaates. Einige der grundlegendsten Verfahrensprozeduren traditioneller Sozialbürokratien haben dieselbe Struktur wie die Kommunikation: den Termin, das Formular, den Brief oder den Telefonanruf. Doch im selben Maße, wie das E-Mail und das World Wide Web unsere Vorstellungen von Kommunikation im geschäftlichen wie privaten Bereich verändert haben, werden sie in nicht allzu ferner Zukunft die Art und Weise, wie Sozialarbeiter und ihre Klienten miteinander umgehen, umstrukturieren. Einerseits bieten diese neuen Technologien die Möglichkeit einer noch gründlicheren Überwachung bestimmter Gruppen – wie man an der computergesteuerten Überwachung derjenigen, deren Strafe auf Bewährung ausgesetzt wurde, sehen kann. Andererseits bietet der Einsatz computervermittelter Kommunikation Möglichkeiten für persönlichere und angemessenere Interaktionen zwischen Sozialarbeitern und ihren Klienten. Wenn die neuen Technologien mit einem Zuwachs an Wahlmöglichkeiten kombiniert werden, können sie ihr Potential entfalten für eine demokratischere und offenere Kommunikation der Stärken und Schwächen der Klienten wie der Fähigkeit der Sozialarbeiter, für diese effizientere Angebote zu entwickeln (Raths 2000).

Beispielsweise wird gegenwärtig in den Vereinigten Staaten eine Technologie getestet, die eine verschlüsselte Kommunikation zwischen Sozialarbeitern/Fallsachbearbeitern und ihren Klienten in den Bereichen Bestrafung von Erwachsenen und Jugendlichen, in der Kinder- und Jugendhilfe sowie beim Drogenmißbrauch ermöglicht. Diese Software erlaubt daneben elektronische Aufzeichnungen und verschiedene Funktionen des Informationsmanagements. Von noch größerer Bedeutung ist jedoch, daß sie darauf ausgelegt ist, die Arbeit von Sozialarbeitern/Fallsachbearbeitern zu verbessern und ihre Fähigkeit, Klienten zu helfen, zu steigern. Zudem wurden Ansätze aus der künstlichen Intelligenz, wie z. B. Neuronale Netze und die Fuzzy-Logik angewandt, um im Bereich der Kinder- und Jugendhilfe neue und zukunftsweisende Instrumente zur Risikoabschätzung zu entwickeln. Diese Entwicklung sind jedoch erst der Anfang dessen, was der Aufbruch in ein Zeitalter elektronisch gestützter Sozialarbeit zu werden verspricht.

Globalisierung

Die Privatisierungsdebatte darf von der Breitenwirkung der Globalisierung auf das Handeln einzelner Staaten nicht getrennt werden. Internationale Finanzverbindungen und die Organisation der Güterproduktion unter dem Blickwinkel des Weltmarktes – was z. T. auf die weiter oben angesprochenen technologischen Veränderungen zurückgeführt werden kann – haben die Staaten in der Ausübung ihrer Souveränität unterminiert. Von unten nach oben betrachtet hat die „Internationalisierung“ der Arbeitsmärkte auch die Vorstellung von der Welt als einem Bestand verschiedener 'Nationalitäten' in

Frage gestellt. Vorstellungen von der Gemeinschaft im 19. Jahrhundert – in deren Bezugsrahmen der Vielfalt gleichsam geerbter Identitäten der Stempel der „Volkszugehörigkeit" aufgedrückt wurde – sind jetzt fast verschwunden (Anderson 1991).

Die Globalisierung bietet deshalb neue Gelegenheiten für jede Art von mißbraäculicher Ausnutzung (*Predation*). Die Regierungen der Nationalstaaten sehen sich neuerdings mit transnational operierenden mächtigen Akteuren konfrontiert, die sie nicht kontrollieren können. Beispielsweise können internationale Verbrecherorganisationen jetzt lohnende Betätigungsfelder auf der ganzen Welt ausfindig machen, und zwar gleichgültig, ob diese sich in Kolumbien, Russland oder auf den Cayman-Inseln befinden. Auf eine Art, die geradezu weltumspannende Einflußsphären erkennen läßt, sind internationale Finanzorganisationen – wie der Internationale Währungsfonds – sowie etablierte Finanzanbieter in der Lage, Regierungen durch ‚Angebote, die diese nicht zurückweisen können', ihre Bedingungen aufzuzwingen. Tatsächlich können wir in bestimmten Teilen der Welt das Auftauchen ‚rücksichtsloser Staaten' (*predatory states*) beobachten, die sich nicht einmal mehr den Anschein geben, im Interesse der ‚Nation' zu handeln, sondern ihre geballte Macht darauf verwenden, den partikularen Interessen zuzuarbeiten, von denen sie kontrolliert werden (Castells 1998).

Die Effekte der Globalisierung im Hinblick auf die Begrenzung staatlicher Macht haben der Privatisierung gewaltigen Vortrieb verschafft. Sobald sich der Bürger an die Machtbegrenzung des Staates gewöhnt hat, ist er umso bereiter, private Alternativen zum staatlichen Handeln ins Auge zu fassen. In dem Maße, wie die steuerfinanzierten öffentlichen Dienstleistungen amerikanischer Städte in den 80er und den 90er Jahren zurückgenommen wurden, konnten wir eine Expansion privater Dienstleistungsanbieter im Bereich der öffentlichen Sicherheit und auf anderen wichtigen Feldern beobachten. Wenn folglich die private Bereitstellung ehemals öffentlicher Dienste „normalisiert" wird, die sich der Privatisierung in den Weg stellt (Daley 1996).

Die neue Bürgergesellschaft

Im Laufe der ersten Hälfte des zwanzigsten Jahrhunderts wurde eine Reihe von Institutionen ins Leben gerufen, die schließlich die bürgerliche Gesellschaft begründeten. Politische Parteien, Gewerkschaften und andere Organisationen spielten bei der Ausgestaltung des Wohlfahrtsstaates eine entscheidende Rolle. Jetzt, als sich das Jahrhundert seinem Ende zuneigte, haben sie an gestalterische Kraft und Einfluß verloren. Manch einer betrachtet dies als eine Geschichte des Niedergangs und des Verfalls.

So vertrat beispielsweise Putnam in seinem kürzlich erschienenen Buch den Standpunkt, die vergangenen dreißig Jahre seien eine Katastrophe gewesen, weil man es zugelassen hätte, daß sich die von der Kriegsgeneration (des 2. Weltkrieges) geschaffenen gesellschaftlichen Errungenschaften einfach in Luft aufgelöst hätten. Etliche der Autoren des sog. Kommunitarismus, ganz besonders Etzioni, haben den Standpunkt vertreten, daß die jüngste Geschichte der bürgerlichen Gesellschaft eine des Verfalls gewesen sei (Putnam 2000, Etzioni 1994).

Aber auch eine andere Interpretation ist möglich. Gleichzeitig mit dem Verfall traditioneller Elemente der bürgerlichen Gesellschaft sind andere Formen – am augenfälligsten die sozialen Bewegungen und die Selbsthilfe-Bewegung – stärker geworden. Wir werden gegenwärtig Zeugen des Entstehens einer neuen Bürgergesellschaft.

In mancher Hinsicht scheinen die Privatisierung und die neue Bürgergesellschaft in Widerspruch zueinander zu stehen. Schließlich standen viele den sog. 'neuen' sozialen Bewegungen – wie z. B. der Feminismus und die homosexuellen Bewegungen – den privaten Sektor betont mißtrauisch gegenüber. Trotzdem liefern gerade diese Bewegungen selbst eine Begründung für die Privatisierung. Vorwiegend aus dieser Richtung erfährt eine Vielfalt von Lebensstilen Bestärkung, die für die auf den Staat ausgerichtete Sozialpolitik eine Herausforderung darstellen. Wenn beispielsweise alle Adoptionen unter öffentlicher Obhut abgewickelt werden, muß der Staat entscheiden, ob gleichgeschlechtliche Paare z.B. gute Eltern abgeben können. Durch die Privatisierung sozialer Dienstleistungen kann es freilich eine Regierung vermeiden, zu einer Reihe von Themen einen Standpunkt einzunehmen, bei denen kein breit formulierter Konsens besteht (Crawford 1999).

Dieser Trend läßt sich aktuell an der Charter-Schulen-Bewegung ablesen. Viele werden mit ganz unterschiedlichen und bisweilen widersprüchlichen „Philosophien“ gegründet. In Philadelphia beispielsweise reicht die Spanne von unternehmerischen Ansätzen über afrozentrische bis hin zu Ansätzen zur Befreiung der dritten Welt. Die Privatisierung ermöglicht diese Art der Diversifizierung der Sozialpolitik.

Gleichzeitig fordern viele soziale Bewegungen dadurch, daß sie taktisch auf Konfrontationskurs gehen, die Privatisierung geradezu heraus. Die Initiative für die Rechte von Kindern beispielsweise stand hinter zahlreichen Prozessen, die gegen öffentliche Jugendhilfeträger angestrengt wurden. Da die Sozialverwaltung für die öffentliche Hand aufgrund drohender Prozesse folglich höhere Kosten verursacht, scheint die Privatisierung nun mehr die attraktivere Variante darzustellen (Schwartz/Fishman 2000).

Schließlich beschäftigen sich viele dieser Initiativen damit, ihren Rechten Geltung zu verschaffen und konzentrieren sich auf das sog. *Empowerment*. Folglich teilen sie mit vielen ihrer Gegner das Mißtrauen gegenüber dem Staat und bürokratischen Entscheidungsprozeduren. Folglich ergänzen sich die Anhänger der neuen Bürgergesellschaft und die Vertreter der Privatisierung.

3. Privatisierung und die Dienste der Kinder- und Jugendhilfe

Unsere Analyse deutet darauf hin, daß es kein eindeutiges Argument für oder gegen Privatisierung gibt. In diesem Abschnitt wollen wir etwas näher die Kinder- und Jugendhilfedienste als Fallbeispiel dafür betrachten, wie sich die verschiedenen Strömungen innerhalb der Privatisierungsdebatte gegeneinander ausspielen.

Gegenwärtig wächst die Bedeutung des privaten Sektors gegenüber dem Staat und den Bundesbehörden, die öffentliche Dienstleistung an nicht profitorientierte Einrichtungen vergeben. Beispielsweise haben Ergänzungen zum Sozialversicherungsgesetz ein verstärktes Eindringen von gewinnorientierten Unternehmen in den Markt der sozialen Dienste ermöglicht. Das *Personal Responsibility and Work Opportunity Reconciliation Act* (etwa : Gesetz zum Ausgleich von persönlicher Verantwortung und Arbeitsanreizen) von 1996 läßt zu, daß Staaten ganze Wohlfahrtssysteme (einschließlich der Definition der Zugangs- und Leistungsberechtigung,) an gewinnorientierte Unternehmen vergeben. Weiterhin können bundesstaatliche sog. „Title IV-E"- Kinder- und Jugendhilfefonds, die früher ausschließlich der Regierung und dem gemeinnützigen Sektor vorbehalten waren, nunmehr gewinnorientierten Unternehmen zufließen. Im Wettbewerb um Dienstverträge bemühen sich große Unternehmen wie z. B. Lockheed Martin und IBM um den Einstieg in das Wohlfahrtsgewerbe (Nightingale/Pindus 1997). Verfechter der Privatisierung bewerten diesen Wettbewerb positiv und sind der Meinung, daß dadurch gewährleistet wird, daß der Vertragspartner, der den Zuschlag erhält, die Dienste besser und kostengünstiger erledigt. Die sozialen Dienste werden langsam aber sicher als gewinnbringendes Geschäft angesehen, und obwohl noch relativ wenig gesicherte Forschungsergebnisse darüber vorliegen, ob private gewinnorientierte Unternehmen tatsächlich besser und kostengünstiger arbeiten, faßt der private gewinnorientierte Sektor im Bereich der sozialen Wohlfahrt immer mehr Fuß.

Die Frage der Verhältnismäßigkeit: Warum ist die Privatisierung im Bereich der Kinder- und Jugendhilfe so attraktiv?

Die in diesem Aufsatz vorgeschlagenen drei Ausgangsfragen erlauben es, ihr Verhältnis untereinander zu thematisieren. Welchen relativen Stellenwert besitzen Effizienzorientierung, *Predation* und *Empowerment* im Hinblick auf Dynamik und die Struktureigenschaften der Privatisierung in den Vereinigten Staaten? Die Antwort auf diese Frage wird letztlich doch systematische Forschungsarbeit, sowie etliche detaillierte Fallstudien erfordern. In diesem Abschnitt jedoch wollen wir einige der Fragen aufwerfen, die diese Forschungsarbeit in jedem Fall berücksichtigen müßte.

Wie bereits angemerkt, hängt die Effizienz der Privatisierung von zwei Bedingungen ab: davon, ob die Bürokratie Inkompetenz deckt und Innovation unterdrückt. Zweifellos bestehen auf dem Gebiet der Kinder- und Jugendhilfe ausreichend Gründe für die Annahme, daß jede dieser Bedingungen zutrifft. Im Bereich der Kinder- und Jugendhilfe sind mehr als die Hälfte der staatlich verwalteten öffentlichen Jugendhilfeträger in den Vereinigten Staaten erfolgreich verklagt worden und handeln gemäß bundesrichterlicher Verfügungen oder gemäß Erlassen und Verordnungen. Das gleiche gilt für viele lokal (von Bezirk und Stadt) verwaltete Träger in den Vereinigten Staaten. Dazu gehören die lokalen öffentlichen Jugendhilfeträger in Gerichts- und Verwaltungsbezirken wie z. B. Washington, D.C., New York City, Philadelphia and Milwaukee (Schwartz/Fishman 2000).

Gleichzeitig bietet der Bereich der Kinder- und Jugendhilfe ausreichend Gelegenheiten für diejenigen, die nach Gewinn streben. Gegenwärtig werden in den Vereinigten Staaten mehr als 20 Milliarden Dollar bundesstaatlicher, einzelstaatlicher und lokaler Gelder für die öffentlichen Kinder- und Jugendhilfedienste ausgegeben. Obwohl ein Großteil dieser Gelder gut angelegt ist, kann man sich gut vorstellen, daß die verschiedensten privaten Anbieter den Standpunkt vertreten, daß sie diese Dienste effizienter und angemessener für die Betroffenen als der öffentliche Sektor betreiben und beträchtliche Gewinne erzielen könnten.

Doch könnten hier die besonderen Bedingungen des Systems der Kinder- und Jugendhilfe die „Möchtegern"-Privatisierer abschrecken. Obwohl die Bundesregierung eine unbegrenzte Finanzierung für bestimmte Leistungsbereiche der Kinder- und Jugendhilfedienste ermöglicht, waren die einzelnen Bundesstaaten, in deren Verantwortung die Aufsicht über diese Dienste liegt, berüchtigt für ihre Budgetkürzungen. Auch wenn die Regierungen der einzelnen Staaten lukrative Anschubverträge für eine weitere Privatisierung anbieten, können sich freilich die Vertragspartner, sobald die privaten Systeme eingerichtet sind, dazu gezwungen sehen, zu rechtfertigen, warum sie die ungewöhnlich hohen Gewinne verdienen. Nach einiger Zeit, so die Vermutung, würden deshalb die Gewinnspannen in diesen Sektor fallen.

Weiterhin stellt das schwankende öffentliche Interesse an der Kinder- und Jugendhilfe ein beträchtliches Verlustrisiko für private Unternehmen dar. Berichte über positive Erfahrungen von tausenden von Kindern mit den Kinder- und Jugendhilfeträgern werden auf die letzten Zeitungsseiten verbannt – aber ein einzelnes Kind mit Horror-Erfahrungen macht Schlagzeilen. Es darf ferner nicht davon ausgegangen werden, daß mit der Privatisierung dieser Systeme Mißbrauch und Fehler ausgemerzt würden. Selbst wenn die *Häufigkeit* der Fehler merklich abnehmen würde, sähen sich die Vertragslieferanten möglicherweise dem Vorwurf von Fehleinschätzungen, Inkompetenz und mangelnder Sensibilität ausgesetzt, was wohl kaum dem Image entspricht, das ein erfolgreiches Unternehmen anstrebt. Zudem birgt die Wahrscheinlichkeit von „Fehlschlägen“ selbst in einer soliden Organisation Unsicherheit über den künftigen Regelungsbedarf und die jeweils notwendigen Voraussetzungen und Aufwendungen.

Obwohl alle diese Faktoren Berücksichtigung bei den Kalkulationen eines privaten Anbieters/Vertragspartners finden würden, hegt man doch den Verdacht, daß dies den nicht unbeträchtlichen Enthusiasmus im Bereich der Kinder- und Jugendhilfe im Vergleich zu anderen Bereichen dämpfen müßte. Beispielsweise könnten sich private Unternehmen, die Gefängnisse mit einem kaum zu vernehmenden Laut der Entrüstung seitens der Öffentlichkeit betreiben, möglicherweise größeren Herausforderungen gegenübergestellt sehen, wenn sie an Besserungsmaßnahmen für Jugendliche beteiligt sind, ein Argument, das sich aus dem Scheitern der sog. 'boot camps' in den vergangenen Jahren ableitet, und zwar in erster Linie aufgrund von deren Ineffizienz und dem skrupellosen Ausnutzen der jungen Straftäter, die man ihnen anvertraut hatte (Gover et al. 2000).

In den Sternen steht auch das Schicksal des *Empowerment* im Bereich der Kinder- und Jugendhilfe. Obwohl sich die Politik in diesem Bereich – zumindest theoretisch – am Wohl des Kindes orientiert, scheinen bei der Operationalisierung der Rolle der Kinder in diesen Prozessen nur wenige Fortschritte gemacht worden zu sein. Das jüngste Scheitern der Bemühungen um den Schutz der Familie (einschließlich der Betonung des Erhalts der Familienkonstellation im Einzelfall) in den Vereinigten Staaten hat die Politik dahingehend verlagert, daß nunmehr nicht die Eltern unterstützt, sondern statt dessen die Kinder geschützt werden. Dennoch: der Aufruf, Kinder zu *schützen*, taugt kaum als Parole für *Empowerment.* Im Vergleich zu den im schottischen Kinder- und Jugendhilfesystem stattgefundenen Neuerungen, bei denen für Kinder neue Gelegenheiten der Mitsprache bei Maßnahmen geschaffen wurden, scheint in den Vereinigten Staaten nur wenig Aussicht auf solche Änderungen zu bestehen (Hallett 1998). In dem Maße, wie elterliche Mitspracherechte schwinden, muß man den Verdacht hegen, daß höchstwahrscheinlich die gegensätzlichen Auffassungen zwischen Kinder- und Jugendhilfe-Experten und Vertretern des öffentlichen Interesses, nicht aber die Kinder selbst festlegen, was im Interesse des Kindeswohls liegt.

Die Kinder- und Jugendhilfe bietet somit keinen optimalen Nährboden für eine Umsetzung der verschiedenen Motivationen zur Privatisierung. Die gegenwärtigen Trends in diesem Bereich stehen freilich in Beziehung zu den drei Hauptströmungen des sozialen Wandels, die oben bereits untersucht wurden:

Technologischer Wandel

Wir befinden uns in den Anfängen eines Zeitalters der Computerisierung der sozialen Arbeit. Da wir nunmehr über Techniken verfügen, unsere Klienten über das Internet „zusammenzubringen", sind die Möglichkeiten für die Kommunikation untereinander bzw. die Nutzung der Möglichkeiten des Internet unbegrenzt. Darüber hinaus bergen diese neuen Hilfsmittel ein Potential in sich, die Rolle der unteren Ebene von Sozialarbeitern und Fallsachbearbeitern und deren Effizienz entscheidend zu stärken, wenn diese Techniken umsichtig eingesetzt werden. Sie werfen gleichzeitig wichtige neue Forschungsfragen auf, denen sorgfältig nachgegangen werden muß und die beträchtliche Implikationen für die Zukunft der Ausbildung in der Sozialen Arbeit haben.

Globalisierung

Wie in der Industrie sind Neuerungen auf dem Gebiet der Kinder- und Jugendhilfe, der Jugendgerichtsbarkeit und des Erwachsenenstrafrechts heutzutage Gegenstand einer internationalen Diskussion. Die Privatisierung von Gefängnissen beispielsweise beschränkt sich nicht mehr allein auf die Vereinigten Staaten. Private Jugend-Strafanstalten in den Vereinigten Staaten vermarkten ihr Potential auch im Ausland. Die Privatisierung bietet günstige Kontextbedingungen für Experimente mit Innovationen aus anderen Ländern auf Wegen, die öffentliche Träger möglicherweise nicht beschritten hätten.

Die neue Bürgergesellschaft

Wie wir bereits erwähnt haben, hat sich die gegenwärtig herrschende Kinder- und Jugendhilfe-Politik nicht auf die Einbeziehung des Kindes bei der Entscheidungsfindung konzentriert. Doch wirft der Streit darüber zwischen den Fachleuten und den Vertretern des öffentlichen Interesses die Frage der Legitimität nachhaltiger auf, als es bei der Frage nach dem Wohl der Familie der Fall war. Während der Streit zwischen Fachleuten und Anwälten über die künftige Politik und ihre Implementierung tobt, scheint es unumgänglich zu sein, daß Kinder ihre Meinungen, Erfahrungen und Rechte in den Vordergrund rücken. Während sich also die Position der Kinder als Mündel des Staates zu der eines umkämpften Klientels wandelt, ist es sehr wahrscheinlich, daß die Frage ihrer Beteiligung an Entscheidungen über ihre Zukunft auf die Tagesordnung kommen wird.

4. Schlußbemerkung

Die Privatisierung scheint ein dauerhaftes und zunehmend wichtigeres Thema auf dem Feld der internationalen Wohlfahrtsdebatten zu werden. Freilich haben sich sowohl ihre Befürworter wie auch ihre Gegner auf vereinfachende Stereotypen ihrer jeweiligen Beweggründe, Grundprinzipien und zugrundegelegten Tatsachen gestützt. Zweifellos werden Fragen der öffentlichen im Gegensatz zur privaten Aufsicht, zum Stellenwert des Profitmotivs und zu den Grenzen der Bürokratie in der Zukunft der Privatisierung eine große Rolle spielen.

In diesem Aufsatz wurde der Standpunkt vertreten, daß der analytische Rahmen zum Verständnis der Privatisierung erweitert werden muß. Wir bedürfen nicht nur eines genaueren Verständnisses der Grundprinzipien und der Beweggründe für die Privatisierung, sondern wir müssen sie auch vor dem Hintergrund gewichtiger gesellschaftlicher Veränderungen betrachten, von denen sie selbst ein Teil ist. Technologische Veränderung, die die Welt der Arbeit und der Familie verändert haben, spielen auf ähnliche Art und Weise eine wachsende Rolle auf dem Feld sozialer Dienste. Die Globalisierung – verstanden als Internationalisierung der Organisationen 'best practices' –

wird sich auf die Kinder- und Jugendhilfe in demselben Maße auswirken, wie sie sich bereits jetzt in anderen gesellschaftlichen Teilbereichen auswirkt. Nicht zuletzt wird die Neuorganisation der bürgerlichen Gesellschaft und die führende Rolle, die die sozialen Bewegungen bereits jetzt spielen, den Bereich der Kinder- und Jugendhilfe zu einem umkämpften Terrain machen.

Es darf freilich nicht die *Behauptung* aufgestellt werden, daß eine Privatisierung jeden dieser Trends verstärkt. Die Privatisierung *könnte* für einen zügigeren Technologieeinsatz zum Wohl der Klienten sorgen. Sie *könnte* die Verbreitung von Innovationen aus anderen Ländern unterstützen. Und sie *könnte* für die Verbreitung des *Empowerment* sorgen, weil die neue Bürgergesellschaft die Macht der Bürokratie in Frage stellt.

Ob sie all dies jedoch tatsächlich bewirkt, bleibt allerdings eine empirische Frage. Wir brauchen folglich detailliertere Fallstudien über die Beweggründe, die zur Privatisierung aufrufen und darüber, wie sich eine Kombination dieser Motive auf verschiedene Handlungsfelder auswirkt. Und wir müssen eine höhere Sensibilität für die Verschränkung von Technologie und Privatisierung entwickeln. Schließlich müssen wir verfolgen, welche Auswirkungen die Privatisierung auf die Umsetzung von Innovationen hat und welche Auswirkungen auf die Fähigkeit von Einzelpersonen zur Beteiligung an Entscheidungen, die ihr Leben betreffen. Anstatt die Privatisierung als isoliertes Phänomen zu betrachten, das wir entweder billigen oder verabscheuen, müssen wir eindeutige Kriterien zur Bewertung ihrer Verheißungen wie ihres Einflusses sowohl auf die Zielsetzung als auch auf die Realitäten sozialer Unterstützungssysteme entwickeln.

Literatur

Anderson, B. (1991) *Imagined Communities : Reflections on the Origin and Spread of Nationalism*, 2nd ed. London-New York (Verso)

Bernstein, N. (2000) Company Had Head Start Preparing Bid in Welfare-to-Work Program, *The New York Times* vom 10. März 2000.

Burton-Rose, D./ D. Pens/ P. Wright (Ed.) (1998) *The Celling of America : An Inside Look at the U.S. Prison Industry*, Monroe, Maine. (Common Courage Press)

Castells, M. (1998) *End of Millenium.* Part III of *The Information Age: Economy, Society, and Culture*, Oxford, Eng. (Blackwell)

The Center for Education Reform (1999) *Charter school highlights and statistics. Available*: http://edreform.com/pubs/chglance.htm

Chait, J. (1999) Countdown to Reform: The Great Social Security Debate, *Washington Monthly*, **31**, 42

Clark, R.L./ L.A. Craig/ J.W. Wilson (1999) Privatization of Public-Sector Pensions, *Independent Review*, **3**, 549-
Crawford, J.M. (1999) Co-parent Adoptions By Same-Sex Couples: From Loophole to Law, *Families in Society: The Journal of Contemporary Human Services*, **80**, 271-278
Daley, D. (1996) The Politics and Administration of Privatization: Efforts Among Local Governments, *Policy Studies Journal*, **24,** 629-672
Etzioni, A. (1994) *The Spirit of Community: The Reinvention of American Society*. New York (Simon and Schuster)
Goldsmith, L. (1999) 'To Profit By His Skill and to Traffic on His Crime': Prison Labor in Early19th-Century Massachusetts, *Labor History*, **40**, 439-462
Gondles, J.A.Jr. (1999) Prison Industries: A New Look At an Old Idea, *Corrections Today*, **61**, 6, 6-
Gover, A.R./ D. Layton MacKenzie/ G.J. Styve (2000) Boot Camps and Traditional Correctional Facilities for Juveniles A Comparison of the Participants, Daily Activities, and Environments, *Journal of Criminal Justice*, **28**, 53-61
Hallett, C. (1998) Children's Participation in Child Welfare Services, in: Flosser, G./ H.-U. Otto (Ed.) *Towards More Democracy in Social Services: Models and Culture of Welfare*, Berlin-New York (Walter de Gruyter)
Jones, J. (1992) *The dispossessed : America's Underclasses from the Civil War to the Presen*, New York (Basic Books)
Lane, B. (1999) *Choice matters: Policy alternatives and implications for charter schools* [On-line] Available: http://www.nwrel.org/charter/policy.html
Light, J. (2000) Look for that Prison Label, *The Progressive*, **64**, 21-
Lynn, L.E.Jr. (1998) The New Public Management: How To Transform A Theme Into A Legacy, *Public Administration Review*, **58,** 231-237
Maguire, K./ A.L. Pastore (Ed.) (1999) *Sourcebook of Criminal Justice Statistics* [Online]. Available:http://www.albany.edu/sourcebook
Miranda, R./ A. Lerner (1995) Bureaucracy, Organizational Redundancy, and the Privatization of Public Services, *Public Administration Review*, **55**, 193-200
Nightingale, D.M./ Pindus, N. (1997) *Privatization of public social services: A background paper* [On-line]. Available: http://www.urban.org/pubman/privitiz.html
Putnam, R.D. (2000) *Bowling alone : the collapse and revival of American community*. New York (Simon & Schuster)
Raths, D. (2000) IT Pros Lend A Hand To Close Digital Divide – IT Pros, High-tech Companies Share Their Skills with Local Nonprofits, *InfoWorld*, **22**, 97-
Schrag, P. (1999) The Voucher Seduction, *The American Prospect*, **11**, 1, 46-49
Schwartz, I.M./ G. Fishman (2000) *Kids raised by the government*, Westport CT (Praeger)
Toch, T. (1999) Whittling Away the Public School Monopoly, *Wall Street Journal*, vom 15. November 1999.
U.S. Social Security Administration (1999) Executive Summary: Evaluating Issues in Privatizing Social Security. *Social Security Bulletin*, **62**, 65-88

Aus dem Englischen von: Wolfgang Böhm, Karin Jurek, Silvia Wieseler

Evelyn Z. Brodkin

Reorganisation des Wohlfahrtsstaates: Neue Steuerungsmodelle – alte Bürokratieprobleme[1]

Sollen Reformen des Wohlfahrtsstaates nachhaltige Veränderungen bewirken, müssen sie sich auf die praktische Umsetzung der Dienstleistungen vor Ort auswirken. Im Fall der sozialen Dienste ist dies unabdingbar, da das Ermessen bei der Leistungserbringung vor Ort ein notwendiges und der Umsetzung von Politiken inhärentes Merkmal ist. In den Vereinigten Staaten wurden bei den Reformbemühungen um die Lösung dieses Problems zwei verschiedene Wege eingeschlagen. Auf dem einen Weg, der sich am bekannten Modell der öffentlichen Bürokratie orientiert, wird versucht, Ermessen durch hierarchische Befehlsstrukturen und Standardisierung zu steuern. Der andere dagegen, der sich auf Dezentralisierung und Privatisierung stützt, will ein System aus Anreizen ähnlich der Funktionsweise des Marktes oder von marktähnlichen Strukturen schaffen. Paradoxerweise könnte sich herausstellen, dass Ermessen im zweiten Modell ebenso problematisch ist, wie beim ersten. Für eine Abschätzung dieser Möglichkeit ist es erforderlich, das Verhältnis zwischen Sozialpolitik, organisatorischen Bedingungen und der Praxis der Umsetzungsebene zu verstehen. Auf der Grundlage meiner Untersuchungen US-amerikanischer Sozialhilfeprogramme umreiße ich die Konturen dieses Verhältnisses und beziehe die Ergebnisse auf die Frage der Beurteilung neuer Modelle der Gewährung von Sozialleistungen in verschiedenen nationalen Kontexten

1. Bürokratie und Ermessen: Ein permanentes Dilemma

Auf dem Feld der Sozialpolitik neigen die Politiker ebenso wie die Kritiker gleichermaßen dazu, ihre Aufmerksamkeit auf den formalen Gehalt der Politik zu richten. Reformpolitiker stellen sich der Herausforderung, neue Politi-

---

[1] Die Autorin bedankt sich für die Unterstützung seitens der U.S. National Science Foundation (Zuschuss # 9730821), des Open Society Institute und der Ford Foundation, die wesentlich zur Verfassung dieses Artikels beigetragen haben.

kansätze zu entwickeln und diese in Gesetzen zu verankern. Das ist keine leichte Aufgabe. Und manchmal gelingt es auch, wie bei den jüngsten Reformen der Wohlfahrtspolitik in den Vereinigten Staaten und bei der Kinder- und Jugendhilfe in Deutschland. Doch was geschieht, wenn ein neues Gesetz verabschiedet worden ist? Die weniger schillernde, jedoch fundamentale Herausforderung betrifft die scheinbar sachlich-nüchternen Funktionen der Verwaltung. Im Implementierungsprozess selbst nämlich erfährt ein Gesetz, wie ich es bezeichne, seine „praktische rechtliche Bedeutung". D.h. es gewinnt seine substantielle Bedeutung durch die Art und Weise, wie es üblicherweise in die Praxis umgesetzt wird.[2]

Bei den wohlfahrtsstaatlichen Politiken, und ganz besonders denjenigen, die sich mit der Bereitstellung von sozialen Diensten beschäftigen, hängt die praktische Bedeutung des Gesetzes von den rountinemäßigen Aktivitäten der Praktiker vor Ort ab. Die unmittelbar vor Ort aktiven Praktiker werden im Allgemeinen als diejenigen betrachtet, die sich ganz unten in der Hierarchie des politischen Feldes befinden und die Politiken direkt an „den Mann bringen". Dies sind die Sozialarbeiter, Lehrer, Polizeibeamten, Krankenschwestern, Berater und die *case-worker*, die bei Wohlfahrtsträgern angestellt sind. Sie spielen in der Sozialpolitik eine entscheidende Rolle, denn sie interagieren direkt mit den Personen, auf die Sozialpolitik abzielt, und sorgen dafür, dass die Politik sie schließlich erreicht (Lipsky 1980).

Die Verwaltung sähe sich folglich allzu gern in die Lage versetzt, die Aktivitäten der Praktiker vor Ort selbst zu steuern. Immerhin sind es die Verwaltungsspitzen und Führungskräfte, die letztlich für die Leistungen ihrer jeweiligen Träger verantwortlich sind. Verständlicherweise wird somit die Steuerung zum Prüfstein für die Verwaltung. Sie versucht deshalb, durch formelle Vorschriften, Kontrollmaßnahmen, Belohnungen und Strafen, ja sogar durch Überredung und Ermahnung zu steuern. Ein wesentliches Merkmal der direkt vor Ort tätigen Praktiker besteht freilich darin, dass sie sich nicht durch traditionelle hierarchische Strategien oder Anreize steuern lassen. Ihre Arbeit wird fern von direkter Aufsicht verrichtet und beinhaltet ein Ermessen, das sich qua Definition einer Kontrolle entzieht.

Paradoxerweise könnte es nicht einmal wünschenswert sein, das Ermessen durch Steuerung seitens des Verwaltungsapparates auszuschließen, selbst wenn dies möglich wäre. Und warum nicht? Die Gründe hierfür sind sowohl praktischer als auch politischer Natur. Erstens erfordert die Implementierung

---

[2] Eine ausführlichere Diskussion dieser Fragen ist in Brodkin (1999b) enthalten.

sozialpolitischer Maßnahmen, wenn sie erfolgreich sein wollen, seitens der Bürokratie Ermessen. Die Effektivität sozialer Dienstleistungen hängt davon ab, dass die Praktiker vor Ort komplexe Beurteilungen über den Bedarf abgeben und die allgemeinen politischen Richtlinien so umformen, dass sie den individuellen Umständen Rechnung tragen. Zweitens spielt das eigene Ermessen in der Sozialpolitik eine bedeutende, wenn auch weitgehend unsichtbare Rolle. Gleichsam im Vollzug ihrer Handlungsroutinen nehmen die Praktiker an der Basis täglich die Herausforderung an, die Versprechen der Sozialpolitik mit dem praktisch Machbaren in Einklang zu bringen.

Beispielsweise ist zwar der „Schutz des Kindes" ein großes Versprechen der Kinder- und Jugendhilfepolitik , faktisch hält sie aber nur in begrenztem Umfang Hilfsmittel bereit, um zu erkennen, welche Kinder Schutz benötigen, und wie man dem am besten entsprechen kann. In den Vereinigten Staaten haben Sozialarbeiter, die mit einem Kind in Kontakt kommen, dem keine angemessene beheizte Unterkunft, Nahrungsmittel oder Kleidung zur Verfügung stehen, nur in beschränktem Maße die Möglichkeit, finanzielle Unterstützung anzubieten, um das Kind zu schützen und der Familie zu helfen. Statt dessen wäre die am ehesten verfügbare Option die Unterbringung des Kindes bei einer Pflegefamilie, obwohl dies auch mit Risiken für das Kind verbunden ist. In Wirklichkeit hängt die Qualität der Wahlmöglichkeiten im Hinblick auf Hilfsmaßnahmen von den „Unterstützungsressourcen" ab, auf die die Sozialarbeiter und andere Praktiker Zugriff haben. In dem Maße, wie Träger nur gegenüber den Aufgaben über unzureichende Mittel verfügen können, sind es die Praktiker vor Ort, die die latent politische Funktion erfüllen, zwischen den Versprechen und ihrer praktischen Einlösbarkeit auszubalancieren.

Bei der Versorgung mit sozialen Diensten und Hilfen ist es schlicht unmöglich, das Ermessen völlig auszuschließen.[3] Ein Ermessen ist für die Erfüllung der Aufgaben nicht nur erforderlich, sondern dieser Aufgabenstellung geradezu inhärent. Der Prototyp des Praktikers vor Ort bewahrt sich immer ein Ermessen, wenn auch nur in gewissem Umfang. Zum ersten, weil routinemäßige Aktivitäten nicht direkt kontrolliert werden können. Mit seltenen Ausnahmen finden die individuellen Interaktionen mit den Klienten nämlich nicht unter direkter Beobachtung statt. Zweitens ist die Durchführung wohl-

---

3 Siehe Lipsky (1980) hinsichtlich der zukunftsweisenden begrifflichen Fassung der Praktiker vor Ort und der typischen Dilemmata, mit denen sie sich konfrontiert sehen. Auf den Ermessensspielraum bei den sozialen Maßnahmen wird auch bei Goodin (1988:184 ff.) und Handler (1986) detailliert eingegangen.

fahrtsstaatlicher Maßnahmen voller Ambiguität. Die Ziele sind komplex und manchmal sogar widersprüchlich. Folglich lassen sich bürokratische Funktionen nicht einfach in Routineaufgaben übersetzen, obwohl das von der Leitungsebene aus oftmals mit Hilfe von „Praxishandbüchern“, Formularen zur Ermittlung von Sachverhalten usw. versucht wird. Drittens schließlich verfügen wir über keinerlei Technologie für die wohlfahrtsstaatliche Praxis. Soziale Arbeit und der Sozialen Arbeit ähnliche Aufgaben sind eher eine Kunst als eine Wissenschaft. Sowohl klinische als auch nicht-klinische (bürokratische) Methoden der Leistungserbringung sind eher als kontingent und vom Ermessen abhängig, als technisch oder formalisierbar zu begreifen. Vermutlich orientieren sich die *Professionals* auch an Forschungsergebnissen und theoretischen Erkenntnissen. Ihr praktisches Handeln wird freilich kaum einen „mechanischen Charakter“ haben und auch nicht einfach von der Theorie vorgeschrieben sein. Letztendlich erfordern Dinge, wie das Erkennen von Anzeichen eines Kindesmissbrauchs oder die Unterscheidung zwischen Drückebergertum und der Unfähigkeit, einen Job durchzuhalten, ein feinfühliges Urteilsvermögen. Diese grundlegenden Probleme des Ermessens vergrößern sich bei den U.S.-Programmen zur sozialen Sicherung, bei denen man sich weitgehend auf unprofessionelle Mitarbeiter verläßt.

Zum Verständnis der Dialektik zwischen Politik und Praxis

Obwohl das Ermessen für die Produktion effektiver wohlfahrtstaatlicher Politiken erforderlich ist, kann es sich – abgewälzt auf die Praktiker der unteren Entscheidungsebenen – als problematisch, wenn nicht sogar manchmal als unmöglich erweisen, dass dieser Spielraum von ihnen angemessen genutzt wird. In den Vereinigten Staaten führen Kompromisse, die zur Beschleunigung von Gesetzesreformen erforderlich sind, zu Politiken, die mit widersprüchlichen Zielen und Ambiguität überfrachtet sind und sich auf zweifelhafte „Sozialtechnologien“ stützen. Es ist nicht ungewöhnlich für wohlfahrtsstaatliche Politiken in den Vereinigten Staaten, dass sie „Mehrfach-“ und widersprüchliche Ziele enthalten, z.B. Unterstützung zum Wohl der Familie bei gleichzeitiger Akzeptanz schlecht bezahlter Arbeit, oder Kinder vor Schädigungen zu schützen, aber gleichzeitig den Erhalt der Familie anzustreben.

Folglich ist das, was wir als „best practices“ definieren, sowohl an bestimmte Bedingungen geknüpft als auch politischer Natur. Es ist abhängig von den verfügbaren Ressourcen und Kenntnissen, die gleichermaßen unzureichend sein können. Es ist insofern politischer Natur, als den Praktikern unabhängig davon, wie sie die Widersprüchlichkeiten der Politiken direkt vor Ort aufzulösen versuchen, im Falle dürftiger Ergebnisse die Schuld daran zugerechnet wird. So kann es sein, dass sie im Hinblick auf die Sicherheit der Kinder zu vorsichtig sind und diese ihren Eltern entziehen, oder hinsichtlich des familiären Zusammenhalts, indem sie versuchen, die Familien durch psychologische Beratung zu integrieren. Ironischerweise sind gerade die Politiker, die Programme entwickeln, deren „korrekte" Umsetzung nahezu ausgeschlossen werden kann, möglicherweise mit die Ersten, die den „Regierungsorganen" die Schuld in die Schuhe schieben, wenn ein Politikversagen offenkundig wird.

Unter diesen Umständen, die im Fall der sozialen Dienste in den Vereinigten Staaten geradezu symptomatisch sind, sollte es kaum verwundern, dass die Regierungsbehörden häufig im Zentrum öffentlicher Unzufriedenheit stehen. Die Sozialhilfebehörden in den Vereinigten Staaten bieten ein besonders anschauliches Beispiel dieses Phänomens. Mehrfach wurde in der Geschichte den staatlichen Wohlfahrtsbehörden die Aufgabe der Armutsbekämpfung übertragen, währenddessen sie kaum über die Ressourcen, Technologien und Durchsetzungsfähigkeit verfügten, um dieses Ziel zu erreichen. Tatsache ist, dass die politischen Instrumente, die zur Beendigung, oder zumindest für einen nachhaltigen Rückgang der Armut notwendig sind, weitgehend unerreichbar für einen Zugriff seitens der staatlichen Wohlfahrtsbehörden blieben, insbesondere in Anbetracht der in den Vereinigten Staaten eng umrissenen Grenzen für direkte finanzielle Unterstützungen .

Die liberalen Reformstrategien, die auf der Beendigung der Armut durch Dienstleistungen an den Mittellosen (anstatt von monetären Hilfen) beruhten, hatten perverser Weise zur Folge, dass sich die Kluft zwischen den periodisch erfolgenden Versprechungen der Regierung, die Armut zu beenden, und dem, was die öffentlichen Träger tatsächlich erzielen konnten, vergrößerte. Im Gegensatz zu manchen ihrer europäischen Pendants herrschte bei den US-Behörden, die für die Effizienzsteigerung solcher Dienste verantwortlich waren, ein chronischer Mangel an *know-how* und Mitteln. Wenn die politischen Akteure Aufgaben zur sozialen Sicherung Organisationen übertragen, die nicht in der Lage sind, diese Aufgabe zufriedenstellend zu erledigen, bauen sie praktisch das Scheitern in die Reformen mit ein. (Brodkin 1997, 1999a). Letztlich provoziert dieses vorhersehbare (jedoch nur selten vorhergesagte) Scheitern eine heftige öffentliche Reaktion gegen die wohlfahrtsstaatlichen Politiken, gegen die Behörden, die diese Politiken tragen und nicht zuletzt die mittellosen Bürger, die keinen Nutzen daraus ziehen können. In den Vereinigten Staaten hat diese Dialektik von Reform und Enttäuschung zweifellos ihren Teil zu einem allgemeinen Vertrauensverlust gegenüber der Regierung und ihren Handlungsmöglichkeiten beigetragen und

Rufe nach Reformen, Sparmaßnahmen, Dezentralisierung und Privatisierung laut werden lassen. Das Gefühl, dass „alles andere besser ist" als die bestehenden Verhältnisse, treibt manchmal die Reformen auf unbekanntes Gelände.

2. Management-Reformismus bei der wohlfahrtsstaatlichen Versorgung in den Vereinigten Staaten

Die von mir bisher skizzierte Dialektik von Ermessen und Reform wird zum Teil durch das permanente Dilemma des Ermessens bei der Erbringung der Leistungen zur sozialen Sicherung gestützt. Ermessen ist in der Verwaltung ebenso notwendig für die Implementierung der Politik wie riskant für ihre Ziele. In der Verwaltung der sozialen Sicherung in den Vereinigten Staaten spiegelt sich diese Dialektik wieder, wobei sich das Pendel zwischen Reformen zur Stärkung des Ermessens und Reformen zu seiner Einschränkung hin- und herbewegt. Diese Dialektik wird zudem noch, zumindest in den Vereinigten Staaten, durch die unbeständige Wohlfahrtspolitik, die einen hart umkämpften Bereich staatlichen Handelns markiert, angeheizt. Diese Dialektik sorgt dafür, wie ich im Folgenden zeigen werde, dass die Verwaltung zu einer Arena politischer Konflikte wird. Reformen, die zugunsten von Effizienz und Effektivitätssteigerung der sozialpolitischen Maßnahmen initiiert wurden, reorganisieren nämlich die Praxis zugleich derart, dass sich Verbreitung und Inhalt dieser politischen Maßnahmen von Grund auf ändern. Folglich tritt oft entgegen den unpolitischen Zielen der Verwaltungsreform der Fall ein, dass das Praktische politische Dimensionen annimmt.

Ich betrachte marktähnliche Verwaltungsreformen – von der Implementierung relativ simpler Leistungsbewertungsstrategien bis hin zu durchgreifenden Dezentralisierungs- und Privatisierungsstrategien – als Teil dieser Dynamik. Die Reformen haben dazu tendiert, die Frage des Ermessens auf zweierlei Weise anzugehen. Erstens streben sie eine Veränderung des Verhältnisses von „zu großem" und „zu kleinem" Ermessen an. Ein „zu großes" Ermessen führt möglicherweise zu Umsetzungspraktiken, die als politisch unakzeptabel gelten, da sie entweder zu streng oder zu nachgiebig sind. Ein „zu kleines" Ermessen dagegen dazu, dass sie als politisch unakzeptabel gelten, weil sie zu rigide sind, den Umständen nicht entsprechen und die politischen Leitbilder unterminieren. Zweitens zielen die Reformen möglicherweise darauf ab, die Möglichkeiten des Ermessens innerhalb von Organisationen anders, oder sogar in neuen Organisationstypen zu verankern. Das Ermessen wird dann beispielsweise von öffentlichen Behörden oder Behörden mit öffentlich-rechtlichen Befugnissen auf private Behörden verschoben, womit seine Grenzen auf eine Art und Weise neu abgesteckt werden, die bisher noch nicht ausreichend abgeklärt wurden (Brodkin/Young 1989; Handler 1986; Kamerman/Kahn 1989; Smith/Lipsky 1993).

Seit nahezu zwei Jahrzehnten habe ich die Verwaltungsreformen verfolgt, die auf verschiedentliche Art und Weise die Sozialhilfeprogramme in den Vereinigten Staaten umorganisieren und den Bereich des Ermessens an der Basis neu fassen sollten. Diese Erfahrung unterstreicht die Rolle der Verwaltungsreform in der wohlfahrtsstaatlichen Politik sowie die analytische Notwendigkeit zur Entwicklung eines gründlicheren Verständnisses der Umsetzungspraxis. Zu Beginn möchte ich vorausschicken, dass die Einrichtungen, die mit der Umsetzung befaßt sind, nicht im luftleeren Raum agieren. Wenngleich sie ähnliche Grundsätze verfolgen, müssen sie auch innerhalb ihres spezifischen politischen Kontextes verstanden werden. Aus mehreren Gründen spielen sich ähnliche strukturelle Reformen wahrscheinlich in verschiedenen Ländern auf unterschiedliche Weise ab. Über den nationalen Rahmen hinausgehende Analysen dieser Reformen müssen diesen Unterschieden daher sorgfältig Rechnung tragen.

Verwaltungsreform: Die erste Welle

In den späten 60er-Jahren und den frühen 70er-Jahren sahen sich die öffentlichen Wohlfahrtsbürokratien in den Vereinigten Staaten Angriffen aus dem gesamten politischen Spektrum ausgesetzt. Bei öffentlichen Behörden angestellte Sozialarbeiter (von denen viele keine Fachausbildung besaßen) hatten bei Entscheidungen darüber, wer unter welchen Bedingungen nun soziale Unterstützung bekommen sollte, den Ruf, willkürlich und anmaßend zu sein. Sie wurden von der politischen „Rechten" wegen ihrer übermäßigen Großzügigkeit bei der Zuteilung der Sozialhilfe verachtet und beschuldigt, zugelassen zu haben, dass die Fallzahlen aufgrund von Betrug, Verschwendung, Missbrauch und Faulheit anstiegen. Sie wurden auch von der politischen „Linken" für ihre Einmischung in das Leben mittelloser Familien verachtet, beispielsweise für die notorischen, mitten in der Nacht stattfindenden „Heimbesuche", um Nachweise für das Zusammenleben von Partnern in einem eheähnlichen Verhältnis zu bekommen, was damals einen Verstoß gegen die Regeln zum Bezug von Sozialhilfe bedeutete. Des Weiteren wurde Sozialarbeitern vorgeworfen, sie seien bei ihrer Beurteilung zu fordernd, willkürlich und engstirnig. Dies fiel damals ganz besonders in den Südstaaten auf, wo mittellose Familien, die aufgrund ihrer Rassenzugehörigkeit zu den Minderheiten zählten, von weißen Beamten entmutigt oder sogar davon abgehalten wurden, Sozialhilfe zu erhalten.

Die in den späten 70er-Jahren initiierten Reformen strebten die Eliminierung des Ermessens und die Geltendmachung größerer hierarchischer Steuerung innerhalb der öffentlichen Wohlfahrtsbehörden an.[4] Zu den Strategien, die eingesetzt wurden, gehörte, dass die Verwaltungsspitze detailliertere Regeln für die Zuteilung von Sozialhilfe erließ und Verfahren zur Qualitätskontrolle und Qualitätssicherung entwickelte, um die Prozeduren und Schreibarbeiten vor Ort genau kontrollieren zu können. Zur Verwaltungsreform gehörte auch eine Strategie der Entprofessionalisierung, wobei durch die Entbindung der Sozialarbeiter von der Zuteilung der Sozialhilfe versucht wurde, die hierarchischen Strukturen wieder zu stärken (Fabricant/Burghardt 1992; Simon 1983). Diejenigen, die eine Fachausbildung auf dem Gebiet der sozialen Arbeit absolviert hatten, wurden mit der Verantwortung für Leistungen der Kinder- und Jugendhilfe in separate Behörden verlegt, während die Sozialhilfebehörden in zunehmendem Maße mit schlechter ausgebildeten Kräften (größtenteils ohne Studienabschlüsse) besetzt wurden. Dies entsprach der Vorstellung der Reformer, die Sozialhilfe dahingehend neu auszulegen, dass sie als Büroarbeit und nicht als Gegenstand der sozialen Arbeit begriffen werden sollte.

Das Ermessen auf der Umsetzungsebene wurde zur Zielscheibe der Reform auserkohren. Die Maßnahmen zur Qualitätskontrolle schienen darauf hinzudeuten, dass Millionen von Dollar an Geldleistungen auf unvorschriftsmäßige Weise ausgezahlt wurden. Managementstrategien der Unternehmensführung strebten die Durchsetzung hierarchischer Steuerung durch eine Kontrolle der Einhaltung von Verfahrensregeln seitens der *case-worker* an , was auf die Vermeidung unvorschriftsmäßiger Zahlungen abzielte. Schon bei einem flüchtigen Hinsehen fallen Fehlzahlungen zuallererst in die Belange des Managements. Doch steckte hinter der Verwaltungsreform beträchtlich mehr, als zunächst zu erkennen war. Genau genommen wurden die zur Reduzierung von Verwaltungsfehlern initiierten Qualitätskontrollen und administrativen Reformen nahezu durchgängig als „Freigiebigkeitsfehler" dargestellt. Einer „falschen Rigidität", wodurch die Sozialhilfe von Anspruchsberechtigten unverhältnismäßig stark eingeschränkt, ja sogar gänzlich verweigert wurde, standen sie weitgehend gleichgültig gegenüber. Desweiteren wurden formale Fehler in der Schreibarbeit verfolgt, als ob diese ihrer-

---

[4] Diese Diskussion bezieht sich auf die Analyse, die in Brodkin (1986) herausgearbeitet wird.

seits unrechtmäßige Zahlungen verursachten – was zu einer bei weitem überschätzten Fehlerquote führte und Beschränkungen beim Zugang zur Hilfe legitimierte.

Wie ich bereits an anderer Stelle ausführlich dargelegt habe, richteten die Verwaltungsreformen die Umsetzungspraxis effektiv von einem bedürfnisorientierten hin zu einem stärker verfahrensrechtlich orientierten Procedere neu aus. (Brodkin 1986). Unter dem Deckmantel verbesserter Genauigkeit führte die Implementierung rigoroserer bürokratischer Verfahrensweisen zur nachhaltigen Einschränkung des Zugangs zu monetären Hilfen, womit sowohl den vorschriftsmäßigen als auch den unvorschriftsmäßigen Anträgen auf Sozialhilfe ein Riegel vorgeschoben wurde. Die Reform beinhaltete zwar neue Techniken zur Leistungsmessung, doch glich sie eher dem „alten öffentlichen Management“ als dem „neuen“. Die Reformen sollten die hierarchische Struktur bestärken und durch Standardisierung der konkreten Praxis vor Ort und Einschränkung des Ermessens eine Kontrolle seitens des Managements durchsetzen. Diese Reformmaßnahmen konnten das Ermessen nicht gänzlich ausschließen. Sie eigneten sich aber dafür, es neu auszurichten.

Die Leistungskontrolle übte einen subtilen, gleichzeitig jedoch beträchtlichen Einfluss auf die Möglichkeit aus, nach Ermessen zu handeln und zwar durch Schaffung von Anreizen zur Vermeidung der gemessenen Fehler. Die Leistungsmessung verband substantielle Fehler, bei denen zu hohe Auszahlungen geleistet wurden, mit Fehlern bei der Durchführung, wenn es versäumt wurde, die Antragsberechtigten durch einen Irrgarten von schriftlichen „Beweisen“ für die Leistungsberechtigung zu schicken. Die Managementreformen sahen fast keine Strafen vor, weder für die fälschliche Verweigerung von Anträgen, noch für eine derartige Erschwerung des Zugangs zu Sozialhilfe, die Leistungen generell beschränkte, und zwar unabhängig von der tatsächlichen Berechtigung, Leistungen zu erhalten. Nach der Durchführung der Reform verfügten die Praktiker vor Ort über weniger Ermessen zur Hilfe, gleichzeitig jedoch über mehr, um den Zugang zu den Leistungen für die „würdigen“ wie die „unwürdigen“ gleichermaßen zu blockieren.

Hinter der Fassade waren die Verwaltungsreformen, die initiiert worden waren, um den sozialen Diensten zu einem besseren Management zu verhelfen, von dezidiert politischem Charakter. Man mag sich fragen, warum die Blockierung des Zugangs zu Sozialhilfe nicht zu spürbaren Protesten oder heftigen Reaktionen führte. Meiner Meinung nach gibt es vier Gründe für das Ausbleiben einer Reaktion. Erstens wurden die von der Bürokratie unternommenen Schritte, den Zugang zur Sozialhilfe einzuschränken, jenseits der

Grenzen durchgeführt, innerhalb der die behördlichen Leistungen gemessen wurden. Die unausweichlichen Konsequenzen dieser Praktiken wurden weder als Probleme erkannt, noch in den Verwaltungsstatistiken erfasst. Zweitens wurden die Beschränkungen der Sozialhilfe auf dem Verwaltungsweg und in Randbereichen, statt auf breitenwirksamere und offensichtlichere Weise, wie z.B. durch Kürzungserlasse, durchgeführt. Drittens standen diese Beschränkungen im Einklang mit politischen Kursänderungen in den Vereinigten Staaten, in deren Rahmen gegen die Bereitstellung der Sozialhilfe votiert und ganz allgemein die Beschneidung des Wohlfahrtsstaates favorisiert wurde. Viertens folgten die Verwaltungsreformen auf die politische Demobilisierung der mittellosen Bevölkerung. Der Aktivismus des vorangegangenen Jahrzehnts – und damit die Unterstützung für diesen Aktivismus innerhalb der Demokratischen Partei – hatte sich in Luft aufgelöst. Nur wenig verblieb von den organisatorischen Strukturen, die den Protest und das politische Engagement derjenigen, die sich auf den unteren sozioökonomischen Rängen der amerikanischen Demokratie befanden, gestützt hatten.

Es mag erstaunlich anmuten, dass innerhalb der Wohlfahrtsbürokratie den Verwaltungsreformen nur ein geringer Widerstand entgegengesetzt wurde. Ich vermute, dass dies zum Teil daran lag, dass sich die Sozialarbeiter, deren Berufsethos und Solidaritätsgefühl Widerstand hätte auslösen können, bereits weitgehend aus den öffentlichen Sozialhilfe-Trägern zurückgezogen hatten oder sogar von ihnen entlassen worden waren. Diejenigen, die dort verblieben, konnten in der Tat zwischen Mitmachen oder Abtreten wählen. Oder wie eine Aufsichtsbeamtin eines solchen Trägers die Veränderung ihrer mit *case-work* beauftragten Mitarbeiter es beschrieb: „Sie meinen, dass es ihre Aufgabe ist, die Mogeleien und Betrügereien aufzuspüren. Wenn sie das bei ihrer Ankunft hier noch nicht einsehen, dauert es nicht lange, bis sie es tun. Genau darin liegt die Verstärkung." (Brodkin 1986: 92). Als die nächste Reformwelle ins Rollen kam, bei der dem Ermessen in den Sozialhilfeprogramme wieder Raum gewährt wurde, stützte man sich bei der Implementierung auf einen weitgehend unprofessionellen Kader von Praktikern vor Ort, deren Ausbildung darin bestand, „formalistisch" und ohne „Reibungsverluste" agieren zu können.

Verwaltungsreform: Die zweite Welle

In den 80er Jahren setzte eine Konvergierung zweier Reformwege ein. Der eine wurde von Forderungen nach politischen Änderungen angetrieben, den Schwerpunkt der Sozialhilfe von Geldleistungen auf Arbeit neu auszurichten. Der andere dagegen speiste sich aus einer neuen Bewegung, die auf Verwaltungsreformen abzielte, die eine größere Verantwortung und Managementkontrolle auf die untere Regierungsebene abwälzen wollte. Obgleich die Wohlfahrtsverwaltung in den USA schon seit langem ein vom Bund und den einzelnen Staaten Regierungen einvernehmlich verantworteter Bereich war, störten sich letztere an den mit der Finanzierung von Sozialprogrammen durch die Bundesregierung verbundenen Ausführungsbestimmungen. Die unteren Regierungsebenen erhielten nach und nach die Genehmigung der Bundesregierung, mit verschiedenen Ansätzen zur Bereitstellung der Sozialhilfe zu experimentieren, was letztlich darauf abzielte, Empfänger von Sozialhilfe in Lohnarbeit zu bringen. Zwar wurde dies zum damaligen Zeitpunkt verkannt, doch führten diese Reformen auf selektive Weise so genannte *New Public Management* (NPM)-Techniken (Koht 2000, in diesem Band) in die Leistungserbringung sozialer Dienste ein. Im Einklang mit den bekannten NPM-Themen beriefen sich die Gouverneure der Bundesstaaten, die die Experimente befürworteten, auf die mit der Dezentralisierung verbundenen Versprechen der Flexibilität und Erneuerung[5].

Befürworter der Reform gingen auf Konfrontationskurs sowohl gegen die nationalstaatliche Regulierung der unteren Regierungsebenen als auch gegen die Sozialhilfe, die z.B. den arbeitslosen Alleinerziehenden gezahlt wurde. Ganz im Banne der Dialektik übten die Reformer wegen der bürokratischen Standardisierung, die im Laufe der vorherigen Reformwelle eingeführt worden war, scharfe Kritik an den öffentlichen Wohlfahrtsbehörden. Diese Einrichtungen wurden jetzt als „Bevorzugungs- und Nachgiebigkeits"-Systeme, die „von allen gehasst werden" bezeichnet. (Bane/Ellwood 1994: 19).

Die Bundesregierung gab den unteren Ebenen genügend Spielräume, um mit verschiedenen Ansätzen zur Sozialhilfe, die auf die Förderung von Lohnarbeit statt der Bereitstellung von Geldleistungen ausgerichtet waren, experimentieren zu können. Die experimentellen Programme, die von den Regierungen der einzelnen Staaten und auf Bezirksebene durchgeführt wurden, erzielten unterschiedliche Resultate (von negativ bis maßvoll positiv). Je nach Sichtweise heben sie entweder die Nachteile oder das Potential dieser Dezentralisierungstrategien hervor (Brodkin/Kaufman 2000). Ungeachtet dieser Ergebnisse legten die Experimente das politische Fundament für ein breiter angelegtes nationalstaatliches Reformprogramm, das den einzelnen Bundes-

[5] Bei Handler/Hasenfeld (1991) findet sich eine gute geschichtliche Abhandlung der frühen experimentellen Programme, die von Untereinheiten der Bundesregierung durchgeführt wurden. Bei Brodkin/Kaufmann (2000) dagegen ist eine kritische Betrachtung dieser Experimente und ihres politischen Einflusses zu finden.

staaten eine größere Autorität zur Neuorganisation ihrer Sozialhilfeprogramme brachte.

Obwohl das Ermessen in der Sozialarbeit-Bürokratie der 60er und 70er Jahre weiterhin in schlechtem Ruf standen, fand dieses Idealbild des Handelns großen Anklang, als es im NPM-Jargon mit den Begriffen Dezentralisierung und Flexibilität erneut eingeführt wurde. Das *Family Support Act* (etwa: Gesetz zur Unterstützung der Familie) von 1988 stellte einen weiteren (begrenzten) Schritt auf dem Weg zur Dezentralisierung dar. Hierin wurde die Befugnis der einzelnen Bundesstaaten zur Entwicklung von Programmen zur Arbeitsförderung maßvoll erweitert, sowie die Leistungsmessung im Verbund mit steuerlichen Anreizen für die Förderung örtlicher Anstrengungen mit nationalstaatliche Zielen eingesetzt. Den bundesstaatlichen Behörden fiel die wesentliche Aufgabe zu, das Versprechen einzulösen, durch begrenzte Dezentralisierung und arbeitsorientierte Programme das komplexe Problem der Armut anzugehen. Wie bereits zuvor wurden die politischen Versprechen nicht an die Bereitstellung der für eine derartige Aufgabe erforderlichen Mitteln gekoppelt. Die von den einzelnen Bundesstaaten durchgeführten Arbeitsprogramme waren finanziell nur spärlich ausgestattet, stützten sich weitgehend auf einen unprofessionellen Mitarbeiterstab und waren mit widersprüchlichen Zielvorstellungen belastet: eine Arbeitsaufnahme durch entsprechende Forderungen und die Androhung von Strafen einerseits „zu erzwingen“ und andererseits Arbeit durch Ausbildungsangebote, Schulungen und soziale Diensten „zu ermöglichen“.

Die Leistungsmessung spielte eine entscheidende Rolle bei der Gestaltung der verschieden Formen der Nutzung des jeweiligen Ermessensspielraums.[6] Die Quoten der Bundesregierung, die angeblich darauf ausgelegt waren, die einzelnen Bundesstaaten für die Implementierung politischer Maßnahmen dadurch verantwortlich zu machen, dass sie die Quoten zur Einbindung der Klienten in arbeitsbezogene Aktivitäten detailliert beschrieben, wirkten sich in Wirklichkeit verzerrend auf die Implementierung aus. Da sie unter Druck standen, die Quoten zu erreichen, sahen sich die Sozialarbeiter vor Ort gezwungen, „das Soll zu erfüllen“, weshalb nur allzu oft die Quantität der Qualität vorangestellt wurde. Beobachtungen zur direkten Umsetzungspraxis der Organisationen zeigten, dass die case-worker auf diesen Druck so reagierten, dass sie die Personen in Arbeitsprogramme drängten, aber dem was tatsäch-

---

[6] Diese Diskussion bezieht sich auf meine empirische Studie der Umsetzungspraxis, als die Reform von 1998 implementiert wurde. Siehe Brodkin (1997).

lich geschah, sobald diese darin eingebunden waren, wenig Aufmerksamkeit schenkten (Brodkin 1997). Diese Unterbringungsmaßnahmen „zählten" gemäß den von der Bundesregierung angelegten Leistungsmaßstäben als erfolgreiche Implementierung. Man kann eine solche Bewertung kaum anders als in einem oberflächlichen und mechanistischen Sinn stützen, wenn man bedenkt, dass diese sogenannten Arbeitsdienste aus Routinetätigkeiten oder sinnlosen Arbeitsinhalten bestanden, oder sogar auf Fehlinformationen beruhten.

Die Hoffnungen, dass die Reform neue und fundiertere Alternativen für das Handeln vor Ort hervorbringen könne, waren unbegründet . Obwohl von einer „veränderten Amtskultur" oder einer „neuen Ideologie" gesprochen wurde, hing das Handeln nicht davon ab, was die *case-worker* glaubten, oder glauben sollten, sondern davon, was sie leisten konnten. Selbst die motiviertesten *case-worker* waren den Beschränkungen der organisatorischen Kapazität – dem Niveau der professionellen Fähigkeiten, den Mitteln der Behörden, dem Zugang zu Schulungs- und Arbeitsplätzen für die Klienten usw. unterworfen. Vor diesem Hintergrund wurden die Handlungsvollzüge durch Anreize der jeweiligen Behörde geprägt, und zwar am direktesten durch standardisierte Formen der Ausführung, die schließlich eine der üblichen NPM-Techniken begründeten.

Der Gesamtumfang des *Family Support Act* ist zu komplex, um hier angemessen dargestellt werden zu können. Hier reicht die Feststellung, dass die Ergebnisse dieser Strategie derart enttäuschend waren, dass der politische Druck für Reformen zunahm, noch ehe man Gelegenheit dazu hatte, die Bemühungen der einzelnen Bundesstaaten vollständig auszuwerten. Ob dieses Gesetz ein erfolgreicher Test für eine Dezentralisierung oder der arbeitsorientierten Reform war, ist zweifelhaft. Ein Grund dafür könnte sein, dass dieses Gesetz unglücklicherweise zu einem Zeitpunkt implementiert wurde, an dem die Wirtschaft an einem Tiefpunkt der Rezession angelangt war. Es überraschte deshalb nicht, dass Arbeit auf dem privaten Arbeitsmarkt in diesem Zusammenhang eine ungenügende Alternative zur Sozialhilfe bot. Weiterhin war auch nicht überraschend, dass die Gewährung größeren Ermessens für die wohlfahrtsstaatlichen Bürokratien kaum eine Lösung des Armutsproblems oder der Probleme der behördlichen Praxis darstellte. Insgesamt hatten die meisten öffentlichen Behörden weder die Ressourcen, eine Sozialtechnologie noch Kapazitäten, Erwachsenen, die einen Weg aus ihrer Mittellosigkeit suchten, sinnvolle Hilfe zu gewähren.[7]

Verwaltungsreform: Die nächste Welle

Obwohl die enttäuschenden Ergebnisse der in den 80er Jahren vorgebrachten Reformen zu einer heftigen Reaktion gegen die Dezentralisierung oder die arbeitsorientierte Politik hätten führen können, war dies nicht der Fall. Tatsächlich führten sie zu Forderungen nach mehr von beidem. Die US-amerikanische Sozialhilfepolitik wurde 1996 vollkommen überarbeitet. Dazu gehörte die Ausdehnung der Dezentralisierung auf die unteren Regierungsebenen, die die Förderung von Privatisierungsmaßnahmen bei den sozialen Diensten, die Einführung neuer Leistungsstandards und die Möglichkeiten, Sozialhilfe zu beziehen, nahezu ohne Rücksicht darauf, wie dies erreicht wurde, belohnten.

Die Sozialhilfeprogramme, die als nationale Garantie auf Geldleistungen für mittellose Familien mit kleinen Kindern gedient hatten, wurden durch eine Vielzahl unterschiedlicher Programme auf einzelstaatlicher Ebene ersetzt. Die meisten Bundesstaaten erlegten der Sozialhilfe strikte Beschränkungen auf und setzten dem Zeitraum, in dem Familien monetäre Hilfen empfangen konnten (im Allgemeinen maximal zwei bis fünf Jahre insgesamt) klare Grenzen. Weiterhin wurde die Gewährung der Sozialhilfe von der Beteiligung an Arbeitsprogrammen oder unbezahlter Arbeit abhängig gemacht. Das von den einzelstaatlichen Regierungen festgesetzte Leistungsniveau blieb so hoch wie vor der Reform, wobei die Sozialhilfe einer dreiköpfigen Familie durchschnittlich bei ungefähr 377 US-Dollar pro Monat, also weit unterhalb der Armutsgrenze, lag. Die Familien hatten die Möglichkeit, diese Geldleistungen mit von der Bundesregierung finanzierten Essensmarken, die für den Einkauf bestimmter Lebensmittel verwendet werden konnten, aufzubessern. Die bundesstaatlichen Regierungen erhielten umfassende Befugnisse, ihre eigenen Politiken und Programme zu gestalten, einschließlich der Vollmacht, die Versorgung mit sozialen Diensten von Grund auf neu zu organisieren. Den Kurs zeichnete die Bundesregierung in Form von Leistungsstandards vor, wobei den einzelnen Bundesstaaten fiskalische Anreize geboten wurden,

[7] Eine Handvoll außergewöhnlicher Programme, die in kleinen nichtstädtischen Bezirken durchgeführt wurden, wurden als exemplarische Erfolgsmodelle der Reform publik gemacht. Die besonderen Bedingungen, die für die ungewöhnlichen Ergebnisse verantwortlich waren, wurden in den Artikeln, die ihre Wirkungen in den Himmel lobten, weitgehend ignoriert oder falsch interpretiert.

wenn sie die Anzahl der Sozialhilfe beziehenden Familien verringerten und die Unterbringung der verblieben Sozialhilfeempfänger, in Arbeitsprogrammen steigerten.

Im Einklang mit der Rhetorik des NPM versprachen die in die neue amerikanische Wohlfahrtsgesetzgebung eingegangenen Verwaltungsreformen Verbesserungen durch Flexibilität, Effizienz und, in gewissem Ausmaß, die Kontrolle über die sozialen Dienstleistungen der großen öffentlichen Bürokratien, die für die vergangenen Misserfolge verantwortlich gemacht worden waren. Darüber hinaus flossen aus den Töpfen der Bundesregierung im Zusammenhang mit der Dezentralisierung Gelder für Hilfsdienste, einschließlich Kinderbetreuung und verschiedene Arten von Arbeitsprogrammen. Jetzt, da neue Gelder bereitstanden und dem Management Autonomie gewährt worden ist, hat die Reform einen enormen Zuwachs bei der Vergabe privater Dienstleistungsverträge ausgelöst und dafür gesorgt, dass gewinnorientierte Unternehmen in einem noch nie da gewesenen Ausmaß in das Geschäft der Versorgung mit sozialen Diensten einsteigen konnten. Es ist jedoch noch zu früh, Aussagen darüber treffen zu können, welches Ergebnis diese Veränderungen mit sich bringen werden.

Dieser Wandel verstellt freilich den Blick auf Kontinuitäten. Das Ermessen ist mit Schwierigkeiten verbunden, wie Erfahrungen aus der Vergangenheit zeigen, und zwar unabhängig davon, ob es von öffentlichen oder privaten Einrichtungen eingeräumt wird. In einigen unter Druck geratenen Behörden setzen die *case-worker* ihren Zuwachs an Ermessen dafür ein, um die Menschen zur Arbeit zu bewegen, bieten jedoch aufgrund der immer noch begrenzten Möglichkeiten der Behörden nur wenig materielle Hilfe.[8] Die Problematik wird zusätzlich dadurch verkompliziert, dass durch die Vertragsvergabe die Möglichkeiten des Ermessens in den Verantwortungsbereich privater Dienstleistungsunternehmen verlagert und dadurch der öffentlichen Überwachung und Kontrolle noch mehr entzogen wurde. Unzureichende Vertragsbestimmungen, die Pauschalbeträge, Pro-Kopf- oder von einer Unterbringung abhängende Zahlungen vorsehen, deuten darauf hin, dass sich die Probleme, die in der Praxis der öffentlichen Träger bereits bei früheren Leistungsmessungen aufgetreten waren, zu wiederholen beginnen.

---

[8] Eine fortlaufende Untersuchung der Dilemmata, mit denen vertraglich beauftragte „Mittelsleute“ konfrontiert werden, ist Bestandteil des *Project on the Public Economy of Work* an der University of Chicago. Diese Diskussion basiert auf den vorläufigen Untersuchungen, die im Rahmen dieses Projektes durchgeführt wurden.

Beispielsweise stützte sich ein Anbieter von Maßnahmen gegen Drogenmissbrauch, dem ich einen Besuch abstattete, bei der Einschätzung von Klienten und bei Weiterbehandlungsvorschlägen ausschließlich auf Laien, die lediglich den Abschluss einer weiterführenden Schule vorweisen konnten. Eine „Beraterin“ antwortete, als sie darüber befragt wurde, wie sie ihren Klienten bei der Entscheidung für eine Behandlung und die Ermittlung eines geeigneten Programms hilft, dass ihre Aufgabe relativ einfach sei. Sie erklärte, sie initiiere das Beratungsgespräch, indem sie ihre Klienten daran erinnere, dass die Gewährung von Geldleistungen von einer „Kooperation“ gemäß ihrem „Behandlungsplan“ abhängig sei. Solch ein Gespräch vermittelt, wie sie eingestand „den jeweiligen Klienten die Einstellung ‘Ich tue alles, was Sie wollen, damit ich mein Geld weiterbekomme’“. Der Prozess zur Auswahl einer geeigneten Behandlung war gleichermaßen unkompliziert. Sie ordnete einfach den Ort, an dem Programme mit bundestaatlicher Förderung durchgeführt werden, der Postleitzahl des jeweiligen Klienten zu. Auf die Frage, welche weiteren Faktoren sie in Betracht ziehe, konnte sie nicht einmal einen nennen. Angesichts der Tatsache, dass sie keinen Zugriff auf Informationen hatte, die sie in die Lage versetzen würden, Unterschiede zwischen den verschiedenen Vertragspartnern hinsichtlich Qualität oder Ansatz bewerten zu können, stand ihre Erklärung, dass „günstige örtliche Bedingungen“ ihre Wahl bestimmen, in Einklang mit der Logik der beruflichen Alltagspragmatik.

Exemplarische Anekdoten – obwohl es für eine Verallgemeinerung bei weitem zu wenige sind – können gleichwohl als Handlungsmuster betrachtet werden, wie sich vertraglich gebundene im voraus einem Arrangement unterwerfen, in dem die Quantität der Qualität vorgezogen wird. Ein bekannter Fall, in den eine Behörde der Stadt New York verwickelt war, enthüllte, dass Klienten bei einem „spiritistischen Netzwerk“ untergebracht worden waren, einem höchst zweifelhaften Call- Center, das den Anrufern für Wahrsagerei Gebühren abnimmt. Diese Enthüllung rief in politischen Kreisen Empörung hervor. Ein Beamter der Stadt New York äußerte sich gegenüber einem Berichterstatter folgendermaßen: „Das ist schon seltsam.... Man darf nicht vergessen, dass es sich dabei um das Geld der Steuerzahler handelt. Ich glaube, selbst wenn ich es versuchen würde, wäre ich nicht in der Lage, Ihnen etwas seltsameres und gleichzeitig abwegigeres zu nennen.“ (Bernstein 2000).

Zweifellos handelt es sich hierbei um ein extremes Beispiel. Was man üblicherweise vorfindet ist, dass die Dienstanbieter sich zwischen der Erfüllung ihrer Vertragspflichten und Chancenverbesserungen für ihre Klienten in einer Zwickmühle sehen. Ob Dezentralisierung und Privatisierung die vermuteten

Vorteile der Flexibilität mit sich bringen werden, hängt zum Teil auch davon ab, wie sie auf diese Bedingungen reagieren. Man könnte nun annehmen, dass das beste Argument für die Dezentralisierung die Erfahrungen mit nichtgewerblichen Organisationen auf Gemeindeebene sind, insbesondere jenen, die tief im Alltagsleben einer Kommune verwurzelt sind und eine lange Tradition des Engagements im Bereich der sozialen Wohlfahrt mitbringen. Vorläufige Erkenntnisse aus Fallstudien über kommunale Träger[9] lassen jedoch vermuten, dass auch sie sich möglicherweise gezwungen sehen, ihre Aktivitäten abzugleichen – und folglich Kompromisse schließen – um im vollen Umfang den vertraglichen Forderungen der Regierung, an die sie zwecks organisatorischer Unterstützung gebunden sind, nachkommen zu können.

Allgemein betrachtet bleibt die Vision, durch marktähnliche Mechanismen – aufgrund der dann entstehenden Wahlmöglichkeit von Kunden – mehr Verantwortlichkeit zu erzielen, im Falle der US-amerikanischen wohlfahrtsstaatlichen Programme zweifelhaft. Obwohl die Klienten auch zu „Kunden" umbenannt werden dürfen, findet ihre Teilnahme an wohlfahrtsstaatlichen Programmen (z.B. Sozialhilfe oder Kinder- und Jugendhilfe) oft nicht auf freiwilliger Basis statt. Daher mangelt es ihnen substantiell an der Autonomie, die einen Verbraucher zuallererst in die Lage versetzt, auf dem Markt frei wählen zu können. Selbst wenn größere Autonomie vorhanden ist, sind nützliche Informationen für eine sachkundigere Wahl nicht ohne weiteres zu beschaffen.

3. Reform im 21. Jahrhundert: Auf dem Weg zu einem Marktmodell?

Bürokratisches Ermessen ist gleichermaßen Kennzeichen wie Schreckgespenst bei der Versorgung mit sozialen Diensten. Das Ermessen ist notwendig für diejenigen, die den Menschen die sozialen Dienste nahe bringen, um helfen zu können, was ein Verständnis komplexer individueller Umstände und wohlüberlegte Beurteilungen erforderlich macht. Ermessen kann freilich auch mit Schrecken erfüllen, weil die Kontrolle in die Hände der Praktiker vor Ort gegeben wird, wobei deren Spielräume zu mehr Schaden als Nutzen führen können. Sie untergraben möglicherweise sogar genau die Politiken, die sie umsetzen sollen. In den Vereinigten Staaten hat der Widerspruch zwischen den Versprechungen und der praktischen Umsetzung eine Dialektik

---

[9] Die Fallstudien, die im Rahmen des *Project on the Public Economy of Work* durchgeführt werden, finden unter Zusammenarbeit mit Carolyn Fuqua statt.

von Verwaltungsreformen in Gang gesetzt, die durch politische Meinungsumschwünge sowohl gegenüber der wohlfahrtsstaatlichen Politik wie gegenüber den Organisationen, die sie umsetzen, vorangetrieben wurde.

Es sollte daher nicht überraschen, dass sich die Bemühungen, das Ermessen bei der Erbringung sozialer Dienstleistungen abzuschaffen, als vergeblich erwiesen und frustrierend waren. Alte bürokratische Probleme lassen sich mit großer Wahrscheinlichkeit nicht einfach mit einer Neuorganisation des Wohlfahrtsstaates durch Dezentralisierung und Privatisierung lösen. Es ist eher wahrscheinlich, dass sie wieder auftauchen, freilich in einer den neuen organisatorischen Gegebenheiten angepassten Gestalt. Statt sich weiterhin erfolglos darum zu bemühen, das Ermessen bei sozialen Dienstleistung zu eliminieren, wäre es unter Umständen realistischer, es als festen Bestandteil der Organisation zu akzeptieren. Erst dann könnten wir uns der wirklichen Herausforderung stellen: Wie man seine potentiellen Vorteile nutzt und gleichzeitig seine potentiellen Gefahren abwehrt. Diese Aufgabe hat gleichermaßen praktische wie politische Dimensionen. Selbst ein kurzer Blick auf die Optionen veranschaulicht die Komplexität des Problems.

Eine auf der Hand liegende Strategie besteht darin, politische Gestaltungsvorschläge zu unterbreiten. Nebenbei ist festzuhalten, dass das Ermessen bei sozialen Dienstleistungen nicht immer im Vordergrund steht, sondern auf einem Kontinuum die Gestaltungsvorschläge der Politik überspannt. Beispielsweise ist die Rentenverwaltung in den Vereinigten Staaten darauf ausgerichtet, möglichst unkompliziert zu sein. Die Antragssteller legen bestimmte Fakten dar, von denen die meisten aus regierungseigenen Datenbanken abgerufen werden können. Die monatlichen Zahlungen werden dann automatisch auf das Bankkonto des jeweiligen Rentners überwiesen. Im Gegensatz dazu erfordern gesundheitspolitische und Maßnahmen der Kinder- und Jugendhilfe höchst komplexe Entscheidungen darüber, welche Dienste angeboten werden, festzulegen, was diese leisten sollten, und darüber, sie schließlich zu implementieren. In der Mitte des Kontinuums würde ich die US-amerikanischen Sozialhilfeprogramme ansiedeln, bei denen sowohl einfache als auch komplexere Funktionen kombiniert werden. Sie überweisen Zahlungen nach verbindlichen Regeln, fällen jedoch auch Urteile über das Familienleben und das Verhalten von Einzelpersonen.

Im Allgemeinen ist es möglich, Ermessen auf ein Mindestmaß zu reduzieren, wenn die formellen Richtlinien unkompliziert sind, auf Fakten basieren und darüber hinaus von einer Verwaltungstechnologie gestützt werden. Die Reduktion des Ermessen auf ein Mindestmaß ist keine realistische Möglichkeit, wenn die Richtlinien komplex und auslegungsbedürftig sind und außerdem eindeutige Durchführungsbestimmungen fehlen. Dennoch ist die Entscheidung über die Ausgestaltung von Politik nur teilweise eine Frage der richtigen Sozialtechnologie. Sie ist vielmehr eine Frage der Sozialpolitik. Wir sorgen dafür, dass die Sozialleistungen leicht zugänglich, einfach und transparent bleiben, wenn die Richtlinien auf einem stabilen politischen Konsens beruhen, wie es bei den Rentenleistungen für pensionierte Arbeiter der Fall war. Dagegen sorgen wir dafür, dass die Sozialleistungen undurchsichtig, schwer zu erlangen, schwer dauerhaft zu behalten und verwaltungsmäßig undurchschaubar sind, wenn sie zum Gegenstand von politischen Konflikten werden, wie im Falle der US-amerikanischen Sozialhilfeprogrammen für die Armen.

Eine zweite Strategie ist die Verbesserung der Techniken des Umgangs mit dem Ermessen in den Einrichtungen vor Ort, indem Leistungsmessungen und andere bekannte NPM-Techniken eingesetzt werden. Die Erfahrung, die man in den Vereinigten Staaten machte, stellt jedoch ein abschreckendes Beispiel für diejenigen dar, die leistungsbasierte Anreize als Lösung für das Problem des Ermessens befürworten. Die Entwicklung vernünftiger Richtlinien für die Verantwortlichkeiten sozialer Dienstleistungen ist eine große Herausforderung. Bestimmte Leistungsquoten, wie z.B. Teilnehmerzahlen oder die Anzahl der auf Misshandlung untersuchten Kinder, sind ohne weiteres festzustellen und ebenso leicht nachzuweisen, sagen jedoch nichts über den Umfang der jeweils erbrachten Leistungen aus und schaffen möglicherweise sogar Anreize dafür, sie zurückzuschrauben. Auf der anderen Seite macht eine weitergefasste Ergebnismessung (wie z.B. der Rückgang von Fallzahlen und die Zusammenführung von Problemfamilien) die Behörden für Dinge verantwortlich, die sie überhaupt nicht beeinflussen können, wie z.B. die der Angemessenheit behördlicher Ressourcen und die Bedingungen im externen Umfeld. Darüber liefern sie keinen Aufschluss darüber, wie die gemessenen Resultate erzielt werden.

Ein anderer Ansatz würde Investitionen bei den öffentlichen Behörden erforderlich machen, so dass sie über die notwendigen Kapazitäten verfügen, um Ermessen so zu nutzen, dass sie dem öffentlichem Interesse im besten Sinne dienen. Leider galt diese Strategie in den Vereinigten Staaten schon seit langem als problematisch, und zwar aus Gründen, die eher politischer als managerieller Natur sind. Der amerikanische Staat spiegelt eine lange Tradition von ambivalenten Haltungen gegenüber einer zentralisierten Autorität wider, was für das schwankendes Interesse an der Verfolgung öffentlicher Zielsetzungen verantwortlich ist. Aus Gründen, die bei weitem zu komplex sind, um hier aufgeführt zu werden, blieben die Einrichtungen des amerikanischen Wohlfahrtsstaates fragmentiert und verfügen häufig nicht über das professionelle Format und die technischen Kompetenzen, die ein Aufstocken ihrer Mittel politisch attraktiv machen würden.

Eine dritte Strategie wäre die Neuorganisation der Versorgung mit sozialen Diensten, möglicherweise durch die verstärkte Nutzung marktförmiger Mechanismen. Man kann durchaus die Meinung vertreten, dass Dezentralisierung größere Flexibilität zulässt. Doch unter bestimmten Umständen ist es nicht möglich, die Vorteile der Flexibilität zu nutzen oder ihre Nachteile zu vermeiden. Es kann der Fall eintreten, dass die Praktiker vor Ort, wenn sie unter erschwerten Bedingungen mit unzureichender „Technologie" und zudem auf Quantität statt auf Qualität festgelegt handeln müssen, realisieren werden, dass nur wenig in ihrer Macht steht, zu helfen und nur wenig Gelegenheit haben, individuellen Sorgen oder Bedürfnissen Beachtung zu schenken. Die Flexibilität, jedenfalls im Kontext der amerikanischen Wohlfahrtsbehörden, hat es den *case-workern* an der Basis ermöglicht, den Arbeitsanforderungen dadurch nachzukommen, dass sie die Anträge und Anliegen ihrer Klienten zurückwiesen, verzögerten und missachteten. Dies ist besonders dann gefährlich, wenn die negativen Folgen des Ermessens verborgen bleiben und somit außerhalb der Reichweite von Kontrollmöglichkeiten seitens des Managements.

Die Dezentralisierung fördert möglicherweise auch eine größere Wahlfreiheit und Verantwortung, wie ihre Befürworter argumentieren. Auf der anderen Seite kann es passieren, dass private Träger, die unter Vertrag genommen wurden, um bundesstaatliche Aufgaben zu übernehmen, noch rigiderer sind als die öffentlichen. Der Staat selbst könnte sich freilich als Verbraucher mit harten Anforderungen entpuppen. Private Non-Profit-Organisationen, die nicht über den notwendigen und um Ausgleich bemühten Rückhalt ihrer Auftraggeber verfügen oder über Möglichkeiten der Anspruchsabwehr, auf die die Bürokraten im öffentlichen Dienst zurückgreifen können (im positiven wie im negativen Sinn), könnten sich in der Rolle eines Handlangers statt einer Alternative zur Regierung wiederfinden. (Smith/Lipsky 1993). Falls dies einträte, könnte die Privatisierung einen Stützpfeiler der bürgerlichen Gesellschaft untergraben.[10]

---

[10] Die vollen politischen Implikationen sind ohne Frage wesentlich breiter anzusiedeln. Eine interessante Untersuchungsrichtung wirft die Möglichkeit auf, dass die Dezentralisierung den Bereich der an wohlfahrtsstaatlichen Programmen beteiligten organisierten Interessensvertreter

Wenn man Strategien zur Dezentralisierung in Betracht zieht, ist es von entscheidender Bedeutung, zu erkennen, dass die Wahl der Organisationsform auch darüber mitentscheidet, wer nach Ermessen handeln wird und unter welchen Umständen dies stattfindet. Die empirische Frage, der erst noch in ihrer ganzen Reichweite nachgegangen werden muss, ist, auf welche Weise unterschiedliche Organisationsformen – seien sie nun öffentlicher, quasiöffentlicher oder privater Natur – die Möglichkeiten des Ermessens bei den Diensten zur sozialen Sicherung berühren, und was dies im Hinblick auf die Rechtswirksamkeit für die Sozialpolitik bedeutet. Dies hat weitreichende Implikationen. Insgesamt gesehen ist es schwierig, sich vorzustellen, dass Nicht-Regierungseinrichtungen, die auserkoren wurden, auf dem umkämpften Terrain der US-amerikanischen Sozialpolitik tätig zu werden, notwendigerweise besser vorankommen als die öffentlichen.

Von Zeit zu Zeit mag es nötig sein, den Zugriff der öffentlichen Bürokratien auf die Umsetzung der Politik zu lockern. Sie werden möglicherweise unflexibel, selbstgefällig und zum Totengräber ersehnter Veränderungen. Das bedeutet jedoch nicht, dass marktorientierte Modelle erfolgreicher dabei sind, die Benachteiligten zu erreichen, und sie mit qualitativ einwandfreien Diensten zu versorgen. In Anbetracht der Tatsache, dass das Ermessen ein wesentliches und notwendiges Merkmal sozialer Dienstleistungen darstellt, erfordert eine wirkliche Verbesserung einen bedeutenden Zuwachs an materiellen Ressourcen, Transparenz auf der Ebene der praktischen Umsetzung und eine größere Klarheit in den Zielen. Dies sind freilich nicht die wesentlichen Eigenschaften weder der „alten" noch der „neuen" Modelle der Verwaltungsreform. Möglicherweise werden wir erkennen, dass die Bemühungen zur Neuorganisation des Wohlfahrtsstaates neue Versionen alter Probleme der Verwaltung mit sich bringen. Letztlich kann die wohlfahrtsstaatliche Praxis bestenfalls so gut sein wie die Politik, die für sie die Weichen stellt.

---

erweitert und damit ein Bollwerk gegen Kürzungen zu Zeiten wirtschaftlicher oder politischer Sparmaßnahmen bietet. Zwar findet diese Meinung gewisse Unterstützung, doch es finden sich auch Anhaltspunkte dafür, dass die ausgleichende Kraft der beteiligten Akteure über verschiedene Arten von Programmen und Kundenkreisen hinweg schwanken kann. Die Programme zugunsten der schutzlosesten Bevölkerungsgruppen sind möglicherweise gegenüber Kürzungen am schlechtesten gewappnet (Pierson 1994: 164 ff.). Weiterhin besteht keine Gewißheit darüber, ob und in welchem Umfang diese Akteure in der Lage sind, die mittellose Bevölkerung dadurch zu schützen, politisch ihre Stimme für den Erhalt der Träger der sozialen Dienste zu erheben.

Literatur

Bane, M.J./ D. Ellwood (1984) *Welfare Realities: From Rhetoric to Reform, Cambridge*, Ma. (Harvard University Press)

Brodkin, E. Z. (1986) *The False Promise of Administrative Reform: Implementing Quality Control in Welfare*, Philadelphia (Temple University Press)

Brodkin, E. Z (1997) Inside the Welfare Contract: Discretion and Accountability in State Welfare Administration, *Social Service Review*, **71**, 1-33.

Brodkin, E. Z. (1999a) The Politics of Welfare Reform: Is Relief in Sight?, in: Backhaus-Maul, H. (Hg.) *Von der Sozialhilfe in die Erwerbsarbeit: Die Welfare Reform in den USA als Vorbild?*, Frankfurt a.M. (Eigenverlag des Deutschen Vereins Für Öffentliche und Private Fürsorge)

Brodkin, E. Z. (1999b) *Investigating Policy's 'Practical' Meaning: Street-Level Research on Welfare Policy*, Northwestern University/University of Chicago, Joint Center for Poverty Research, Working Paper, www.jcpr.org/wp/WPprofile.cfm?ID=169.

Brodkin, E. Z./ A. Kaufman (2000) Policy Experiments and Poverty Politics, *Social Service Review*, forthcoming

Brodkin, E. Z./ D. Young (1989) Making Sense of Privatization: What Can We Learn from Economic and Political Analysis?, in: Kamerman, S./ A. Kahn (Hg.) *Privatization and the Welfare State*, Princeton, NJ (Princeton University Press)

Fabricant, M./ S. Burghardt (1992) *The Welfare State Crisis and the Transformation of Social Service Work*, Armond, NY (M.E. Sharpe)

Goodin, R. E. (1988) *Reasons for Welfare: The Political Theory of the Welfare State*, Princeton, NJ (Princeton University Press)

Handler, J. (1986) *The Conditions of Discretion: Autonomy, Community, Bureaucracy*, New York (Russell Sage Foundation)

Handler, J./ Y. Hasenfeld (1991) *The Moral Construction of Poverty: Welfare Reform in America*, New York (Sage Publications)

Kamerman, S./ A. Kahn (Ed.) (1989) *Privatization and the Welfare State*, Princeton, NJ (Princeton University Press)

Koht, H. (2000) *Erfahrungen mit dem Outsourcing öffentlicher Dienste – Ein Fallbeispiel*, in diesem Band.

Lipsky, M. (1980) *Street-Level Bureacuracy: The Dilemmas of Individuals In Public Services*, New York, NY (Russell Sage Foundation)

Pierson, P. (1994) *Dismantling the Welfare State? Reagan, Thatcher, and the Politics of Retrenchment*, Cambridge (Cambridge University Press)

Simon, W. (1983) Legality, Bureaucracy, and Class in the Welfare System, *Yale Law Journal*, **92**, 1198-1269

Smith, S. R./ M. Lipsky (1993) *Nonprofits for Hire: The Welfare State in the Age of Contracting*, Cambridge, MA (Harvard University Press)

Aus dem Englischen von: Wolfgang Böhm, Karin Jurek, Holger Ziegler

Michael Muetzelfeldt

Markt, Organisation und Profession – Erfahrungen aus dem australischen „Contract-State" Victoria

Der vorliegende Beitrag[1] entwirft einen analytischen Rahmen für die Untersuchung von professionellem Ermessen in Organisationen, die staatlich finanzierte (bzw. teilfinanzierte) personenbezogene soziale Dienstleistungen erbringen. Im allgemeinen wird davon ausgegangen, daß professionelle Rationalität einen mehr oder weniger autonomen Bereich professionellen Ermessens beansprucht, dessen Ausgestaltung von zwei Seiten her geprägt wird: zum einen von professionellen Wissensbeständen und Ethiken und zum andern durch die Lizenz, die einer bestimmten Profession vom Staat her zuerkannt wird. In der Ausdehnung dieser Ermessensspielräume spiegelt sich die Macht einer jeweiligen Profession wider. In dem folgenden Beitrag wird die Auffassung vertreten, daß das Ermessen von Professionellen in formalen Organisationen darüber hinaus durch solche Rationalitäten begrenzt und geformt wird, die aus den Machtbeziehungen innerhalb des organisationalen Kontextes resultieren. In jeder Organisation werden die verfügbaren Ermessensspielräume durch die jeweiligen Erfordernisse gestaltet, die sie kennzeichnen. Dazu gehören politische Erfordernisse, Erfordernisse der Ressourcenbeschaffung und -verwaltung (*resourcing*) und der Rechenschaftslegung (*accountability*), darüber hinaus aber auch eher strukturelle Sachverhalte, vor allem der Umgang mit bzw. die Abmilderung von Konflikten und Widersprüchen, die aus der Form der Organisation resultieren.

> „Im allgemeinen bin ich schon für Konkurrenz, aber nicht im Taxi-Gewerbe. Hier geht es immerhin um Fragen der Sicherheit und um den Dienst am Kunden" (Taxifahrer in Sydney, 18. März 1999).

Die Vorstellung, nach der Konkurrenz eine gute Sache sei – solange man nur nicht selbst betroffen ist, ist weit verbreitet. Und auch mit seiner Begründung, warum gerade sein Geschäftszweig nicht der vollen Wucht der Marktrationa-

---

[1] Für die Mitwirkung bei der Entwicklung der in diesem Beitrag vorgestellten Analyse danke ich Linda Briskman (RMIT University, Melbourne).

lität ausgesetzt werden soll, steht der Taxifahrer nicht allein. Gerade deshalb aber, weil solche Gründe jeweils auf einem kontextspezifischen, häufig subtilen und nicht-explizitem Wissen einer bestimmten Branche beruhen, können sie von den Vertretern eines Rationalismus wie er in der neoliberalen Ökonomie zum Ausdruck kommt, leicht als Partikularinteresse etikettiert und abgewiesen werden. Daraus ließe sich auf einer analytischen Ebene die Annahme ableiten, es gäbe eine Art Gleichstand zwischen konkurrierenden Argumentationen, von denen jede in sich konsistent und gegen die Kritik des jeweils anderen Standpunkts geschützt ist. Auf empirischer Ebene ist somit die Annahme naheliegend, daß die Antworten, die man in einer Befragung der unmittelbar Betroffenen dazu erhalten würde, wenig überraschendes enthielten und daher in der Sache nicht hilfreich wären. Der vorliegende Aufsatz unternimmt den Versuch, aus dieser Sackgasse herauszuführen, indem er den Sachverhalt aus einer anderen Perspektive betrachtet.

Die konventionellen bürokratisch verfaßten Organisationen, die im wohlfahrtsstaatlichen Sektor personenbezogene Dienste erbrachten, waren mit weithin bekannten Konflikten und Widersprüchen behaftet: dabei handelt es sich zum einen um interne und immanente Konflikte und Widersprüche, zum anderen um solche, die aus der Beziehung zwischen der Organisation und dem Wohlfahrtsstaat entstehen. Kritische Anfragen richteten sich bspw. auf die Potentiale dieser Organisationen als Agenturen sozialer Kontrolle zu fungieren bzw. auf die Beteiligung der Professionellen in diesem Prozeß (Morris/McIsaac 1978; Day 1981). Auf der Linken sahen viele Kritiker im Wohlfahrtsstaat ein zweischneidiges Schwert und sorgten sich um ihre Position als Akteure, die '*im* Staat und *gegen* den Staat zugleich' arbeiten (London Edinghburg Weekend Return Group 1980). Aus feministischer Perspektive wurde herausgearbeitet, wie sehr diese staatlichen Organisationen im Patriarchat verwurzelt waren, was zu der Frage führte, ob dies eines ihrer essentiellen Kennzeichen sei, oder nicht. In Australien etwa votierten eine als '*femocrats*' bekannt gewordene Fraktion von Feministinnen, die innerhalb staatlicher Bürokratien beschäftigt waren, dafür, eine Auseinandersetzung mit den patriarchalischen Strukturen des Staates von innen heraus zu führen – und dies offenbar mit einigem Erfolg (Yeatman 1990). Völlig unabhängig von solchen politischen Strategiedebatten wurden die Dysfunktionen der Bürokratie von organisationstheoretischer Seite aufgedeckt und als wichtige Strukturgröße erkannt (Gouldner 1954; Merton 1957; Blau/Scott 1962).

Das professionelle Ermessen – bzw. die Ermessenspielräume von Professionellen – in diesen Kontexten läßt sich nun begreifen als ein (Aus-) Weg, der es Organisationen ermöglicht, trotz dieser Konflikte und Widersprüche funktionsfähig zu sein. In den bürokratisch verfaßten Organisationen des Wohlfahrtsstaats übernahmen Professionellen eine Vermittlerrolle, indem sie ggf. Regeln verletzten, wenn sie sahen, daß dies der beste Weg sei, jene Ziele zu erreichen, die sie als ethisch angemessen betrachteten (Considine 1994: 206-211). Darüber hinaus schufen sie, oftmals mit offizieller Unterstützung der formalen Organisation, Verknüpfungen zwischen den verschiedenen Hierarchieebenen, welche die fallbezogene Arbeit mit Individuen oder Gruppen erleichterten. Damit übernahmen sie eine ähnliche Funktion wie die „Projektgruppen", die in diesen Organisationen in den 70er Jahren aufkamen. Die Wissensbasis und die ethischen (Selbst-) Verpflichtungen dieser Gruppen wurden sogar als eine Schlüsselressource betrachtet – als ein Weg, sie trotz ihrer fehlenden Einpassung in die formalen Mechanismen der Bürokratie auf der 'richtigen Spur' zu halten.

Wenn dem so ist, dann ist der Angriff auf das professionelle Ermessen, der von den neoliberalen Protagonisten einer quasi-marktlichen Dienstleistungserbringung vorgetragen wird, faktisch ein Angriff auf das Schmiermittel in den bürokratisch verfaßten Organisationssystemen des Staates. Ein Beispiel: im Anschluß an die Wahl der radikal-neoliberalen Kennett-Regierung im australischen Bundesstaat Victoria im Jahr 1992 wurde John Patterson Leiter des Wohlfahrtsträgers *Community Services Victoria (CSV).* Zuvor war er Leiter einer staatlichen Behörde für Technik und Konstruktion gewesen, verfügte über keinerlei Erfahrung im Bereich soziale Dienstleistungen und war insofern ein mustergültiges Exemplar jener „kontext-freien", reinen Manager, die der Managerialismus propagiert. In einer Mitarbeiterzeitung attackierte er die Ineffizienz seiner professionellen Mitarbeiter, die lieber Besprechungen abhalten und sich 'quer zu den Problemen' verhalten, anstatt sich auf die Dienstleistungserbringung zu konzentrieren. Ein erhöhter Effizienzdruck, der sich daran anschloß führte zu einer höheren Belastung der Mitarbeiter in der Gestalt höherer Fallzahlen für die professionellen Mitarbeiter, stiegen auch die zu bearbeitenden Fallzahlen, was wiederum dazu führte, daß sich die erfahreneren unter ihnen mehr und mehr 'entzogen' (also mehr oder weniger freiwillig in Resignation und Rückzug verfielen) und einer zunehmenden Anzahl jüngerer Mitarbeiter die fachliche Aufsicht fehlte. Dies wiederum führte zu zunehmenden Stress unter den Mitarbeitern, erhöhter Mitarbeiterfluktuation, einem erkennbaren Rückgang effektiver Fallbearbeitung und schließlich zu einer negativen Medienpublicity über Vorkommnisse in der Arbeit mit Familien mit gefährdeten Kindern. Das Resultat war, daß man den bürokratisch organisierten Träger als gescheitert betrachtete – und als Beweis für die managerielle Behauptung, daß es sich um eine dem Wesen nach ineffektive Form der Bereitstellung sozialer Dienste handelt.

Aber auch die Erbringung staatlich finanzierter sozialer Dienste in Organisationsformen, die auf der Rationalität des Marktes aufruhen, ist mit Konflikten und Widersprüchen behaftet, auch wenn diese sich möglicherweise von jenen, die in bürokratischen Systemen auftreten, unterscheiden und das Wissen über sie gegenwärtig noch sehr begrenzt ist. In diesem Beitrag wird nun die These vertreten, daß sich bei der Implementation einer marktwirtschaftlich orientierten Leistungserbringung in die Sphäre der Praxis wiederum neue professionelle Ermessensspielräume eröffnen, damit eine Bearbeitung und Abmilderung der in diesem neuen System auftretenden Konflikte und Widersprüche erfolgen kann. Die relative Ausdehnung und Formbestimmtheit dieser Ermessensspielräume lassen sich zu einem großen Teil verstehen als Antwort auf die Konflikte und Widersprüche des „Contract State". Soweit es sich hierbei um alte Konflikte und Widersprüche in einer neuen Situation handelt, werden die neuen professionellen Ermessensspielräume den alten ähnlich sein. Soweit es sich um neue Konflikte und Widersprüche handelt, werden sich die neuen professionellen Ermessensspielräume von diesen unterscheiden.

1. Professionelle im *Contract-State*

Im staatlichen Sektor ist eine Reihe neuer Organisationsformen zu beobachten, die in unterschiedlichem Maße auf marktförmige Rationalität basieren. Sie stehen im Zusammenhang mit dem post-bürokratischen Ansatz, den man im allgemeinen als '*New Public Management*' oder Managerialismus bezeichnet. Zu diesen neuen Organisationsformen zählen: Ausgegründete Betriebe, (*Corporatisation*), Leistungserbringer im Besitz der öffentlichen Hand mit teilautonomen Budgets, Wirtschaftsunternehmen in Staatsbesitz, *Outsourcing* an private bzw. nicht-staatliche Leistungserbringer, sowie Privatisierung. Ungeachtet ihrer Unterschiede beruhen diese Organisationsformen auf den theoretischen Grundlagen der institutionenökonomischen Agenturtheorie. Im Mittelpunkt dieses Ansatzes steht die Rückführung der Kontroll- und Machtbefugnisse an einen Auftraggeber („Prinzipal"), der das Recht besitzt, Entscheidungen zu treffen und ihre Umsetzung anzuordnen und somit die Machtbefugnisse der Auftragnehmer („Agenten") reduziert, deren Aufgabe darin besteht, diese Entscheidungen umzusetzen (Alford et al. 1994). Die Intention ist, die Steuerung und Kontrolle sämtlicher Akteure –

Professionelle eingeschlossen -, die in dem neuen Organisationsmodell ihrem Auftraggeber vollständig rechenschaftspflichtig sind.

Organisationsanalytisch betrachtet besteht die konzeptionelle Schlüsselinnovation hier in der Trennung von Käufer und Erbringer (*purchaser/provider-split*; Käufer/Erbringer-Trennung). Dadurch werden Entscheidung und Kontrolle beim Auftraggeber als Käufer von sozialen Dienstleistungen zentralisiert, während die Umsetzung und diesbezügliche Verantwortlichkeiten auf die Ausführenden als Erbringer übertragen bzw. diesen zugeteilt werden. Dadurch wird die strategische Kontrolle zentralisiert, die planerische Verantwortung dagegen dezentralisiert (Muetzelfeldt 1992). Dies entspricht dem '*steering not rowing*'-Modell (Osborne/Gaebler 1992) ('Steuern-nicht-Rudern'), das auf der Erkenntnis der Kybernetik beruht, derzufolge sich Kontrollsysteme wesentlich von Prozeßsystemen unterscheiden (Beer 1959; Muetzelfeldt 1992:310-312) und demzufolge die organisatorische Trennung von Prozeß und Kontrolle nahelegt. Innerhalb der mechanistischen Weltbilder des 19. und frühen 20. Jahrhunderts stand diese Einsicht noch nicht zur Verfügung, ebenso wenig wie in der mechanistischen Organisation der Bürokratie, bei der Prozeß und Kontrolle auf alle Ebenen der Hierarchie verteilt ist. Im Informations- und Computer- Zeitalter hingegen ist die Unterscheidung zwischen Prozeß und Kontrolle eine wohlverstandene Denkfigur, die ihren Niederschlag auch in Organisationsformen wie z.B. Franchising, Dezentrale Organisation und – im staatlichen Bereich – *New Public Management* gefunden hat.

In den 90er Jahren erfolgte die Implementation der Käufer/Erbringer-Trennung in wachsendem Maße durch die Verwendung von Kontrakten, die die Rollen des Käufers und Erbringers einerseits klar voneinander trennte, andererseits auf spezifische – gewöhnlich recht enge Weise – miteinander verknüpfte. Im diesem Beitrag werden die kontraktualistischen Spielarten des Managerialismus, wie auch der ökonomische Diskurs, der ihnen zugrunde unter dem Begriff des *Neuen Managerialismus* (*New Managerialism*) gefaßt, um sie vom Managerialismus der 80er Jahre zu abzugrenzen. Im neoliberalen Denken wird davon ausgegangen, daß beide Parteien unterschiedliche Interessen verfolgen und eigennützig handeln und in der Tat wurden durch Kontrakte den beiden Seiten unterschiedliche Interessen und somit starke Anreize für eigennütziges Handeln zugewiesen. Vermittels Kontrakten wurden Beziehungen etabliert, in denen bestimmte Ressourcen (gewöhnlicherweise Geld) für Dienstleistungen ausgetauscht wurden. Definiert wurden sie vom Käufer, der die potentiellen Erbringer dabei kaum oder überhaupt nicht einbezogen hat. Dienste wurden generell in Begriffen spezifischer Leistungen für einzelne Klienten – oder häufiger: für klar spezifizierte Gruppen von Klienten – definiert. Solche Aspekte und Sachverhalte, die von der Tatsache gemeinsamer und geteilter Interessen oder Potentiale von Käufer *und* Erbringer ausgingen, waren dabei gewöhnlich ausgeschlossen (Muetzelfeldt 1994). Beispielsweise blieb in den vertraglich vereinbarten Leistungen für gewöhnlich ein Rücktransfer von Informationen von den Klienten oder Professionellen an den Käufer ebenso unberücksichtigt, wie eine gemeinsame Beteiligung an der Entwicklung und Fortschreibung von Programmen. Dieser Mangel an Kooperation war gewollt. Folgt man den Analysen des Neoliberalismus, so führt eine umfassende und nach beiden Richtungen hin offene Zusammenarbeit auf den Ebenen der Entwicklung und Umsetzung von Politiken und Programmen im bürokratischen Wohlfahrtsstaat sowohl zu Ineffizienz wie auch (durch den Prozeß der aktiven Klientifizierung; engl: *client capture*) zu einem exzessiven Wachstum wohlfahrtsstaatlicher Dienste und Leistungen. Im Gegensatz dazu wurde der Kontrakt als eine klare und transparente Methode betrachtet, die mit dieser angeblich auf Selbstbedienung angelegte Kooperation bricht und die vertragsbasierte Separierung und Eingegrenztheit der Rollen wurde dementsprechend als eine gute Sache angesehen. In der Implementation einer Vielzahl solcher Veränderungen nimmt Australien eine Vorreiterrolle ein. Was die Verwendung von Kontrakten betrifft, so ist hier der Bundesstaat Victoria seit Beginn der Kennett-Regierung im Jahre 1992 in einer führenden Position, und nicht von ungefähr ist deshalb dieser Staat auch als „Contract-State" bezeichnet worden (Alford/O'Neill 1994).

Dieses neue Organisationsmodell, das in den angelsächsischen Ländern ursprünglich im und für den privaten Sektor entwickelt wurde, führt zu besonderen Komplikationen, wenn man es auf den öffentlichen oder staatlichen Sektor überträgt. Regierungen werden nicht allein an ihrem Manager- oder Markterfolg gemessen. Die Legitimität einer Regierung, ihrer politischen Programme und deren Umsetzung ist ebenfalls entscheidend. Regierungen und ihre Repräsentanten einschließlich derjenigen Manager, die im staatlichen Sektor beheimatet sind, sehen sich daher einer Kombination mehrdimensionaler Leistungskriterien gegenüber, deren Spannbreite von Effizienz bis zu Legitimität und Gleichheit reicht – im Unterschied zu den vergleichsweise einfachen Zielsetzungen des privaten Sektors wie etwa Profit und Marktanteile. In liberalen Demokratien muß sich der Staat zudem wenigstens graduell auf die Bevölkerung als Bürger einlassen und ihnen entgegenkommen, was etwas anderes ist, als Marketing, das sich an Klienten und Konsumenten richtet. Solche Überlegungen blieben weithin außer Betracht, als man die Agenturtheorie – mit ihrer Annahme einer unmittelbaren und einfachen hierarchischen Zuordnung organisationeller Macht und Herrschaft – auf den öffentlichen bzw. staatlichen Sektor übertrug.

Im Mittelpunkt des Neuen Managerialismus steht die Übertragung des Prinzips 'Leistung gegen Geld' auf die Produktion sozialer Dienste. Er ist nicht daran interessiert – und wenig geeignet -, gesellschaftliche und individuelle Wirkungen von Sozialer Arbeit zu berücksichtigen und zu bewerten, noch ist er daran interessiert, zu berücksichtigen, daß es jenseits eines technisch meßbaren und manageriell kontrollierbaren Outputs auch noch andere Resultate geben kann. Dies führt zu grundlegenden Spannungen und Widersprüchen zwischen ökonomischen und professionellen Konzeptionen von Rationalität.

Aus der Perspektive des Neuen Managerialismus ist Management eine Fachkompetenz sui generis, die sich auf alle Bereiche und Sachverhalte anwenden läßt (Ife 1997: 16). Diese Auffassung entspricht der letzen Entwicklungsstufe des tayloristischen Anspruchs vom Management als einer reinen Wissenschaft mit universellem Anwendungsbezug (Rees 1995: 17), welche das durch Variabilität und Nicht-Vorhersehbarkeit gekennzeichnete autonome professionelle Handeln und dessen Bezug auf ein weites Spektrum differenter Klienten und Situationen überflüssig macht. Hinsichtlich seiner Anwendungsformen folgt der Neue Managerialismus der Annahme, daß es möglich ist, alle Klienten und Situationen in einer überschaubaren Zahl von Kategorien zu klassifizieren für jede dieser Kategorien Kriterien zur Bestimmung adäquater Dienstleistungen bzw. Behandlungen zu entwickeln, die sicherstellen, daß jeder Dienstleistung ein spezifischer Output entspricht; folglich lassen sich die Kosten solcher Leistungen exakt bestimmen und ihre Effizienz sinnvoll messen. Damit aber wird nicht nur die Komplexität der Klientel außer Acht gelassen, sondern – was noch entscheidender ist – auch das komplexe Geflecht des Sozialen, in das die Klientel eingebunden ist und das sowohl zur Entstehung wie auch zur Überwindung der sie betreffenden Problemlagen beitragen kann. Mit anderen Worten: in seinem Drang, Probleme und Prozesse handhabbar und steuerbar zu machen, fokussiert der Neue Managerialismus auf technische Effizienz, während er die Effektivität erfolgreichen professionellen Handelns vernachlässigt.

Die Bestimmung der Effektivität sozialer Dienstleistungsorganisationen bereitet erhebliche Schwierigkeiten, weil diese sowohl multiple als auch konfligierende Zielsetzungen verfolgen und ihre Produkte schwer greifbar sind (Hasenfeld 1992: 339). Considine (1981: 21) weist darauf hin, daß die Etablierung aussagekräftiger Indikatoren im sozialen Dienstleistungssektor weitaus schwieriger ist als beispielsweise bei Verkehrsbetrieben, welche die Anzahl gefahrener Kilometer pro Linie und Monat oder der beförderten Passagiere pro Tag genau feststellen können. Trotz dieser Probleme wird von Sozialarbeitern nunmehr erwartet, daß sie ihre Programme und Tätigkeiten in der Terminologie des Managements reformulieren, etwa im Rahmen der Beteiligung an der Ausarbeitung strategischer Pläne und Leistungsindikatoren bzw. durch die Spezifizierung von Outputs, wodurch möglicherweise die Sicht auf übergreifende, aber entscheidende Aspekte des Sozialen eher verstellt wird (Jones/May 1992:389f). Folgt man Carniol (1990: 61), dann ist die Beziehung zu einem Klienten in der Mehrzahl der Fälle nicht ausschließlich von der Sorge um dessen Wohlergehen geleitet, sondern wird auch von anderen Faktoren mitbestimmt, zu denen auch das Mandat der Organisation gehört. Das ist an sich nicht neu, wird aber nun auf neue Weise virulent und für die Sozialarbeiter in dem Maße zu einer Herausforderung, als sich in vielen Fällen das Mandat der Organisation dahingehend verschiebt, daß ökonomische Zielsetzungen Priorität erhalten vor sozialen Zielsetzungen.

Die Literatur zur Kritik und (seltener) zur Beschreibung und Analyse des Neuen Managerialismus ist beträchtlich angewachsen. Freilich wurde die Frage der Auswirkungen auf die Sozialarbeiter – von einigen wenigen Ausnahmen abgesehen (Ife 1997; Jones/May 1992; Exworthy/Halford 1999) – weitgehend vernachlässigt oder wurde nur oberflächlich thematisiert. In der Mehrzahl folgt die kritische Literatur der Annahme, daß sich die Techniken des Neuen Managerialismus in sämtlichen organisatorischen Settings ebenso problemlos wie effektiv implementieren lassen, und daß sich alle Angestellten (Professionelle wie Nicht-professionelle) ihren Anforderungen beugen, ohne einen Einfluß auf die Wirkungen ausüben zu können. Ironischerweise teilen diese Kritiker mit den Vertretern des Neuen Managerialismus den Glauben an seine Macht als ein Instrument der Steuerung ebenso wie an die Ohnmacht der Angestellten, von denen angenommen wird, sie seien nicht in der Lage, den Funktionsweisen dieses Instrumentes innerhalb der Organisation und den sich daraus ergebenden Effekten auf die Klientel Widerstand entgegenzubringen, sie umzuformen oder gar zu verbessern. Die wenigen Autoren, die die Auswirkungen des Neuen Managerialismus auf die Professionals thematisieren, nehmen eine reaktive Position ein. Ihre Sorge gilt vor allem der Möglichkeit, daß dieser die etablierten Wege professionellen Denkens und Handelns unterminieren könnte – und versäumen es dabei, zu hinterfragen, welche Kompromisse die Professionellen im Rahmen der früheren (überwiegend bürokratisch geprägten) Organisationssystemen einzugehen pflegten (Dominelli 1996; Donovan/Jackson 1991; Aldridge 1996). Einige

Autoren haben Vorschläge unterbreitet, wie Sozialarbeiter mit den Veränderungen des organisatorischen Kontextes umgehen könnten (beispielsweise Furlong/Smith 1994; Jones/May 1992; Laragy 1994). Eine Suche nach proaktiven Möglichkeiten für die Herausbildung einer neuen Professionalität, die Professionelle befähigt, ihre Ziele innerhalb des organisatorischen Systems des Neuen Managerialismus umzusetzen, ist in der Literatur kaum zu finden. Im folgenden sollen einige Bereiche betrachtet werden, in denen solche Möglichkeiten entwickelt werden könnten.

2. Professionelle und advokatorisches Handeln

Unter den Bedingungen von Kontraktmanagement sind die Möglichkeiten von Dienstleistungsorganisationen zu explizitem wie auch indirektem advokatorischen Handeln weitgehend begrenzt. Zwei Gründe sind dafür ausschlaggebend. Erstens: staatliche Stellen setzen in der Regel voraus, daß Dienstleistungskontrakte Vertraulichkeitsklauseln enthalten, welche die Leistungserbringer daran binden, keine Informationen weiterzugeben, die sie im Zuge der Durchführung der vereinbarten Programme (u.a. auch von ihren Klienten) erhalten. Zweitens verhindert die organisatorische Separierung von Erbringer und Käufer, wie auch der auf beiden lastende Effizienzdruck, daß solche Informationen offiziell gesammelt werden bzw. daß solche formalen oder anekdotischen Informationen auf informellem Wege zurück zum Käufer gelangen. Das ist schließlich genau das, was die Protagonisten der Käufer/Erbringer-Trennung intendieren. Sie argumentieren, daß dadurch die Möglichkeit der „Vereinnahmung" des Prozesses durch die Leistungserbringer begrenzt und damit sichergestellt wird, daß die politische Kontrolle bei der staatlichen Exekutive verbleibt (Dunleavy/O'Leary 1987, Kap. 3; Niskanen 1971; Victorian Commission of Audit 1993).

Aus der Perspektive von Professionellen in personenbezogenen sozialen Diensten behindern diese beiden Faktoren die Ausübung des professionellen Ermessens hinsichtlich des Sammelns und der Weitergabe relevanter Informationen – etwas, was sie unter den Bedingungen bürokratischer Organisationsarrangements im öffentlichen Sektor bisher getan hatten. Betrachtet man den Aspekt der globalen Effektivität einer Organisation, so ist festzustellen, daß damit die Feedback-Funktion innerhalb des Gesamtsystems eingeschränkt wird, wodurch die Kapazität zur Generierung rechtzeitiger und angemessener Reaktionen von Seiten des Staates bzw. der Regierungsbehörden geschwächt wird. Auf kurze Sicht mag dies über politische Verlegenheiten hinweghelfen und die ministeriellen Möglichkeiten zur Gestaltung sozialer Dienste erweitern; auf lange Sicht allerdings werden dadurch die öffentlichen und privaten Rückkopplungskanäle ausgetrocknet, die ein Minister benötigt, um angemessen reagieren zu können und entsprechend verliert eine Regierung auf diese Weise ihren Kontakt zur Wählerschaft und riskiert so ihren Wahlerfolg. Im Jahr 1999 verlor die radikal-kontraktualistische Kennett-Regierung nach einer siebenjährigen Amtszeit, in der sie das politische Leben in Victoria dominierte, eine Wahl, die allen Kommentatoren zufolge eigentlich leicht hätte gewonnen werden müssen. Obwohl es zu dieser Frage, warum sich der Wähler 1999 in Victoria gegen die Kennett-Regierung gewandt hatte, unterschiedliche Meinungen gibt, besteht Konsens darüber, daß die Regierung den Kontakt zur Wählerschaft verloren hatte und daß die bewußte Demontage des politischen Feedback-Systems durch Kontraktmanagement zu ihrer Wahlniederlage beigetragen hat.

Während die Vertreter des Kontraktsystems weiterhin die Gefahren einer aktiven Klientifizierung beschwören, erkennen Regierungen mit einem guten politischen Gespür – und erfolgreiche Designer und Manager von politischen Prozessen in der Öffentlichkeit – in zunehmendem Maße die Notwendigkeit eines rechtzeitigen (wenn auch vielleicht unbequemen) Feedbacks von Professionellen, die in einer öffentlich ausgetragenen wechselseitigen Konkurrenz ihre Ansprüche auf Expertise geltend machen, sich dabei auf ihre Erfahrungen mit Klienten berufen und damit diesen in gewisser Weise eine öffentliche Stimme leihen. Daraus ergibt sich die Chance, diesen speziellen Typus professionellen Ermessens zu intensivieren. Aber wie groß der Raum jeweils sein wird, der sich dadurch eröffnet und welcher Gebrauch davon gemacht wird, hängt nicht zuletzt davon ab, wie die Professionellen auf solche Möglichkeiten reagieren.

3. Professionelle und Programmentwicklung

Welche Auswirkungen ergeben sich aus dem Neuen Managerialismus für die Professionellen im Hinblick auf ihre Rolle bei der Vermittlung zwischen Politik(en) und Leistungserbringung? Aus der Sicht des Neuen Managerialismus wird die Leistungserbringung als eine rein technische Aufgabe betrachtet; die Fähigkeiten wie auch die Motivation von Professionellen, einen Beitrag zur Steuerung und Umsetzung von Politiken und Programme zu leisten, werden dadurch unterschätzt bzw. blockiert. Der Code of Ethics des Australischen Berufsverbandes für Sozialarbeiter verpflichtet seine Mitglieder auf die Orientierung an der Beseitigung von Ungleichheit und auf die Verwirklichung sozialer Gerechtigkeit (Australian Association of Social Workers 1990), und dies wird im allgemeinen so verstanden, daß Sozialarbeiter dazu aufgerufen sind, sich in politische Debatten einzumischen und dabei ihr Wissen einbringen, das sie in der Umsetzung von Politiken sich angeeignet haben. Allerdings muß man feststellen, daß die professionellen Sozialarbeiter ihre Stimme innerhalb der Zwänge des Neuen Managerialismus erst noch finden müssen.

Das Feld der Jugendpolitik stellt in Australien, wie wahrscheinlich überall, eine Art 'Fallstudie erster Klasse' dar, die exemplarisch Aufschluß darüber gibt, wie die neuen Verknüpfungen zwischen der Programm-Entwicklung und Programm-Implementation in den Zeiten des Neuen Managerialismus gestaltet werden könnten. Die Bedeutung der Jugendhilfe wird heute weithin anerkannt. Die Marginalisierung junger Menschen erfährt sowohl in der Fachliteratur wie auch in den Medien zunehmend Beachtung. Drogenmißbrauch, Selbstmord, Arbeitslosigkeit, Armut, Verbrechen und Gewalt – solche Themen stehen im Vordergrund der gegenwärtigen Analysen. Die dominanten Antworten auf all dies sind entweder reaktiv und auf rasche Problemlösung orientiert, oder sie verurteilen und klagen an. Die Entwicklung von Politiken, die schon im Vorfeld die Problementstehung verhindern könnten, wird dagegen in den vorherrschenden Kommentaren kaum thematisiert. Dies gilt nicht nur für die Medien und die politische Rethorik, sondern auch für die akademische Fachliteratur. Ein kürzlich erschienene Buch von Bessant et al. (1998) beispielsweise befaßt sich mit der Frage, wie es sich für die Jugendlichen unter den Adressaten sozialer Dienste auswirkt, daß die Fundierung auf den Begriffen der sozialen Gerechtigkeit und auf der Rhetorik des *Empowerment* aufgegeben wird zugunsten einer Steuerung auf der Basis ökonomischer Rationalitätskonzeptionen. Gleichwohl widmet das Buch den strategisch-politischen Implikationen des Neuen Managerialismus nur wenige Seiten und die dort unterbreiteten Vorschläge bleiben allgemein und sind wenig hilfreich. Solche Analysen – dasselbe gilt für die Veröffentlichungen des 'National Youth Affairs Research Scheme' oder der 'Dusseldorp Foundation' – greifen zwar politisch zentrale Themen auf, aber sie lassen dabei das auf Erfahrung basierende Wissen der mit Jugendlichen arbeitenden Sozialarbeiter notorisch außer Acht.

4. Professionelle und die Zielsetzungen des Managerialismus

Auf zwei Gebieten, die aus der Sicht des Managerialismus wichtig aber schwierig umzusetzen sind, könnten möglicherweise die Professionellen einen wichtigen Beitrag leisten: Qualitätssicherung und Risikomanagement. Beides sind Felder, die aus Sicht des Managerialismus gerade deshalb so problematisch sind, weil es sich um Reaktionen auf grundlegende Managementprobleme handelt, die aus den widersprüchlichen oder konfligierenden Zwecken und Möglichkeiten einer neoliberalen Sozialpolitik und ihrer Umsetzung im Rahmen post-bürokratischer Organisationsformen resultieren.

Die Bedeutung der Qualitätssicherung ist aus zwei (miteinander zusammenhängenden) Gründen erneut gestiegen. Die Ablösung der Ausführung von der Kontrolle machte es notwendig, daß die Käufer in der Lage sind, die Ausführung zu kontrollieren. Das aber verlangt, daß sie über die Qualität der tatsächlich geleisteten Dienste informiert sind. Die Vorstellung, daß ein Käufer wie auf einem Markt bei verschiedenen Erbringern einkaufen kann, beinhaltet zudem, daß die auf dem Markt erhältlichen Dienstleistungsangebote geprüft werden können. Qualitätssicherung und Akkreditierung sind daher Antworten auf solche Bedürfnisse auf der Ebene der Organisation. Die gut etablierten, aber mechanistischen Qualitätssicherungsnormen wie beispielsweise ISO9000, nehmen Qualitätssicherung durch Mechanismen vor, die denen der Aufgabenspezifizierung und Prozeßdokumentation der Bürokratie sehr ähnlich sind. Diese wiederum sind aber anfällig gegenüber dem Vorwurf der Ineffizienz und Ineffektivität, aus denselben Gründen übrigens, die Blau und Scott (1962) hinsichtlich der Dysfunktionalität von Bürokratien angeführt haben: Beide fokussieren mehr auf den Prozeß als auf das Ergebnis, und beide hängen der Vorstellung an, daß, wenn man dem Prozeß nur konsequent folge, das gewünschte Ergebnis sich zwangsläufig einstellen werde.

Es gibt aber auch Beispiele der Qualitätssicherung, die mehr auf Professionswissen und ethischen Standards denn auf mechanischen Prozessen beruhen. In Großbritannien wurde die 'National Autistic Society' gegründet, die für ihre Akkreditierungen von Anbietern von Diensten für Menschen mit Autismus breite Anerkennung erhielt. Die Akkreditierung basiert auf der Bedingung, daß ein Träger Mitarbeiter beschäftigt, die über hinreichend Fachwissen über Autismus und die entsprechenden Umgangsweisen mit diesem Krankheitsbild einschließlich der Bedürfnisse der Betroffenen und ihrer sozialen Umgebung verfügen und diesen Wissensstand auch halten. In Australien haben einige gemeinnützige Träger sozialer Dienste intern vergleichbare Prozesse der Qualitätssicherung implementiert. Diese beruhen auf dem Wissen und der Erfahrung von Professionellen ebenso wie auf Kriterien sozialer Gerechtigkeit. Die Beispiele verdeutlichen, wie sich Professionelle innerhalb des Neuen Managerialismus unentbehrlich machen können.

Risikomanagement wird allgemein als Möglichkeit politisch und organisatorisch verfügbarer Schutzmaßnahmen gegen unbeabsichtigte Folgen bei minimalem Kostenaufwand betrachtet. Teilweise wird dies dadurch zu erreichen versucht, indem man Ressourcen in solche Bereiche dirigiert, in denen das Risiko am größten ist; teilweise, indem man Managementpraktiken in Rechtfertigungsdiskurse einspeist, die erklären, warum die unbeabsichtigten Folgen faktisch dennoch eintreten konnten. Letzteres wird in dem Maße bedeutsam, als Kosten gespart werden und die Ausführenden in zunehmender Distanz zu ihren Vorgesetzten handeln. Wenn soziale Dienste versagen, leugnet der zuständige Minister typischerweise seine Verantwortlichkeit, indem er angibt, man hätte ihn darüber nicht informiert.

Beispielsweise berichteten die Medien in Australien kürzlich über eine – behördlicherseits als ungenügend eingestufte – private Pflegeeinrichtung, die zur Behandlung von Krätze zu der medizinisch unangemessenen und allgemein als abstoßend empfundenen Maßnahme griff, die alten Menschen in einer Kerosinlösung zu baden. Die Empörung des Ministers ('Warum wurde ich nicht früher informiert?') mag politisch vielleicht erfolgreich sein, die Manager öffentlicher Einrichtungen dürften davon weniger erfreut gewesen sein. Minister können und wollen nicht von allen Ereignissen in dem von ihnen geführten Bereich unterrichtet werden; und es ist eine offene Frage, inwieweit der Minister von diesem besonderen Fall lieber nichts gewußt hätte – vorausgesetzt, die Medien hätten davon ebenfalls nicht erfahren. Ein Risikomanagement könnte in solchen Fällen darin bestehen, daß man eine hierachisch gestaffelte Skala von 'Auslösern' etabliert, gemäß denen Informationen nach oben weitergereicht werden, wo sie dann gemäß der dem Minister bekannten bzw. von ihm anerkannten Kriterien entschieden werden könnten. In diesem Fall wären die Manager gegen nachträgliche Anschuldigungen fehlerhaften Handelns geschützt. Für die Professionellen jedoch könnte sich eine solche 'Warnstufenskala' als zweischneidiges Schwert erweisen. Zwar könnten dadurch möglicherweise verbindliche offizielle Regelungen darüber geschaffen werden, in welchen besonderen Fällen auf professionelles Ermessen zurückgegriffen wird, aber gleichzeitig würden damit wiederum die Grenzen der Ausübung professionellen Ermessens definiert.

Ein Schlüsselelement von Risikomanagement besteht in der Einschätzung von Wahrscheinlichkeiten, denenzufolge bestimmte Ereignisse in welcher

Schwere eintreten werden. Während die Versicherungsstatistik die Wahrscheinlichkeit des Eintritts eines Schadenfalls auf der Basis statistischer Daten durchaus einschätzen kann, sind solche Daten für den Typus von Risikoereignissen, mit der Manager von sozialen Dienstleistungsanbietern konfrontiert sind, im allgemeinen nicht verfügbar. Ihre Schwere läßt sich, anders als in Versicherungen, zudem auch nicht in Mark und Pfennig bewerten, sondern unterliegt einer sozialen und politischen Bewertung. Die zentralen Beurteilungskriterien der geschätzten Wahrscheinlichkeit und Schwere eines solchen Risikofalls sind daher überwiegend nichttechnischer Art. Solche Einschätzungen beruhen auf dem expliziten und impliziten Wissen von Professionellen. Auch hieraus ergeben sich Möglichkeiten für Professionelle, sich unentbehrlich zu machen.

Qualitätssicherung und Risikomanagement sind damit Felder, in denen Professionelle proaktive Strategien verfolgen können, in denen sie ihr Wissen wie auch ihre Kompetenz zur Beurteilung ethischer Fragen als Ressource einbringen können. Dadurch könnten sie multiple aber zugleich Verantwortungsbereiche besetzen, und im Gegenzug die Anwendungsbereiche professionellen Ermessens in einer bestimmten (wenn auch limitierten) Weise erweitern.

5. Professionelle und Wohlfahrtsstaat

Betrachtet man die verschiedenen Ansätze zu einer Kritik des bürokratischen Wohlfahrtsstaats, die in den letzten Jahren vorgetragen wurden, so ist jene Position als besonders gehaltvoll einzuschätzen, die das Zielperspektive „Soziale Gerechtigkeit“ unterstützt, aber gleichzeitig davon ausgeht, daß die Realisierung dieses Ziels in der Praxis als gescheitert zu betrachten ist, indem der Wohlfahrtsstaat entgegen seiner Zielsetzung neue Abhängigkeiten produziert. Diese Kritiker befürworten ein wohlfahrtsstaatliches Modell, in dem soziale Inklusion und soziale Gerechtigkeit zwar vom Staat gefördert, in erster Linie aber gesellschaftlich produziert wird und zwar auf der Basis neuer Konzepte zur Steuerung wohlfahrtsstaatlicher Dienste und Leistungen, in denen der Staat mit korporativen und zivilgesellschaftlichen Akteuren partnerschaftlich am Aufbau von sozialem Kapital zusammenarbeitet. Inwieweit dies gelingen kann, bleibt noch abzuwarten; dennoch scheint es sinnvoll, die Aufmerksamkeit auf drei Problemstellungen zu richten, die mit dem Wohlfahrtsstaat und bürokratischen Rationalität verknüpft sind.

Erstens konzentriert sich der Wohlfahrtsstaat zu sehr auf die Bereitstellung von Leistungen und Diensten für ökonomisch benachteiligte Individuen und Familien und zu wenig auf den Aufbau einer Zivilgesellschaft durch die Weiterentwicklung von sozialen Bindungen und Netzwerken für sozial exkludierte Gruppen und Gemeinschaften (*communities*). *Zweitens* tendiert der Wohlfahrtsstaat zu einer Bereitstellung von versäulten Diensten (‘*service silos*’) (z.B. Gesundheit, Arbeitsbeschaffungsmaßnahmen, Erziehung und Wohlfahrt als getrennte Maßnahmenbereiche) im Gegensatz zu einem Ansatz der „konzertierten Steuerung“, wie er von der Regierung Blair verfolgt wird. Schließlich ist *drittens* ein Mangel an sozialräumlicher (*place-specific*) Orientierung gemessen etwa an der sozialräumlich orientierten Community-Aufbauarbeit einiger Nicht-Regierungsorganisationen (als australisches Beispiel für ein NRO-gestütztes Sozialraum-Management vgl. McHugh 1999).

Der bürokratische Wohlfahrtsstaat brauchte die Professionellen. Einerseits, um seine Rigidität zu kompensieren, andererseits, um soziale Vernetzung, ganzheitliche Ansätze (*whole-of-life responses*) und wenigstens einige Elemente von Sozialraumbezug auf informellem Weg gewährleisten zu können. Weil der bürokratische Wohlfahrtsstaat dies innerhalb der bürokratischen Organisationsrationalität nicht bewerkstelligen konnte, gewährte er den Mitarbeitern und Ausführenden einen gewissen Raum für diese zwar notwendige, aber regelwidrige Aktivität in der Gestalt professionellen Ermessens bzw. begrenzter Ermessenspielräume. Gleichwohl war er oft nicht imstande Umfang und Form dieses Ermessens zu steuern und somit sicherzustellen, daß es allein für die intendierten Zwecke eingesetzt wird. Gerade *weil* Ermessen außerhalb der durch die Organisationsrationalität vorgezeichneten Regeln war, ließ sich sein Gebrauch weder präzise spezifizieren noch regulieren. Zweifellos wurden Ermessensspielräume, waren sie erst einmal gewährt, auch für andere als nur für die vorgesehenen Zwecke gebraucht und zwar nach zwei Richtungen hin: zur Nicht-Gewährleistung sozialer Vernetzung und ganzheitlicher bzw. sozialräumlicher Ansätze ebenso wie zur Gewährleistung solcher (alternativer) Ansätze, die mit den Werten und Verpflichtungen der Professionellen oder der Klienten in Einklang standen.

An dieser Stelle wollen wir uns jedoch vorwiegend auf jene Aspekte des Wandels professionellen Ermessens konzentrieren, der sich aus dem Übergang zu einer durch Kontrakte gesteuerten Leistungserbringung (voraussichtlich) ergibt. Befürworter des Blairschen Ansatzes zur Bekämpfung sozialer Exklusion (der unter dem Label ‘radical centre’ bekannt geworden ist) argumentieren, daß Basisinitiativen (*community organisations*) besser imstande sind soziale Vernetzung, sowie ganzheitliche und sozialraumbezogene

Ansätze umzusetzen als der Staat, und daß die Regierung deshalb besser daran täte, nicht mehr den Wohlfahrtsstaat konventioneller Prägung, sondern ein soziales Unternehmertum in Gestalt solcher Initiativen zu fördern. Auf der politischen Linken Australiens ist diese Ansicht nur marginal vertreten. Am prominentesten wird sie von Mark Latham (Latham 2000) vertreten, einem 'jungen Wilden' der Labor-Party, der auch in seinen eigenen Reihen auf Widerspruch stößt.

Die Frage ist: läßt sich die soziale Eingebundenheit und Responsivität von Basisinitiativen mit kontraktualistischen Arrangements in einer Weise verbinden, daß Programmen zur Bekämpfung sozialer Exklusion entstehen, die nicht nur staatlich gefördert, sondern auch staatlich gesteuert sind? Können Marktrationalität und soziale Responsivität in konstruktiver Weise zusammengeführt werden? Der 'dritte Weg' geht davon aus, daß dies möglich ist; Vorschläge dazu, wie dies auf der Organisationsebene durch den Einsatz nicht-managerieller Qualitätssicherungsverfahren für Leistungserbringer umgesetzt werden könnte liegen vor (Muetzelfeldt 1999).

Der interessante Punkt in diesem Zusammenhang ist der, daß die Rolle der Professionellen in sozialen Diensten ernsthaft in Mitleidenschaft gezogen wird, wenn man soziale Responsivität in eine marktförmige Ware überführt, die von der Regierung eingekauft und von Trägern aus dem Bereich der Basisinitiativen verkauft wird. Meine Prognose wäre, daß Ermessensspielräume sich ändern bzw. eingeschränkt werden. Es würden mehr explizite Erwartungen formuliert im Hinblick auf die Bereitstellung sozialer Vernetzung, ganzheitlicher und sozialraumbezogener Dienste; ebenso hinsichtlich der Bereitstellung sog. 'Meta-Dienste', deren Aufgabe darin besteht, die Gruppen und Teil-Gemeinschaften bei der eigenständigen Entwicklung solcher Ansätze zu unterstützen. In dem Maße, wie dies organisatorisch machbar wäre, würde man die Professionellen diesbezüglich für die jeweiligen Resultate verantwortlich halten. Vermutlich würden sie dabei Ermessensspielräume verlieren und sich statt dessen verschärften Rechenschaftspflichten ausgesetzt sehen – für die Bereitstellung solcher Dienste und Meta-Dienste, die sie als Professionelle schon seit jeher anbieten wollten. Gleichzeitig würden vermutlich auch die Möglichkeiten dazu eingeschränkt, Programme und Maßnahmen anzubieten, die im Einklang mit den Werten und (Selbst-) Verpflichtungen von Professionellen bzw. deren Klientel stehen. So könnte es beispielsweise sein, daß Professionelle – abhängig von den Prioritäten einer Regierung – in geographisch begrenzten, weil wahlgefährdeten Bezirken vermehrt zum Aufbau sozialer Netzwerke herangezogen werden, in anderen dagegen nicht; oder man würde von ihnen Netzwerkunterstützung innerhalb wahlsensitiver

Gruppen, beispielsweise unter Umweltschützern, erwarten (etwa bei Gruppen, die Müll sammeln und recyceln), ihnen aber bei Schwulen, Drogenabhängigen bzw. offensiv eingestellten Umweltschützern (z.B. Anti-Konsumgruppen) den Aufbau solcher Netzwerke verbieten. Dieselben organisatorischen Innovationen, durch die Programme sozialer Inklusion marktförmig umgesetzt werden könnten, böten demnach zugleich auch die Möglichkeit, Professionelle dergestalt zu steuern, daß sie ihre Kapazitäten in bestimmte Richtungen lenken, was ihr Ermessen letztlich wiederum einengt.

6. „Professionelle" Antworten auf den Neuen Managerialismus

Es scheint sinnvoll, hinsichtlich den Bedrohungen, Herausforderungen und Möglichkeiten, die der Neue Managerialismus in den Augen der Professionals aufwirft, zwischen individualistischen und gruppenspezifischen Reaktionen zu unterscheiden. Als Individuen mögen die Professionals den ökonomischen Rationalismus internalisieren und dadurch zu Anwälten des Neuen Managerialismus werden. Sie geben dann professionelle Einstellungen auf und gehen Kooptationsverhältnisse mit der Agenda des ökonomischen Rationalismus ein. Oder sie können sich dieser Entwicklung widersetzen und werden ihr Gegner, indem sie ihre professionelle Ausrichtung in einem organisatorischen Setting weiterverfolgen, das weder die notwendige Unterstützung noch die Infrastruktur für diese Professionalität bereitstellt. In beiden Fällen wird die Klientel aller Wahrscheinlichkeit nach darunter zu leiden haben. Am wahrscheinlichsten ist, daß die Professionellen zwischen Kooptation und Widerstand pendeln – je nach den Möglichkeiten, die ein bestimmter Kontext im Einzelfall offeriert. Die wahrscheinliche Folge sind fragmentierte bzw. nicht-integrierte organisatorische und professionelle Diskursen und Praktiken, die sich in vielfältigen Problem innerhalb der Organisationen Sozialer Arbeit ebenso manifestieren, wie in den professionellen und persönlichen Biographien der Sozialarbeiter oder in den jeweiligen Folgen für die betroffene Klientel. Kooptation, Widerstand und auch das Oszillieren zwischen ihnen sind als Reaktionen auf den Neuen Managerialismus unbefriedigend. Beispiele für diese Reaktionsweisen sind überall zu finden. Leider sind sie allesamt reaktiv und in vielerlei Hinsicht 'unprofessionell'.

Ein anderer Typ des Umgangs, der die Dichotomie von Kooptation und Widerstand transzendiert, müßte eine neue Integration beinhalten. Eine mehr oder weniger erfolgreiche Integration würde zu einer *Win/Win*-Situation führen, die dadurch bestimmt ist, daß die professionelle Praxis einen Beitrag leistet zu einem neuen sich herausbildenden Ansatz einer in professioneller *und* ökonomischer Hinsicht verantwortungsvollen Sozialen Arbeit. In diesem Aufsatz wurde versucht, einige Möglichkeiten aufzuzeigen, wie Professionelle dies erreichen könnten. Der Ausgangspunkt liegt notwendig in einer Analyse der Konflikte und Widersprüche innerhalb jenes organisatorischen und politischen Terrains, das der Neue Managerialismus den Professionellen bereitet. Weiter ist es erforderlich, daß die Professionellen gemeinsam als eine Gruppe agieren, indem sie ihre Organisationen, ihr Wissen und ihre Ethik als maßgebliche Ressourcen nutzen. Werden diese Analysen und Ressourcen richtig eingesetzt, dann werden sie sich gegenseitig unterstützen – ein machtvolles Engagement in einem machtstrukturierten Kontext und eine (ganz im traditionellen Wortsinne) wirklich professionelle Antwort auf eine neue Situation.

Es gilt, die Möglichkeiten einer proaktiven Neu-Verbindung zwischen den Professionellen im Sozialsektor und den organisatorischen Kontexten des Neuen Managerialismus, in denen sie zunehmend häufiger arbeiten, auszuloten. Sozialarbeiter waren schon immer gezwungen, Wege zu finden, ihre Professionalität an die jeweils vorherrschenden organisatorischen Anforderungen anzupassen: mit den organisatorischen Anforderungen ändern sich auch die Anpassungsstrategien der Sozialarbeiter. Ohne auf Kritik zu verzichten, müssen wir Ausschau halten nach neuen Formen positiver Anpassung und positiven Engagements.

Dieses Projekt eines proaktiven Engagements läßt sich einfügen in eine Analyse des Verhältnisses von Professionalität und Macht. An anderer Stelle wurde aufgezeigt, daß Kontraktbeziehungen Solidarität und Vertrauen unterminieren (vgl. Muetzelfeldt 1994) und daß Märkte den Menschen systematisch Verantwortlichkeiten zuweisen, die ihre Möglichkeiten, diesen Verantwortlichkeiten in ihrem Handeln zu entsprechen, übersteigen (Muetzelfeld 1996). Darüber hinaus weisen Boston et al. (1995), Rayner (1997) sowie Rees/Rodley (1995) neben anderen auf die sozialen, demographischen und kulturellen Defizite hin, die aus der marktförmigen Restrukturierung der Politik und der öffentlichen Verwaltung in Australien und Neuseeland resultieren.

Eine theoretische Fundierung dieser Kritik stammt von Rose und Miller. Diese vertreten die Ansicht, daß die herkömmliche „Gegenüberstellung von Staat und Zivilgesellschaft ungeeignet ist, um die gegenwärtigen Veränderungen in den Formen der politischen Machtausübung zu verstehen“ (Rose/Miller 1992: 173). Und weiter: „ ... das politische Vokabular, das sich über

Gegensatzpaare wie Staat und Zivilgesellschaft, Öffentlichkeit und Privatheit, Regierung und Markt, Zwang und Einwilligung, Souveränität und Autonomie etc. strukturiert, gibt die verschiedenen Wege, in denen Herrschaft in fortgeschrittenen liberalen Demokratien ausgeübt wird, nicht angemessen wieder. Heute wird politische Macht durch eine Fülle wechselnder Allianzen zwischen verschiedenen Führungsschichten ausgeübt, die eine Vielzahl unterschiedlicher Facetten ökonomischen Verhaltens, sozialer Öffentlichkeit und individuellen Handelns steuern. Macht hat weniger damit zu tun, den Bürgern Zwänge aufzuerlegen, sondern ihnen nahezubringen, eine Art regulierter Freiheit auf sich zu nehmen. Persönliche Autonomie ist nicht die Antithese politischer Macht, sondern ein Schlüsselbegriff des Vollzugs politischer Macht; dies umso mehr, als die meisten Individuen nicht mehr allein Objekte der Macht sind, sondern einen Part in der Ausübung von Macht übernehmen" (Rose/Miller 1992: 174).

In diesem Zusammenhang betonen die Autoren solche Steuerungstechniken, bei denen man 'aus der Distanz steuert', indem man beispielsweise Einfluß nimmt auf die Präferenzen, die Umstände oder Umwelten von anderen, etwa durch die Schaffung politischer Rationalitäten oder den Einsatz steuerungsbezogener Informations- und Kalkulationstechnologien. Bei all dem ist Expertise – mit ihren Möglichkeiten zur Mobilisierung von Wissen, Sinn, Management und Motivation – von besonderer Relevanz. Solche Techniken einer 'Steuerung auf Distanz', die sich nach Meinung der Autoren auch an Funktionsweisen des britischen Wohlfahrtsstaates beobachten lassen, werden speziell im Kontext des neoliberalen Eintretens für den Markt gefordert und werden dort – weit mehr jedenfalls als Regulierung und Planung – als die primären Mechanismen sozialer und ökonomischer Koordination angesehen. Individuelle oder korporative Akteure haben Vorrang vor Solidaritätsgruppen; Beziehungen, die auf Eigeninteressen und Verträgen basieren, haben Vorrang vor gesellschaftlichen Interessen und der Einbindung in Gemeinschaften; Märkte haben Vorrang vor Politik. Bei all dem wurden Assoziationen – wie beispielsweise Interessengruppen, Gewerkschaften, oder (hier besonders relevant) Professionen – einem Redefinitionsprozess unterzogen; sie wurden zu Verhandlungspartnern in einem instrumentellen bzw. zu Repräsentanten in einem korporatistischen Sinne und begannen auch mehr und mehr als solche zu handeln – und weniger als gesellschaftliche Orte, in denen Akteure soziale Interessen artikulieren und ihnen Substanz verleihen können.

Damit korrespondiert die Ansicht, daß die Steuerung der Produktion durch viele und verschiedenartige Kanäle erfolgt und daß diese Steuerung – wenn der Begriff hier überhaupt zutrifft – von einem dominanten Diskurs her erfolgt, der alle relevanten Verfahren und Praktiken in sich aufnimmt, einschließlich jenen, die man herkömmlicherweise dem Staat, den organisierten Gruppen und zivilgesellschaftlichen Institutionen zuschreiben würde. Diese Lesart stimmt mit der Analyse von Rose und Miller überein, und kann zu der Ansicht führen, daß die Streuung der Macht soweit vorangeschritten ist, daß sie entweder nicht mehr relevant ist, oder aber jenseits des Zugriffs einzelner Akteure und ihrer politischen Handlungsansätze. Dennoch: Macht wird durch den Markt nicht aufgelöst. Auf Märkten operieren Akteure innerhalb von Anreizstrukturen, die ihnen marktrationale Gründe dafür liefern, so und nicht anders zu handeln. Organisationen und Regierungen sind in der Lage, selektiv Anreizstrukturen zu mobilisieren und zu formen (und sie tun es auch tatsächlich), die die angeblich freien Marktakteure dazu veranlassen, in einer Weise zu handeln, die ihren Absichten zuträglich ist (Muetzelfeldt 1992a). Und dies ist nicht anderes, als – wie Rose und Miller es ausdrücken – 'Steuerung auf Distanz': ein Weg, durch die Ausübung von Macht „Bürgern ... nahezubringen, eine Art regulierter Freiheit auf sich zu nehmen" (Rose/Miller 1992: 174).

Alle Professionen waren im Lauf ihrer Durchsetzung mehr oder weniger erfolgreich in Machtkämpfen engagiert und die sozialen Dienstleistungsberufe werden sich auf einen Machtkampf einlassen müssen, um sich in dieser neuen Situation neu zu etablieren. Soll dies mit Erfolg geschehen, dann dürfen sie nicht als Interessengruppen agieren, die individuelle Interessen repräsentieren, sondern als Orte, in denen Akteure soziale Interessen artikulieren und ihnen Substanz verleihen können. Der Austragungsort dieses Machtkampfs ist jenes Feld der 'Steuerung auf Distanz', der Ort, an dem es darum geht, Professionelle und Bürger dazu zu veranlassen' 'eine Art regulierter Freiheit auf sich nehmen'. Hier wird es darauf ankommen, Professionalität neu zu definieren. In diesem Zusammenhang wird sich zeigen, daß manche Aspekte und Bereiche professionellen Ermessens wie sie im traditionellen Professionalitätsmodell gefaßt wurden, gefährdet sind und wahrscheinlich verloren gehen, daß sich aber gleichzeitig neue Aspekte und Spielräume professionellen Ermessen eröffnen. Professionen, die im Staat und gegen den Staat arbeiten, haben schon immer eine Art regulierter Freiheit auf sich genommen. Die Frage ist, wodurch sie jeweils reguliert wird und wie groß dabei jeweils die Handlungs- und Ermessensspielräume ausfallen. Die Antworten auf diese Fragen hängen davon ab, wie Macht eingesetzt und verwendet wird. Macht ist aber niemals nur an einem Pol zu finden. Folgt man Clegg (1989), so bewegt sich Macht in diesem Fall eher in der Form von Kreisen. Stationen dieses Kreislaufs sind: die strukturellen Faktoren der Konflikte und

Widersprüche innerhalb des Neuen Managerialismus; die vermittelnden Diskurse, Bedeutungen und Identitäten, auf die Professionelle und andere Akteure Bezug nehmen, um sich selbst zu mobilisieren und die eigenen Handlungsmöglichkeiten zu erkennen; die strategischen und taktischen Entscheidungen darüber, wo, wann und wie gehandelt werden soll. Und schließlich gehört dazu der Staat – nicht nur als ein Teilnehmer im Wettbewerb um die Macht, sondern als obligatorische Durchgangsstation, die die unmittelbar erzielten Fortschritte passieren müssen, damit sie festgehalten und institutionalisiert werden können.

Literatur

AASW (1990) Australian Association of Social Workers Code of Ethics, Canberra.
Alford et al (1994) The contract state, in: Alford, J./ D. O'Neill (Ed.) The Contract State: Public Management and the Kennett Government, Geelong (Deakin University)
Alford, J./ D. O'Neill (1994) The contract state: Public management and the Kennett government, Geelong (Deakin University Press)
Beer, S. (1959) Cybernetics and Management, New York (Wiley)
Bessant, J./ H. Sercombe/ R. Watts (1998) Youth studies : an Australian perspective, South Melbourne (Longman)
Blau, P. M./ W.R. Scott (1962) Formal Organisations, San Francisco (Chandler)
Boston, J. et al (1996) Public Management: The New Zealand Model, Auckland (OUP)
Clegg, S. (1989) Frameworks of Power, London (Sage)
Considine, M. (1994) Public policy: a critical approach, South Melbourne (Macmillan)
Day, P. (1981) Social work and social control, London-New York (Tavistock Publications)
Dunleavy, P./ B. O'Leary (1987) Theories of the state: The politics of liberal democracy, London (Macmillan)
Donovan, F./ A.C. Jackson (1991) Managing human service organisations, Sydney-New York (Prentice Hall)
Exworthy, M./ S. Halford (1999) Professionalism and the New Managerialism in the Public Sector, Buckingham (Open University Press)
Gouldner, A.W. (1954) Patterns of Industrial Bureaucracy, New York (Free Press)
Hasenfeld, Y. (1992) Human services as complex organizations, Newbury Park Calif. (Sage)
Hodge, G. (1999) Privatization: An International Review of Performance, USA (Westview Press)
Ife, J.W. (1996) Rethinking social work: towards critical, Melbourne (Longman Cheshire)
Jones, A./ J. May (1992) Working in human service organisations : a critical introduction, South Melbourne (Longman Cheshire)
Latham, M. (2000) Why the Left lacks common sense on poverty, Australian Financial Review, vom 7. Februar 2000, Seite 17
London Edinburgh Weekend Return Group (a working group of the Conference of Socialist Economists) (1980) In and against the state, London (Pluto)
McHugh, S. (1999) Shelter from the Storm, St Leonards NSW (Allen & Unwin)
Merton, R.K. (1957) Bureaucratic structure and personality, in: Merton, R.K. Social Theory and Social Structure, Glencoe Ill (Free Press)

Morris, A./ M. McIsaac (1978) Juvenile justice? The practice of social welfare, London (Heinemann Educational)
Muetzelfeldt, M. (1992) Organisational restructuring and devolutionist doctrine: organisation as strategic control, in: J. Marceau (Ed.) Reworking the World: Organisations, Technologies and Cultures in Comparative Perspective, Berlin-New York (de Gruyter Publishers)
Muetzelfeldt, M. (1994) Contracts, politics and society, in: Alford, J./ D. O'Neill (Ed.) The Contract State, Geelong (Deakin Uni Press)
Muetzelfeldt, M. (1996) The organisation and the market, in: Palmer, G./ S. Clegg (Ed.) Constituting Management: Markets, Meanings and Identities, Berlin (de Gruyter)
Muetzelfeldt, M. (1999) Reinventing politics: responding to "reinvented" government, in: Fortin, Y. (Ed.) Secreur Public et Contractualisation dans les Pays Industrialises, Paris (L'Harmattan)
Niskanen, W. (1971) Bureaucracy and Representative Government, Chicago (Rand McNally)
Osborne, D./ T. Gaebler (1992) Reinventing Government: how the entrepreneurial spirit is transforming the public sector , Reading, Mass. (Addison-Wesley Pub. Co)
Rayner, M. (1997) Rooting democracy: growing the society we want, St. Leonards, NSW. (Allen & Unwin)
Rees, S./ G. Rodley (Ed.) (1995) Human Costs of Managerialism: Advocating the Recovery of Humanity, Sydney (Pluto Press)
Rose, N./ P. Miller (1992) Political power beyond the state: problematics of government, British Journal of Sociology, 43, 2, 173-205
Sinclair, A. (1997) After excellence: Models of organisational culture for the public sector, in: Considine, M./ M. Painter (Ed.) Managerialism: The great debate, Melbourne (Melbourne University Press)
Van der Veen, R. (1999) Managed liberalization of the Dutch welfare state, Governance, 12, 3, 289-310
Victorian Commission of Audit (1993) Report Volume 1, Melbourne.
Yeatman, A. (1990) Bureaucrats, technocrats, femocrats: Essays on the contemporary Australian state, Sydney (Allen & Unwin)

Aus dem Englischen von: Heinz Messmer, Stefan Schnurr, Mark Schrödter

Geert van der Laan

Handlungsspielräume von Sozialarbeitern unter Marktbedingungen – Das Beispiel Niederlande

Die Einführung der Marktwirtschaft im niederländischen Wohlfahrtssektor hat zu komplexen Reaktionen und Entwicklungen geführt. Der wichtigste Trend besteht darin, dass die bürokratische Steuerung durch den Markt abgelöst wird. Wohlfahrtseinrichtung präsentieren sich in der Öffentlichkeit nicht mehr angebotsorientiert, sondern nachfrageorientiert. Ein nachfrageorientiertes Arbeiten unter den Rahmenbedingungen des Marktes heißt, dass nicht mehr von Bedürfnissen, sondern einer „kaufkräftige Nachfrage" gesprochen wird. Es findet ein Transformationsprozes statt, in dessen Verlauf der Klient zum Kunden wird und der Sozialarbeiter zu seinem Lieferanten. Dies bedeutet auch, dass Einrichtungen sich selber nicht mehr als professionelle Organisationen betrachten, sondern als Unternehmen, in denen Fachleute von Managern zur Produktion von Dienstleistungen angeleitet werden. Man verpflichtet sich nicht, sich für etwas bestimmtes nach Kräften einzusetzen (*inspanningsverplichtingen*), sondern bestimmte beobachtbare Resultate zu erzielen (*resultaatverplichtingen*).

Nicht nur die Anbieter, auch die Hilfesuchenden sind im wachsenden Maße auf den Markt angewiesen, der aber nicht unabhängig von der Reorganisation des Wohlfahrtstaates zu sehen ist. Die Abhängigkeit vom Staat wird also durch eine Abhängigkeit vom Markt ersetzt. Zahlungskräftige Klienten, die sich ihrer Sache sicher sind, haben als Kunde hierdurch einen Vorteil; Schwächere sind jedoch weitgehend auf sich selbst gestellt.

Diese Entwicklungen haben (unbeabsichtigte) Folgen, die auf die Qualität der Wohlfahrtspflege einen negativen Einfluss haben können. So wird Zusammenarbeit durch zunehmende Konkurrenz erschwert. Die Orientierung auf „output-orientierte Abrechnung" führt unwillkürlich zu einem linearen Denken. Außerdem erleben wir in der praktischen Arbeit eine Wiederauferstehung der altgedienten sog. „Sozial-Technologie" und veralteter betriebswirtschaftlicher Prinzipien, wie die einer Tayloristischen Organisation. Bei vielen Einrichtungen entsteht eine Kultur des Führens und Abrechnens, was bei den Ausführenden, den Managern und den Planern zu Lasten der Lernfähigkeit geht. Die Erfahrungen von Ausführenden finden kaum Eingang in die Organisationsplanung und in deren Umsetzung. Die direkte Koppelung der Parameter „Leistung“ und „Bezahlung“ schafft ein berechnendes Verhalten: Zahlen sind unbestechlich und folglich handeln die meisten Akteure unter den verschärften Bedingungen des Überlebenskampfes nach strategischen Gesichtspunkten.

Diese und andere Entwicklungen haben bei den öffentlich-rechtlichen Einrichtungen die Organisationskultur beeinflusst. Was könnten die unbeabsichtigten Folgen sein, wenn wir auch unsere Feuerwehren nach der Zahl der von ihnen gelöschten Brände bezahlen würden? Natürlich hängt dies stark vom Berufsethos ab, welches die Feuerwehrleute wechselseitig hochhalten. Dies gilt entsprechend auch für die Sozialarbeit. Es hängt stark von der Art und Weise ab, wie das Machtspiel auf dem Markt gespielt wird. Die Marktwirkung ist vor allem dann für die Qualität der Berufsausübung schädlich, wenn der Markt als eine neue Ideologie funktioniert. In den Niederlanden wurden die Prinzipien der Marktwirtschaft von vielen Sozialarbeiten – und vor allem von Managern – als eine Strategie begrüßt, welche (letztendlich) dazu beitragen könnte, die Sozialarbeit 'salonfähig' zu machen. Dies mag man aus einem Mangel an Selbstbewusstsein erklären. Zu genau diesem Zeitpunkt stößt der Markt in das Herz der Berufsausübung vor und kann zu einer Pervertierung des öffentlichen Bereichs führen. Die oben genannten Negativfolgen des Marktmechanismus beziehen sich entsprechend auch vor allem auf den Markt als Ideologie, nicht auf den Markt als Realität. Markt als Ideologie impliziert eine De-Politisierung und De-Professionalisierung der Sozialarbeit, besteht doch die Überzeugung, dass der Marktmechanismus als solcher eine gute Allokation und einen zielgenauen Entscheidungsmechanismus darstelle, und andere politische und moralische Positionsbestimmungen überflüssig mache.

Angesichts der Tatsache, dass der Markt inzwischen eine Realität ist, ist es wichtig, dass sich die Sozialarbeit auf eine klare Strategie besinnt, wenn sie wirkungsvoll aus der Defensive herauskommen will.

Von großer Bedeutung ist, dass zwischen „Leistung“ und „Bezahlung“ eine *indirekte* Beziehung geschaffen wird, in die die professionelle Rolle zwischengeschaltet ist. Ein Mehr an Markt erfordert ein Mehr an professionellem Selbstbewusstsein. Die Kardinalfrage ist denn auch, ob und wie der Markt unter die Kontrolle der Lebenswelt gebracht werden kann. Eine offensive Haltung lässt sich durch theoretische Positionen eines modernen undzeitgemäßen Managementverständnisses unterstützen. Denn nicht alles, was heute als betriebswirtschaftlicher Ansatz angepriesen wird, ist von der theoretisch informierten modernen Betriebswirtschafts- und Managementlehre her auch haltbar.

Kopernikanische Wende

Wenn man den Ausführungen mancher Kommentatoren glauben darf, vollzog sich im Wohlfahrtssektor der Niederlande seit den achtziger Jahren eine radikale Umwälzung. Voogt/Wiertsema (1991) sehen als wichtigste Veränderung die Ablösung des „Angebotsdenkens" durch einen „Nachfrage-Ansatz", was für sie Anlass genug ist, von einer „kopernikanischen Wende" zu sprechen. Der Begriff „nachfrageorientiert" gehört inzwischen bei Geldgebern, Managern und Planungsverantwortlichen zum Standardrepertoire. In entsprechenden Programmvorlagen erscheinen ohne Ausnahme Begriffe wie „kundenorientiert" und „nachfrageorientiert". Eine unsichtbare Hand hat offensichtlich bewirkt, dass in der dezentralisierten Planung des Wohlfahrtssektors neue landesweit gültige Vorgaben bestehen. Von wem oder durch wen diese unsichtbare Hand geführt wird, lässt sich nur schwerlich analysieren. Vielleicht stellt der Hang, für die unterschiedlichsten gesellschaftlichen Steuerungsprobleme nach einer „marktkonformen" Lösung zu suchen, ein verbindendes ideologisches Element dar.

Ausschreibung

Der soziale Sektor hat sich in den letzten Jahren in einem raschem Tempo in Richtung auf eine Marktsituation hin entwickelt. Dabei ist es aber angemessen, von einem Pseudo-Markt zu sprechen, sind es doch nach wie vor die gleichen Partner, Förderinstanzen und Einrichtungen, die jetzt das Spiel der Marktwirtschaft betreiben. Früher mussten die Wohlfahrtsverbände Arbeitspläne aufstellen, auf deren Grundlage dann ihre Finanzierung bewilligt wurde. Dann kam die Periode der Etat- und Budget-Vereinbarungen, in denen Leistungsabsprachen festgelegt wurden. In letzter Zeit arbeitet man mit Ausschreibungen, auf deren Grundlage mehrere Einrichtungen vergleichbare Angebote vorlegen. Die Praxis des sog. *managed care*, wie sie in den Vereinigten Staaten üblich ist, gibt es in den Niederlanden bisher noch kaum. Wohl lässt sich durchaus von einem Hang zur Umwidmung des Etats von der Angebots- zur Nachfrage-Seite sprechen. Klienten, Nachbarschaften, spezielle Gruppen und andere „Nachfrage-Partner" bekommen nun staatlicherseits und aus privaten Quellen Etats zugewiesen, mittels derer sie die Wohlfahrtsdienste sowohl der geförderten als auch der kommerziell betriebenen Einrichtungen einkaufen sollen. Hierdurch werden hochqualifizierte Dienstleistungen zunehmend unter den Bedingungen des Wettbewerbs eingekauft. Das heißt, dass die Nachfrage-seite von konkurrierenden Anbietern Angebote einholen kann. Anfangs führte die Einführung der marktwirtschaftlichen Prinzipien zu einer wahren Fusionswelle. Floris (1999) stellte jedoch fest, dass „die Periode der Aufgabenerweiterung – und damit der Effizienzsteigerung – lokaler Organisationen ihrem Ende entgegen geht". Nach seiner Ansicht nehmen die Organisationen zunehmend ihre Existenzsicherung in die eigene Hand. In diesem Zusammenhang ist auch ein Streben nach weniger Abhängigkeit von den Förderinstanzen auszumachen. Dies führt zu einer anderen Legitimierung im öffentlichen Bereich: „Der Staat bestimmt nicht länger das Existenzrecht der Unternehmung". Die Legitimation der „Wohlfahrtsunternehmung" wird durch die Marktverhältnisse bestimmt.

In letzter Zeit wird viel mit sogenannter „plangesteuerter Vertragsfinanzierung" gearbeitet. Dies impliziert unter anderem, dass im Zusammenhang mit Ausschreibungen Standardisierung, Messung der Ergebnisse und Effekte, neue Formen der Abrechnung sowie Vertragsabschlüsse mit mehreren „Unternehmen" selbstverständlicher werden. Die Implikationen der Steuerung über die Nachfrage sind, dass Wohlfahrtsunternehmungen eine autonome Verantwortung zukommt und selber Marktforschung betreiben. Durch *Monitoring* werden die Daten aktualisiert. Der Einfluss des Bürgers soll durch Visitationen, Klientenräte und dergleichen gewährleistet werden. Das „öffentliche" Ausschreiben scheint auf örtlicher Ebene – so weit es die kommunale Regie betrifft – zu einem neuen Trend zu werden. In Analogie zum Bau-Sektor gehen immer mehr Wohlfahrtseinrichtungen dazu über, der Einladung kommunaler Verwaltungsinstanzen zu folgen und sich an den Ausschreibungen zu beteiligen. Ausschreibungen zwingen beide Partner dazu, sowohl Output-Merkmale, Qualitätsanforderungen und die jeweiligen Gestehungskosten für unterschiedliche Wohlfahrtsaufgaben zu definieren, als auch diese zu berechnen und zu vergleichen.

Im Bereich des Ausschreibungswesens war in den vergangenen Jahren die Kinderbetreuung ein beliebtes Experimentierfeld. So hat beispielsweise die Gemeinde Haarlem in den Jahren 1997 bis 1999 eine Reihe der Aufgaben im Wohlfahrtsbereich einem kommerziellen Büro aus Den Haag anvertraut. Im Jahre 1996 waren die seinerzeit existierenden, öffentlich geförderten Einrichtungen in Haarlem dem Rotstift zum Opfer gefallen. Auf eine entsprechende Ausschreibung reagierten 17 Einrichtungen aus dem Westen der Niederlande. Schließlich hat der Gewinner eine Filiale in Haarlem eröffnet, wo (in Übereinstimmung mit einem der Genehmigungskriterien) sechs Mitarbeiter der zuvor aufgehobenen Einrichtung wieder Lohn und Brot fanden.

Bei öffentlichen Ausschreibungen muss der Gemeinderat so entscheiden, wie es ein „objektiver Dritter“ tun würde. Es muss nicht nur eine Leistungsbeschreibung vorgelegt werden, sondern es besteht auch eine gesetzliche Offenlegungspflicht sowie ein Einspruchsverfahren. Große Kommunen gehen zunehmend dazu über, Bevölkerungsbefragungen, Nachbarschaftsindikatoren, *Monitoring*, Qualitätszirkel und dergleichen einzuschalten, wobei der Bedarf der Bürger am tatsächlichen Gebrauch der Einrichtungen sowie an der Zufriedenheit gemessen wird. Diese Daten werden bei neuen Vertragsverhandlungen sowie für die Beurteilung neuer Angebote verwendet. Auf der Grundlage der europäischen Gesetzgebung brauchen sich die Gemeinderäte im Bereich der Wohlfahrtspflege in ihrem Ausschreibungsverfahren nicht auf niederländische Anbieter zu beschränken. Auch ausländische Einrichtungen müssen auf dem Markt zugelassen werden. In der Praxis kommt dies bisher jedoch noch sehr wenig vor.

Neben der öffentlichen Ausschreibung gibt es die Form einer geschlossenen Ausschreibung. Dazu einige Beispiele:

So hatte die Gemeinde Tilburg im Jahre 1995 im Rahmen ihrer Anstrengung Bildungsrückstände zu überwinden nach einer Evaluierung der existierenden Einrichtungen beschlossen, für ungefähr zwanzig Schulen Schul-Sozialarbeit „einzukaufen”. Hierzu wurden drei Einrichtungen eingeladen, die auf der Grundlage eines Anforderungsprofils ihr Angebot erstellen sollten. Diese Einrichtungen waren: Eine städtische Einrichtung für soziokulturelle Arbeit, eine städtische Einrichtung für Jugendarbeit und ein regionaler Schulbegleitungsdienst. Auf der Grundlage eines Vergleichs der angebotenen Dienste im Hinblick auf die Kriterien bzw. den inhaltlichen Mehrwert, die Beziehung zu den Schulen und benötigtes Budget bekam am Ende der Schulbegleitungsdienst den Zuschlag.

Van Vught (1997) nennt als Vorteile von Ausschreibungsverfahren, dass die Monopolposition der Einrichtungen durchbrochen würde, dass das Einholen mehrerer Angebote zu Konkurrenzverhältnissen und schärfer kalkulierten Preisen führe und, dass die Wohlfahrtseinrichtungen dazu genötigt würden, kostenbewusster und marktgängig zu operieren. Auch Bekkers (1999: 22) sieht in dem neuen System Vorteile. Im klassischen Wohlfahrtssystem bestand keine systematische Beziehung zwischen dem Bürger und der kommunalen Verwaltung. Der Bürger wurde vor allem als Wähler und nicht als Kunde betrachtet. Bezüglich dieser Situation wird unter Einbeziehung der Prinzipien der freien Marktwirtschaft ein Fortschritt erzielt: „Die Emanzipation des Bürgers als Kunde wird über einen Umweg umgesetzt”.

Buitenhek (1999) nennt auch einige Nachteile von Ausschreibungsverfahren: Sie induzierten kurzfristige Planung und Zersplitterung, wodurch eine integrale Planung schwieriger realisierbar werde. Organisationen müssten sich intensiver mit komplexen und zeitraubenden Aquisitionsphasen auseinandersetzen. Es gibt berechtigte Zweifel an der Objektivität der Abwägung, die der Finanzier zwischen den unterschiedlichen Anbietern vornimmt, haben doch sowohl die ausschreibende als auch die anbietende Partei offensichtlich externe Fachleute angeheuert, die sie bezüglich Beurteilung, bzw. Aufstellung der Angebote beraten. Durch den Wechsel – weg von einer öffentlichrechtlichen und hin zu einer privatrechtlichen Finanzierung – entstehen zudem Brüche im öffentlichen Bereich im Zusammenhang mit dem Verwaltungsrecht.

Aus dieser kurzen Typisierung wird ersichtlich, dass infolge des Marktmechanismus im Bereich der Wohlfahrtspflege große Turbulenzen entstanden. Der Geist ist aus der Flasche. Es ist nur noch nicht klar, wo dies alles hinführen wird, vor allem auch deswegen, weil oft recht fahrlässig mit den neuen Begriffen umgegangen wird.

Erscheinungsformen der Nachfrage

Der Begriff „nachfrageorientiert“ ist von verwirrender Vieldeutigkeit. Die Nachfrageseite kennt viele Erscheinungsformen. In letzter Zeit wird der Hilfesuchende oft zum *Kunde* transformiert. Dies verändert die Beziehung zum Helfer. Zu einem Klienten gehört eine professionelle Fachkraft, zu einem Konsumenten gehört ein Lieferant. Der Begriff „Kunde“ statt Klient ist dann angebracht. Ein Problem entsteht dann, wenn der Hilfesuchende dabei auf seine Kundenfunktion reduziert wird. In ein Kundenmodell passt eine Redensart wie: „Ihr Wunsch ist uns Befehl”, eine Form der Dienstleistung, in welcher bezüglich der Abstimmung von Angebot und Nachfrage keine professionelle Vermittlung erforderlich ist. Im Blick auf ihre Gültigkeit brauchen die Ansprüche nicht geprüft werden, sie können ohne weiteres „gelten”, oder besser formuliert: „zu Geld gemacht“ werden.

Oft spricht man auch dann von einem Kunden, wenn man die Förderinstanzen meint. Auch hiergegen ist nichts einzuwenden. Manche Manager sind jedoch der Meinung, dass man vor allem diesen Kunden gegenüber möglichst umfassend „zu Diensten sein muss”. Dann trifft folgendes Sprichwort zu: „Wes Brot ich ess´, dessen Lied ich sing!”

Manchmal wird der Hilfesuchende selber als Auftraggeber betrachtet oder gar als *Arbeitgeber*, wie beispielsweise beim personenorientierten Budget. In solch einem Fall sind die Rollen im buchstäblichen Sinne umgedreht: Der Helfer wird vom Hilfesuchenden abhängig. Auch dieses Modell führt zu einer Form von „Klienten-Souveränität", bei der man sich fragen könnte, ob man sich über die unbeabsichtigten Folgen überhaupt ausreichend im Klaren ist.

In der „kopernikanischen Wende" werden noch andere Rollen propagiert. In einer weiter gefassten Sichtweise wird der Klient als *Bürger* gesehen – als eine Person, die ihre Bürgerrechte ausüben kann. Dies betrifft mehr als nur die Rechte als Kunde. Der Klient wird als Bürger gesehen, ausgestattet mit denselben Rechten wie andere Bürger. Natürlich ist dies eine gute Sache. Sie entsteht jedoch innerhalb eines Kontextes, in welchem Bürger mehr auf ihre Pflichten angesprochen werden, ein interessantes Paradoxon. Man bekommt als Klient mehr Rechte, aber als Bürger werden einem diese wieder abgenommen oder jedenfalls zu den Bürgerpflichten ins Gleichgewicht gesetzt wie zum Beispiel im Hinblick auf den individuellen Beitrag am Bruttosozialprodukt.

Außerdem muss hier die Randbemerkung gemacht werden, dass die Idee der Eigenverantwortung auch bedeutet, dass erwartet wird, eigene Risiken selbst zu tragen. Bürger können sich nur noch in geringerem Umfang auf Kollektiv-Regelungen berufen und müssen sich irgendwie individuell absichern. Kurzum: Abhängigkeit von der Bürokratie wird durch Abhängigkeit vom Markt ersetzt.

Eine andere Rolle des Hilfesuchenden ist noch aus den 60-er und 70-er Jahren bekannt. Gemeint ist der Klient als *Aktivist,* als Interessenvertreter für die Gruppe, deren Teil er ist, oder die er zu vertreten wünscht. Manche Aktivisten haben sich jedoch erfolgreich der Zeit angepasst und verhalten sich jetzt wie Kunden-Vertreter. Kurzum: Von der Aktionsgruppe hin zum Kundenschutz.

Eine letzte Rolle steht im auffälligen Kontrast zu den Vorhergenannten. Der Hilfesuchende als *Objekt der Einmischung.* Hierbei werden die Ansprüche und Rechte der Klienten um ihrer selbst willen aufgehoben. Es geht um die diskriminierten Klientengruppen: psychiatrische Patienten, Drogenkonsumenten, Problemjugendliche usw. Auf der einen Seite stehen damit jene Klienten, die sich auf dem Markt als kaufkräftige Kunde behaupten können. Diese Rolle ist geprägt durch Souveränität des einzelnen Klienten und sein Recht auf Selbstbestimmung. Auf der anderen Seite gibt es dann jene, die sich nicht zu behaupten wissen, die „*underdogs*", die in problematische Situationen geraten, weil sie nicht genügend selbstbewusst auftreten. Diese Klientel wird leicht zum Objekt des modernen Paternalismus.

Es mag deutlich geworden sein, dass es wichtig ist, sich genau vor Augen zu führen, was im Einzelnen mit dem Begriff „nachfrageorientiert" bezeichnet wird, da dies stark vom jeweiligen Kontext abhängig ist. Außerdem ist es in diesem Zusammenhang bedeutsam herauszuarbeiten, was eine nachfrageorientierte Organisation eigentlich beabsichtigt.

Trennung von Angebot und Nachfrage

Im Hinblick auf die nachfrageorientierte Soziale Arbeit lassen sich in jedem Falle zwei Aspekte unterscheiden. Zum einen wird den Bedürfnissen und dem Beitrag des Klienten im Dienstleistungsprozess größere Aufmerksamkeit zuteil. Ausgebildete Fachkräfte müssen den Klienten somit ernster nehmen. Auf der anderen Seite wird – wie bereits herausgearbeitet – der Klient als Kunde gesehen. Nach den Spielregeln des Marktmodells wird die professionelle Rolle zurückgedrängt, was in manchen Fällen zu einer strengen Trennung zwischen Angebot und Nachfrage führt. Aus der Vielzahl der Entwicklungen wird im folgenden ein Beispiel herausgehoben: In der Betreuung geistig behinderter Menschen in den Niederlanden entstand Mitte der 90-er Jahre ein neues Tätigkeitsfeld: Die Fürsorgeberatung. Die Aufgabe eines sog. „Fürsorgeberaters" (*zorgconsulent*) besteht darin, die Klienten „bei der Klärung und Durchsetzung des Hilfe-Ersuchens zu unterstützen und zu begleiten". Der Fürsorgeberater soll als Unterstützer des Hilfesuchenden im Prozess von Angebot und Nachfrage eine wichtige Rolle spielen. Um diese Rolle sauber abzugrenzen, wurde in der bis dato zusammengefassten Funktion der Sozialarbeit eine Trennung vorgenommen. Nachfolgend ist entsprechend vom Sozialarbeiter als Fürsorgeberater die Rede, welcher im organisatorischen Bereich der Dienstleistung anzusiedeln ist und vom Sozialarbeiter als professioneller Helfer, der zum inhaltlichen Bereich der Dienstleistung zählt.

Die Fürsorgeberatung („Nachfrage-Artikulierung") wird also nicht nur im Blick auf den Aufgabeninhalt, sondern auch organisatorisch streng vom Hilfsangebot getrennt.

An dieser Entwicklung fällt insgesamt auf, dass das *Konzept* unterschiedlicher *Funktionen* – die gesplittete Herausarbeitung der Nachfrage und des Angebotes – in unterschiedlichen *Beschäftigungsverhältnissen operationalisiert* wird und sogar in unterschiedlichen *organisatorischen Bereichen*. Dies geschieht nicht nur im Rahmen von Experimenten mit klientengebundenen Budgets, sondern auch hinsichtlich regulärer Aufgaben der Sozialarbeit für

Geistigbehinderte. Für den Inhalt der Sozialarbeit hat diese Entwicklung im Übrigen zur Folge, dass eine Rückkoppelung von Angebot zu Nachfrage bedeutend schwieriger geworden ist, da in den Plänen nicht nur eine Trennung zwischen Angebot und Nachfrage vorgenommen, sondern außerdem, ausgehend von einer Nachfragespezifizierung, in der Bestimmung des Angebotes von einer Einbahnstraße ausgegangen wird. In diesem *linearen* Modell wird nicht berücksichtigt, dass man in der Praxis oft von einem zirkulären Prozess der Problemdefinition sprechen muß, bei welchen erst im Verlauf eines Hilfsprozesses entdeckt wird, was das Problem eigentlich ausmacht. Untersuchungen ergaben, dass einer Intervention nicht immer eine Diagnose vorgeschaltet ist. Manchmal probiert ein Sozialarbeiter etwas aus, um eine bessere Diagnose stellen zu können. In komplexen Situationen lässt sich demzufolge häufig von einem Pendelverkehr zwischen diagnostischen und behandelnden Aktivitäten sprechen.

Eine wichtige Kritik ist außerdem, dass in derartigen Modellen eine Arbeitsteilung in unterschiedliche Phasen des Hilfsprozesses vorgenommen wird. Dies führt zu einer Form des Taylorismus, der betriebswirtschaftlich veraltet ist und in der professionellen Ausübung von Sozialer Arbeit Probleme hervorruft.

Taylorismus

Nachfrageorientiertes Arbeiten bedeutet nach dem hier vertretenen Verständnis: Dem Klienten folgen, improvisieren, sich fortwährend an neue Gegebenheiten anpassen. Der Klient ist sowohl Objekt als auch Subjekt der Aushandlung. Das Gleiche gilt für das Verhalten von Sozialarbeitern und Managern. So wie eine professionelle Kraft dem Klienten „folgt", könnte der Manager der Fachkraft folgen und umgekehrt. Dies stellt jedoch für die meisten Organisationen ein bedrohliches Szenario dar. Manager brauchen klare Verhältnisse, Planbarkeit, Sicherheit und Kontinuität.

Nachfrageorientiertes Arbeiten steht im Allgemeinen im starken Kontrast zur tatsächlichen Kultur in Organisationen, die durch Planungs- und Kontroll-Zyklen dominiert werden. In einer solchen Kultur bilden die sich immer fortentwickelnden Bedürfnisse der Klienten für die Organisation eine Störung. Wenn jemand wirklich nachfrageorientiert arbeitet, wird er recht schnell als anarchistisches Element betrachtet, als eine Fachkraft, die „nicht zu führen ist". Dies hat mit der hartnäckigen bürokratischen Mentalität zu tun, mit der die Wohlfahrtspflege das Denken im Sinne von Produkten und Märkten internalisiert hat. Eines der großen Probleme im Wohlfahrtsbereich besteht nämlich darin, dass sich nicht von einem wirklichen Markt sprechen lässt. Es ist ein Pseudo-Markt, bei welchem es um Gelder des Steuerzahlers geht, mit denen man „das Spiel des Marktes" spielt. Dies bedeutet, dass Bürokraten die Möglichkeit eingeräumt wird, sich in Unternehmer zu verwandeln und dass sie so ihre bürokratische Mentalität unter anderer Fahne fortführen können. Des Kaisers neue Kleider passen wie angegossen, weil es sich nicht um einen echten Markt handelt.

Darum kann man sich leisten, sich auf verschiedenste antiquierte Managementmodelle zu verlassen. Modelle, die in der Wirtschaft kaum noch zu finden sind. Das heutige Produktdenken hat im Wohlfahrtsbereich zu äußerst kuriosen Formen von Rationalisierung geführt. Es hat eine Adaption von Organisationskonzeptionen stattgefunden, die der Vorkriegszeit angehören (und dabei kann man sogar außer Acht lassen, ob der I. oder der II. Weltkrieg gemeint ist).

Das Gros der heutigen Managementpraxis im Wohlfahrtsbereich in den Niederlanden lässt sich charakterisieren durch

1. die Zergliederung des Produktionsprozesses in möglichst kleine Einheiten, wobei angestrebt wird,
2. eine möglichst feinmaschige Standardisierung vorzunehmen, bei welcher
3. eine vorstrukturierte Zusammenarbeit zwischen Produktionsmitarbeitern und
4. eine vollständige Kontrolle seitens des Managements gegeben sind.

Dies lässt sich innerhalb der Einrichtungen, aber auch zwischen den Organisationen feststellen, b Beispielsweise in der sog. „Gesundheitsfürsorge für seelisch Behinderte" (*geestelijke gezondheidszorg*) und in der Jugendpflege, bei der es jeweils um eine neu implementierte Systematik der Indikation (*indicatiestelling*), der Zuerkennung von Fürsorgemaßnahmen und dgl. geht. Es fällt ins Auge, dass selbstredend davon ausgegangen wird, dass der Hilfe-Prozess linear verläuft und, dass man das Ganze gewissermassen in Stücke schneiden könne: Anmeldung, Kontaktaufnahmen, Diagnose, Indikation, Pflegevermittlung *(zorgtoewijzing*), Pflegeausführung und Bewertung. Auffallend ist, dass diese Phasen (bisweilen auch Funktionen genannt) – genau wie in der Betreuung von Geistigbehinderten – oft verschiedenen Funktionären (oft von unterschiedlichen Einrichtungen) zuerkannt werden. Die Zahl der Funktionen entspricht der Zahl der Funktionäre. Dies wird für notwendig erachtet, um die Unabhängigkeit der Funktionen gewährleisten zu können. Die Person (oder auch Einrichtung), die beispielsweise die Pflegevermittlung organisiert, darf schließlich nicht die Realisierung der Pflege betreiben, denn dann würden ja die Einrichtungen in die Lage versetzt, sich ihren eigenen Markt zu schaffen. Außerdem müssen alle diese differenzierten Aufgaben wieder dadurch zusammengebracht werden, dass man zusammenarbeitet (während man doch Konkurrent voneinander ist). Das Ziel besteht darin, den Prozess beherrschbar zu machen und die Kosten im überschaubaren Rahmen zu halten.

Ist dies zeitgemäß? Genauer betrachtet sind dies die Prinzipien des sog. *scientific management,* welches Taylor um ca. 1911 entwickelte und die sich in jedem Lehrbuch zur Organisationskunde finden lassen. Es ist ein strenger Organisationsansatz, der für jede Aufgabe im Produktionsprozess genau vorschreibt, von wem diese ausgeführt werden muss. Eine derartig detaillierte Organisationsstruktur erfordert einen hohen Grad an Koordination. Dies führt zu überlasteten Managern (im Bereich der mittleren Führungsebene) und erschwert internes Feedback sowie eine flexible Anpassung an die Veränderungen in der Umwelt. Somit werden die notwendigen Lernprozesse durch eine bis ins Kleinste realisierte Aufgabendifferenzierung behindert.

Die veralteten Managementmodelle sind in den Jahresberichten der Einrichtungen klar erkennbar. Hierin trifft man auf hübsche Organigramme, welche die Außenwelt davon überzeugen sollen, dass es sich um eine straff geführte Organisation handelt. Das Organigramm, das zu einer derartigen „bürokratischen Marktorganisation“ passt, ist eine strikte Hierarchie in Form eines Baumdiagramms, eine Art Pyramide: Unten breit und nach oben spitz zulaufend. Über die Verzweigungen werden die Informationen transportiert, die Kontrolle ausgeübt und Verantwortung eingefordert. Nur an der Spitze beschäftigt man sich mit strategischen Zielsetzungen: „Der Chef denkt schon für dich!“ Auf den unteren Rängen werden nach detaillierten Vorschriften Aufgaben ausgeführt, die über die Manager der mittleren Führungsebene vermittelt wurden. Diese mittlere Ebene hat nach unten eine Kontrollaufgabe und nach oben eine Berichterstattungsaufgabe. Eine derartige Organisation erfordert eine straffe Verwaltung und erzeugt bei den Mitarbeitern eine Mentalität, die auf Status und Position orientiert ist.

Das Paradoxe dieser Entwicklung besteht nun gerade darin, dass eine größere Marktorientierung in solchen Organisationen zu einer stärkeren Bürokratisierung führt. Dies wiederum hat zur Folge, dass die „Tuchfühlung“ mit der organisatorischen Umwelt zunehmend verloren geht. Damit sind nicht nur Förderinstanzen, sondern auch Kontakte mit den Praktikern auf der unmittelbaren Ebene der Ausführung gemeint. Je bürokratischer Organisationen werden, desto länger werden die Planungs- und Kontroll-Zyklen und um so länger dauert es, bevor die Manager wieder durchblicken, was in der tatsächlichen Arbeit eigentlich passiert. Das Produkt- und Verwaltungsdenken hat auch zu einem Wiederaufleben der sog. „Sozial-Technologie" geführt. Auch hierin sind die Ergebnisse bestimmter Eingriffe vorhersehbar. Deren Einsatz führt zu einer technischen Professionalität, bei welcher der Klient zum Interventionsobjekt degeneriert ist.

Der primäre Prozess

Wir nennen landläufig die Ausführung der Hilfe den *primären Prozess*. Dieser Prozess heißt nicht von ungefähr so. Auf der Ebene der Ausführung haben professionelle Kräfte täglich Umgang mit dem Klienten. Es geht dabei um die Arbeitsebene der Organisation, um den „street-level" (Lipsky 1980), um den unmittelbaren Kontakt zur sozialen Realität. In modernen Ansätzen professioneller Organisationen wird die Unternehmerschaft auf dieser Ebene angesiedelt, also nicht an der Spitze, sondern an der Basis.

Leider sind die meisten Manager im Sektor der Wohlfahrtspflege von der Überzeugung beseelt, sie selber seien die Unternehmer und die Sozialarbeiter nichts anderes als Ausführende, die die Anweisungen von oben durchführen müssten. Wenn man im Rahmen eines solchen Denkens dann über Nachfrage-Steuerung redet, geht es vor allem um die Befriedigung des Finanzgebers. Entsprechend erfolgt Führung vor allem „top-down".

Wenn man wirklich nachfrageorientiert arbeiten will, wird zunächst die Organisation auf den 'Kopf' gestellt werden müssen. Die Sozialarbeiter müssen „von den Fällen lernen" können, sie müssen – mit Hilfe von Rekonstruktionen der Kasuistik (van der Laan 1995) – verstehen lernen. Dieser Lernprozess muss auf die Manager und Planer übertragen werden, schließlich soll die Organisation auch von der Arbeitsebene aus geführt werden können. Die Essenz lernender Organisation besteht darin, dass es im Feedback zwischen den unterschiedlichen Niveaus und Abteilungen keine Blockaden gibt. In hierarchischen Organisationen dürfen die ausführenden Mitarbeiter demgegenüber nur innerhalb ihres eigenen Spielfeldes lernen, wobei die Organisation die Spielregeln festgelegt hat. Dies nennt man in der Organisationstheorie *single-loop-learning*. Es erfolgt keine Rekonstruktion der eigenen Erfahrungen, sondern Instruktionen von oben.

Kompetente Mitarbeiter wissen jedoch aus Erfahrung, dass in einer komplexen und sich wandelnden Umgebung feste Normierungen nicht immer anwendbar sind. Was zunächst als gut erschien, kann sich in der Praxis schnell als falsch erweisen. Dass man auf der Grundlage von gesammelten

Erfahrungen diskutiert und Normierungen aktualisiert, nennt man *single-loop-learning*. Um diesen Prozess in Gang zu setzen, müssen sich Manager und Planer trauen, von der Ausführungsebene zu lernen. Schliesslich ist die Ausführungsebene die beste Quelle für das „*fact-finding*", wie Kurt Lewin es bereits in den 40-er Jahren nannte. Auf dieser Ebene liegt das Zentrum, um das sich alles drehen müsste.

Begriffe wie „Produkte „und „Kunde" passen nur bedingt in den Wohlfahrtsbereich. In Dienstleistungssektoren ist der Klient Mitproduzent. Klienten sind keine passiven Kunden, sondern selbständig an ihrem eigenen Fürsorge- oder Entwicklungsprozess aktiv beteiligt, immer vor dem Hintergrund dessen, was sie mit ihrem eigenen Leben anfangen wollen. Sie müssen nicht als Kunden angesehen werden, sondern als Bürger, welche die Regie über ihr eigenes Leben nicht nur dadurch führen, dass sie Konsumentscheidungen treffen, sondern indem sie sich aktiv ihre eigenen Existenzgrundlagen ausgestalten.

Produkt oder Dienstleistung

Im Bereich der Wohlfahrtspflege hat sich der Begriff des „Produktes" mit auffallend schnell eingebürgert. Vielleicht ist dies als ein Symptom für den Mangel an Identität und Selbstvertrauen in dieser „Branche" anzusehen. Aber ist es nicht paradox, wenn man Begriffe aus dem Geschäftsleben übernimmt, die dort selbst kaum verwendet werden? So können wir die Argumentation von Betriebswirtschaftlern wie Broekhuis/De Leeuw (1995) folgendermaßen zusammenfassen:

Ein *Produkt* unterscheidet sich wesentlich von einer *Dienstleistung*, weil:

1. der „*Kunde*" meist „*Co-Produzent*" einer Dienstleistung ist: Der Kunde hat eine aktive und steuernde Rolle, Produktion und Konsumption finden zur gleichen Zeit statt, und es lässt sich nicht von einer Eigentumsübertragung sprechen.
2. eine Dienstleistung nicht von den persönlichen Kompetenzen des Dienstleisters losgelöst werden kann, Dienstleistungen nicht auf Vorrat lieferbar sind und Dienstleistungen sehr arbeitsintensiv und meist nicht greifbar sind.
3. Dienstleistungsprozesse *schlecht vorhersehbar und aufzugliedern* sind: Die Spezifizierung einer folgenden Phase kann meistens nur dann stattfinden, wenn die Resultate einer vorausgegangenen Phase bekannt sind. Produkte sind reversibel, Dienstleistungen irreversibel.

4. im Wohlfahrtsbereich sich meist von einer *professionellen* Dienstleistung sprechen lässt: Dienstleistungen sind nicht patentrechtlich geschützt (mit Ausnahme des Urheberrechtes), die Fachkräfte haben meist eine eigene, (manchmal) gesetzlich verankerte Verantwortung und
5. in Dienstleistungsaktivitäten kein *Ergebnis* gewährleistet werden kann: Die einzige Garantie besteht darin, dass der Dienstleister sich fachlich adäquat um das beste Ergebnis *bemühen* wird

Nachfrage oder Bedürfnis?

Vor diesem Hintergrund ist die Frage angebracht, ob der Begriff „nachfrageorientiert" überhaupt gut gewählt ist. Geht es aus der Perspektive der Qualität nicht in erster Linie um die Anpassung der Hilfe an das *Bedürfnis* des Hilfesuchenden? Und hiermit sind nicht kurzfristige, sondern langfristige Bedürfnisse gemeint. Bedeutet *Zuhören-Können* das Aufschreiben des Wunsches eines Klienten oder bedeutet Zuhören, dass der Sozialarbeiter es versteht, sich in den Klienten hineinzuversetzen? Für das Feststellen von Bedürfnissen mehr vonnöten ist als die Durchführung von Marktforschung und die Einrichtung von Klientenräten. Ein Klient ist mehr als nur ein Kunde. In der Qualitätsplanung auf der Grundlage der ISO-Systematik beschäftigt man sich vornehmlich mit den Randaspekten – stattdessen käme es darauf an, das Zentrum in den Blick zu nehemen. Natürlich ist es angenehm, in einem Wartezimmer beim Zahnarzt zu sitzen, das ansprechend möbliert ist, wo beruhigende Musik läuft und zerstreuende Literatur auf den Beistelltischen bereit liegt und eine charmante Zahnarzthelferin auf einen zukommt, die dem Patienten den Eindruck vermittelt, dass er gleich verwöhnt werden soll. Aber der Kern der Sache besteht darin, dass der Zahnarzt eine gute und dauerhafte Reparatur vornehmen kann.

Eine unbeabsichtigte Folge vieler Versuche der Qualitätsplanung ist, die Außenseite aufzupolieren, so dass eine Hülle entsteht, hinter der man Qualitätsmängel verstecken kann. Manche Verfahrensanforderungen einer nachfrageorientierte Praxis könnten sich sogar als wahre Goldminen erweisen. So ist es bspw. möglich, sich aus der professionellen Verantwortung zu stehlen, indem man darauf verweist, daß alle Wünsche der Klienten im Plan berücksichtigt seien. Die Mitarbeiter und die Einrichtung sind gedeckt und müssen sich nicht der Verantwortung stellen. Schlechte Einrichtungen und schlechte Mitarbeiter können dann – wenn sie alles ordnungsgemäß und den Regeln ensprechend schriftlich fixiert haben – mit Qualitätszertifikaten prahlen. Darüber hinaus ist das Qualitätsmanagement viel zu sehr eine Angelegenheit der Manager geworden und wird kaum auf den primären Prozess bezogen. Aber das Qualitätsmanagement auf Organisationsebene und die Realität des primären Prozesses stehen einander oft diametral gegenüber. Nun muß dies nicht problematisch sein, aber die meisten Qualitätssysteme üben direkten Einfluss auf das tägliche Handeln der Mitarbeiter der Ausführungsebene aus. Und dies führt oft zu Friktionen innerhalb der Einrichtungen. Insbesondere die Popularität der klassischen Sozial-Technologie unter Managern steht im Widerspruch zu den Entwicklungen, welche die Sozialarbeit in den letzten Jahrzehnten erfahren hat.

Im Überblick können wir die Trends schematisch folgendermaßen beschreiben (s. Tabelle unten; vgl. auch: Baart 2000).

Die Gewinn- und Verlustrechnung aus der Übersicht ist nicht vollständig. Sie gründet auf Beobachtungen in den Niederlanden der 90-er Jahre. Es lässt sich keineswegs von einem unentrinnbaren Prozess sprechen. Die Ergebnisse der Einführung des Marktmechanismus hängen stark vom Handeln der Fachkräfte, der Manager und der Planungsverantwortlichen ab. Es ist möglich, einige Faustregeln zu formulieren, um die Negativfolgen des Marktes zu bekämpfen. Nachfolgend werden zwei Beispiele dargelegt, anhand derer sich zeigen lässt, dass eine Versachlichung nicht notwendigerweise zur Aushöhlung der Profession führen muss.

Eine offensive Strategie für die Sozialarbeit

In dem Maße, wie der Bürger in einem sich zurückziehenden Wohlfahrtsstaat vom Markt abhängig wird, müssen auch die Einrichtungen wie Sozialarbeit ihr Verhältnis zum Markt neu bestimmen. Dies bedeutet nicht, dass man sich dem Marktmechanismus verschreiben müsste. Die Erfahrung zeigt, dass es sehr gut möglich ist, den professionellen Gehalt der Arbeit intakt zu halten. Ein in der Professionalität wurzelndes Selbstbewusstsein scheint hierbei eine wichtige Variable zu sein.

Ein erstes Beispiel hierfür bietet ein Projekt zwischen der Kommunalverwaltung und der Allgemeinen Sozialarbeit in Den Haag (Van der Laan 1998). Die Direktion der entsprechenden Einrichtung für Sozialarbeit hatte im Jahre 1992 eine in den Niederlanden in Fachkreisen umstrittene Vereinbarung mit der Gemeindeverwaltung abgeschlossen. Dieser Vertrag beinhaltete, dass die Sozialarbeit gehalten ist, jene Klienten, die das Stadtsozialamt an die Einrichtung für Sozialarbeit weiterleiten würde, mit Hilfe psychosozialer Dienstleistungen für eine Wiedereingliederung in den Arbeitsmarkt fitzumachen. Das Sozialamt bezahlt entsprechend für diese Dienste.

Tabelle 1: Trends im „Market Game“

Von	Hin zu	Beabsichtigte und unbeabsichtigte Effekte
Bürokratie	Markt	Größere Zweckmäßigkeit und Wirksamkeit in Begriffen finanzieller Kostenkontrolle. Bessere Kosten/Nutzen- und Preis/Qualitätsvergleiche. Belohnung der Einrichtungen, die es verstehen, Punkte zu machen. Einrichtungen sind weniger abhängig von der fördernden Stelle. Der Markt wird als Steuerinstrument eingesetzt. Sich zurückziehender Staat. Vom öffentlich-rechtlich Bereich hin zum privatrechtlichen Bereich. Markt als Rettungsanker für den stagnierenden Wohlfahrtsstaat. Es lässt sich jedoch von einem Pseudo-Markt sprechen. Das Paradox besteht darin, dass mehr Markt bisher vor allem zu mehr Bürokratie geführt hat.
Beziehung zur Förderinstanz	Output-Verträge, Ausschreibungsverfahren usw.	Einrichtungen können auf der Grundlage eigener Marktforschung eine eigene Planung entwickeln. Öffentliche Mittel werden dazu benutzt, die Marktposition zu verbessern. Unternehmerische Einstellung induziert neue Dynamik und unorthodoxe Lösungen. Ein großes Heer von Beratern verdient sein Geld durch die Ausarbeitung neuer Strategien. Beurteilungsverfahren sind nicht so objektiv wie angenommen.
Finanzierung mit offenem Ende	Budget-Finanzierung	Finanzierung auf der Grundlage von Kostenrechnungen im Nachhinein wird ersetzt durch eine Finanzierung auf der Grundlage vorher festgelegter Budgets. Kostenwirksamkeit lässt sich besser kontrollieren.
Patient/Klient	Verbraucher/ Kunde	Die angenommene Objektrolle des Klienten wird durch eine Subjektrolle ersetzt. Mehr Mündigkeit und Entscheidungsfreiheit. Klientensouveränität. Der Bürger wird als kalkulierender Bürger angesprochen. Eigene Verantwortung führt zu eigenem Risiko. Abhängigkeit vom Staat wird ersetzt durch Abhängigkeit vom Markt.
Bedürfnis	Kaufkräftige Nachfrage	Das (Langzeit-)Bedürfnis des Klienten wird ersetzt durch die Kurzzeit-Nachfrage des Verbrauchers. Es gibt keine Fachkräfte mehr, die nötig wären, um die Gültigkeit der Ansprüche des Klienten zu prüfen.
Dienst	Produkt	Das Angebot wird entsprechend der systematisch ausgeloteten Nachfrage standardisiert. Betonung der technischen Professionalität. Weniger Raum für Narrativität. Differenzierung nach Produkten. Mehr Präzision und Maßarbeit. Konzentrierter, spezialistischer Einsatz, zielrationale Verantwortlichkeit. Spannung zwischen Standardisierung und Maßarbeit.

Tabelle 1: Trends im „Market Game“ (forts.)

Von	Hin zu	Beabsichtigte und unbeabsichtigte Effekte
Prozessansatz	Standardisierung und Protokollierung	Ein iterativer, suchender Ansatz wird durch im Vorhinein aufgestellte und von Finanzgebern gutgeheißene Stufenpläne mit einer festgelegten Zahl von Verrichtungen je Hilfsersuchen ersetzt.
professionelle Kraft	Lieferant	Die professionelle Fachkraft wird zum Produktionsmitarbeiter; professionelle Autonomie wird der Managementprüfung untergeordnet; diskretionärer Raum wird eingeschränkt. Professionelle Kompetenz wird ausgehöhlt.
Leiter (Teamleiter)	Manager, Produktions-Controller	Die Einführung von (betrieblicher) Steuerung nach Output. Weniger Steuerung nach Kompetenz und Einblick. Statuserhöhung des Managements. Qualitätskontrolle ruht stark auf Randaspekten.
Angebots-orientierung	Nachfrage-orientierung; Nachfragegeleitetes Arbeiten	Nicht: „Sie nehmen was wir bieten“ sondern: „Wir bieten, wonach sie verlangen“; kaufkräftige Nachfrage verdient Vortritt. Rigide Trennung zwischen Angebot und Nachfrage.
Kontrolle der Input-Qualität (Input-Steuerung)	Kontrolle der Output-Qualität (Output-Steuerung)	Nicht: „Stimmt dieses Programm oder diese Einrichtung mit den Zielsetzungen der Planung überein?“, sondern: „Ist der Kunde (und/oder der Geldgeber) zufrieden mit der Qualität des Angebots: Mitarbeiter, Effekte, Zugänglichkeit, Kosten, Kontaktierung usw.?“ Direkte Koppelung zwischen Leistung und Bezahlung.
Flache, demokratische Organisationen	Organisationen mit klarer Befehlsstruktur	Revival der Sozial-Technologie, lineares Denken und tayloristische Arbeitsorganisationen. Information läuft bottom-up, Entscheidungen laufen top-down.
Direkte Steuerung	Steuerung auf Distanz	Die Regierung zieht sich auf Kernaufgaben zurück. Verantwortung wird diffus. Wandel der Beziehung zwischen Bürger und Staat: Vom Wähler zum Verbraucher. Von umfassender Sozialplanung zur residualen Sozialplanung.
Verpflichtung, sich nach Kräften zu bemühen (*Inspanningsverplichting*)	Verpflichtung auf Ergebnisse/ „Resultatsvertrag“ (*Resultaatverplichting*)	Die Finanzierung von Einrichtungen erfolgt nicht auf der Grundlage des Versprechens, sich für xy einzusetzen, sondern auf der Grundlage der tatsächlichen Leistung (inwieweit xy erreicht wurde). Tendenz, sich besonders auf die Klienten zu orientieren, bei denen man Punkte machen kann. Nicht motivierte Klienten werden in Aufnahme-Einrichtungen mit weniger ausgebildetem Personal, ehrenamtlichen freiwilligen Helfern und mit weniger Finanzmitteln abgeschoben.

Tabelle 1: Trends im „Market Game“ (forts.)

Von	Hin zu	Beabsichtigte und unbeabsichtigte Effekte
Integriertes Angebot	Differenziertes Angebot	Die angestrebte „Maßarbeit“ besteht aus der Zusammenfügung von Elementen, die von Spezialisten erbracht werden. Durch den Einsatz von Case-Managern sollen die ausdifferenzierten Aufgaben wieder aufeinander bezogen werden. In Pflege-Einrichtungen wird beispielsweise eine Trennung zwischen Wohnen, Behandlung und der Durchführung von Tagesaktivitäten vorgenommen.
Einbeziehung gesellschaftlicher Hintergründe	Konzentration auf die „Sache“	Entpolitisierung der Wohlfahrtspflege: „Nicht Reden, sondern Handeln!“. Mehr wirkungs- als begründungsorientiert. Reduktion des Öffentlichen. Markt als neue Ideologie. Normative Diskussion wird durch kommerzielle Argumentation ersetzt. Das Überleben der Organisation ist wichtiger als ihr „Mission-Statement“.
Klein und in Blöcke zergliedert. Der Zusammen-hang im Wohlfahrts-bereich ist abhängig von der Bereitschaft zur Zusammenarbeit	Groß und allgemein; Streben nach Ausschaltung der Konkurrenz	Vergrößerung des Wirkungskreises. Integration verschiedener Arten von Hilfe in eine Organisation. Das Prinzip des einen Schalters. Hinter diesem einen Schalter bleibt die Segmentierung jedoch vorläufig noch erhalten. Managementstil ist vor allem durch power play gekennzeichnet.
Abwartend und permissiv	Sich einmischende Fürsorge / Neue Formen des Paternalismus	„Hoffnungslose Fälle“ werden immer stärker verfolgt, besucht, wegen Passivität bestraft und durch Verträge und mittels Systeme der Aufsicht diszipliniert. Bürgerrechte gibt es vor allem für kompetente und kaufkräftige Verbraucher.
Professionelles Wissen	Aufgabenzuteilung	Es geht immer weniger um den reflective practitioner, der nach eigener Kompetenz entscheidet, sondern um den, der tut, was die Organisation aus funktionalen Gründen verlangt. Berufskräfte sind austauschbar.

Von der Sozialarbeit wird hierbei erwartet, dass sie sich der Langzeit-Arbeitslosen mit Problemen im psychosozialen Bereich annimmt. Ihre Aufgabe besteht dann konkret darin, Hindernisse zu beseitigen, die den Weg in eine bezahlte Stelle blockieren, und darin, die Klienten zu aktivieren, am System bezahlter Arbeit oder an anderen gesellschaftlich nützlichen Aktivitäten teilzunehmen. Die Klienten werden jedoch nicht folgenlos überwiesen, über ihren Häuptern hängt – einem Damokles-Schwerte gleich – die Drohung einer Kürzung ihrer Bezüge, wenn sie nicht mitarbeiten. Die Sozialarbeit hatte sich anfänglich vertraglich verpflichtet, mit einer Erfolgsrate von 60 % innerhalb eines halben Jahres jährlich 400 vom Sozialamt überwiesenen Klienten zu helfen. Das Sozialamt bezahlte auf Jahresbasis für dieses *Produkt* 300.000,00 Gulden. Hier lässt sich also von einem Resultatsvertrag sprechen.

Dieses Projekt ist ein gutes Beispiel dafür, wie sich bereits seit den 80-er Jahren durch Veränderungen zwischen und innerhalb der unterschiedlichen Arrangements des Wohlfahrtsstaates ein Wandel vollzieht. In den 70-er Jahren wäre ein solcher Vertrag – jedenfalls aus Perspektive der Sozialarbeit gesehen – überhaupt nicht denkbar gewesen. Es haben im juristisch-administrativen, im sozial-politischen und im sozial-kulturellen Sinne einschneidende Transformationen stattgefunden. So hat die niederländische Regierung eine Aktivierungsplanung forciert und bezahlt die kommunalen Stellen in dem Umfang, in dem sie diese Planung effektiv durchführen. Entsprechend setzen die unteren Verwaltungsstellen die zuständigen Einrichtungen unter Druck, ihre Ziele zu realisieren, da sie ansonsten bei ihren Zuschüssen gekürzt würden. Auch die Bürger werden zu guter Letzt auf ihre Bürgerpflichten angesprochen, da sie ansonsten mit Kürzungen ihrer Bezüge rechnen müssten.

Eine Reihe von Fragen drängt sich auf: Hat sich durch die neuen zielbestimmten Verträge das Verhältnis zu den Klienten verändert? Wo hört die professionelle Verantwortung des Sozialarbeiters (Van der Laan 1994) auf und wo fängt die Verantwortung des Managements an, wenn es darum geht, Soll-Zahlen zu erreichen? Muss sich die Sozialarbeit einer paternalistischen Regierungspolitik anbiedern, die bewusst soziale Verpflichtungen erzwingt?

Es dürfte klar sein, dass durch derartige Projekte das Berufsprofil, der Berufscode und der professionelle Status der Sozialarbeiter zur Disposition stehen. Außerdem wird die öffentliche Rolle der Sozialarbeit tangiert.

Das Besondere des Projektes in Den Haag besteht darin, dass sich die ausführenden Mitarbeiter nicht an eine der drei „Vertragsparteien" (Klient, Management, Auftraggeber) gebunden haben, sondern – ausgehend von einer *eigenen gesellschaftlichen Position* des Berufs des Sozialarbeiters – Verhaltensregeln formulierten. Am Berufscode der Sozialarbeit wurde ohne Wenn und Aber festgehalten. Es wurde beschlossen, den vorliegenden Management-Vertrag so zu behandeln als handele es sich um eine professionelle Verpflichtung, sich nach Kräften zu bemühen (*inspanningsverplichting*) und nicht um eine Zusage, beobachtbare Resultate zu erzielen (*resultatsvertrag*). Die Mitarbeiter haben den Vertrag zeitweise beiseite gelegt und zunächst die für sie selbst gültigen professionellen Normen formuliert, um den (Langzeit-) Bedürfnissen der entsprechenden Klientengruppen begegnen zu können. Diese Normen beinhalteten, dass man das Interesse des Klienten in den Vordergrund stellte und nicht das Interesse der Kommune: „Die erste Loyalität liegt beim Kunden, seinen Wünschen sowie seiner Nachfrage nach Hilfen. Dies kann auch beinhalten, daß Sozialarbeiter den Kunden gegenüber dem städtischen Sozialamt abschirmen." Und weiter: „...dass die Soll-Zahlen, die Produktionsnormen usw. den professionellen Kurs nicht *bestimmen* dürfen (...). Dies bedeutet, dass die Soll-Zahlen auf der Grundlage inhaltlicher Begründungen angepasst werden und nicht umgekehrt." (s. van der Laan 1998).

Um es kurz zu machen: Letztendlich gelang es den Sozialarbeitern auf der Grundlage ihrer Erfahrungen, welche sie in Fallbeschreibungen und in Erfassungszahlen zu Papier gebracht hatten nach einem Jahr den Vertrag aktualisieren zu lassen. Indem sie aktiv auftraten, konnten sie die kommunalen Planungsstellen von der Notwendigkeit überzeugen, nicht einen zu großen formalen Druck auf Sozialhilfe-Empfänger auszuüben, um sie zur Arbeitsuche zu bewegen, sondern als Sozialarbeiter von Fall zu Fall – in einer vertrauten Beziehung mit dem Klienten – herauszuarbeiten, inwieweit es im Interesse dieses jeweiligen Klienten ist, Arbeit zu suchen. Arbeit ist eine eigenartige Medizin. Was für den einen Klienten ein Heilmittel darstellt, kann für den anderen wiederum geradezu krankmachende Wirkung haben.

Die professionelle Art und Weise, wie die Den Haager Mitarbeiter mit dem Vertrag umgingen, vermag hinsichtlich der realistischen Möglichkeiten, selbstbewusst und ausgehend von klaren Auffassungen zur eigenen Professionalität auf adäquate Art und Weise mit derartigen Verträgen umzugehen, optimistisch stimmen.

Eine Wette

Ein zweites Beipiel entnehme ich einem Projekt, das sich auf „Straßenkinder" richtet. Es geht um Projekte, die durch das Büro „Instap" unter der Leitung eines Sozialarbeiters durchgeführt werden. Bevor ich detaillierter die dortige Situation analysiere, gehe ich kurz auf die Kennzeichen dieser Instap-Methode und Organisation ein.

Die Instap-Methode ist situations-orientiert, d.h. sie begründet sich in der konkreten Hier-und-Jetzt-Situation. Jugendliche werden aufgesucht und man folgt ihnen in ihr eigenes Umfeld. Diese Vorgehensweise bietet einen Einblick in ihr jeweiliges Verhalten und in ihre spezifischen Kontexte. Das ihnen entgegengebrachte Interesse ist *intensiv und persönlich.*

Die Helfer sind über einen Zeitraum von acht Wochen im Prinzip Tag und Nacht erreichbar und ansprechbar. Grundsätzlich gilt der Satz: „Der Mitarbeiter folgt dem Klienten". Sowohl das Netzwerk der Jugendlichen als auch das Netzwerk der Einrichtungen wird in den Ansatz einbezogen. Bestehende oder frühere Hilfsquellen werden intensiv genutzt, indem die Jugendlichen ihre wichtigsten Bezugspersonen benennen sollen. Dies sind sog. „wichtige Andere", die auf die eine oder andere Weise als Anlaufstellen beim Aufbau der neuen Existenz fungieren können. Das Projekt gibt *Output-Garantien.* Instap garantiert im Vorhinein festgelegte Resultate. Nicht, indem diese direkt an einer Finanzierung gekoppelt würden, sondern, indem unmittelbar der Ruf von Instap zur Disposition steht. Man arbeitet nach einer Art Modell des Wettens (Van der Laan 2000). Die Büroleitung baut gemäß dem Spruch: „Wetten, dass...!" Kontakte mit den Geldgebern auf. Das bedeutet beispielsweise, dass gewettet wird, man werde es schaffen, innerhalb von zwei Jahren 60 % der „Straßenkinder" in einer bestimmten Kommune zu ihren Familien, in (gute) Heime oder in Pflegefamilien zurückzubringen. Bei den meisten Verträgen werden unabhängige Forscher hinzugezogen, um eine Überprüfung der Resultate vorzunehmen. In den meisten Großstädten der Niederlande gründeten sich auf diese Weise Obdachlosen-Teams. Auch in Russland und in Rumänien sind bereits derartige Projekte initiiert worden. Im Rahmen einer allgemeinen Evaluierung der Methode für die niederländischen Geldgeber ist versucht worden, herauszufinden, worin genau der Einfluss der Output-Garantien auf die professionelle Kultur innerhalb der Instap-Organisation besteht. Um es zusammenzufassen: Das Leitungsteam von Instap ist in der Lage, die interne Qualitätskontrolle relativ gut vom externen Druck, Resultate zu schaffen, loszulösen. Man versteht es ausgezeichnet, einen professionellen „Filter" anzubringen, so dass der externe Druck nicht unmittelbar in internen Druck umgesetzt wird. Das Büro Instap erweist sich – trotz seiner Marktorientierung – als informelle, flache Organisation, geführt auf der Grundlage von Feedback und einem offenen Diskussionsklima. Wie der Mitarbeiter dem Klienten folgt, folgt die Organisation dem Mitarbeiter. Wenn überhaupt geführt wird, dann geschieht dies auf der Grundlage von Einsichten und professionellen Kriterien.

Die wichtigste Beobachtung besteht darin, dass in der Instap-Kultur ein implizites Modell der zirkularen Steuerung eingesetzt wird. Trotz der klaren Leitung scheint es innerhalb der Instap-Kultur nicht notwendig zu sein, eine „Top-Down-Steuerung“ vorzunehmen, wie man sie zur Zeit in vielen Einrichtungen vorfindet.

Professionelle Kräfte werden in bürokratisch organisierten Unternehmen zur Zeit auf recht einschneidende Weise von Managern „eingestellt“ (etwa so, wie man ein Thermostat justiert). Der Manager beschließt, welche Ziele und Referenzwerte es gibt; der Mitarbeiter muss dafür Sorge tragen, dass er sich innerhalb der Margen bewegt. Der Unterschied zwischen einer vorgegebenen „Einstellung“ und „Lernen“ ist für die Bewertung der Instap-Methode von großer Bedeutung. Es scheint so, dass die Führung vor allem auf der Grundlage von Kompetenz erfolgt. Offensichtlich ist bei Instap nicht die Rede von einer festgelegten Struktur, sondern – auf der Grundlage der Kompetenzen von Personen – von einem Prozess der Strukturierung. Hierzu ein Mitarbeiter: „Das Angenehme von Instap besteht darin, dass ich – um es einmal unprofessionell auszudrücken – tun und lassen kann, was ich möchte. Es wird wohl geführt, aber das geschieht auf unsichtbare Weise. Es wird nicht strategisch geführt, sondern man nutzt seine Intuition und das Gefühl, um herauszufinden, wo der Andere hin will. Oder man versteht, was der Andere meint. Man kann damit einverstanden sein oder nicht, im letzteren Falle folgen dann die Auseinandersetzungen.“ Genau wie in den Kontakten mit Klienten bleibt man auch in den Arbeitskontakten wechselseitig auf „Tuchfühlung”. Das geht nicht in Form strukturierter Überlegungen, sondern *ad hoc* zwischen Tür und Angel.

Ergebnisorientiert

Wie ausgeführt ist Instap eine stark ergebnisorientierte Organisation. Man könnte also erwarten, dass die Mitarbeiter bezüglich ihres Outputs in starkem Maße geführt und abgerechnet werden. Dies wird aber nicht gemacht.

Das Interessante besteht nun darin, dass Instap seine Außenkontakte auf der Grundlage von Output-Merkmalen schließt, intern jedoch seine Kontakte aufgrund von Input-Variablen führt. Dies schafft offensichtlich eine sichere Umgebung für kompetente Menschen mit dem nötigen Selbstvertrauen zu agieren. Innerhalb vieler Organisationen, die über den Output gesteuert werden, ignoriert man zu guter Letzt die Kompetenzen der Mitarbeiter oder streitet ihnen manchmal sogar die Kompetenz ab. Die Aufgaben stehen im Mittelpunkt und die Menschen werden von ihren Vorgesetzten ungeachtet ihrer Kompetenzen für eine Aufgabe eingeteilt. Sie werden zum gewünschten Output der Organisation hingeführt. Innerhalb der Instap-Organisation sind Mitarbeiter nicht austauschbar. Instap ist in dieser Hinsicht mehr ein Netzwerk als eine Organisation. Es ist Personen gegenüber loyal, aber die Arbeit steht im Mittelpunkt und dies bedeutet, dass man nicht so stark einer strategischen Führung bedarf.

Markt unter der Kontrolle der Lebenswelt

Aus den Beobachtungen des Instap-Projektes sowohl in den Niederlanden als auch in Rumänien ergibt sich: wenn sich Sozialarbeiter auf den Markt begeben, so bedeutet das keineswegs mit Notwendigkeit, dass Wasser in den Wein der Professionalität gekippt wird. Im Gegenteil: mit einem offensiven Ansatz auf der Grundlage professioneller Qualitätsanforderungen und Verhaltenscodes kann man sehr gut in den neuen Verhältnissen überleben. Die Wertschätzung seitens der fördernden Instanzen und seitens der Öffentlichkeit wächst in dem Maße, wie man an eigenen professionellen Standards festhält. Dies zeigt sich auch am Beispiel des Projekts in Den Haag. Eine nachvollziehbare Offenlegung der Arbeit auf der Grundlage von Argumentationen im öffentlichen Bereich bleibt die beste Legitimationsbasis der Sozialarbeit. Dies wird aber nicht durch den Markt hervorgerufen. Das muss man selbst erzwingen, und zwar auf der Grundlage einer klaren Auffassung von der Rolle des Bürgers und der Rolle des Professionellen. Je mehr man sich durch den Markt leiten lässt, desto schmaler wird gleichzeitig der öffentliche Bereich. Dies bewirkt dann aber nicht der Markt, dies macht die Sozialarbeit selbst. Somit bietet Re-Professionalisierung die beste Antwort auf die Herausforderungen des Marktes.

Literatur

A.J. Baart (2000) Zich afstemmen op de onafgestemden (Sich abstimmen auf die Unabgestimmten), *Sociale Interventie*, **9**, 1, 4-21

Bekkers, J.J.M. (1999) De vergeten infrastructuur? Over vraaggerichte sturing en lokaal sociaal beleid (Die vergessene Infrastruktur? Zur an einer Nachfrage orientierten Steuerung und lokaler Sozialpolitik), *Openbaar bestuur*, **9**, 22-25

Broekhuis, H./ A.C.J. de Leeuw (1995) NEN-ISO normering in de professionele dienstverlening I & II (NEN-ISO Normierung in der professionellen Dienstleistung I & II.), *Bedrijfskunde*, 2+3

Buitenhek, E. (1999) Aanbesteding van welzijnstaken (Ausschreibung von Wohlfahrtsaufgaben), in: *Conferentiemap Lokaal sociaal beleid, Den Haag, 24. November 1999, NSC*

Floris, J.J.M. (1999) Lokaal sociaal beleid. Vraag en aanbod in de sociale sector (Lokale Sozialpolitik. Angebot und Nachfrage im Sozialbereich), in: *Conferentiemap Lokaal sociaal beleid, Den Haag , 24. November 1999, NSC*

Laan, G. van der (1994) An etiquette for social workers (Ein Fragebogen für Sozialarbeiter), in: Gehrmann, G. u.a. (*Hrsg.) Perspektiven sozialer Arbeit in Europa 2000,* Weinheim (Deutscher Studien Verlag), 37-49

Laan, G. van der (1995) Leren van gevallen (*Lernen von Fällen),* Utrecht (SWP)

Laan, G. van der (1998) The professional role of social workers in a market environment (Die professionelle Rolle des Sozialarbeiters in einer Marktumgebung), *European Journal of Social Work,* **1**, 1, 31-40

Laan, G. van der (2000) *Dancing with street children (Tanzen mit Straßenkindern),* Zwischenbericht zu jugendlichen Herumtreibern in Rumänien, Universität Utrecht, Januar 2000

Susteren, J. van (1993) Aanpak thuisloze jeugd, het T-team (Der Ansatz bei obdachlosen Jugendlichen, das T-Team), in: Hazekamp, J./H. Jumelet (Hg.) *Overal en nergens: stijlen van aanpak van thuisloze jongeren in Nederland en omringende landen,* Utrecht (Uitg. SWP)

Vucht, G.W.M. van (1997) Budgetsubsidiering in theorie en praktijk (Budgetförderung in Theorie und Praxis), Alphen aan de Rijn (Samsom)

Voogt, P./ W. Wiertsema (1991) Sociale vernieuwing: een Copernicaanse wending in het denken (Soziale Erneuerung: Eine kopernikanische Wende im Denken), 's-Gravenhage (SDU Uitg.)

Lipsky, M. (1980) *Street-level Bureaucracy. Dilemmas of the Individual in Public Services*, New York (Russel Sage Foundation)

Lewin, K. (1948) *Resolving social conflicts*, New York (Harper & Row Publishers)

Aus dem Niederländischen von: Ulrich Damen

John Harris und Bruce Kirk

Jugendgerichtssystem und Managerialismus in England

Die politischen, institutionellen und professionellen Reaktionsweisen gegenüber jugendlichen Straftätern in England (10-17-Jährige) wurden bzw. werden auf einem umkämpften und inhaltlich strittigen gesellschaftlichem Feld konstruiert und rekonstruiert, in dem Wohlfahrts- und Strafrechtsinstitutionen, die Medien, politische Parteien, Lobbys sowie Professions- und Disziplininteressen gleichermaßen präsent sind. An *einem* Endpunkt eines Kontinuums von Problembeschreibungen wird der junge Straftäter als unterprivilegierter und mit Problemen belasteter junger Mensch dargestellt, der in ungünstigen Verhältnissen lebt und Behandlung braucht; am *anderen* Endpunkt als verdorbener und schwieriger junger Mensch, dessen üble Taten eine Bestrafung geradezu herausfordern. Zwischen diesen beiden Polen werden die Debatten über die Hilfe für und/oder Kontrolle von jungen Straftätern von der Frage begleitet, in welchem Ausmaß junge Menschen für ihre Handlungen verantwortlich gemacht werden können und inwiefern sich die Erfahrungen, die junge Menschen mit dem Strafrecht machen, von denen Erwachsener unterscheiden sollten. Derartige Debatten thematisieren die Grundlagen, nach denen Entscheidungen über junge Straftäter gefällt werden sollten und fragen danach, wie die Interessen der Opfer von Straftaten und das öffentliche Interesse in die Maßnahmen gegen die jungen Straftäter einbezogen werden sollten. Wie ließe sich die „Schlachtordnung" auf diesem umkämpften und umstrittenen Terrain analysieren?

1. Von Jugend-Wohlfahrt über Jugend-Recht zu Jugend-Management

Zunächst lassen sich eine Reihe von Diskursen identifizieren, in denen die Debatten um junge Straftäter und angemessene Interventionsmodi analysiert und konstruiert worden sind: *Freiheitsentzug* bzw. *Inhaftierung*, *Wohlfahrt*, *Recht*, *Diversion* und *Management*. Unser Ansatz geht davon aus, dass unter bestimmten Konstellationen jeweils einer dieser Diskurse sich in der Phase des Aufstiegs befunden hat. Wir bezeichnen dies als eine konstellationsbedingte, temporäre Vorherrschaftsstellung eines Diskurses [engl. *conjunctural settlement*] – eine Kombination von Ereignissen, bei der die Interessen, die in den verschiedenen Diskursen zum Ausdruck gebracht werden, für eine bestimmte Zeitdauer durch eine bestimmte Konfiguration eines im Aufstieg befindlichen Diskurses untergeordnet – aber nicht völlig erstickt – werden. Unter einem aufsteigenden Diskurs verstehen wir also einen Diskurs, der zu einer bestimmten Zeit einflussreicher ist als andere; gleichzeitig sind diese anderen Diskurse zumindest oberflächlich immer noch mehr oder weniger erfolgreich präsent und erzeugen im Auf und Ab der politischen Kräfte- und Machtverhältnisse Spannungen und Widersprüche, die sich auch auf den im Aufstieg begriffenen Diskurs auswirken. Ein solcher Ansatz scheint uns zur Charakterisierung und Kategorisierung der politischen, institutionellen und professionellen Umgangsweisen mit jungen Straffälligen in England angemessener als etwa Geschichtsauffassungen, gemäß der lediglich *eine* kohärente und hegemoniale Ideologie durch eine andere ersetzt wird. Zudem hält die Betonung der Dimension der Ereignis- und Diskurs*konstellation* die Möglichkeit offen, dass die politischen, institutionellen und professionellen Umgangsweisen zu bestimmten Zeitpunkten konvergieren oder divergieren und verbindet sie mit den sozialen und wirtschaftlichen Entwicklungen einer historischen Phase.

Die drei Leitdiskurskonstellationen und ihre ungefähren Zeitabgrenzungen sind:

- Jugend-Wohlfahrt (Ende der 60er/ 70er Jahre)
- Jugend-Recht (80er Jahre/Anfang der 90er Jahre)
- Jugend-Management (seit Ende der 90er Jahre)

Wir analysieren im folgenden jeden dieser drei Leitdiskurskonstellationen nach demselben Schema. Zunächst verorten wir ihn im Kontext des jeweils herrschenden *welfare regimes*. Danach untersuchen wir das zugehörige gesetzgeberische Schlüsselelement als ein ausschlaggebendes Moment, in dem die jeweiligen politischen und institutionellen Erwägungen und Absichten sichtbar werden. Und schließlich verweisen wir auf die Implikationen der einzelnen Leitdiskurskonstellationen für das professionelle Ermessen und die Handlungsspielräume von Professionellen.

2. Jugend-Wohlfahrt (späte 60er/ 70er Jahre)

a) Welfare Regime: Sozialdemokratischer Wohlfahrtsstaat

Der sozialdemokratische Nachkriegs-Wohlfahrtsstaat in England betrachtete (und behandelte) die Nutzer seiner Dienste und Leistungen als passive Versorgungsbürger (*client-citizens)* (Roche 1987: 369). Der Staat war „Treuhänder" ihrer sozialen Existenz, indem er in zudringlicher und bürokratischer Manier in ihr Leben eingriff, „um die passive Konsumtion staatlicher Fürsorge zu fördern" (Keane 1988: 4). Die Passivität der Bürger bei der Nutzung von Diensten war verankert in der zentralen Bedeutung, die man der professionellen Expertise für die Erbringung sozialer Dienste zuwies (Marshall 1975: 205 ff.). Das Vertrauen in eine wertneutrale Professionalität genoss parteiübergreifende politische Unterstützung und war ein Eckpfeiler des sozialdemokratischen Nachkriegskonsensus und der darin eingeschlossenen Konzeption von *Welfare* (Marquand 1988). Dem blinden Vertrauen in die Rolle des Professionals entsprach ein Typus der praktischen Umsetzung von Sozialer Arbeit in der Gestalt eines „bürokratisch-professionellen" Systems (Harris 1998a, 1998b), das dem Expertenwissen von Sozialarbeitern eine Vorrangstellung einräumte – sowohl im Hinblick auf die Kategorisierung der Bedürfnisse der Nutzer (Leonard 1996: 22), als auch der sich daran anschließenden professionellen Reaktionsweisen.

Die (angeblich) „freundliche" Intervention der Sozialen Arbeit in das Leben der Nutzer sozialer Dienste erhielt dadurch noch einen zusätzlichen Auftrieb, dass die Soziale Arbeit einen Konsolidierungsprozess durchlief, in dessen Verlauf sie zu einem zentralen und systematisch organisierten Element des staatlichen *Welfare Regime* avancierte (Clarke 1979: 127). Dies geschah im Zuge der Umsetzung des *Seebohm Reports* (1968) mit dessen Vision „eines bürgernahen und familienorientierten Dienstes, der allen zur Verfügung steht" (Seebohm 1968: para. 2). Die damals eingerichteten *Social Service Departments* hatten ihre Basis folglich in einer Konzeption, gemäß der der Zugang zu einem uneingeschränkten Bürgerstatus für jedermann offenstehe, einschließlich jenen, die bisher als hoffnungslose und marginalisierte Teile der Bevölkerung gegolten hatten. Was der *Seebohm Report* nicht berücksichtigte, war die Herrschaftsdimension, die in bürokratisch-professionellen Systemen virulent ist. Dass diese Systeme den Professionellen weitreichende Ermessenspielräume einräumten, hat die damals vorherrschende Sichtweise nicht irritiert. Soziale Arbeit wurde ohne wenn und aber als Instrument der Gewährleistung der sozialen Inklusion aller Bürger betrachtet.

War der *Seebohm Report* der Höhepunkt des Wohlfahrts-Diskurses in der Sozialen Arbeit, so lässt sich der *Children and Young Persons Act* (1969) als Apotheose dieses Diskurses hinsichtlich der politischen, institutionellen und professionellen Reaktionsweisen gegenüber jungen Straftätern verstehen, erfolgte doch die Umsetzung dieses Gesetzes durch die professionellen Sozialarbeiter in den *Social Service Departments*, die in der Folge und auf Empfehlung des *Seebohm Reports* institutionalisiert wurden.

b) Das gesetzgeberische Schlüsselelement: Children and Young Persons Act (1969)

Das Weißbuch der Labour-Regierung mit dem Titel *The Child, the Family and the Young Offender* (1965) (etwa: Das Kind, die Famile und der junge Straftäter) führte eine ganze Reihe von Vorschlägen an, die die institutionellen und professionellen Reaktionen auf junge Straftäter eher als Sorge um deren Wohlergehen denn als Bestrafung verstanden wissen wollten. Darüber hinaus enthielt es den Vorschlag, das Jugendgericht (*Juvenile Court*) durch einen Familienrat (*Family Council*) zu ersetzen. Dieser eher informelle Rahmen sollte es erleichtern, die jeweiligen Fehlentwicklungen und Benachteiligungen in der Lebenssituation des jungen Straftäters zu identifizieren und eine auf seine Bedürfnisse zugeschnittenen Vorgehensweise zu vereinbaren. Es sollte ein Rahmen sein, in dem der junge Straftäter, seine Eltern, die Sozialarbeiter und andere Sachkundige zusammen auf das Wohlergehen des jungen Menschen hinarbeiten konnten. (In Fällen, in denen keine Einigung erzielt werden konnte, oder in denen die Fakten der strafbaren Handlung strittig waren, war die Verweisung an eine Verhandlung vor dem Familiengericht vorgesehen[1].

Die im Empfehlungen des Weißbuchs *The Child, the Family and the Young Offender* beinhalteten viele Themen des Wohlfahrtsdiskurses: Entfernung der Stigmatisierung durch Erscheinen vor Gericht, Konzepte der Einzel- und Familienpathologie, Interventionen zur Behandlung der Dysfunktion sowie Behandlungspläne, welche nicht auf Zwang sondern auf Konsens und

---

[1] Eine Version des Weißbuchs wurde 1971 in Schottland als Social Work [Scotland] Act (1968) (etwa: Gesetz zur Sozialen Arbeit [Schottland]) erlassen. Dieses Gesetz legte die Reaktionen auf junge Straftäter zum großen Teil in die Hände von sogenannten ‘Kindesanhörungen’ (‘Children’s Hearings’), dabei handelt es sich um partizipations- und wohlfahrtsorientierte Foren, die mit Laiengremien aus der Kommune besetzt sind (Hallett 1998). Unsere Diskussion konzentriert sich auf die Entwicklungen in England und Wales.

Kooperation beruhen. Das Weißbuch traf auf heftigen Widerstand, der größtenteils mit einem Ausblenden des Rechts- Diskurses zusammenhing.

Es wurde ein zweites Weißbuch mit dem Titel *Children in Trouble* (1968; etwa: Kinder in Schwierigkeiten) veröffentlicht. Eine neue Sichtweise mit der Abkehr von der bloßen Wohlfahrtsorientierung kam in dem neuen Weißbuch in der Aussage zum Ausdruck, dass es für die Straftaten Jugendlicher „weder eine einzige Ursache, noch einen einzigen sichtbaren Ausdruck, noch einen einzigen Weg der Heilung" gäbe. Trotzdem blieben Elemente des Wohlfahrts-Diskurses enthalten, so etwa in der Empfehlung, dass Minderjährige unter 14 Jahren wegen Strafsachen nicht vor Gericht kommen, sondern aus Gründen ihrer sozialen Bedürftigkeit in schützende und hilfegewährende Maßnahmen einbezogen werden sollten. Das Begehen einer Straftat allein wurde noch nicht als ausreichender Grund für ein Erscheinen vor Gericht gewertet, und die für derartige Situationen vorgeschlagene Intervention sollte auf einer informellen und freiwilligen Basis stattfinden. 14- bis 17-Jährige sollten zwar weiterhin Strafverfahren bekommen, jedoch erst nach erfolgter Absprache zwischen der Polizei und den Sozialarbeitern.

Nachdem es durch das vorausgegangene Weißbuch *The Child, the Family and the Young Offender* nicht gelungen war, die Rolle des Rechtssystems in der Behandlung Jugendlicher zurückzudrängen, beabsichtigte die Labour-Regierung nun, vermittels der Vorschläge in *Children in Trouble* zwar am bestehenden System festzuhalten, aber dessen strafende Elemente zurückzudrängen und sie durch Maßnahmen zu ersetzen, die auf die Bedürfnisse junger Menschen eingehen und sich somit innerhalb des Wohlfahrts-Diskurses bewegten. Das Wohl der Jugendlicher sollte als vorrangiges, jedoch nicht einziges Kriterium der Intervention gelten.

Die in dem Weißbuch *Children in Trouble* enthaltenen Vorschläge wurden in den *Children and Young Persons Act* (1969) eingearbeitet, und das Gesetz wurde von der Labour-Regierung trotz Widerstand aus den Reihen der Opposition – also der Partei der Konservativen – verabschiedet (Bottoms 1974). Zwischen der Verabschiedung und der Implementierung des Gesetzes wurde die Labour-Regierung entmachtet und von einer konservativen Regierung abgelöst, welche nur diejenigen Teile des Gesetzesentwurfes übernahm, gegen die sie auch zuvor schon keine Einwände geltend gemacht hatte. Folglich wurde an einem Strafmündigkeitsalter von zehn Jahren festgehalten (die vorgesehene Anhebung auf vierzehn Jahre blieb aus), die Zusammenarbeit zwischen Polizei und Sozialarbeit wurde nicht institutionalisiert und die strafenden Maßnahmen, die von den Jugendgerichten verhängt werden konnten, wie z.B. Haft- und Arrestanstalten und geschlossenen Unterbringung (für Jugendliche ab 15 Jahren), wurden beibehalten.

Das Resultat war eine Modifizierung des Rechtssystems durch den Wohlfahrts-Diskurs. Wohlfahrtsstaatliche Interventionen wurden in das Rechtssystem integriert, indem zugleich das Kontinuum von Behandlung und Bestrafung erweitert wurde. In diesem Prozess der Ausdehnung dieses Kontinuums brachte das Gesetz wohlfahrtsstaatliche Interventionen für 'schwierige' und 'mit Problemen belastete' junge Menschen im Forum des Jugendgerichts zusammen.

c) Implikationen für den professionellen Ermessensspielraum: Ermessensspielräume vor, während und nach dem Erscheinen vor Gericht

Unterm Strich ergab sich aus dem *Children and Young Persons Act* (1969) eine Einschränkung des Ermessensspielraums der Polizei und der Richter. Beispielsweise ersetzten Obhutsanweisungen (bei denen das Jugendgericht Jugendliche in die Obhut einer kommunalen Wohlfahrtsbehörde stellt, und zwar zur 'Behandlung' gemäß dem Ermessensspielraum der Sozialarbeiter, engl. *Care Orders*) einen bestimmten Typus von Erledigungsalternativen – nämlich die sogenannten *Approved School and Fit Person Orders* – , die bisher exklusiv in Händen der Jugendrichter gelegen hatten. Mit dem Instrument der Aufsichtsverfügungen (engl. *Community-based Supervison Orders*) konnten junge Straffällige unter die Aufsicht des *Social Service Departments* gestellt werden, und mit dem *Intermediate Treatment* stand eine weitere Erledigungsalternative zur Verfügung, die vorsah, dass der junge Mensch in den Genuss bestimmter Aktivitäten kam, die im Ermessen des Sozialarbeiters lagen, der mit der Aufsicht beauftragt war.

Allgemein gesprochen wurde Sozialarbeitern ein erweiterter Ermessenspielraum im Sinne des Wohlfahrts-Diskurses auf vier Gebieten gewährt. Diese waren:

- Interventionen in das Leben des „Pre-Delinquenten" und seiner Familie
- die Begutachtung des jungen Straftäters im Vorfeld der Gerichtsverhandlung
- die Aussprache von Empfehlungen im Hinblick auf gerichtliche Anordnungen für den jungen Straftäter
- die „Behandlung" des Täters im Anschluss an seine Gerichtsverhandlung.

Aus der Erweiterung des Ermessensspielraums auf Seiten der Sozialarbeiter ergaben sich problematische Entwicklungen in jedem dieser vier Bereiche.

Erstens führten präventiv ausgerichtete Interventionen in das Leben des „Pre-Delinquenten“ auf der Grundlage vager Definitionen von Delinquenz und Prävention zu einer Ausdehnung der sozialen Kontrolle (*Net-Widening*), was dazu führte, dass mehr Jugendliche als bisher in das Blickfeld und die Zuständigkeit des strafrechtlichen Systems gerieten.

Zweitens führte die Begutachtung des jungen Straftäters im Vorfeld der Gerichtsverhandlung durch die Erstellung eines Sozialgutachtens zu invasiven Ermittlungen in der Sphäre der persönlichen und sozialen Geschichte des jungen Straftäters und seiner Familie in der Absicht, die Straftat vor dem Hintergrund individuell-pathologischer Entwicklungen zu erklären.

Drittens schufen Sozialarbeiter mit ihren Empfehlungen an das Jugendgericht auf der Basis ihrer Ermittlungen indirekt Anhaltspunkte und Möglichkeiten dafür, dass junge Menschen für Aspekte ihrer Person und ihrer biographischen Hintergründe ebenso bestraft wurden wie für das von ihnen begangene Vergehen („*for their needs as well as their deeds*“). Damit beschleunigten sie das Nach-oben-Rutschen der jungen Straftäter auf der Liste der Urteilsmöglichkeiten, während all das in dem guten Glauben geschah, dass nicht Bestrafung, sondern Hilfe und Behandlung am Ende eines Verfahrens stehen würde.

Viertens verschleierte die in die Rethorik des Wohlfahrts-Diskurses eingepackte ‘Behandlung’ der jungen Straftäter, die sich an eine Gerichtsverhandlung anschloss, die Tatsache, dass es sich dabei um eine rein ermessensgestützte professionelle Intervention handelte, für die der Sozialarbeiter niemandem gegenüber begründungs- und rechenschaftspflichtig war.

Die Kombination dieser vier problematischen Aspekte eines erweiterten Ermessensspielraums der Sozialarbeit führte zu einer paradoxen Entwicklung: in einer Zeit, in der der Wohlfahrts-Diskurs mit seiner Zielsetzung einer Entkriminalisierung junger Straffälliger im Aufstieg begriffen war, nahm die Zahl der Aufsichtsverfügungen (*Community-based Supervison Orders*) ab, während gleichzeitig die Zahl der in Gewahrsam genommen Jugendlichen erheblich anstieg.

Tabelle 1: Anteil der ausgesprochenen Aufsichtsverfügungen (*Supervision Orders*) an den Erledigungsalternativen des Jugendgerichts (in Prozent)

	1969	1974
10-14-Jährige	30%	24%
14-17-Jährige	24%	17%

Tabelle 2: Haftstrafen

	1969	1974
Haftanstalt-Anordnungen	2.228	4.451
Geschlossene Unterbringung	818	1,622
Gesamt:	3.046	6.073

Diese Leitdiskurskonstellation, die wir hier den Wohlfahrts-Diskurs genannt haben, zog Kritik aus unterschiedlichen Perspektiven auf sich. Die Rechte behauptete, Sozialarbeiter seien „zu soft" im Umgang mit der Kriminalität. Die Liberalen bemängelten, dass jungen Straffälligen ein ordentliches Verfahren vorenthalten wurde. Und die Linke verurteilte eine 'Behandlung', die nicht an die Schwere des Vergehens gekoppelt war und schwarze Familien und Familien aus der Arbeiterschicht pathologisierte (Kirk 1996). Diese unterschiedliche Kritik des Wohlfahrts-Diskurses traf sich in dem Ruf nach einer 'Rückkehr zum Recht'.

3. Jugend-Strafrecht (80er Jahre/Anfang 90er Jahre)

a) Welfare Regime: Wohlfahrtsstaat der Neuen Rechten

Ein weithin anerkannter Ursprung des Erfolges der Neuen Rechten in England war deren Behauptung, persönliche 'Freiheit' und 'Wahlfreiheit' zu verkörpern, wohingegen sie den sozialdemokratischen Wohlfahrtsstaat als starr, bürokratisch und gegenüber individuellen Bedürfnissen unempfänglich darstellten (Wilding 1992). Eine Variante dieser allgemeinen Kritik am Wohlfahrtsstaat war die Behauptung, das Ausschöpfen der Ermessensspielräume durch die Sozialarbeiter in ihrer Arbeit mit jungen Straftätern führe dazu, dass zu stark auf die einzelnen Bedürfnisse der Straftäter eingegangen werde. Sozialarbeiter und ihre wichtigsten Anstellungsträgern, die *Social Service Departments* der lokalen Verwaltung (Loney 1986: 142, Jones/Novak 1993, Midgeley/Jones 1994), wurden überwiegend mit Skepsis betrachtet. In dem Maße, wie die Konservative Partei Gesetz und Ordnung zum zentralen Motiv des neuen Rechts-Populismus erhob (Pitts 1988: 40), wurde der Sozialarbeit mehr und mehr vorgeworfen, sie fungiere als Machtblock gegen die Interessen der 'anständigen' Leute (vgl. beispielsweise Brewer/Lait 1980), während sie gegenüber der Kriminalität zu nachgiebig sei (Thatcher 1985). Straßenräuber, Hooligans, Gewerkschafter und Sozialarbeiter galten als Anzeichen dafür, dass man zur Bewahrung der sozialen Ordnung im Staat einen harten, mehr strafenden Ansatz entwickeln müsse.

Gegen Ende der Thatcher-Ära propagierte die konservative Regierung zwischen 1988 bis 1990 ein Konzept der '*active citizenship*' (etwa: Aktive Bürgerschaftlichkeit). Die Initiative wurde von Douglas Hurd, dem damaligen britischen Innenminister (Hurd 1988) ins Leben gerufen. Während des Parteitags der konservativen Partei im Jahre 1988 wurde '*active citizenship*' als das Zentralthema konservativer Politik der 90er Jahre gebilligt (Gyford 1991: 170) und auch von Margaret Thatcher aufgenommen, die versuchte, dem Thatcherismus eine soziale Note zu verleihen (Oliver/Heater 1994: 123 ff.). Der Ausgangspunkt dieses Konzepts einer durch Fürsorglichkeit und aktives soziales Engagement charakterisierte Bürgerschaftlichkeit waren implizite Annahmen über den Zusammenhang von Vorrechten und Anständigkeit:

> „In den Reden des Premierministers und des Innenministers wird häufig und gern der aktive Staatsbürger beschworen: Der gutherzige, Haus und Grund besitzende Patriot, der als unbezahlter *JP* dient, wenn er gebeten wird, sich als Schöffe zur Verfügung zu stellen, der freiwillig einmal pro Woche Essen auf Rädern ausfährt und an kalten Tagen nach dem alten Rentner von nebenan schaut, usw. Die Betonung liegt auf guter Nachbarschaft, Gemeinwohlorientierung und vor allem: Eigentum. Denn es ist das Eigentum, das den aktiven Staatsbürger aktiv werden lässt. Ohne Eigentum kann ein Staatsbürger nicht unabhängig sein. Ohne das Einkommen vom Eigentum wird der Einzelne nicht die Muße besitzen, die notwendig ist, wenn man ein guter Staatsbürger sein will. Ohne Eigentum ist der Staatsbürger passiv, ein Mündel des Staates, ein Abhängiger der Beihilfe, der sozialen Dienste und des sozialen Wohnungsbaus" (Ignatieff 1991: 26).

Durch Begriffe wie den des „aktiven Bürgers" bezweckte die Neue Rechte „die Diskreditierung des sozialdemokratischen Konzeptes der universellen Staatsbürgerrechte, die durch die öffentlichen Institutionen garantiert und durchgesetzt werden sowie dessen Substitution durch ein Konzept von Staatsbürgerschaft, die durch Eigentum und Teilnahme an Märkten erworben werden" (Gamble 1988: 16). Es wurde hervorgehoben, dass der Status des Bürgers im Kern durch nichts anderes konstituiert sei, als durch legale und politische Rechte (Glennerster/Midgley 1991: 173) und der Einzelne für sein Handeln selbst verantwortlich sei: „das Projekt [des Thatcherismus] bestand darin, die Macht des Staates zur Durchsetzung einer besonders rigiden Version der (sogenannten) 'freien Märkte' zu benutzen... und unter Rückgriff auf neo-konservative Dogmen scharf gegen jene Verwerfungen vorzugehen, die in der Folge seiner Restrukturierung besonders bei den wirtschaftlich und politisch Benachteiligten hergerufen wurden“ (Harris M. 1999: 52). Obwohl das scharfe Vorgehen der konservativen Regierung durchgängig von autoritär-populistischen politischen Tönen begleitet wurde, kehrte sie keineswegs, wie man vielleicht hätte erwarten können, zu einem klaren Inhaftierungs-Diskurs zurück, obwohl dieser Diskurs stets präsent und (mit gelegentlichen Rückschlägen) im Aufstieg begriffen war. Ihr bedeutsamster Beitrag bestand vielmehr in einer Betonung des Gerechtigkeits-Diskurses.

Dieser ursprünglich in der Politik verankerte Diskurs wurde an disziplin- und profesionspolitischen Interesssenlagen angeschlossen und zu einem neuen Standpunkt verdichtet, der unter Schlagworten wie *'back to justice'*, *'return to justice'* oder *'new justice realism'* firmierte. Adams et al. (1981) identifizierten zwei radikale Positionen innerhalb dieses neuen Strangs des Verrechtlichungs-Diskurses. Die erste trat dafür ein, die Rechte junger Menschen besser zu schützen, und stellte die Forderung auf, die rechtlichen Verfahrensregeln enger zu definieren und die Ermessensspielräume der Sozialen Arbeit einzuschränken, um auf diese Weise Möglichkeiten einer zu harten oder ungerechten Spruchpraxis zu vermeiden. Die zweite Position wurde von einer Richtung vertreten, die Cohen (1985) als die „desillusionierten Liberalen“ bezeichnet hat. Die Protagonisten dieser Richtung entlarvten den Wohlfahrts-Diskurs als einen Irrweg, indem sie aufdeckten, dass die „Behandlungen“, die man den Jugendlichen in bester Resozialisierungsabsicht zuteil werden ließ, in Wirklichkeit oft schlimmer waren als die Bestrafung, die sie substituieren sollten (Adams et al 1981, Evans 1982). Dieser in disziplin- bzw. professionspolitischen Interessen verankerte Strang innerhalb des Verrechtlichungs-Diskurses betrachtete das Strafffälligwerden junger Menschen als Teil einer natürlichen Entwicklung, in deren Verlauf Heranwachsende die Grenzen akzeptablen Verhaltens erproben. Entsprechend wurde betont, dass die meisten Jugendlichen, die straffällig wurden, mit vollzogenem Übergang in das Erwachsenenalter der Kriminalität wieder entwachsen; es komme deshalb darauf an, gerade *nicht* in Überreaktionen zu verfallen und Jugendlichen das Label des ‚Kriminellen‘ anzuheften, solange sie diesen Prozess des Übergangs – mit seinen kritischen, aber vorübergehenden Erscheinungsformen durchlaufen (Foster 1989; Rutherford 1992, 1996).

In der Betrachtung der ersten Phase wurde deutlich, dass es trotz des Aufstiegs des Wohlfahrts-Diskurses Ende der 60er/70er Jahre eine Tendenz zu divergierenden Reaktionen auf junge Straftäter gab, die sich innerhalb eines Kontinuums von Behandlung und Bestrafung verorten ließen. Im Gegensatz dazu zeigen die 80er Jahren die Konvergenz verschiedener politischer, institutioneller und professioneller Interessen im Verrechtlichungs-Diskurs. Die Regierung Thatcher, die ihren Wahlerfolg auf der einen Seite ihrem Eintreten für 'Recht und Ordnung' bzw. 'Gesetz ist Gesetz' , ('*law and order*' und '*rule of the law*') und auf der anderen Seite der offenkundig entgegengesetzten Forderung nach einem Abbau von Staatsinterventionen und öffentlichen Ausgaben verdankte, stand vor der Aufgabe, ein politisches Programmatik zur Jugendkriminalität zu entwerfen, die beiden Genüge tat. Ein Einschwenken auf den Inhaftierungs-Diskurs hätte zu einem drastischen Anstieg öffentlicher Ausgaben geführt. Das Bemühen um einen verminderten Gebrauch von Kustodialstrafen (Haft, Arrest, geschlossene Unterbringung) wurde so zu einem gemeinsamen Anliegen von Politik, Institutionen und Professionen – und damit im Extremfall ein Anliegen, das Politiker der Neuen Rechten mit Professionals der Linken vereinte. Ein Resultat dieser Interessenkonvergenz war die Entwicklung neuer Maßnahmen für junge Straftäter, die, wie wir im nächsten Abschnitt sehen werden, zu einem deutlich eingeschränkten Gebrauch freiheitsentziehender Maßnahmen während der 80er Jahre führte.

Die Ursprünge dieser neuen Bestimmungen liegen in den späten 70er Jahren. Als die *juvenile justice workers* (etwa: Jugendgerichtsbarkeitsarbeiter)[2] auf Statistiken aufmerksam wurden, die einen Anstieg des Freiheitsentzugs zeigten, wurde eine neue Organisation ins Leben gerufen. Die *National Intermediate Treatment Federation* (etwa: Vereinigung für eine Behandlung im Vorfeld) war ein Forum, in dem Professionelle in Erfahrungsaustausch und Diskussionen nach Wegen suchten, wie man die Nutzung der lokal vorhandenen Ressourcen besser und zielgenauer auf jene Jugendlichen abstimmen könnte, die nach ihrer Einschätzung in besonderem Maße von freiheitsentziehenden Maßnahmen bedroht waren. Im Rahmen von Programmen, die als Alternative zu freiheitsentziehenden Strafen gedacht waren, wurden Methoden zur Arbeit mit jungen Straftätern entwickelt, die direkt an dem strafbaren Verhalten der Jugendlichen ansetzen sollten. Auf diese Weise entwickelte sich ein praxisorientierter Ansatz, der auf dem Bedürfnis basierte, fundierte Arbeitsmethoden auszuarbeiten und zu fördern, sowie die Glaubwürdigkeit der Sozialen Arbeit vor Gericht durch ihre Restitution als *juvenile justice* neu zu etablieren. Aus diesem Praxiskontext heraus entstanden theoretische Bei-

---

[2] Diesen Begriff hatten sich die Professionellen selbst gegeben; indem sie den Terminus juvenile justice worker dem Begriff des social worker vorzogen, brachten sie ihre Ernüchterung über den Wohlfahrts-Diskurs zum Ausdruck.

träge, in denen verschiedene Komponenten eines „Besserungs-Curriculums" entworfen wurden (z.B. Denman 1982).

Parallel zu den Entwicklungen in der Praxis wurde die Frage nach der Intervention der Praktiker im Rahmen der lokalen Jugendgerichtsbarkeit zu einem Gegenstand von Politikentwürfen, die ihren Ursprung in akademischen Kreisen hatten (z.B. Thorpe et al 1980) und darauf zielten, die Zahl derjenigen jungen Straftäter, die sich zum ersten Mal vor Gericht zu verantworten hatten, zu reduzieren und die Häufigkeit freiheitsentziehender Strafen zu senken. In diesem Zusammenhang wurde die Anwendung „Systemtheorie" in der Gestalt von „System-Management" eine zunehmend wichtige Komponente in der Praxis des Jugendgerichtssystems der 80er Jahre. Auf dieser theoretischen Grundlage wurde ein Modell der Beteiligung der Sozialen Arbeit im Jugendgerichtssystem entwickelt – „Systemintervention" – , welches auf drei miteinander verflochtenen Dimensionen basierte: Maximierung von Diversion, Minimierung der Intervention und System-Management.

b) Das gesetzgeberische Schlüsselelement: Der Criminal Justice Act (1991)

Wie im vorigen Abschnitt dargelegt, fand der Rechts-Diskurs bei der führenden Fraktion der Konservativen aus drei Gründen Resonanz: Erstens ermöglichte die Betonung der Formel *returning to justice* der Partei, härter gegen Jugendkriminalität Front zu machen. Zweitens war dies die kostengünstigere Alternative, da die Anzahl der inhaftierten Jugendlicher reduziert wurde. Drittens führte dies zu einer drastischen Senkung der Zahl der erfassten jugendlichen Straftäter, wodurch die Konservativen ihr Image als *law and order*-Partei wahren konnten. Der Ansatz des konservativen Innenministers Douglas Hurds (1985-1989) wurde von drei Themen getragen (Gibson et al: 1994:80ff.):

- Häufigere Verwendung von Strafen, die durch die Kommunen vollzogen wurden
- Konzentration auf junge Straftäter
- Einführung einer '*principled jurisprudence*' (etwa: absolute Strafen), bzw. von gesetzlich festgelegten Kriterien zur Sicherung der Proportionalität von Vergehen und Strafe

Die forcierte Berücksichtigung dieser drei Themen führte zu entsprechenden Resultaten:

Tabelle 3: Erfasste Straftäter (Personen, die verwarnt oder strafrechtlich relevanter Vergehen für schuldig befunden wurden) im Alter von 14 – 17 Jahren

Jahr	Jungen	Mädchen	Gesamt
1980	144.000	31.700	175.700
1985	139.600	36.000	175.600
1990	88.600	22.200	110.000

Criminal Statistics, England and Wales (Cmnd. 1322, 1990)

Diese Resultate wurden erreicht, weil die drei von Hurd eingebrachten Themen die Unterstützung links-orientierter Professioneller erhielten, denen es ein Dorn im Auge war, wie der Wohlfahrts-Diskurs Jugendliche etikettierte und stigmatisierte und Schwarze und Arbeiter-Familien pathologisierte (Kirk 1996). Das Konzept einer 'Rückkehr zum Recht' wurde daher von Professionellen unterstützt, die junge Menschen und ihre Familien vor etwas bewahren wollten, was sie als Kompetenzüberschreitungen sowohl der Gerichte als auch der professionellen Intervention im Rahmen des Wohlfahrts-Diskurses betrachteten.

Mit der Wahl der dritten Thatcher-Regierung im Jahre 1987 sollte das *Criminal Justice Act* (1991) einen nationalstaatlichen Rahmen vorgeben, der auf den Erfolgen lokaler und praxisorientierter Initiativen bei der Reduzierung freiheitsentziehender Maßnahmen für Jugendliche unter 17 Jahren aufbauen sollte. Dieses Gesetz schlug im wesentlichen vor:

- Ersetzung des *Juvenile Courts* durch einen *Youth Court* (für junge Straftäter) und einen *Family Proceedings Court* (Familienverhandlungsgericht) für junge Menschen, die in besondere Schutz- und Hilfeprogramme involviert waren
- Diejenigen Strafen, die als Alternativen zu Haftstrafen durch die Kommunen vollzogen werden konnten, wurden erweitert und als 'Kommunalstrafen' neu gefasst; diese Erweiterungen bestehen im wesentlichen aus Bedingungen zu Aufsichtsverfügungen (*Supervision Orders*), wie z.B. elektronische Überwachung, Ausgangssperren, Gemeinnützige Dienste und Auflagen zur Einschränkung der Freizügigkeit (*residence requirements*).
- Streichung unbestimmter 'Behandlungs'- Auflagen und strengere Kontrolle der Spruchpraxis durch die Zentralregierung.
- Einführung eines Proportionalitätsprinzips: die Sanktion sollte ohne jeden Bezug auf Vorstrafen proportional zur Schwere des(r) vorliegenden Vergehen(s) verhängt werden.
- Ersetzung des 'Sozialgutachtens' (*Social Inquiry Report*, SIR), der den persönlichen und familiären Hintergrund des Straffälligen untersuchte,

durch den 'Vorbericht' (*Pre-Sentence Report*, PSR), der auf die spezifischen Vergehensumstände, einschließlich der Bestimmung verschärfender und mildernder Faktoren eingeht.

- Einführung des Prinzips zur Berücksichtigung der finanziellen Situation des Straffälligen bei der Berechnung von Geldstrafen.

c) Konsequenzen für professionelles Ermessen im System-Management

Der Aufstieg des Rechts-Diskurses markiert den Zeitpunkt, zu dem die Sozialarbeiter begannen, sich entschieden vom Wohlfahrts-Diskurs zu distanzieren und diese Distanz symbolisch durch einen erneuten Begriffswandel vom *juvenile justice worker* (etwa: 'Jugendgerichtsbarkeitsarbeiter') zum *youth justice worker* (etwa: 'Jugendrechtsarbeiter') kenntlich zu machen. Spezialistenteams aus *youth justice workern* innerhalb von kommunalen Wohlfahrtsbehörden erhielten die Zuständigkeit für die Erstellung des ‚Vorberichts' (*Pre-sentence Report*) und Aufsicht (*Supervision*) über junge Straftäter.

Nachdem nun die Zentralregierung gerichtliche Verfügungen unter dem Prinzip der Proportionalität strikter kontrollierte, verlagerte sich der Ort professionellen Ermessens zum einen auf die Phase vor dem Gerichtstermin (*system management*) und auf die Verhandlung selbst, etwa in der Form eines Eintretens für das Umgehen freiheitsentziehender Strafen (*diversion from custody*). Diese beiden Elemente wurden somit zu den beiden zentralen Dimensionen innerhalb des Rechts-Diskurses, in denen die beiden Zielsetzungen – Minimierung der Intervention und die Maximierung der Umgehung von Verhandlungen und Gewahrsamsstrafen (*Diversion*) – verfolgt wurden. (Falls es dennoch zur Verhandlung kam, wurde der Ermessensspielraum der Richter dadurch erweitert, dass diese bestimmte Auflagen als Komponenten von Aufsichtsverfügungen [*Supervision Orders*] festsetzen konnten.)

NACRO beschrieb das System-Management als „... Management des Rechtsfindungs- und Rechtssprechungs-Prozesses in Jugendrechtssachen in der Form eines einzigen Systems, bei dem alle beteiligten Stellen kooperativ zusammenarbeiten (NACRO 1993: 2). Wie intensiv diese inter-instanzliche Kooperation in dieser Phase jeweils gelang, variierte von Region zu Region. In manchen Regionen gab es einzelne Instanzen, die sehr um die Wahrung ihrer Eigenständigkeit bemüht waren und die die Ansicht vertraten, dem Justizsystem sei am besten dadurch gedient, dass man einen ihm entgegengesetzten Prozess institutionalisiert, indem man das Ziel verfolgt, für ein Gleichgewicht der vor Gericht zur Sprache gebrachten Argumente zu sorgen; ein solches Vorgehen münde dann in einer „offenen Justiz". Diese Perspektive folgte der Vorstellung, dass hinter den jeweiligen Rollen und Verantwortungsbereichen der verschiedenen Instanzen unterschiedliche und häufig in Konkurrenz stehende Ausschnitte der Gesellschaft stehen, in denen sich – in unterschiedlicher Ausprägung – die Interessen des Rechts, der Opfer von Straftaten, der Beklagten und der Öffentlichkeit widerspiegeln. So wurde von jugendrichterlicher Seite beispielsweise argumentiert, es sei unangebracht, sich mit anderen Parteien des Justizsystems auf Diskussionen einzulassen die über bloße Strukturfragen hinausgingen, denn damit laufe man Gefahr, seine (richterliche) Unabhängigkeit aufs Spiel zu setzen. In anderen Landesteilen führte die behördenübergreifende Kooperation zu einer Situation, die von Professionellen als Klärung von Zuständigkeiten und eine Verbesserung der Effizienz in der Jugendrechtspflege und der dort herrschenden Verfahrensweisen wahrgenommen wurde.

System-Management erschöpfte sich nicht in einer Suche nach einem einheitlichen System, sondern verfolgte darüber hinaus das Ziel, jeweils an den Schlüssel-Stationen der Entscheidungsfindung innerhalb des jugendstrafrechtlichen Erledigungsverfahrens im Interesse des jungen Delinquenten zu intervenieren: durch Einflussnahme auf Entscheidungen zum Zeitpunkt der Festnahme/Anklage; in sogenannten *juvenile liaison panels and bureaux* (Jugendlichenvermittlungsausschüsse und -büro); durch Aufsicht über die Vorberichte (*Pre-sentence Reports*) und in den Gerichtsverhandlungen (Bell/Gibson 1991). An diesen Schlüsselstellen wurde mit dem Konzept der 'minimalen Intervention' der Zweck verfolgt, so wenig wie möglich in das Leben der jungen Straftäter einzugreifen (NACRO 1993: 2). In der Phase der inter-instanzlichen Vermittlung *vor* dem Gerichtstermin führte dies zu einem erhöhten Rückgriff auf Verwarnungen anstelle von Verfahren. In denjenigen Fällen, in denen dennoch eine strafrechtliche Verfolgung stattfand, war die systematische Beobachtung der gerichtlichen Entscheidungen darauf angelegt, dass einheitliche Standards befolgt und die im Verhältnis zur Straftat am wenigsten eingriffsintensive Erledigungsform gewählt wurde. In der Phase *nach* ergangener Entscheidung realisierte sich das Konzept einer 'Minimierung der Intervention' in der Entwicklung von kommunalen Programmen, die das Vertrauen der Gerichte besaßen, und speziell auf das jeweilige Delikt zugeschnitten waren. Eine Schlüsselkomponente des System-Interventions-Ansatzes war daher die Nutzung des Ermessensspielraumes durch Professionelle unter der Zielsetzung, sich im Namen der jungen Straftäter für solche Optionen einzusetzen, von denen sie annahmen, dass sie in allen Stationen des Verfahrens die am wenigsten schädliche Auswirkung auf deren Leben mit sich brächten.

4. Jugend-Managgement (seit Ende der 90er Jahre)

a) Welfare Regime: New Labour Stakeholder Society

> „Die Grundlage dieser modernen Bürgergesellschaft ist eine Ethik der wechselseitigen Verantwortlichkeit oder Pflicht. Es ist ein Geben und Nehmen. Eine Gesellschaft, in der wir uns an die Regeln halten. Man kann nur nehmen, wenn man auch gibt. Das ist die Abmachung“ (Blair 1997).

Die 1997 gewählte New Labour-Regierung vertrat eine neue Konzeption von Staatsbürgerlichkeit, die darauf ausgerichtet war, den Rückbau Wohlfahrtsstaats zu begleiten und abzusichern, der im Interesse einer Sicherung der Konkurrenzfähigkeit des Landes in der Weltwirtschaft als notwendig erachtet wurde. Es handelt sich um ein Konzept von Staatsbürgerlichkeit (*citizenship*), das eher auf Pflichten denn auf Rechten begründet ist (Lund 1999): „Pflicht ist der Eckpfeiler einer anständigen Gesellschaft...Sie definiert den Kontext, in dem die Rechte verliehen werden...Die Rechte, die wir empfangen, sollten den Pflichten entsprechen, die wir schuldig sind“ (Blair [1995] zitiert in Dwyer 1998: 499). Dieses Konzept basiert auf der von New Labour vertretenen kommunitaristischen Vision der Umgestaltung gesellschaftlicher und wirtschaftlicher Strukturen: in einer Gesellschaft, die auf Pflichten aufbaut, soll allen Gelegenheit gegeben werden, ihren Teil beizutragen. „Wir müssen eine Gesellschaft schaffen, die auf dem Begriff wechselseitiger Rechte und Verantwortlichkeiten gründet, was nichts anderes ist als ein moderner Begriff von sozialer Gerechtigkeit. Als Gesellschaft nehmen wir die Verpflichtung an, jedem einzelnen die Teilhabe an ihrer Zukunft zu gewähren. Und im Gegenzug nimmt jeder einzelne die Verantwortung auf sich, diese zu erwidern, und daran zu arbeiten, besser zu werden“ (Blair [1996] zitiert in MacIntyre 1999: 125). In einer solchen '*stakeholder society*' wird die Verantwortung des Staates darin gesehen, Gelegenheiten zu schaffen, die die Bürger ergreifen müssen, um 'das ihre zu leisten' (Burkitt/Ashton 1996: 11) und ihre Ansprüche anzumelden.

Bereits im Vorfeld jener Wahlen, die *New Labour* schließlich an die Macht brachten, erfolgte die Durchsetzung jener politischen Semantik, in der sich die Konzeption der '*stakeholder society*' griffig zum Ausdruck bringen ließ (Finer Jones 1997), in der Gestalt einer kommunitaristischen Einfärbung der ordnungs- und rechtspolitischen Positionen der Partei. Die von *New Labour* vertretene Version des Kommunitarismus ist in moralischer Hinsicht präskriptiv, in wirtschaftlicher Hinsicht liberal und in gesellschaftlicher Hinsicht konservativ (Fitzpatrick 1998). Es ist eine Version des Kommunitarismus, die die Verantwortung für Kriminalität und soziale Verwerfungen vor der Haustür der Familie ablädt. Gleichzeitig werden diese Phänomene auf den angeblich exzessiven Einfluss des Wohlfahrts-Diskurses zurückgeführt (Hughes 1996: 18). Der von *New Labour* vertretene Kommunitarismus ist nicht *bottom-up* und solidarisch, sondern *top-down* und autoritaristisch. Gesteuert wird er von der Zentralregierung per Statut, wobei *community* oft als Codewort für den Staat verwendet wird (Driver/Martell 1997: 39ff.). Es ist vielleicht kein Zufall, dass Blairs Darstellung der kommunitaristischen Vision von *New Labour* im Rahmen einer Rede vor hochrangigem Publikum in Singapur erfolgte. Diese Vision setzt sich aus drei Elementen zusammen, die für die politischen und institutionellen Reaktionsweisen gegenüber jungen Straftätern unmittelbar relevant sind: strikte Regulierung der öffentlichen Verwaltung; Wiederherstellung der (autoritären) familiären Wertvorstellungen; und schließlich eine Politikauffassung, die der Regierung eine Rolle als Wahrerin (jedoch nicht Vollstreckerin) der gesellschaftlichen Interessen zuweist (Freeden 1999: 49). Wie aber kam es dazu, dass die Labour Party mit dem Wohlfahrts-Diskurs brach, mit dem sie immerhin eine historische Affinität verbindet?

In einer Situation der Auflösung des einst so berechenbaren Musters der klassenmäßig bestimmten politischen Parteien haben sich auch die politischen Bindungen der Wählerschaft gelockert und müssen von Politikern sehr sorgfältig bedacht und berücksichtigt werden (MacIntyre 1999: 122). Dass *New Labour* ihr Handeln an der Erkenntnis dieser Verlagerung ausrichtete, bescherte ihr ihren überwältigenden Wahlsieg im Mai 1997 (Harris M. 1999: 55). Kriminalität ist seitdem eine Schlüsselkomponente in dieser schwer ausrechenbaren politischen Situation, wobei hinsichtlich konkret erfahrener Kriminalität eine quantitative und qualitative Verlagerung stattfand: „Die Kriminalität verlor den Charakter des Seltenen, Abnormalen, des Vergehens der am Rande der Gesellschaft Stehenden und der Fremden und wurde stattdessen zu etwas Alltäglichem im Gefüge des täglichen Lebens: Sie beschäftigt die Familie, das Herz der liberalen demokratischen Gesellschaft, und verbreitet ihre Sorge in alle Teile der Stadt“ (Young 1999: 30). Die Einsicht in die Tatsache einer erhöhten Wählermobilität und die gesteigerte Sensibilität gegenüber Kriminalität schlug sich in den von *New Labour* verfolgten Ansätzen zum Umgang mit jungen Straffälligen nieder.

Geprägt wurde sie von politischen, ideologischen und pragmatischen Einflussfaktoren, deren Bezugspunkt in jenen Vermittlungsversuchen liegt, mit denen *New Labour* eine Brücke schlug, die den *common sense* der Wählerschaft mit dem eigenen Diskurs eines Jugend-Management verband.

Der politische Faktor war von zentraler Bedeutung. *New Labour* ist eine gut-geölte Politik-Maschine, die auf die Eroberung und Erhaltung der Macht programmiert ist. Ein typisches Beispiel dafür ist der Einsatz von Gruppendiskussionen zur Ermittlung dessen, was 'das Volk' will. Was die jungen Straftäter angeht, kann *New Labour* einigermaßen darauf vertrauen, dass diejenigen, die liberale oder radikale Ansichten vertreten, ohnehin für die Labour Party stimmen und außerdem nur einen kleinen Teil der Wählerschaft stellen. Daher ist in politischer Hinsicht nichts verloren, wenn man sie als 'wirrköpfige Liberale' beschimpft, wie Innenminister Jack Straw das häufig tut[3] - eine Vorgehensweise, die sich bei Wahlen gewöhnlich auszahlt.

Was den ideologischen Faktor betrifft, vollzog *New Labour* einen Schwenk von einer Betonung der Bürgerrechte des jungen Straftäters (der des Schutzes vor einem potentiell autoritären Staat bedarf) zur Betonung der Rechte der Allgemeinheit ('das öffentliche Interesse') auf ein Leben ohne Angst vor Kriminalität (Home Office 1998). Die alte *Labour Party* hatte den von Jugendkriminalität betroffenen Arbeitermilieus nur wenig zu sagen. Heute verliert die New Labour-Regierung kein Wort über Ungerechtigkeit und Ungleichheit als Dimensionen von Kriminalität.[4] Nunmehr gibt es nur noch kühl kalkulierende individuelle junge Straftäter, und es kommt darauf an, die Rentabilitätsgrundlagen ihrer Kalküle in einer Weise zu verschieben, die sie davon abhält, Straftaten zu begehen.

Den pragmatischen Faktor findet man in den Bestrebungen, Instrumente der Messung und Beurteilung zu entwickeln, die geeignet sind, das Straffälligkeitsrisiko eines jungen Menschen, vorauszusagen, sowie in der Entwick-

---

[3] Dies bleibt zeitweise nicht ohne Ironie. In derselben Woche (ab 10.1.2000), in der Straw in einem Vortrag im Policy Studies Institute die 'Liberalen' wegen ihrer zu nachgiebigen Position gegenüber der Kriminalität angriff, traf er milde Entscheidungen bei einem mutmaßlichen Kriegsverbrecher (Konrad Kalejs), einem ehemaligen Diktator, dem Mittäterschaft in dem systematischen Einsatz von Folter vorgeworfen wurde (Senator Pinochet), sowie einem verurteilten Vergewaltiger (Mike Tyson).

[4] Dieses Schweigen herrscht zu einer Zeit, in der Beweise ohne weiteres zur Verfügung stehen. Zwischen 1979 und 1995 wuchsen die durchschnittlichen Einkommen um 38 %, die Einkommen des reichsten Zehntels der Bevölkerung um mehr als 60 %; die Einkommen des ärmsten Zehntels der Bevölkerung nahm dagegen um 8 % ab. Der Anteil der Bevölkerung mit weniger als der Hälfte des durchschnittlichen Einkommens verdreifachte sich (Hills 1995, 1998). Forschungen des Innenministeriums ermittelten eine signifikante Korrelation zwischen familiärer Armut und sich häufenden Straftaten bei jungen Menschen (Graham/Bowling 1995).

lung von Interventionsmaßnahmen bereits straffällig gewordene Jugendliche zuverlässig davon abhalten, weitere Straftaten zu begehen (Graham/Bowling 1995, HM Inspectorate of Probation 1998).

In der Summe bewirken diese drei Faktoren, dass die politischen, ökonomischen und gesellschaftlichen Fragen, die sich potentiell im Zusammenhang mit Jugendkriminalität stellen, transformiert wurden in technisch-managerielle Probleme auf der Seite des Jugendgerichtssystems und des jugendlichen Straftäters. Was den letzteren betrifft, so wird nun davon ausgegangen, dass die individuelle Charakteränderung die Grundlage für die Wiedereingliederung des jungen Straftäters in die *stakeholder society* ist.

b) Das Gesetzgeberische Schlüsselelement: Crime and Disorder Act (1998)

Nach der Implementierung des *Criminal Justice Act* (1991), welches, wie bereits dargelegt wurde, im Rechts-Diskurs verankert war, vollzog die konservative Regierung einen abrupten Schwenk auf den Inhaftierungs-Diskurs. In besonders prägnanter Weise zeigte sich dies etwa in einer Äußerung des damaligen Innenministers Michael Howard im Jahre 1993, in der dieser die Meinung vertrat: „*prison works*“[5]. Entsprechend zeichneten sich die *Criminal Justice Acts*, die in den Jahren 1993 und 1994 erlassen wurden, durch einen eher punitiven und auf Inhaftierung zielenden Charakter aus. Damit fand *New Labour* bei Regierungsantritt eine Situation vor, in der die Anzahl der inhaftierten unter 18-jährigen zwischen Juni 1996 und Juni 1997 um 18 % gestiegen war. Ein weiteres Erbe, das *New Labour* antrat, war die Aufsicht über die Spezialdienste für straffällig gewordene Jugendliche durch die *Audit Commission* im Anschluss an den Bericht dieser Kommision aus dem Jahr 1996 (*Misspent Youth*, etwa: vergeudete Jugend) und den jährlichen Aktualisierungen 1997-1999. Die Aufgaben der *Audit Commission* waren: die Berechnung der jeweiligen Kosten verschiedener Typen von Erledingungsformen und der Effizienz des justiziellen Abarbeitungsprozesses von der Festnahme bis zur Verurteilung, sowie die Beobachtung des allgemeinen Entwicklungsfort-

[5] Im Vergleich zu Douglas Hurd, dem Innenminister, den man mit dem Justiz-Diskurs in Verbindung brachte, entstammte Michael Howard einem eher straforientiert ausgerichteten Flügel der konservativen Partei. Angeheizt wurde der eher straforientierte Ansatz Howards von gewalttätigen Konfrontationen zwischen jungen Männern und Polizei in Quartieren des öffentlichen Wohnungsbaus in verschiedenen Teilen des Landes (1991) sowie von einem Gerichtsverfahren gegen zwei Zehnjährige, die wegen Mordes an einem Kleinkind verurteilt wurden (1993).

schritts gemessen an Deliktraten, Wiederholungsraten und dem Preis-Leistungs-Verhältnis. Ihre wichtigsten Ergebnisse waren: die Strafverfolgung durch die Gerichte verlaufe zu langsam; strafbare Verhaltensweisen würden zu wenig thematisiert; die beteiligten Instanzen arbeiteten häufig recht unkoordiniert; es werde zu wenig getan, um Jugendliche davon abzuhalten, überhaupt erst straffällig zu werden (*Audit Commission* 1996).

In ihrem Weißbuch *No More Excuses* (1997) signalisierte die New Labour-Regierung ihre Absicht, sowohl hinsichtlich der strafenden als auch hinsichtlich der überwachenden Aspekte das Erbe der konservativen anzunehmen und auszubauen. Laut *No More Excuses* liegen die Hauptanliegen der New Labour-Regierung in Sachen Kriminalitätsbekämpfung darin, antisoziales Verhalten anzupacken, die Verantwortung der Eltern zu stärken, die Verfahren gegen jugendliche Straftäter zu beschleunigen und die Städte und Gemeinden per Gesetz darauf zu verpflichten, Kriminalität und Ordnungsverstöße zu senken. Diese Hauptanliegen stehen im Mittelpunkt des daran anschließenden *Crime and Disorder Act* (1998), das seit April 2000 in Kraft getreten ist. Die Implementation der an junge Straftäter adressierten Politiken, wie sie *Crime and Disorder Act* enthalten sind, ist typisch für den Politikstil, den *New Labour* auch in anderen Bereichen der Sozialpolitik pflegt: eine in hohem Maße zentralistische und interventionistische Koordination von Programmen und praktischer Umsetzung; Übertragung der Verantwortung für die Dienste auf die kommunale Ebene bei gleichzeitiger enger Überwachung der lokalen Angebote und Leistungen durch die Zentralregierung; und nicht zuletzt eine Entpolitisierung der Umgangsweisen mit straffälligen Jugendlichen, in Verbindung mit einer autoritär-manageriellen Kontrolle über diese. Insgesamt markiert dieses Gesetz eine bezeichnende Richtungsänderung von einer Struktur, in der sich die Zentralregierung hauptsächlich darauf beschränkte, Richtlinien bezüglich der Spruchpraxis zu formulieren und deren Wirkungen zu beobachten, wobei sie die lokale Angebotserbringung hinsichtlich der operativen Aufgaben relative Autonomie gewährte, zu einer Struktur, die von der Zentralregierung nun als nationales Jugendjustizsystem (*youth justice system*) gefasst wird, welches eines zentral gesteuerten Managements bedarf. Wir beschäftigen uns im folgenden zunächst mit letzterem und wenn uns dann anschließend dem Management des jungen Straftäters zu.

Organisation der Jugendrechtspflege

Als Beispiele für den Managerialismus, der im *Crime and Disorder Act* (1998) zum Ausdruck kommt und die Ebene Lenkung des Systems betrifft, lassen sich benennen:

- Paragraph 37 des Gesetzes definiert als Ziel die Verhinderung von Straftaten und bindet die Behörden und die in der Jugendrechtspflege arbeitenden Personen an dessen Umsetzung. Für die örtlichen Behörden, „muss die Grundsatzfrage lauten: 'Erreichen wir tatsächlich eine Senkung der Jugendkriminalität?'" (Home Office 1998: Para. 21). Allen an der Jugendrechtspflege beteiligten Akteuren werden sechs Zielsetzungen vorgegeben (Home Office 1998):
  - beschleunigte Rechtsprechung
  - Konfrontation junger Straftäter mit den Konsequenzen ihrer Vergehen
  - Interventionen, die an den jeweils besonderen Faktoren ansetzen, die das Risiko des Strafbarwerdens eines Jugendlichen begründen
  - Strafbemessung entsprechend der Schwere und Persistenz des Vergehens
  - Förderung von wiedergutmachenden Maßnahmen zugunsten der Opfer durch die jugendlichen Straftäter
  - Stärkung der elterlichen Verantwortung
- Paragraph 38 des Gesetzes verpflichtet die kommunalen Verwaltungen darauf, dass die obersten Verwaltungschefs (*Chief Executives*) – nicht die Leiter der sozialen Dienste – institutionenübergreifende (Soziale Arbeit, Bewährungshilfe, Polizei, Gesundheitsdienste, Bildung, gemeinnützige Organisationen) *Youth Offending Teams* (etwa: Teams für Jugendkriminalität) einrichten, die damit beauftragt sind, *Youth Justice Plans* zu formulieren. Dort wird verbindlich festgelegt, wie die vom *Youth Justice Board* (s.u.) zusammen mit den *Youth Offending Teams* aufgestellten Ziele zur Senkung und Prävention von Kriminalität erreicht werden sollen. Zu den Maßnahmen, die die *Youth Offending Teams* bereitstellen sollen, gehören (Home Office 1998: para. 17.7):
  - Außergerichtliche Interventionen, verbunden mit letztmaligen polizeilichen Verwarnungen für Vergehen, die einen geringeren Schweregrad aufweisen
  - verschiedene Strafen im Vorfeld des Freiheitsentzugs, die dazu beitragen sollen, dass „das Straffälligwerden im Keim erstickt wird", wenn ein Jugendlicher zum ersten Mal vor Gericht steht

  - bei den Kommunalstrafen höhere Anforderungen an Weisungen und Auflagen für Straftäter, deren Vergehen eine verlängerte Dauer der Unteraufsichtstellung (*Supervision*) erforderlich macht
  - Haftstrafen für gefährliche- und Wiederholungstäter.
- Paragraph 41 des Gesetzes bestimmt die Einrichtung eines *Youth Justice Board* (etwa: Kommission für Jugendrecht), eine ausführende, nichtministeriale Körperschaft mit dem Auftrag zu 'staatlicher Aufsicht und Lenkung' auf staatlicher Ebene (Home Office 1998: para. 19). Diese Kommission übernimmt nunmehr von der *Audit Commission* die Aufgabe der systematischen Beobachtung der Leistungen der örtlichen *Youth Offending Teams* und berät den Innenminister bei der Bestimmung nationaler Standards.
- Diese nationalen Standards „stellen einen Bezugspunkt dar, anhand dessen die Qualität und Effizienz der Arbeit geprüft werden kann" (Draft National Standards 1999:1). Dabei handelt es sich um detaillierte und präskriptive Bestimmungen, z.B.: „Der Erstkontakt zwischen dem die Aufsicht ausübenden Mitarbeiter und dem Straffälligen muss erfolgen vor Ende des auf die Gerichtsverhandlung folgenden Werktages. Das Treffen ist zu vereinbaren, bevor der Straffällige das Gericht verlässt" (7.1.1.).
- Detaillierte Leistungsziele werden festgelegt; beispielsweise die Halbierung des Zeitraums zwischen Festnahme und Verurteilung vom staatlichen Durchschnittswert von 140 Tagen auf 70 Tage, sowie lokale Audit-Verfahren, die sicherstellen sollen, dass die *Youth Offending Teams* kosteneffiziente Produkte erbringen.

Das Management des jungen Straftäters

Mit dem *Crime and Disorder Act* wird das Management (bekannt gewordener[6]) junger Straftäter erweitert.

- Frühzeitige Interventionen mit dem Ziel, anti-soziales Verhalten einzudämmen und Jugendliche von Kriminalität fernzuhalten (Home Office 1999):
  - Lokale Ausgangsperren für alle Kinder unter 10 Jahren innerhalb eines bestimmten Gebiets; diese können von den örtlichen Regierungen als Teil ihrer vom Gesetz geforderten örtlichen Strategien gegen Kriminalität und Ordnungsverstöße in den Maßnahmenkatalog einbezogen werden.

---

[6] Laut Forschungen des Innenministeriums waren einige der besonders ernstzunehmenden und hartnäckigen Straftäter nicht vorbestraft (Graham/Bowling 1995)

  - *Child Saftey Orders* – Weisungen gegen Kinder unter 10 Jahren, die anti-soziales Verhaltensweisen zeigen oder der Gefahr ausgesetzt sind, in Straftaten verwickelt zu werden.
  - *Anti Social Behaviour Orders* – Weisungen gegen Kinder im Alter von 10 Jahren oder älter zur Eindämmung eines anti-sozialen, jedoch nicht notwendigerweise kriminellen Verhaltens. (Dazu können gehören: Ausgangssperren, Fernhalteverfügungen bzw. Haus- und Platzverbote, sowie Weisungen zur Einschränkung der Freizügigkeit).
- Interventionen bei Straffälligkeit (Home Office 1999):
  - *Parenting Orders* – Weisungen gegen Eltern, die diese auf der Grundlage des Verhaltens ihrer Kinder (z.B. Schule schwänzen) zur Teilnahme an Schulungen und/oder Beratungssitzungen verpflichtet.
  - *Reperation Orders* – Weisungen, die einen Straffälligen dazu verpflichten, Wiedergutmachung beim Opfer oder der Gesellschaft (*community*) zu leisten.
  - *Action Plan Orders* – Weisungen, die Strafe, Wiedergutmachung und Wiedereingliederung miteinander verbinden, letztere durch bestimmte Aktivitäten, an denen der junge Straftäter teilnehmen muss (z.B. Anti-Aggressionstrainings oder Anti-Alkoholmissbrauchsprogramme).
  - *Detention and Training Orders* – Arrest- und Ausbildungsweisungen.

In Ergänzung zu diesen gerichtlichen Verfügungen hat *New Labour* ein Prinzip übernommen, welches von der in US-Gerichten eingeführten Regel '*three strikes and you're out*' abgeleitet ist. Die von *New Labour* eingeführte Version sieht vor, dass ein für das erste Vergehen festgenommener Jugendlicher üblicherweise eine Rüge erhält. Kommt es zu einem zweiten Vergehen, erhält der Jugendliche eine endgültige Verwarnung, so dass dann ein drittes Vergehen automatisch zu einer gerichtlichen Vorladung führt. Insofern ersetzt der Management-Diskurs das Ermessen der örtlichen Polizei hinsichtlich der Erteilung von Verwarnungen an jugendliche Straffällige durch die präskriptive Gesetzgebung der Zentralregierung.

Im Ergebnis besteht der Effekt dieser beiden Säulen des Managerialismus – Management des Systems und Management des Straffälligen – darin, die Verantwortung auf die lokalen Träger- und Institutionenverbände abzuschieben und ihnen eine Rechenschaftspflicht hinsichtlich ihrer Leistungen aufzuerlegen; diese werden anhand von landesweit standardisierten Systemleistungsindikatoren überprüfbar gemacht, in denen sich die Ziele und Zwecke der Zentralregierung widerspiegeln. Es handelt sich um einen Ansatz, der außerhalb der Debatten zwischen dem Wohlfahrts-Diskurs und dem Rechts-Diskurs anzusiedeln ist und der stattdessen die Frage danach in den Mittelpunkt stellt 'was funktioniert'? Es ist ein „technischer" Management-Diskurs, ausgerichtet auf die Identifizierung kostengünstiger und effizienter Verfahren der Behandlung junger Straftäter der Basis der Anwendung präskriptiver, pragmatisch-ausführungsbezogener, engmaschig organisierter und kontrollierter Strategien zur Bekämpfung von Kriminalität und zur Prävention von Wiederholungstaten.

c) Implikationen für das professionelle Ermessen: Eingeschränkter Ermessensspielraum in der Bestimmung der Inhalte der Arbeit mit jungen Straftätern

Einen wichtigen Bezugspunkt hat der in *Crime and Disorder Act* (1998) eingewobene Management-Diskurs in der Produktivität der Professionellen; so wird beispielsweise auf der Basis quantifizierbarer Ergebnisparameter gemessen, zu welchem Grad Professionelle die ihnen zugewiesenen Aufgabenkontingente abarbeiten. Zunächst sind sie dafür verantwortlich, Risiko-Bedingungen abzuschätzen und Kriminalitätsrisiken zu bestimmen, die durch bestimmte Jugendliche repräsentiert werden. Dies geschieht auf der Basis von Faktoren, von denen angenommen wird, dass sie mit ermittelten Straftaten korrelieren[7] und durch die Anwendung eines standardisierten Beurteilungsbogens (landesweit). Zum zweiten haben die Professionellen die Aufgabe, individuell zugeschnittene Behandlungspakete zusammenzustellen, wobei sie auf standardisierte Programmsegmente aus dem Bereich der nichtfreiheitsentziehenden Strafen (*community-based punishments*) zurückgreifen können.

Im dem Maße, wie Professionelle in die Ausdehnung und Intensivierung der Disziplinierungsmacht des Staates involviert sind, nämlich im Vollzug der Definition *von* und der Reaktionen *auf* junge Straftäter, wie auch im Vollzug von Maßnahmen gegenüber Nicht-Straftätern (denn eine klare Grenzziehung zwischen Kriminalität und Fehlverhalten existiert nicht mehr), werden sie in eine Situation zurückversetzt, die an die Zeit des Wohlfahrt-Diskurses erinnert; ihre Ermessensspielräume hinsichtlich der Frage, wann sie in das Leben junger Menschen eingreifen sollen, dürften sich dann erweitern; damit aber wächst dann entsprechend die Gefahr einer Rückkehr zum „*net-widening*". Die Potentiale zu einem *net-widening*, welches ursprünglich in Verbindung mit dem Wohlfahrts-Diskurs aufgetreten ist, wer-

[7] Beispielsweise, ein 'schwieriges Elternhaus, einschließlich schlechter Erziehung', 'Gruppenzwang unter Gleichaltrigen', 'dürftige Unterkunft', 'ungenügende Schulleistungen' (Home Office 1998: Abschnitt 11).

den sogar noch zusätzlich gesteigert durch die nun verfügbaren Erledigungsalternativen gegenüber Kindern, Jugendlichen und deren Eltern.

Es ist davon auszugehen, dass die Erweiterung der Ermessensspielräume hinsichtlich des Zeitpunktes, zu dem Professionelle sich zu einem Eingriff in das Leben der Jugendlichen entschließen, begleitet wird von einer Einschränkung der Ermessensspielräume in der direkten Arbeit mit jungen Straffälligen. In ihrer praktischen Arbeit mit Kindern und Jugendlichen dürfte dann eine Situation entstehen, in der professionelles Ermessen subordiniert wird unter die manageriellen Definitionen dessen „*what works*" und Praxismaterialien folgt, die von extern evaluierten Methoden abgeleitet sind. Der Schwerpunkt professioneller Praxis liegt dann vorwiegend auf der dem Vergehen unmittelbar vorausgehenden Phase, sowie auf der Vermittlung von Techniken zur Verhaltenskontrolle, so dass die Jugendlichen künftig die Wahrscheinlichkeit strafbaren Handlungen und/oder des Sich-Einlassens auf anti-soziales Verhalten antizipieren und drosseln können.

Eine Umsetzung von Vorschlägen der TOPPS – einer von der Arbeitgeberseite angeführten staatlichen Berufsbildungs-Organisation, die nun die professionsspezifischen Interessen vertritt, die früher durch den *Central Council for Education and Training in Social Work* repräsentiert waren, den *New Labour* aufgelöst hat – werden voraussichtlich einen weiteren Beitrag dazu leisten, der Ausübung professionellen Ermessens die Grundlage zu entziehen. Die TOPSS beschreibt die Notwendigkeit, die Ausbildung von *youth justice workern* (etwa: Jugendrechtarbeiter) an die Bedürfnisse des *youth justice systems* (Jugendgerichtssystem) anzupassen [sic! – nicht an die Bedürfnisse der jungen Straftäter] (*Training Organisation for the Personal Social Services* 1999): zwar hätten in der Vergangenheit die Qualifikation von Sozialarbeitern als angemessen gegolten (1999: para: 3.1), doch müsse „angesichts des neuen Ansatzes für die Arbeit mit jungen Straftätern abgeschätzt werden, ob die Mitarbeiter der *Youth Offending Teams* neue und/oder zusätzliche Fähigkeiten erwerben sollten. Wo dies erforderlich ist, müssen weitere staatliche Ausbildungs- und Beschäftigungsstandards zusammen mit einer Entlohnungsstruktur entwickelt werden" (1999: para. 5.1). Diese Entwicklungen deuten darauf hin, dass von Sozialarbeitern erwartet wird, ihr Engagement für junge Straftäter und Sozialarbeit gegen ein Engagement für das *Youth Justice System* einzutauschen.

Schließlich ist zu erwarten, dass die Ermessensspielräume von Professionellen bei den gemeinnützigen Trägern, die historisch betrachtet viel zur Entwicklung einer innovativen Praxis beigetragen haben, in dem Maße Einschränkungen ausgesetzt sein werden, in dem sich solche Organisationen zunehmend innerhalb eines kooperativen *Youth Justice Systems* vernetzen, das sie darauf verpflichtet, ihre Arbeit an jenen Spezifikationen von Leistungen auszurichten, die in Kontrakten mit den *Youth Offending Teams* vereinbart sind. Die Bewegungsfreiheit dieser Organisationen dürfte im Zuge einer von *New Labour* angestrebten breitflächigen Annexion der zuvor relativ autonomen lokalen Verwaltungen, den Trägern im Bereich des Jugendgerichtswesens und den Professionellen weiter eingeschränkt werden.

5. Schlussbemerkung

Als die historisch erste unter den europäischen Regierungen, die jenen Typus repräsentiert, den wir als „vollständig post-sozialdemokratisch" bezeichnen würden, hat die *New Labour*-Regierung wiederholt ihren politischen Standpunkt damit begründet, es sei dringend erforderlich, alle Aspekte der britischen Gesellschaft, einschließlich der Umgangsweisen mit jungen Straftätern, zu modernisieren, um die gegenwärtigen Bedingungen in Angriff nehmen zu können. Die Autoren einer Studie kommentieren das zutreffend, auch wenn diese Studie aus den 70er Jahren stammt: „Das Problem ist, dass die 'gegenwärtigen Bedingungen', die die Armen noch ärmer machen (oder den Kriminellen Straftaten begehen lassen), genau dieselben Bedingungen sind, die die Reichen noch reicher machen (oder den Gesetzestreuen die Vorstellung ermöglichen, dass die sozialen Ursachen der Straftaten verschwinden, wenn man nur den einzelnen Straftäter hart genug bestraft). Es ist etwas typisch 'Britisches' an unserer Fähigkeit, individuelle Auswirkungen von der widersprüchlichen Struktur zu abstrahieren, die diese produziert" (Hall et al 1978: x). *New Labour* sieht sich mit marginalisierten jungen Menschen konfrontiert, die entweder arbeitslos oder von dem *„New Deal" workfare scheme* (etwa: Sozialleistungen gegen Arbeit) abhängig sind. Diesen Jugendlichen fehlt es an Kaufkraft und sie besitzen weder Status noch Hoffnung, sie leben jedoch in einer Gesellschaft, die genau das anpreist, was ihnen fehlt. In dieser Situation scheint *New Labour* die Absicht zu verfolgen, die oben angesprochene britische Tradition mit erneuerter Kraft im 21. Jahrhundert fortzusetzen. In ihrem Versuch, das aufzuhalten, was sie als drohende Desintegration der sozialen Ordnung ansieht – und dies teilweise durch ihr Management der politischen, institutionellen und professionellen Reaktionsweisen auf junge Straftäter –, ist *New Labour* in alte Widersprüche verstrickt. Ihr Ausgangspunkt ist das Streben nach einem „gerechten" Jugendgerichtssystem in einer ungerechten Gesellschaft.

Literatur

Adams, R./ S. Allard/ J. Baldwin/ J. Thomas (1981) *A Measure of Diversion? Case Studies in Intermediate Treatment,* Leicester (National Youth Bureau)

Audit Commission (1996) *Misspent Youth,* London (Audit Commission)

Bell, A./ P. Gibson (1991) *Tackling the Dilemmas for Policy and Practice in Justice Systems Divided by Age,* Sheffield (University of Sheffield, Social Services Monographs)

Blair, T. (1997) *The Will to Win, London* (HMSO, post-election victory speech at the Aylesbury Estate)

Bottoms, A. (1974) On the decriminalisation of the juvenile court, in: Hood, R. (Ed.) *Crime, Criminology and Public Policy,* London (Heinemann)

Brewer, C./ J. Lait (1980) *Can Social Work Survive?* London (Temple Smith)

Burkitt, B./ F. Ashton (1996) The birth of the stakeholder society, *Critical Social Policy,* **16**, 3-16

Children and Young Persons Act (1969)

Clarke, J. (1979) Critical sociology and radical social work: problems of theory and practice, in: Parry, N./ M. Rustin/ C. Satyamurti (Ed.) *Social Work, Welfare and the State,* London (Edward Arnold)

Cohen, S. (1985) *Visions of Social Control,* Cambridge (Polity Press)

Crime and Disorder Act (1998)

Criminal Justice Act (1991)

Criminal Justice Act (1993)

Criminal Justice Act (1994)

Denman, G. (1982) *Intensive Intermediate Treatment with Juvenile offenders: A Handbook of Assessment and Groupwork Practice,* Lancaster (Centre of Youth Crime and Community)

Driver, S./ L. Martell (1997) New Labour's communitarianisms, *Critical social Policy,* **17**, 27-46

Dwyer, P. (1998) Conditional citizens? Welfare rights and responsibilities in the late 1990s, *Critical Social Policy,* **18**, 493-518

Evans, R. (1982) *The Theoretical Foundations of Doing IT,* Norwich (University of East Anglia, Social Work Monographs)

Finer Jones, C. (1997) The new social policy in Britain, *Social Policy and Administration,* **31**, 154-170

Fitzpatrick, T. (1998) The rise of market collectivism, *Social Policy Review,* **10**, 13-33

Foster, J. (1989) *Villains: Crime and Community in the Inner City,* London (Routledge)

Freeden, M. (1999) The ideology of New Labour, *The Political Quarterly,* **70**, 42-51

Gamble, A. (1988) *The Free Economy and the Strong State,* London (Macmillan)

Gibson, B./ P. Cavadino/ A. Rutherford/ A. Ashworth/ J. Harding (1994) *Criminal Justice in Transition,* Winchester (Waterside Press)

Glennerster, H./ J. Midgley (1991) *The Radical Right and the Welfare State,* Hemel Hempstead (Harvester Wheatsheaf)

Graham, J./ B. Bowling (1995) *Young People and Crime,* London (Home Office)

Gyford, J. (1991) *Citizens, Consumers and Councils,* Basingstoke (Macmillan)

Hall, S./ C. Chritcher/ T. Jefferson/ J. Clarke/ B. Roberts (1978) *Policing the Crisis,* London (Macmillan)

Hallett, C. (1998) Children's participation in child welfare services, in: Flösser, G./ H.-U. Otto (Ed.) *Towards More Democracy in Social Services. Models and Cultures of Welfare,* Berlin (Walter de Gruyter)

Harris, J. (1998a) *Managing State Social Work*, Aldershot (Ashgate)

Harris, J. (1998b) Scientific management, bureau-professionalism, new managerialism: the labour process of state social work, *British Journal of Social Work*, **28**, 839-862

Harris, M. (1999) New Labour: government and opposition, *The Political Quarterly*, **70**, 52-61

Hills, J. (1995) *Inquiry into Income and Wealth. Volume 2: A Summary of the Evidence*, York (Joseph Rowntree Foundation)

Hills, J. (1998) *Income and Wealth: The Latest Evidence*, York (Joseph Rowntree Foundation)

HM Inspectorate of Probation (1998) *Strategies for Effective Offender Supervision*, London (HMSO)

Home Office (1965) *The Child, the Family and the Young Offender*, London (HMSO)

Home Office (1968) *Children in Trouble*, London (HMSO)

Home Office (1997) *No More Excuses. A New approach to Tackling Youth Crime in England and Wales*, London (HMSO)

Home Office (1998) *Youth Justice: The Statutory Principal Aim of Preventing Offending by Children and Young People*, London (Home Office)

Home Office (1999) *Youth Justice: Preventing Offending*, London (Home Office)

Hughes, G. (1996) Communitarianism and law and order, *Critical Social Policy*, **16**, 17-41.

Hurd, D. (1988) Citizenship in the Tory Democracy, *New Statesman*, 29th April.

Ignatieff, M. (1991) Citizenship and moral narcissism, in: Andrews, G. (Ed.) *Citizenship*, London (Lawrence and Wishart)

Jones, C./ T. Novak (1993) Social work today, *British Journal of Social Work*, **23**, 195-212

Keane, J. (1988) *Democracy and Civil Society*, London (Verso)

Kirk, B. (1996) *Negative Images: A Simple Matter of Black and White?* Aldershot (Avebury)

Leonard, P. (1996) Three discourses on practice: a postmodern reappraisal, *Journal of Sociology and Social Welfare*, **23**, 7-25

Loney, M. (1986) *The Politics of Greed. The New Right and the Welfare State*, London (Pluto Press)

Lund, B. (1999) 'Ask not what your community can do for you': obligations, New Labour and welfare reform, *Critical Social Policy*, **19**, 447-462

MacIntyre, C. (1999) The stakeholder society and the welfare state: forward to the past!, *Contemporary Politics*, **5**, 121-136

Marquand, D. (1988) *The Unprincipled Society*, London (Fontana)

Marshall, T.H. (1975) *Social Policy in the Twentieth Century*, London (Hutchinson)

Midgley, J./ C. Jones (1994) Social work and the radical right: the impact of developments in Britain and the United States, *International Social Work*, **37**, 115-126

NACRO (1993) *Community Provision for Young People in the Youth Justice System*, London (National Association for the Care and Resettlement of Offenders)

Oliver, D./ D. Heater (1994) *The Foundations of Citizenship*, Hemel Hempstead (Harvester Wheatsheaf)

Pitts, J. (1988) *The Politics of Juvenile Crime*, London (Sage)

Roche, M. (1987) Citizenship, social theory and social change, *Theory and Society*, **16**, 363-399

Rutherford, A. (1992) *Growing Out of Crime*, Harmondsworth (Penguin)

Rutherford, A. (1996) *Transforming Criminal Policy*, Winchester (Waterside Press)

Seebohm Committee (1968) *Report of the Committee on Local Authority and Allied Personal Social Services*, London (HMSO)

Social Work (Scotland) Act 1968

Thatcher, M. (1985) *Speech to Conservative Party*, Buxton

Thorpe D. (1980) *Out of Care: The Community Support of Juvenile Offenders,* London (Unwin Hyman)

Training Organisation for the Personal Social Services (1999) *Modernising the Social Care Workforce: Youth Justice,* London (TOPSS)

Wilding, P. (1992) The British welfare state: Thatcherism's enduring legacy, *Policy and Politics,* **20**, 201-212

Young, J. (1999) *The Exclusive Society. Social Exclusion, Crime and Difference in Late Modernity,* London (Sage)

Youth Justice Board (1999) *Draft National Standards for Youth Justice,* London (YJB)

Aus dem Englischen von: Karin Jurek, Stefan Schnurr, Mark Schrödter, Holger Ziegler

Beziehungen zwischen Kostenträgern, Anbietern und Nutzern

Neil Gilbert

Dienstleistungskontrakte: Strategien und Risiken

1. Triebkräfte der Marktorientierung

Seit einem Jahrzehnt sieht sich der Wohlfahrtsstaat zunehmend zu marktorientierten Reformen gedrängt, die dazu beitragen sollen, die Leistungsfähigkeit zu erhöhen und die Kosten zu senken. Teils wurde diese Entwicklung beschleunigt durch die demographischen Anforderungen einer alternden Gesellschaft, teils durch den Bedarf an eine erhöhte Anpassungsfähigkeit und Produktivität der Arbeitskräfte im Zuge der Einbindung nationaler Märkte in eine global konkurrierende Ökonomie[1]

In demographischer Hinsicht wird beispielsweise erwartet, daß sich der Bevölkerungsanteil der über 65-Jährigen in den OECD-Staaten zwischen 1960 und 2040 von 9.7 % auf 22.2 % mehr als verdoppeln wird, von denen wiederum ungefähr die Hälfte älter als 75 Jahre alt sein wird (OECD 1988). Mit zunehmender Lebenserwartung ist gleichzeitig das durchschnittliche Rentenalter gesunken. Beispielsweise gingen 1991 die Männer und Frauen in den USA im Durchschnitt im Alter von 63,5 Jahren in Rente, annähernd fünf Jahre früher als 1940. Der steigende Anteil der älteren Bevölkerung führt in den Bereichen der Altersversorgung, der Gesundheitsdienste sowie der sozialen Unterstützungsleistungen zu einer Steigerung der öffentlichen Ausgaben. Zu diesen altersstrukturbedingten Kostensteigerungen treten noch andere demographische Tendenzen hinzu. Außereheliche Geburten und Scheidungsraten sind beinahe auf Rekordhöhen angelangt. In der Zeit zwischen den frühen 80er und frühen 90er Jahren stieg die Zahl der Alleinerziehenden-Familien um durchschnittlich 25 % (gegenüber dem prozentualen Wachstum aller Familien wächst ihre Zahl proportional dazu um durchschnittlich 17 %) in 21 der OECD-Staaten, für die solche Zahlen vorliegen[2] Die Verbreitung von Doppelverdiener-Haushalten und Alleinerziehenden-Familien hat dazu

---

[1] Für eine genauere Analyse solcher Einflußfaktoren sowie ihrer Implikationen vgl. Gilbert (2000)

[2] Die durchschnittliche Zuwachsrate in dieser Zeit rangiert zwischen -10 % in Schweden und +83 % in Frankreich (vgl. OECD 1999).

geführt, daß sich die Möglichkeiten der persönlichen Pflege von Kindern, Älteren und unterstützungsbedürftigen Verwandten in der modernen Familie verringern. Fargion (1997) hat diese Entwicklung als die „Entfamiliarisierung" traditioneller Familienpflichten bezeichnet. Damit werden zusätzliche Anforderungen an den Staat adressiert, der ergänzende Maßnahmen der Kinderbetreuung, finanzielle Hilfen und andere Unterstützungsleistungen bereitstellen muß. Die Veränderungen in der Alters- und Familienstruktur (einschließlich des Aufkommens sog. '*dinkies*' – *double-income-no-kids*, etwa: doppeltes Einkommen – keine Kinder) seit den 60er Jahren sind derart weitreichend, daß sie den Begriff einer 'zweiten demographischen Umwälzung' zu rechtfertigen scheinen (Lesthaeghe 1995). Jedenfalls gibt die nähere Zukunft den Blick auf eine Periode sozio-demographischer Veränderungen frei, die neue Bedarfslagen schafft, während die alten praktisch unverändert weiter gelten (gut ausgeführt in: Cantillon 1990).

Durch die neuartigen Ansprüche auf erweiterte Ausgaben der öffentlichen Hand entsteht eine Drucksituation, da es den Anschein hat, als sei für die Regierungen damit 'das Ende der Fahnenstange' erreicht, sowohl im Hinblick auf Besteuerungsmöglichkeiten, wie auch bezüglich der Bereitschaft zur ungedeckten Finanzierung. Zwischen 1970 und 1995 hat sich die durchschnittliche Gesamtverschuldung der zehn größten OECD-Staaten gemessen am Bruttosozialprodukt (BSP) von 42.6 % auf 83.4 % nahezu verdoppelt, daraufhin stabilisierte sie sich wieder und nahm bis 1999 auf 80.3 % etwas ab. Während in den OECD-Staaten die öffentlichen Ausgaben die Steuereinkünfte weit übersteigen, stieg die durchschnittliche Steuerbelastung zwischen 1960 und 1985 drastisch an (von 31 % auf 44 % des BSP). Nach 1985 nahm die Zuwachsrate ab und kehrte sich in einigen Ländern sogar um. Mit einer Steuerbelastung im mittleren Bereich der 40 %-Marke gemessen am BSP mag es noch staatliche Handlungsspielräume geben; jedoch spricht die nach 1985 erreichte Steuerbelastung für die Einschätzung von Besharov et al. (1998), wonach es aus politischen und ökonomischen Gründen für Regierungen schwierig sein wird, diese Belastungsgrenze weiter nach oben zu drükken.

Zusätzlicher Handlungsdruck entsteht aufgrund der Globalisierung der Wirtschaft. Zu ihren wesentlichen Merkmalen zählen: beschleunigte Kapitalmobilität, in der sich die Integrationskraft der Kapitalmärkte widerspiegelt; das Wachstum transnationaler Kooperationen, die die Produktion auf globaler Ebene organisieren; und schließlich der technologische Wandel, insbesondere in den Bereichen Information und Kommunikation. Alles zusammengenommen bewirkt eine Zunahme ökonomischer Interdependenzen, während Zeit und Raum als Einflußgrößen an Bedeutung verlieren. Obwohl vermutlich die meisten dieser Zustandsbeschreibung zustimmen würde, gibt es dennoch erhebliche Meinungsverschiedenheiten darüber, was der Prozeß der Globalisierung und seine Konsequenzen für die Zukunft staatlich unterstützter sozialer Dienstleistungen bedeutet. Gegenwärtig ist der Globalisierungseffekt im Hinblick auf die Zukunft staatlich unterstützter sozialer Dienste weitestgehend noch unklar. Obwohl die Regierungen der Industrienationen den Anforderungen internationaler Märkte immer schon ein gewisses Maß an Aufmerksamkeit entgegengebracht haben, erlaubte ihnen die Stärke lokaler und nationaler Märkte nationalökonomisch unabhängiger Politik. Mit dem Hervortreten eines hinreichend integrierten globalen Marktes indessen sehen sich die politischen Entscheidungsträger zunehmend auf eine Ausgabendisziplin verpflichtet; angesichts der Möglichkeit einer Abwanderung des Kapitals an Orte, wo die Produktionskosten niedrig sind, werden die Aufwendungen für redistributive Sozialleistungen gekürzt. Die Mehrzahl der Marktbeobachter würde wahrscheinlich mit Standings Ansicht übereinstimmen, derzufolge „die Globalisierung den Druck auf die Regierungen erhöht hat, Arbeitnehmerrechte und Sozialleistungen abzubauen. Sie lassen sich nämlich Kosten darstellen, die die Wettbewerbsfähigkeit eines Landes schwächen und als Anreiz für die Abwanderung von investivem Kapital in Staaten, in denen solche Nebenkosten gegenwärtig und prospektiv niedriger sind" (Standing 1999: 68).

Allerdings verursacht Globalisierung auch gegenläufige Tendenzen. Auf der einen Seite wird der Staat gedrängt, zum Erhalt der Wettbewerbsfähigkeit, Arbeitnehmerrechte und Sozialausgaben abzubauen; damit aber dürfte sich die Verletzlichkeit der Arbeitnehmer gegenüber den zunehmenden sozialen Risiken erhöhen, die aus dem unberechenbaren, rapiden technologischen Wandel und der sich ausweitenden globalen Konkurrenz resultieren. Auf der anderen Seite wird der Staat folglich dazu gedrängt, seine Anstrengungen zur Abmilderung sozialer Risiken *aus*zubauen, um sicherzustellen, daß die ungewisse Lage der Arbeitnehmer ein tolerierbares Maß nicht überschreitet: damit könnte er dazu beitragen, einen *backlash* gegen die Globalisierung zu vermeiden. Werner Sengenberger, Direktor der *International Labour Organization*, hat hierzu die Auffassung vertreten, daß die grundlegende Abhilfe in diesem Dilemma „von einem politischen Paradigmenwechsel ausgehen muß, der die Vorteile der Globalisierung breiter zu streuen und vor allem auch denjenigen zukommen zu lassen sucht, die ihre Beschäftigung und/oder ihren Anspruch auf Einkommen verlieren" (Sengenberger 1999: 2) Jedoch lösen Ermahnungen an die Regierung, stärker in die Regulierung globaler Märkte einzugreifen und ihre sozialen Sicherheitsnetze umzugestalten, nicht das Problem der konfligierenden Kräfte der Globalisierung. In Anbetracht dessen, daß der Wohlfahrtsstaat beides sein kann – sowohl notwendige institutionelle Voraussetzung zur Abfederung von Globalisierungsrisiken, als auch Hindernis der nationalen Konkurrenzfähigkeit auf globalen Märkten – stellen Rieger und Leibfried zusammenfassend fest, daß „es eine offene Frage ist, ob die Regierungen die Doppelherausforderung durch die institutionalisierte Wohlfahrtspolitik einerseits und der durch Globalisierung ausgelösten Reformen ihrer Industrie andererseits werden annehmen können“ (Rieger/Leibfried 1998: 379).

Die durch demographische und global-ökonomische Anforderungen ausgelösten fiskalischen Zwänge sind etwa zur selben Zeit in Erscheinung getreten, als politische Beobachter und Politiker den Vorteilen konkurrenzorientierter Märkte verstärkt Anerkennung zollten. Beispielsweise fanden Ploug und Kvist (1996:34), daß in Schweden „mehrere der nicht-sozialistischen Parteien, aber auch Gruppierungen innerhalb der Sozialdemokratischen Partei im Bereich der Sozialpolitik die Position des ‘Weniger Staat – Mehr-Markt’ vertreten“. Dieser Einstellungswandel manifestiert sich in der Tendenz zur Privatisierung und hat unter Begrifflichkeiten wie *Hollow State* (etwa: der hohle Staat), *Contracting State* (etwa: Kontraktstaat) bzw. *Mixed Economy of Welfare* (etwa: Gemischte Wohlfahrtsökonomie) verschiedene Beschreibungsversuche und Analysen inspiriert (Eardley 1997; Evers/Svetlik 1993; Milvard/Provan 1993; Weatherly 1994). In seinen Analysen zur wachsenden Bedeutung des Marktes im ‘postmodernen Wohlfahrtsstaat’ bemerkt Ferge (1996: 7), daß allen Anwendungsbereichen die formale Marktrationalität übergestülpt wird: „Ob im Bereich der Kunst, der Organisation der Oxford-Colleges, der Sozialpolitik, oder in den unbedeutendsten Verrichtungen des alltäglichen Lebens – sie alle werden dem Profitkalkül unterworfen“.

2. Kostenbemessung: Einzelleistung vs. Gesamtleistung

In dem Maße, wie die Tendenz zu marktorientierten Reformen als Reaktion auf die oben beschriebenen Kräfte an Stärke gewinnt, sehen sich auch die Träger sozialer Dienste dazu veranlaßt, sich mehr und mehr wie Unternehmen zu verhalten – etwa dann, wenn Wettbewerbselemente dadurch eingeführt werden, daß freie Träger und private gewerbliche Anbieter über Kontrakte mit der Erbringung sozialer Dienste beauftragt werden. Diesen Drei-Seiten-Kontrakten fehlt jedoch genau jener Typ von Verbrauchersignalen, die in einem wettbewerbsgesteuerten Markt dazu dienen, die Qualität zu regulieren. Der Grund dafür ist, daß der Käufer die erworbenen Leistungen nicht selbst konsumiert, während der Konsument die Nutzung nicht selbst bezahlt. Der Produzent befindet sich damit in einer für ihn äußerst vorteilhaften Position: Er ist einem Käufer Rechenschaft schuldig, der niemals sieht, was er bekommt, und einem Konsumenten, der niemals zahlt.

Diese Situation verlangt von den für den Einkauf von Dienstleistungen zuständigen Fachkräften beträchtliche Fähigkeiten in der Ausgestaltung der Verträge – handelt es sich doch um eine Aufgabe, die die meisten von ihnen vor zehn bis fünfzehn Jahren noch nicht wahrnehmen mußten und für die viele keine fachlich angemessene Ausbildung besitzen. Verträge über den Ankauf von Dienstleistungen benötigen präzise Formulierungen über das, was die öffentliche Einrichtung kauft – die einzelnen Komponenten einer Leistung – und wieviel jede dieser Einheiten kostet. Aber wieviel Fachkräfte der Sozialen Dienste können tatsächlich alle relevanten Leistungskomponenten ihrer Maßnahmen angemessen bestimmen und darüber hinaus präzise angeben, was diese kosten?

Die Antwort hängt – zumindest teilweise – vom Charakter der betreffenden Maßnahmen ab. Einige Dienstleistungen sind hinreichend standardisiert und spezifisch, wie z.B. eine Drogenhilfemaßnahme, welche die periodische Verabreichung einer vorgeschriebenen Menge an Methadon beinhaltet. Die Einheit der Leistung ist ziemlich klar und ihre Kosten lassen sich leicht kalkulieren. Andere Dienste dagegen sind eher komplexer und ganzheitlicher Natur, beispielsweise eine Wohngruppe für emotional traumatisierte Kinder, die eine Rund-um-die-Uhr-Betreuung benötigen, einschließlich Ernährung, Unterkunft, Pflege und Therapie. Die Erbringung des Dienstes ist hier weitaus komplizierter, und entsprechend erfordert die Bestimmung der Kosten pro Komponente die sorgfältige Analyse, bei der die Gesamtleistung in die relevanten Einzelkomponenten aufgegliedert wird. Soziale Dienste bewegen sich somit auf einem Kontinuum zwischen hoch standardisierten Einzelmaßnahmen und hochkomplexen bzw. ganzheitlich organisierten Formen der Betreuung. Irgendwo in der Mitte wären die Betreungsmaßnahmen für kleinere Kinder anzusiedeln, mit den Komponenten Ernährung, Unterkunft, Erziehung und Sozialisation.

Die wesentliche Fertigkeit in der Ausgestaltung von Verträgen beim Ankauf von Dienstleistungen besteht in der Feststellung der Kosten pro Komponente für komplexe und ganzheitliche Formen der Leistungserbringung wie Heimunterbringung oder Tagesgruppen. Die Mathematik der Kostenanalyse pro Komponente ist einfach: Man teile die Jahresgesamtkosten (wie sie etwa in den Haushalten aufgeführt sind) für eine Leistungskomponente durch die jeweiligen Einheiten.[3] Der kritische Punkt ist natürlich, was man dabei als Einheit definiert. Wie das nachfolgende Schaubild 1 zeigt, gibt es wenigstens drei verschiedene Bezugspunkte: Die Kosten pro Nutzer, die Kosten pro erbrachter Leistung, und die Kosten pro Resultat. Weiterhin ist es entscheidend, ob man den Ankauf von Dienstleistungen eher hinsichtlich des Inputs (Anzahl der Klienten pro Maßnahme), des Prozesses (was im Verlauf einer Maßnahme faktisch getan wird) oder des Ergebnisses (den vom Käufer erhofften Ergebnissen) mißt.

Schaubild 1: Analyse der Kosten pro Einheit für ein Methadonprogramm

Bezugseinheit	
Nutzer	$\frac{\text{jährliche Programmkosten}}{\text{Anzahl der behandelten Probanden}}$
erbrachte Leistung	$\frac{\text{jährliche Programmkosten}}{\text{Anzahl der zugeführten Medikamente}}$
Ergebnisse	$\frac{\text{jährliche Programmkosten}}{\text{durchschnittliche Anzahl drogenfreier Tage pro Proband jährlich}}$

Um ein komplexeres Beispiel als das Methadonprogramm zu wählen, betrachten wir nachfolgend den Fall einer Gruppenunterbringung für emotional traumatisierte Kinder, mit sechs Plätzen. Wir beginnen zunächst mit den Kosten pro Nutzer, die am einfachsten zu definieren und zu berechnen sind, und mit den Kosten pro Ergebnis, was am schwierigsten ist. Mit dem Nutzer als Bezugseinheit summieren wir einfach die jährlichen Kosten der Leistungserbringung (Ausgaben für Gehälter, Mieten, Ernährung, Verwaltung, Versicherung, Sachmittel, Einrichtung, Transport, etc.) und teilen durch sechs. Oftmals belaufen sich die Kosten im Falle der Gruppenunterbringung für gestörte Kinder auf etwa $ 60.000.- pro Bett und Jahr. Das erscheint hoch, solange nicht der Vergleich zu der Alternative für ernsthaft gefährdete Kinder

[3] Zu berücksichtigen ist allerdings, daß die auf diese Weise ermittelten Durchschnittskosten pro Einheit sich von den Grenzkosten unterscheiden, wenn man etwa eine weitere Einheit hinzunimmt. Beispielsweise gibt es fixe Allgemeinkosten, die sich mit der Hinzunahme weiterer Einheiten nicht bzw. proportional ungleichmäßig verändern.

herangezogen wird, denn die jährlichen Kosten für Krankenhaus- und Klinikaufenthalte liegen bei über $ 100.000.-. Während der einfachste Weg der Kostenberechnung den Nutzer als Bezugseinheit (bzw. als Maßeinheit des Inputs) wählt, ist dies aus Sicht des Käufers von Dienstleistungen dennoch der am wenigsten effektive, da er aufgrund der komplexen und ganzheitlichen Natur der Dienstleistung nicht genau weiß, was er zu diesem Preis eingekauft hat. (In standardisierten Dienstleistungsangeboten wie etwa dem Methadonprogramm ist es sehr viel einfacher, den Nutzer als Bezugseinheit anzusetzen).

Die Kostenbestimmung pro Ergebniseinheit (bzw. des Outputs) ist zwar ein effektiverer Weg der Vertragsausgestaltung, aber in der Praxis äußert schwer umzusetzen. Was ist das erwünschte Ergebnis einer Wohngruppe für emotional traumatisierte Kinder? (Man könnte sagen, die Gruppenunterbringung im Vergleich zur Klinik-Einweisung sei selbst schon ein wünschenswertes Resultat.) Ein Kriterium könnte sein, den emotionalen Zustand der Kinder und ihre Verhaltensweisen soweit zu stabilisieren, bis sie gut genug funktionieren, um in eine weniger restriktive Umwelt zurückkehren zu können – vorzugsweise zu ihren Eltern oder vorübergehend auch in eine Pflegestelle. Jedoch ist die Entlassung aus der Gruppenunterbringung hierfür noch kein hinreichendes Indiz. Vielmehr müßte die Entwicklung der Kinder über längere Zeiträume hinweg weiterverfolgt werden, um Gewißheit darüber zu erhalten, daß die Rückfallquote bezüglich erneuter Gruppenunterbringung oder Klinikeinweisung niedrig war. (Ansonsten könnte ein Anbieter, der die Kinder alle sechs Monate nach Hause entläßt und sie nach wenigen Wochen wiederaufnimmt, eine hohe Erfolgsrate und niedrige Kosten pro ausgewiesener Ergebniseinheit geltend machen.) Das Fernziel der Gruppenunterbringung könnte darin bestehen, funktionierende Bürger zu produzieren. Aber um dies festzustellen müßte ebenfalls ein beträchtlicher Zeitraum verstrichen sein. Strikt methodologisch betrachtet, könnten die Resultate der Gruppenunterbringung ohne Hinzuziehung einer experimentellen Vergleichsgruppe wissenschaftlich nicht verläßlich bestimmt werden (vielleicht hätte sich der Zustand des Kindes durch Reifung im Laufe der Zeit ohnehin verbessert).

Angesichts der Schwierigkeiten bei der Bewertung von Resultaten ganzheitlicher und komplexer Programme konzentriert sich häufig die Vertragsausgestaltung beim Ankauf von Dienstleistungen dementsprechend auf die Kalkulation der Kosten pro erbrachter Leistung. Die wesentliche Aufgabe besteht dabei in der Feststellung aller relevanten Komponenten sowie der jeweils zu erwarteten Qualität. Betrachten wir das Problem der Qualitätsbestimmung bei der Gruppenunterbringung im Hinblick auf die zwei grundlegendsten Programmkomponenten, Mahlzeiten und tägliche Beaufsichtigung durch Erwachsene. In Bezug auf die Beaufsichtigung würde ein Kaufvertrag sicherlich die durchschnittliche Anzahl der Mitarbeiter zu der Anzahl der Kinder ins Verhältnis setzen, beispielsweise ein Mitarbeiter für zwei Kinder 24 Stunden am Tag, und wahrscheinlich auch das Qualifikationsniveau der Mitarbeiter bestimmen. Der Vertrag würde sicherlich die Anzahl der Mahlzeiten spezifizieren (beispielsweise pro Kind drei Mahlzeiten täglich und ein Imbiß am Nachmittag) ebenso wie die basalen Standards der Ernährung. Bei der Bereitstellung von Mitarbeitern und Mahlzeiten besteht gewiß eine Spannbreite zwischen minimaler und optimaler Qualität. Die leicht meßbaren Kriterien der Vertragsausgestaltung (Kind/Betreuer-Verhältnis, Qualifikation, Einarbeitungszeit, Anzahl und Nährwert der Mahlzeiten) sind ungeeignet, die zentralen qualitativen Aspekte der Leistungserbringung zu erfassen: weder die persönliche Reife und die personale Zugewandtheit der Mitarbeiter (und wo sie ihre Ausbildung erhielten), noch Geschmack, Beschaffenheit und Darreichung der Mahlzeiten finden Eingang in die Berechnungen. Und dann ist da die irritierende Frage, was die relevanten Einzelkomponenten überhaupt konstituiert: Werden beispielsweise auch solche Fragen vertraglich berücksichtigt, wie oft die Bettwäsche gewechselt oder wie der Heizungsthermostat eingestellt werden muß oder auf wieviel Quadratmeter Raum ein Kind Anspruch hat? Wie oft spezifizieren Kaufverträge tatsächlich alle wesentlichen Komponenten der Dienstleistung sowie die Qualitätsstandards?

3. Die Kommodifizierung sozialer Hilfen

Man könnte sich fragen, ob dies tatsächlich alles so wichtig ist. Warum reicht es nicht aus, lediglich die basalen Komponenten (Kind/Betreuer-Verhältnis, Anzahl der Mahlzeiten, etc.) in einem Kontrakt zu definieren und alles andere dem professionellen Urteilsvermögen und dem guten Willen der Anbieter zu überlassen? Bei Dienstleistungen der öffentlichen und freien Wohlfahrtseinrichtungen, die sich eher am Ethos der Hilfe, an öffentlicher Verantwortung und der Sorge um die Dienstleistung orientierten, denn am Profit, war dies tatsächlich häufig der Fall. Das Handeln in Wohlfahrtseinrichtungen jenseits der durch wettbewerbsorientierte Märkte auferlegten fiskalischen Zwänge wurde jedoch häufig als ineffizient kritisiert. Tatsächlich kämpft die Vorstellung einer „effizienten Mildtätigkeit“ mit Widersprüchen. Der Auftrieb der Privatisierung wird genährt von der Annahme, daß der Marktwettbewerb starke Anreize zur Entwicklung effizienter Praktiken schafft, die Verschwendung begrenzen. Und die Einführung des Profitmotivs wird als weiterer Anreiz zu Effizienz angesehen. Im Bemühen, quasi-marktförmige Bedingungen zu kreieren, erfolgt die Zuteilung von Kaufverträgen auf der Grundlage des Angebotwettbewerbs zwischen den Anbietern von Diensten, einschließlich der privat-gewerblichen Organisationen. Sie versuchen sich mit dem effizientesten Angebot durchzusetzen – demjenigen also, das eine gewünschte Dienstleistung zu den niedrigsten Kosten offeriert. Wie schon erwähnt, gibt es für nahezu jede Komponente eines Dienstes ein Kontinuum zwischen minimaler und optimaler Umsetzung. Immer dann, wenn die einzelnen Komponenten und die Qualitätsmaßstäbe nicht hinreichend präzise definiert sind, wird der Effizienzstandard notwendigerweise zum Pol der minimalen Leistungserbringung gedrückt – vor allem, wenn ein Anbieter aus dem Geschäft noch einen Profit herausholen will.

Am Beispiel von Kindertagesstätten und Altenpflegeheimen konnte in mehreren Vergleichsstudien gezeigt werden, daß am Profit orientierte Dienstleistungsanbieter im Vergleich zu den nicht am Profit orientierten Einrichtungen effizienter arbeiten, sofern man die Effizienz an den Kosten pro Nutzer bemißt. Konzentriert man sich dagegen auf die Qualität der erbrachten Leistungen, löst sich der Kostenvorteil sehr rasch auf. Die Untersuchungen von Kisker (1991) machen beispielsweise deutlich, daß in profitorientierten Kindertagesstätten die Gebühren pro Stunde und Kind zwar niedriger sind, sie dafür aber ein höheres Kind/Betreuer-Verhältnis aufweisen; ihr Personal ist gemessen an Fachschulabschlüssen (*College*) zudem weniger gut qualifiziert und wechselt häufiger als in den nicht am Profit orientierten Organisationen. Weisbrod/Schlesinger (1986) konnten zeigen, daß gewerbliche Anbieter von Altenpflegeheimen, verglichen mit entsprechenden Einrichtungen in non-profit-Trägerschaft, insgesamt weniger Personal einstellen (Fach- *und* Hilfspersonal) und ihren Bewohnern darüber hinaus beträchtlich höher Dosen an Schlafmitteln verabreichen. Ohne Zweifel ist es einfacher und kostengünstiger Menschen zu betreuen, die den ganzen Tag schlafen. In dem Maße, in dem die freien Einrichtungen mit gewerblichen Anbietern in Wettbewerb um Vertragsabschlüsse treten, erhöht sich für sie der Druck, die Kosten der Leistungen zu Lasten der Qualität zu kürzen – vor allem in den Bereichen, die in der Vertragsausgestaltung am schwierigsten zu quantifizieren sind und für die es am wenigsten wahrscheinlich ist, daß sie in den vertraglichen Vereinbarungen spezifiziert werden.

Aus diesen Gründen sind die Fachkräfte in den öffentlichen Sozialadministrationen gut beraten, wenn sie Leistungsvereinbarungen konzeptionieren, in denen die einzelnen Komponenten sowie deren Qualitätsstandards lückenlos und präzise festgelegt sind.[4] Allerdings besteht hier ein Dilemma. Werden die Vertragskonditionen nämlich nicht eindeutig festgelegt, erhält der kostengünstigste Anbieter den Auftrag; im Gegenzug zahlen dafür aber die Nutzer den Preis in Gestalt einer verminderten Qualität ihrer Hilfe und Betreuung. Für den umgekehrten Fall entsteht meines Erachtens ebenfalls ein Problem. Gehen wir einmal davon aus, daß es der Fachkraft bei der Vertragsausgestaltung gelingt, durch Rationalisierung die Einzelkomponenten bis ins kleinste Segment zu zerlegen und so die Kosten pro Einheit präzise zu bestimmen. Obgleich dies den Anbietern weniger Raum zur Beschneidung der Qualität der Leistungen läßt, wird gleichzeitig der ganzheitliche, durch professionelle Werte und durch Fachwissen geprägte Hilfe- und Betreuungsprozeß transformiert in eine Abfolge von Einzelabläufen, die zwar ein gewisses Maß an Verläßlichkeit garantieren, letztendlich aber die bisherige Qualität professioneller Praxis und professionellen Urteilsvermögens unterminieren. Der Rationalitätstyp, der für öffentliche Einrichtungen erforderlich wird, um private, profitorientierte Anbieter bei der Bereitstellung qualitativ hochwertiger und komplexer sozialer Dienste kontrollieren können, drängt den sozialen Sektor in die Operationslogik einer Aneinanderreihung einzelner Waren, die nach Standards und Kosten spezifiziert werden können – dadurch aber wird die Entscheidungsautonomie professioneller Praxis unterminiert: „Diese Fragmentierung von Arbeitsprozessen kopiert die Taylorisierung der Manufakturindustrie und ermöglicht, daß komplexe Aufgabenstellungen sozialer Arbeit von weniger qualifizierten Praktikern zu niedrigeren Kosten ausgeführt werden. Neue Stellenbeschreibungen in der Bewährungshilfe verwandeln beispielsweise den Bewährungshelfer in einen Fallmanager, der Aufsichtspläne entwirft und organisiert, während die direkte Aufsicht der Probanden – vormals sein eigener Arbeitsbereich – nunmehr von unqualifizierten Bewährungshelfern und anderen Hilfskräften einschließlich ehrenamtlicher Helfer durchgeführt wird“ (Dominelli/ Hoogvelt 1996: 52).

---

[4] Aufgrund der Drei-Seiten-Vertragsverhältnisse können die Nutzer ihre Präferenzen nicht „mit den Füßen“ zum Ausdruck bringen, beispielsweise indem sie zu anderen Anbietern wechseln. Demgegenüber könnte man ersatzweise auf Erhebungen zur Kundenzufriedenheit rekurrieren, damit die Qualität einer Dienstleistung sichtbar wird. Studien diesen Typs haben jedoch gezeigt, daß die Qualität einer Dienstleistung von den Nutzern weitaus höher eingeschätzt wird als von Fachleuten. Die Tendenz zur positiven Überbewertung resultiert offenbar aus der niedrigeren Erwartungshaltung von Nutzern, ihrer natürlichen Höflichkeit sowie ihrer Dankbarkeit angesichts einer für sie kostenfreien Leistungserbringung (vgl. beispielsweise Stipak 1979; Gilbert/ Eaton 1970; Schreier 1979)

Im Zeitalter der Privatisierung besteht eine wesentliche Herausforderung für Fachkräfte in den öffentlichen Sozialverwaltungen also darin, die Fallstricke beim Ankauf sozialer Dienstleistungen zu umgehen. Sie müssen lernen, eine feine Linie zu ziehen zwischen zu offen formulierten Kontrakten einerseits, in denen Profitmotive einfließen und durch Qualitätsminderung Kostenersparnisse erzwungen werden können, und den zu restriktiv formulierten Kontrakten andererseits, durch die eine Kommodifizierung sozialer Hilfen entsteht, welche die Rolle professioneller Praxis schwächt und die Qualität sozialer Dienste mindert.

Literatur

Besharov, D. / J. Ehrle / K. Gardiner (1998) *Social Welfare's Twin Dilemmas: 'Universalism vs. Targeting' and 'Support vs. Dependency'*, [Vortrag auf der International Social Security Association Research Conference, Jerusalem, Januar].

Cantillon, B. (1990) Socio-Demographic Changes and Social Security, *International Social Security Review*, **43**, 299-425.

Dominelli, L./ A. Hoogvelt (1996) Globalization and the Technocratization of Social Work, *Critical Social Policy*, **16**, 2, 45-62

Eardley, T. (1997) New Relations of Welfare in the Contracting State: The Marketisation of Services for the Unemployed in Australia, *Social Policy Research Center Discussion Paper 79*, University of New South Wales, Sydney

Evers, A./ I. Svetlik (Hg.) (1993) *Balancing Pluralism: New Welfare Mixes for the Elderly*, Aldershot (Avebury)

Fargion, V. (1997) *Current Social Service Regimes in Europe: The Rise and Development (1965-1995)*. [Vortrag auf dem Treffen des ISA Research Committee on Welfare State Challenge zum Thema Marginalization and Poverty, 21.-24. August 1997] Kopenhagen.

Ferge, Z. (1996) *The Change of the Welfare State paradigm – the Individualisation of the Social*, paperpresented at the Annual Conference of the British Social Policy Association, Sheffield, July 16-18.

Gilbert, N. (2000) *Transformation of the Welfare State: Work and Insecurity Under the Triumph of Capitalism*, New York (Oxford University Press), im Erscheinen.

Gilbert, N./ J. Eaton (1970) Who Speaks for the Poor?, *Journal of the American Institute of Planners*, **36**, 411-416

Kisker, E. et al. (1991) *A Profile of Child Care Settings: Early Education and Care in 1990 – Executive Summary*, Washington, DC (US Department of Education)

Lesthaeghe, R. (1995) The Second Dèmographic Transition in Western Countries: An Interpretation, in: K. Oppenheim Mason/A. Jensen, *Gender and Family Change in Industrialized Countries*, Oxford (Clarendon Press).

Milward, B./ K. Provan (1993) The Hallow State: Private Provisions of Public Service, in: Helen Ingram/Steven Rathgeb Smith (Hg.) *Public Policy for Democracy*, Washington, DC (The Brookings Institution), 227-237

OECD [Organisation for Economic Co-operation and Development] (1988) *The Future of Social Protection: Organisation for Economic Co-operation and Development*, Paris

OECD [Organisation for Economic Co-operation and Development] (1999) *A Caring World: The New Social Policy Agenda*, Paris

Plough, N./ J. Kvist (1996) *Social Security in Europe: Development of Dismantlement?*, The Hague (Kluwer Law International)

Rieger, E./ S. Leibfried (1998) Welfare State Limits to Globalization, *Politics and Society*, **26**, 361-385

Schreier, M. A. (1979) Program Participants' Positive Perceptions: Psychological Conflict of Interest in Social Program Evaluation, in: Lee Secherest et al. (Hg.) *Evaluation Studies Review Annual*, Beverly Hills (Sage), 407-424

Sengenberger, W. (1999) *Globalization: Guarantee of Welfare or Threat to Solidarity?* Vortrag auf der International Social Security Conference zum Thema „Demographic Trends and Globalization: Challenges for Social Security", Prag (14.-15. Oktober 1999)

Standing, G. (1999) *Global Labour Flexibility: Seeking Distributive Justice*, London (Macmillan)

Stipak, B. (1979) Citizens' Satisfaction with Urban Services: Potential Misuse as a Performance Indicator, *Public Administration Review*, **39**, 46-52

Weatherley, R. (1994) From Entitlement to Contract: Reshaping the Welfare State in Australia, *Journal of Sociology and Social Welfare*, **21**, 3, 153-173

Weisbrod, B./ M. Schlesinger (1986) Nonprofit Ownership and the Response to Asymmetric Information: The Case of Nursing Homes, in: Susan Rose-Ackerman (Hg.) *The Economics of Nonprofit Institutions*, New York (Oxford University Press)

Aus dem Englischen von: Heinz Messmer, Stefan Schnurr

Sissel Seim

Marktförmige Steuerungsmodelle und Nutzerpartizipation – Zwischen Anspruch und Wirklichkeit

Wie eine Reihe von Klientenstudien zeigen, hatten die Meinungen und Sichtweisen von Nutzern bisher wenig Einfluss auf die praktische Soziale Arbeit. Die momentan diskutierten und teilweise schon umgesetzten Steuerungsmodelle für soziale Dienste, die sich stark an Marktgegebenheiten orientieren – also marktförmig sind – versprechen nun, sich nicht nur vermehrt an den Bedürfnissen von Nutzern zu orientieren, sondern diese auch stärker in die Steuerung solcher Dienste einzubeziehen. Damit erhebt sich aber die Frage: Bietet die Umsetzung marktförmiger Steuerungsmodelle den Nutzern tatsächlich bessere Möglichkeiten sich zu beteiligen als dies im Rahmen herkömmlicher Steuerungsmodelle der Fall ist? Oder grundsätzlicher: Welche Hindernisse stehen einer stärkeren Beteiligung von Nutzern generell im Wege?

1. Ideale und Versprechungen im Hinblick auf Nutzerbeteiligung und Nutzereinfluss

Obwohl eine stärker am Nutzer ausgerichtete Perspektive vielfach ein zentrales Element marktförmiger Steuerungsmodelle ist, besteht bisher nur wenig Konsens darüber, wie dieses Ideal in der Praxis umgesetzt werden soll und was es genau meint: Aus der Perspektive des *Empowerment* und aus demokratietheoretischen Überlegungen heraus, soll Nutzerbeteiligung den Betroffenen größeren Einfluss und stärkere Kontrolle über ihre Angelegenheiten garantieren (Slettebø 2000). Wählt man die Perspektive von Kunden, so besteht das Ziel darin, diesen die Möglichkeiten zu geben, zwischen alternativen Hilfsangeboten wählen zu können. Wird aber die Perspektive von Nutzern eingenommen, dann meint dies oftmals nichts anderes, als den Schwerpunkt auf das zu legen, was nach Ansicht von Planern und Professionellen des Bereiches Soziale Arbeit das „Beste für die Klienten" ist.

In Norwegen wurden in den letzten Jahren einige strukturelle Veränderungen in Organisationen eingeführt, die sich stark an marktförmigen Steuerungsmodellen anlehnen, auch wenn dieser Begriff im Bezug auf soziale Dienste bisher nicht verwendet wurde. Im Jahr 1987 beschloss beispielsweise die norwegische Regierung die Einführung einer zielgesteuerten Unternehmensführung (*Management by Objectives,* MBO) als Modell für alle staatlichen Institutionen Organisation im öffentlichen Sektor, so etwa für Universitäten und staatliche Krankenhäuser (Eriksen 1999). Der Grund dafür war, die Legitimation der öffentlichen Dienste durch Demokratisierung, effizientere Arbeitsweise, Kostenreduzierung und Abbau der Macht der Professionellen zu verbessern. Die Reformprozesse wurden jedoch auf nationaler und regionaler Ebene fragmentiert und in unterschiedlichen Formen umgesetzt (Christensen/Lægreid 1999). Zwar war das NPM (*New Public Management*) nicht Teil eines Gesamtplans für die sozialen Dienste, doch wurde das MBO als Richtlinie für organisatorische Entwicklungen in sozialen Diensten und Einrichtungen der Kinder- und Jugendhilfe vorgeschlagen. Allerdings finden sich viele der zentralen Elemente des MBO auch im *New Public Management* (NPM) und ähnlichen marktorientierten Steuerungsmodellen (Eriksen 1999). Ihnen gemeinsam ist, dass Nutzerbeteiligung ein zentrales Element in diesen Steuerungsmodellen dargestellt. Hierzu zählen insbesondere:

- Verstärkung nutzerorientierter Perspektiven, Service- oder Kundenorientierung,
- verstärkte Nutzerbeteiligung und
- Erhöhung der Wahlmöglichkeiten für Kunden.

Diese Prinzipien können, aber müssen nicht im Widerspruch zu anderen zentralen Elementen in diesen Modellen stehen wie

- Kostenreduzierung,
- einer verstärkte Output-Orientierung bei der Dienstleistungserbringung,
- einer Optimierung von Dienstleistungen,
- einer Dezentralisierung von Aufgaben sowie der
- der Verlagerung von Entscheidungs- und Finanzmacht an dezentrale Einheiten.

Bei der Umsetzung administrativer Reformen wird diesen Elementen unterschiedliches Gewicht beigemessen, gleichzeitig wird aber die Evaluierung dieser Reformen häufiger unter dem Aspekt der Haushaltskontrolle und der Kostenreduzierung als unter dem Aspekt der Nutzerbeteiligung gesehen.

Das Ideal einer stärkeren Nutzerbeteiligung wurde in jüngsten sozialpolitischen Dossiers und in der Gesetzgebung in den Bereichen Kinder- und Jugendhilfe und soziale Dienste in Norwegen ausdrücklich betont. So wird, zum Beispiel, in dem langfristigen Regierungsprogramm für 1998-2000 die *Nutzerperspektive* bei der Erbringung von Leistungen nachdrücklich erwähnt: „Die Möglichkeiten und Bedürfnisse des Nutzers sollten weitestgehend der Ausgangspunkt für die Planung, die Einrichtung und die Erbringung von Leistungen sein." (St.meld. 4 1996-97:101). Eines der Dossiers zielt noch deutlicher auf den *Einfluss* der Nutzer: „Diejenigen, die von einer Entscheidung betroffen sind oder als Nutzer Leistungen in Anspruch nehmen, sollen Einfluss auf die Entscheidungsprozesse und auf die Erbringung der angebotenen Dienste haben." (St.meld. 34 1996-97:29). Elemente einer verstärkten Nutzerperspektive wurden auch in die neue Gesetzgebung zu den sozialen Diensten und zur Kinder- und Jugendhilfe eingefügt. Dabei wurde u.a. festgelegt, dass diese Institutionen gehalten sind, nicht nur mit dem einzelnen Nutzer zu kooperieren, sondern auch Nutzerorganisationen in die Planung und Entscheidung von Diensten einzubeziehen.

Diese sozialpolitischen Erklärungen entsprechen damit der Art und Weise, wie die Philosophie der professionellen Sozialen Arbeit in Norwegen dargestellt wird. Auch in der Ausbildung von Sozialarbeitern werden die berufsethischen Werte der Selbstbestimmung und der Loyalität mit den Interessen der Klienten immer wieder betont, ebenso wie die Theorien des *Empowerment* und der *Communitywork*, die auf einer nicht-autoritären Philosophie aufsetzten. Diese ethischen Ideale, die ein Teil der Ideologie sozialer Arbeit sind, geben jedoch kein authentisches Abbild der professionellen Sozialen Arbeit in Norwegen. Vielmehr findet sich eine paternalistische Haltungen den Klienten gegenüber sowohl in der Theorie als auch der Praxis Sozialer Arbeit wieder (Seim 1987).

Klient, Nutzer oder Kunde?

Der Begriff „Klient" ist im Norwegischen der gebräuchlichste Begriff für Personen, die Einrichtungen der Kinder- und Jugendhilfe und andere soziale Einrichtungen in Anspruch nehmen. Auch international scheint das Wort „Klient" weitverbreitet zu sein, wenn es um „Klientenbeteiligung" in Wohlfahrtsinstitutionen geht (Itzhaky/York 1991). Im Diskurs hinsichtlich der Umsetzung von Beteiligung als Teil neuer Steuerungsmodelle scheint dagegen eher der Ausdruck „Nutzer" vorzuherrschen (McKean/Gumaraes 1994, Poulton 1999). Vor diesem Hintergrund ist in den achtziger und neunziger Jahren innerhalb der Sozialen Arbeit, sowohl in Norwegen wie auch in anderen Ländern eine Diskussion darüber entstanden, ob der Begriff „Klient" auf Grund der stigmatisierenden Konnotationen durch „Nutzer" oder „Kunde" ersetzt werden sollte. Einige Fachleute sind hier der Ansicht, dass die Einführung des Wortes Nutzer oder Kunde die traditionellen Beziehungen zwischen dem Klienten und dem Sozialarbeiter in Frage stellen würde (Otto/Schaarschuch 1999). Auch Croft/Beresford (1990) beziehen einen „konsumeristischen Ansatz", bei dem Klienten als Kunden angesehen werden. Dies erlaubt es ihnen, die Frage nach Beteiligung im Hinblick auf die Wahlmöglichkeit des Kunden, auf einem expandierenden kommerziellen Wohlfahrtssektor, neu zu formulieren. Andere dagegen behaupten, dass die bloße Änderung der Begriffe bei unveränderter Machtstruktur nur die tatsächliche Art der Beziehung verschleiern würde (Seim/Hjemdal 1992).

Um die Verwendung der Ausdrücke Klient oder Nutzer zu klären, unterscheiden Rønning/Solheim (1998) zwei verschiedene Dimensionen in der Beziehung zwischen Nutzern und Erbringern von Leistungen in sozialen Diensten: (1) Die Dimension der *Autonomie* legt den Schwerpunkt auf den Grad der Abhängigkeit in der Beziehung zum Staat. Der Rang dieser Dimension hängt von der Möglichkeit ab, die der Klient oder Nutzer hat, Alternativen zu finden, und eine Beziehung zum Staat zu umgehen. (2) Die *Service*dimension konzentriert sich auf den Grad der Kontrolle und Hilfe vom Staat. Die Stärke der Servicedimension hängt von der Art der Leistung ab. Die Autoren gehen davon aus, dass diese Unterscheidung es möglich macht, die Nutzerbeziehungen zu differenzieren und zu entscheiden, ob der Ausdruck „Klient" oder „Nutzer" eher angebracht ist. Der Terminus „Klient" beschreibt am besten eine Beziehung hoher Abhängigkeit von der Autonomiedimension und hoher Kontrolle bezüglich der Servicedimension. Der „Klient" hat wenige Alternativen und nur wenige Möglichkeiten, sich der staatlichen Kontrolle zu entziehen, und die Leistungen beinhalten die Kontrolle über sein Leben und seine Angelegenheiten. Der „Nutzer" verfügt über ein höheres Maß an Autonomie, er kann zwischen verschiedenen Alternativen wählen und über mehrere Möglichkeiten verfügen, Hilfe in Anspruch zu nehmen, und die Leistungen sind mit weniger strenge Kontrolle verbunden.

Vor dem Hintergrund dieser Unterscheidung dürfte in Norwegen der Terminus „Klient" die beste Beschreibung der derzeitigen Beziehung zwischen Leistungen und deren Nutzern sein, während die Termini „Nutzer" oder „Kunde" noch immer als eine Herausforderung für die Soziale Arbeit und die dort herrschenden paternalistischen Perspektiven begriffen werden müssen. Aus diesem Grund haben auch die Klientenorganisationen in Norwegen beschlossen, das Wort „Klient" beizubehalten, weil es die derzeitigen Machtverhältnisse zwischen Klient und Bürokratie am treffendsten beschreibt. Allerdings haben sie im Rahmen der Diskussion über eine Änderung dieser Beziehung den Ausdruck „Nutzer“ mit Blick auf eine Erweiterung der Nutzerbeteiligung und eine Erhöhung des Nutzereinflusses akzeptiert (Enberg et al. 1999).

2. Was ist mit Nutzerbeteiligung gemeint?

Die Begriffe Nutzerperspektive, Nutzerbeteiligung und Nutzereinfluss werden im Allgemeinen synonym verwendet und sind auch hier bisher noch nicht eindeutig unterschieden worden; wenn sie jedoch als Begriffe zur Untersuchung der Beziehungen zwischen Nutzern und Dienstleistern verwendet werden sollen, ist es notwendig, diese Begriffe zu differenzieren und zu operationalisieren (Thomsen 1999). Wichtig ist es dabei, Nutzerbeteiligung und Nutzereinfluss als unterschiedliche Variablen kenntlich zu machen, um die Beziehung zwischen ihnen untersuchen zu können, zum Beispiel im Hinblick auf die Frage, ob Beteiligung zu einem stärkeren Einfluss von Nutzern bei Planungen und Entscheidungen führt.

Nutzerperspektive

Mit Nutzerperspektive oder nutzerorientierter Perspektive ist gemeint, dass Dienste entwickelt werden, um die Bedürfnisse und Interessen der Nutzer abzudecken. In der Regel ist eine solche Perspektive an der Art der Leistung orientiert, d.h. die Art der Leistung wird danach ausgerichtet, was nach Meinung des Erbringers der Leistung die Interessen des Nutzers sind. Normalerweise bedeutet deshalb eine Nutzerperspektive in der Sozialpolitik oder der administrativen Planung, „die Meinung des Nutzers anzuhören”, zum Beispiel durch Marktforschung (Croft/Beresford 1990) oder durch „Hearings” von Klientenorganisationen. Auf der Ebene von direkter Interaktion kann sie bedeuten, dass die Nutzer aufgefordert sind, ihre Meinung zu äußern, und die Leistungserbringer für die Belange des Nutzers sensibel sind.

Wichtig ist aber: Eine Nutzerperspektive ist keinesfalls mit Nutzereinfluss gleichzusetzen. Sie impliziert nicht notwendigerweise eine Form der Beteiligung oder des Einflusses von Seiten des Nutzers und sie ist keine Voraussetzung dafür, dass die Nutzermeinung, auch wenn sie angehört wird, wirkmächtig wird. Die Einnahme einer Nutzerperspektive kann auch dafür stehen, dass Entscheidungsträger und Professionelle von ihrem Standpunkt ausgehend so handeln, wie sie glauben, dass es das „Beste für den Klienten“ sei. In diesem Falle handelt es sich um eine paternalistische Haltung, da die Nutzer tatsächlich keinen oder wenig Einfluss auf die Erbringen von Diensten und Leistungen haben. Der Begriff der Nutzerperspektive unterscheidet sich deshalb auch in qualitativer Hinsicht von der Nutzerbeteiligung.

Der Grad der Beteiligung und die Einbeziehung von Nutzern

Nutzerbeteiligung (user participation) bzw. die Einbeziehung der Nutzer (user involvement) meint die aktive Beteiligung der Nutzer, wobei der Grad der Beteiligung variieren kann. Zwar werden in internationalen Studien die beiden Begriffe „Nutzerbeteiligung" und „Einbeziehung der Nutzer" oftmals synonym verwandt, dennoch stehen diese beiden Termini für unterschiedliche Konzepte. Barki/Hartwick (1994) empfehlen beispielsweise, diese beiden Begriffe zu verwenden, um unterschiedliche Dinge zu messen: (1) der Ausdruck Nutzerbeteiligung sei anstelle von „Einbeziehung der Nutzer" dann zu verwenden, wenn die Aufgaben, Aktivitäten und Verhaltensweisen gemeint sind, die Nutzer oder ihre Vertreter bei Planungs- und Entwicklungsprozessen leisten oder zeigen. (2) Dagegen sei der Ausdruck „Einbeziehung des Nutzers" dann zu verwenden, wenn er sich auf einen subjektiven psychologischen Zustand bezieht, der die Bedeutung und persönliche Relevanz widerspiegelt, die ein Nutzer einem vorgegebenen System beimisst." (Barki/Hartwick 1994). Erst diese Unterscheidung macht es möglich zu beurteilen, ob Nutzerbeteiligung auch zu einer Einbeziehung des Nutzers führt.

Bezüglich des Grads der Beteiligung haben Rønning/Solheim (1998) eine Einteilung entwickelt, die ausgehend von dem Einfluss des Nutzers auf das Leistungsangebot aus acht Abstufungen der Nutzerbeteiligung besteht:

1. Volle Beteiligung
2. formelle Beteiligung
3. konsultative Beteiligung
4. repräsentative politische Beteiligung
5. Beteiligung durch externe Gruppen
6. Beteiligung durch Marktforschung
7. informelle Beteiligung
8. passive Beteiligung

(Stromberg zit. nach Rønning/Solheim 1998: 37)

Dagegen haben andere Autoren den Grad der Nutzerbeteiligung hinsichtlich des Rechtes der Nutzer differenziert, mit ihren Problemen eigenverantwortlich umzugehen:

- Zu bestimmen, ob das Problem existiert,
- den Inhalt des Problems zu definieren,
- zu entscheiden, ob das Problem behandelt werden sollte,
- zwischen verschiedenen Formen von Hilfsangeboten zu wählen,
- ein Vertragsverhältnis einzuleiten, aufrechtzuerhalten oder abzubrechen (Peyrot zit. nach Rønning/Solheim 1998: 41).

Grad des Einflusses

Allerdings kann Nutzerbeteiligung nicht darauf reduziert werden, lediglich an Prozessen teilzunehmen – entscheidend ist auch, dass Beteiligung Auswirkungen zeitigt, d. h., dass die Nutzer auch tatsächlich Einfluss auf die zu treffenden Entscheidungen nehmen können. Will man deshalb die Wirkung von Nutzerbeteiligung untersuchen, so muss klar zwischen *Beteiligung* und *Einfluss* unterschieden werden, denn die Beteiligung von Nutzern kann für sehr unterschiedliche Formen des Einflusses stehen. Diese reichen vom Recht, angehört zu werden, bis zu dem Recht, endgültige Entscheidungen treffen zu können. Andreassen et al. (1994) definieren hier den Einfluss von Nutzern folgendermassen:

Das Recht auf Anhörung:	die Möglichkeit, ihre Erfahrungen und Meinungen zu äußern
Das Recht auf Mitsprache:	die Möglichkeit, in den Dialog einzutreten
Das Recht auf Entscheidung:	das Recht, endgültige Entscheidungen zu treffen

Zwei weitere Dimensionen könnten hinzugefügt werden, um diese Skalierung abzuschließen:

Das Recht auf Information:	das Recht, über die Dienstleister informiert zu sein
Das Recht auf Wahlmöglichkeit:	die Möglichkeit, zwischen verschiedenen Alternativen zu wählen.

Bei einer marktförmigen konsumeristischen Betrachtungsweise könnte Nutzereinfluss das Recht implizieren, zwischen verschiedenen Formen von Hilfsangeboten und verschiedenen Helfern zu wählen. Neuere Entwicklungen im Bereich der Sozialgesetzgebung definieren ein Wahlrecht, bei dem bsw. behinderten Menschen das Recht eingeräumt wird, über die Inanspruchnahme von Diensten selbst zu bestimmen. Sie erhalten das Geld für die benötigten Dienste, und haben das Recht, über die Form der Hilfeleistungen, sowie über die einzustellenden Mitarbeiter selbst zu bestimmen

Beteiligungsebenen

Die Beteiligung von Nutzern kann auf unterschiedlichen Ebenen stattfinden: Auf nationaler Ebene, regionaler Ebene oder kommunaler Ebene, auf nachbarschaftlicher oder individueller Ebene. Hallet (1987) hat diesbezüglich eine Unterscheidung von Formen und Ebenen der Beteiligung vorgenommen, die häufig angewendet wird. Sie nennt fünf *Formen* der Beteiligung:

1. in der allgemeinen politischen Aktivität
2. in der Sozialpolitik
3. bei Entscheidungen auf kommunaler Ebene
4. bei administrativen Entscheidungen
5. in Einzelfällen

Hierbei kann nochmals unterschieden werden zwischen kollektiven und individuellen Formen der Nutzerbeteiligung: Kollektive Nutzerbeteiligung kann in der allgemeinen Politik oder in der Sozialpolitik auf nationaler Ebene durch landesweite Organisationen stattfinden, oder auf regionaler oder lokaler Ebene durch lokale Organisationen. Kollektive Beteiligung in der Kommune und bei administrativen Entscheidungen kann zum Beispiel durch Nutzerräte oder ortsansässige Organisationen erfolgen. Individuelle Beteiligung findet oftmals auf der nachbarschaftlichen oder persönlichen Ebene statt, wo sich Personen, die Hilfe benötigen, direkt an der Gestaltung von Leistungen beteiligen können.

3. Die Meinung des Nutzers: Werden Nutzer angehört? Haben sie tatsächlich Einfluss?

Fragt man nun nach diesen definitorischen Klärungen weiter, wie sich die Beteiligung von Nutzern tatsächlich darstellt, so muss man zunächst konstatieren, dass es bisher in Norwegen nur wenig Forschungen über das Thema Beteiligung in der Kinder- und Jugendhilfe in einem marktförmigen Zusammenhang. Bisher liegt lediglich eine einzige Studie über die Ergebnisse und Konsequenzen von Bestrebungen, *New Public Management* in Norwegen einzuführen (Christensen/Lægreid 1999) vor. Die Studie beruht auf Interviews mit einzelnen Beamten und Leitern von Einrichtungen, Nutzer von Diensten wurden jedoch nicht befragt. Im Rahmen der Studie wurden die Beamten über die Signifikanz bzw. die Relevanz verschiedener eingeführter Reformelemente befragt. Die Autoren kommen aufgrund der Tatsache, dass die Mehrheit der Beamten kein einzelnes Element als außerordentlich wichtig ansah, zu dem Schluss, dass die Reformprozesse bisher eher schleppend umgesetzt wurden. Ziel der Managementreformen war es, bessere Dienstleistungen zu erbringen, aber nur 20 % der Beamten stimmten der Aussage zu, die Reform hätte zu besseren Hilfseinrichtungen und Dienstleistungen für die Nutzer geführt hätte. Nur 15 % der befragten Beamten gaben an, die Reformen hätten eine signifikant höhere Kunden/Klientenbeteiligung bewirkt. Am bedeutsamsten schienen hier noch die Managementreformen zu sein: höhere Operalisationisierung von Zielen, Planung, Evaluierung und *Follow-Ups* der Ergebnisse. Nur ein Drittel der Befragten meinte jedoch, dass die Reform zu einer höheren Kosteneffizienz geführt habe (Christensen/Lægreid 1999). Letztlich kommen die Autoren zu dem Schluss, dass die Versuche administrativer Reformen eine „norwegische Version der Reform des Öffentlichen Dienstes ergaben, in der NPM etablierte Abläufe und Arbeitsmethoden zu ergänzen scheint, anstatt sie zu ersetzen" (184). Sie folgern daraus, dass zukünftig Managementreformen stärker favorisiert werden müssen als die Einführung von Marktelementen.

Um vor diesem Hintergrund der Frage nach den Möglichkeiten einer stärkeren Nutzerbeteiligung nachzugehen, sollen zunächst einige Forschungsergebnisse über Nutzerbeteiligung referiert werden, die sich auf Organisationen beziehen, die noch nicht mit marktförmigen Steuerungsmodellen konfrontiert waren.

Während der letzten zehn Jahre hat sich der theoretische Blick auf Kinder insofern verändert, als Kinder heute als aktive Subjekte gesehen werden, die damit beschäftigt sind, sich ihre eigene Welt zu schaffen. Damit einher sollte auch ein Perspektivenwechsel der Jugendhilfe gehen, indem dort versucht wird, die Welt vom Standpunkt des Kindes aus zu verstehen. Kinder als eigenständige Subjekte zu sehen bedeutet, die Kinder verstärkt als Subjekte ihrer Rechte anzuerkennen. Neuere Forschungen in Norwegen zeigen jedoch, dass diese theoretischen Perspektiven nicht transformiert werden und dass ein großer Unterschied zwischen den formalen Rechten besteht, die Kinder haben und der Art und Weise, wie diese in die Praxis umgesetzt werden; dies gilt insbesondere für die Kinder- und Jugendhilfe. Die vorliegenden Studien zeigen, dass Kinder nur in geringem Ausmaß oder überhaupt nicht in Untersuchungs- und Entscheidungsprozesse einbezogen werden und ihre Meinung kaum berücksichtigt wird (Egelund 1997, Sandbæk 1995, Oppedal 1999). Studien über die Beteiligungs- und Einflussmöglichkeiten von Eltern zeigen ein ähnliches Bild: Die Nutzer berichten hier oft von einem Gefühl der Machtlosigkeit gegenüber den Kinder- und Jugendhilfeeinrichtungen. Christiansen (1992) beschrieb, zum Beispiel, dass Eltern oft den Verlust der Autonomie als stärksten Ausdruck der Machtlosigkeit erleben, und dass sie oft

„erlebten, dass sie nicht angehört wurden, sich missverstanden fühlten, und (dass es für sie problematisch war) dass ihre Probleme und Bedürfnisse von anderen definiert und beurteilt wurden" (Christiansen 1992: 31). In einer Nutzerstudie, die Erfahrungen von Eltern mit Kinder- und Jugendhilfeeinrichtungen, Kinder- und Jugendpsychiatrischen Einrichtungen und Erziehungsberatungsstellen untersuchte, kommt Sandbæk (2000) zu dem Schluss, dass viele Eltern sich stärker aktiv an der Behandlung ihrer Kinder beteiligen wollten, aber das Gefühl hatten, aus diesem Prozess ausgeschlossen zu sein. Gleichzeitig versuchten sie oftmals, die negative Art, in der ihre Kinder von den professionellen Mitarbeitern gesehen wurden, zu korrigieren. Dies ist gerade vor dem Hintergrund auch von internationalen Studien ein alarmierender Befund, denn diese verweisen stets auf positiven Erfahrungen, wenn im Problemlösungsprozess die Verständnisperspektive der Familie wahrgenommen, und aktiv in den Behandlungsprozess einbezogen wird (Collins/Collins 1990, Petr/Barney 1993). Allerdings verweisen auch Studien aus andern Ländern auf das starke Kontrollelement in der Kinder- und Jugendhilfe und darauf, dass sich vor diesem Hintergrund die Zusammenarbeit mit den Eltern als Partner konfliktreich gestaltet (Bell 1999). Andere Studien zeigen, dass sich Eltern durch die Art, in der ihre Gesamtsituation oft in einem negativen Licht interpretiert wird, traumatisiert und machtlos fühlen (Cleaver/Freeman 1995, Farmer/Owen 1998).

Dieses eher entmutigende Bild zum Stand der Beteiligung von Nutzern in der Kinder- und Jugendhilfe korrespondiert mit Untersuchungen über Nutzer in allgemeinen sozialen Diensten: Die meisten Studien kommen hier zu dem Ergebnis, dass die Nutzer über unzureichende Informationen verfügen, und dass sie nur wenig Einfluss auf die Entwicklung der Leistungen im allgemeinen und in ihrem individuellen Fall haben (Stjernø et al. 1988, Seim/Hjemdal 1992).

Auswertungen norwegischer und internationaler Nutzerstudien zeigen damit, dass Nutzer offensichtlich wenig Einfluss haben auf die Ausgestaltung von Leistungen und sie sich beim Zusammentreffen mit einem übermächtigen System als machtlos erleben (Seim 1985, Hove/Langeng 1997). Rønning/Solheim (1998) kommen deshalb zu dem Schluss, dass Leistungen mehr auf Kontrolle als auf Hilfe abzielen. Letztlich haben einzelne Nutzer nur geringe Möglichkeiten, dieses System zu beeinflussen, solange sie nur wenig über das System wissen und sie bei der Formulierung von Zielen oder bei Entscheidungen nicht einbezogen sind.

Auch die kollektiven Einflüsse von Nutzern auf die Sozialpolitik waren bisher eher gering: Zwar wurden in den letzten zehn Jahren einige Klientenorganisationen gegründet, bisher sind diese jedoch klein und haben nur wenig Einfluss. In Norwegen, wie auch in anderen Ländern, gab es bisher wenig kollektive Aktionen oder Formen der Organisierung von Nutzern der Kinder- und Jugendhilfeeinrichtungen und der sozialen Dienste, und wenn, dann waren diese weitgehend ohne Einfluss. Die Organisationen hatten Überlebensschwierigkeiten und Schwierigkeiten, sich Gehör zu verschaffen (Piven/Cloward 1993, Hall 1996, Seim et al. 1997). Von Interesse ist in diesem Zusammenhang auch die im Jahr 1999 durchgeführte Studie von fünf Klientenorganisationen, in der die kollektiven Erfahrungen von neunzehn verschiedenen Klientenorganisationen in Norwegen zusammengefasst wurden: Die Organisationen verweisen u.a. auf die Kluft zwischen offiziellen Idealen und Versprechungen in Bezug auf Nutzerbeteiligung und Nutzereinfluss einerseits und den negativen Erfahrungen der Nutzer, nicht angehört zu werden, andererseits. Es herrscht weitgehend der Eindruck vor, dass sie nicht einbezogen werden und dass sie kollektiv als Organisationen nur einen minimalen oder überhaupt keinen Einfluss auf die Sozialpolitik und die Entwicklung von sozialen Dienste haben (Enberg et al. 1999). Weiter berichten sie, dass Versprechungen auf Beteiligung auf der individuellen Ebene in der Regel Lippenbekenntnisse seien: Ihre Mitglieder hätten als Einzelne meist nur wenig Einfluss auf den Hilfsprozess, seien meist nicht über Alternativen informiert und verfügten über wenig Möglichkeiten, sich zu beteiligen oder zwischen verschiedenen Alternativen zu wählen.

Argumente für Nutzerbeteiligung

Argumente für Nutzerbeteiligung lassen sich aus verschiedenen theoretischen Bezugspunkten herleiten: (1) Demokratie und Bürgerstatus (*citizenship*): hierbei ist die Beziehung zwischen Staat und Bürger fokussiert, (2) Moralische Gründe: diese beziehen sich auf eine Menschenrechtsperspektive, (3) Effizienz: der Anspruch, dass Nutzerbeteiligung und Einbeziehung des Nutzers zu besseren Diensten führen könnten.

Demokratietheoretische Begründungen gehen in der Regel davon aus, dass Beteiligung und Einfluss grundlegende demokratische Rechte in unseren Gesellschaften sind, die auch für nicht integrierte Gruppen und Randgruppen (Lister 1998) gelten. Durch die Expansion des Öffentlichen Sektors sind inzwischen eine Vielzahl neuer Beziehungen zwischen Bürgern und Staat bzw. dessen Behörden entstanden (Eriksen 1993): Die Bürger finden sich beispielsweise in der Rolle als Abhängige von Sozialhilfemaßnahmen wieder, sie werden als Nutzer der Leistungen öffentlicher Einrichtungen definiert, und sie finden sich immer häufiger in der Rolle des Kunden öffentlicher Dienste. Ihr Verhältnis zum Staat gleicht damit an vielen Stellen dem Verhältnis zu privaten Dienstleistungsproduzenten auf dem Markt. Durch diese Entwicklung kann die Rolle als Bürger untergraben. Nutzerbeteiligung könnte hier ein Weg für Klienten sein, ihren Status als Bürger, als geschätzte und kompetente Mitglieder der Gesellschaft wieder zu festigen. Beteiligung beruht auch auf den Theorien von „Lebenswelt" und „Alltagsleben". Unter Anwendung der von Habermas verwendeten Begriffe von „System" und „Lebenswelt", wird Soziale Arbeit kritisiert, weil sie ein Teil des wohlfahrtsstaatlichen Systems sei und eine Form von Kolonialisierung der Lebenswelt darstelle (Otto/Schaarschuch 1999). Habermas (1981) stellt fest, dass die Neuen Sozialen Bewegungen, die in den Fugen zwischen „Systemwelt" und „Lebenswelt" entstehen, Symptome neuer sozialer Konflikte in der Gesellschaft darstellen. Im Rahmen dieses theoretischen Ansatzes werden die Nutzer als Bürger betrachtet, als kompetente Akteure, denen gegenüber Professionelle nicht das Recht haben, ihnen die Verantwortung für ihr Lebensprojekt abzusprechen. Nutzerbeteiligung kann dann eine Verminderung von Kontrolle beinhalten, wenn sie auch Nutzereinfluss und damit zugleich eine Verringerung von professionellem Einfluss zur Folge hat. Es ist behauptet worden, durch Nutzerbeteiligung werde die Fähigkeit entwickelt, für das eigene Leben verantwortlich zu sein, und werde somit die Fähigkeit der Nutzer gesteigert, am öffentlichen Diskurs in der Gemeinschaft teilzunehmen.

Ausgehend von der These, dass ungleiche Machtverhältnisse eine inhärente Eigenschaft in Beziehungen zu sozialen Diensten sind, wäre es für Nutzer sogar gefährlich, wenn formelle Formen der Nutzerbeteiligung geschaffen, gleichzeitig aber diese Machtverhältnisse geleugnet würden. Hier besteht ein Risiko, dass sich die Ausübung von Macht manifesten zu latenten, für die Betroffenen nicht transparenten Formen entwickelt, so dass beteiligte Nutzer ohne Einfluss können schlechter gestellt sein können als passive Empfänger, die offenkundig machtlos sind. Ørstavik (1996) hat diesbezüglich argumentiert, dass es keine Modelle oder Strategien für Nutzerbeteiligung gibt, die einen offensiven Umgang mit diesem Problem erlauben. Noch immer regeln traditionelle Vorstellungen die Rollen des professionellen Helfers und des Klienten, wobei die des Professionellen auf der Autorität von Fachkenntnis und Wissen beruht. Selbst wenn deshalb Nutzern die Autorität, ihre Probleme und Ressourcen wahrzunehmen zugestanden wird, so benötigen sie gleichzeitig professioneller Kompetenzen. Es scheint wichtig, dass Modelle der Nutzerbeteiligung diese Perspektiven aufnehmen.

Wird Nutzerbeteiligung aus einer ethischen Position heraus begründet, dann erscheint sie als ein zentraler Wert professioneller Sozialer Arbeit. Diesbezüglich gibt es inzwischen eine umfassende und ausführlich dokumentierte Diskussion über die Prinzipien von Autonomie und Selbstbestimmung in der Sozialen Arbeit (Soyer 1963, McDermott 1975, Freedberg 1989, Seim 1987). Aus dieser ethischen Position heraus wird argumentiert, dass Autonomie und das Recht, Entscheidungen über sein eigenes Leben zu treffen, grundlegende Menschenrechte seien. Vor diesem Hintergrund müsse das Recht auf Beteiligung und Autonomie ungeachtet der Ergebnisse respektiert werden, selbst dann, wenn die Praxis, die auf diesen Prinzipien beruht, weniger effizient sein sollte als eine, die auf diese Prinzipien verzichtet. Wenn Freiheit und Selbstbestimmung grundlegende Rechte in demokratischen Gesellschaften sind, sollten diese Rechte den Nutzern der Kinder- und Jugendhilfe nicht abgesprochen werden.

Schließlich wurde das Kriterium der Nutzerbeteiligung wurde auch aus der Perspektive einer effektiveren Erbringung sozialer Dienstleistungen diskutiert: Ergebnis- und Effektivitätsorientierung stellt ein wichtiges Moment bei der Einführung von Nutzerbeteiligung in management- und marktorientierten Reformen dar. So wird der Wechsel von input- oder regelorientierter zu output-orientierter Steuerung u.a. damit begründet, dass es hier zu einer qualitativen Verbesserung von Leistungen und Maßnahmen insofern käme, als diese dann geeigneter seien, den Bedürfnissen und Interessen der Nutzer entgegenzukommen (Hansen 1999). Auch in der Literatur zur Sozialen Arbeit findet sich immer wieder das Argument, dass Nutzerbeteiligung zu besseren Dienstleistungen führt und dass Maßnahmen effektiver seien, bei denen die Nutzer einbezogen werden, als Maßnahmen bei denen Nutzer nicht einbezogen werden. Allerdings machten vor allem Itzhaky/York (1991) darauf aufmerksam, dass diese Annahme nicht durch empirische Studien belegt ist und bisher nur wenige Studien überhaupt zur Frage des Verhältnisses von Beteiligung und Effektivität durchgeführt wurden. Gleichwohl kommen sie in ihrer Studie über Nutzerbeteiligung in der Sozialen Arbeit zu dem Schluss, dass „sehr viel für die Hypothese spricht, dass Klientenbeteiligung zu Effektivität führt" (Itzhaky/York 1991: 392).

Diskussion

Wie bereits eingangs erwähnt gibt es bisher in Norwegen noch keinen Konsens darüber, ob und wie kollektive oder individuelle Nutzerbeteiligung in der Kinder- und Jugendhilfe und in den sozialen Diensten umgesetzt werden sollen. Um jedoch die Nutzer stärker in Planungs- und Entwicklungsprozesse einzubeziehen, haben einige Institutionen und Kommunalparlamente inzwischen Klientenorganisationen zu „Hearings" eingeladen oder Meinungsbefragungen durchgeführt, um so Informationen über die Bedürfnisse und den Grad der Zufriedenheit mit Leistungen zu erhalten. Zugleich muss jedoch die Frage gestellt werden, besteht tatsächlich Grund zur Annahme, dass stärker marktförmige Steuerungsmodelle in Norwegen, die mit dem Versprechen angetreten sind, bessere Möglichkeiten für eine (individuelle) Beteiligung zu schaffen und die Wahlmöglichkeiten zwischen verschiedenen Leistungsalternativen zu steigern, auch halten, was sie versprechen? Werden durch diese neuen Modelle tatsächlich Möglichkeiten für Nutzer geschaffen, sich kollektiv zu beteiligen und Einfluss auf die Sozialpolitik und die Planung der Leistungen auszuüben?

Wie oben erwähnt, gibt es in Norwegen keine Studien, die sich ausschließlich auf Nutzerbeteiligung in einem marktförmigen *Setting* konzentrieren. Allerdings werden in der schon erwähnten Studie über die Effekte der Einführung von Elementen des New Public Management, deutliche Hemmnisse für eine stärkere Nutzerbeteiligung formuliert: Das Haupthindernis wird dort im inhärenten Widerspruch zwischen den unterschiedlichen Zielhorizonten stärker marktförmiger Steuerungsmodelle gesehen. *Top-down*-Ziele wie Kosteneinsparungen bei sozialen Diensten oder Budget- und Leistungskürzungen lassen sich oftmals nur schwer in Übereinstimmung bringen mit einer Stärkung des Einflusses von Nutzern. Die Interessen von Nutzern, beispielsweise an verbesserten Diensten oder mehr Auswahl zwischen verschiedenen Leistungen, drohen auf diese Weise in den Hintergrund gerückt zu werden.

Auch auf der politischen Ebene sind die Trends nicht eindeutig und klar. Einerseits lässt hier die Rhetorik in sozialpolitischen Schriften und in der Gesetzgebung auf eine verstärkte Nutzerbeteiligung hoffen, andererseits sind aber in den letzten Jahren auch Entwicklungen zu beobachten, die stärker auf eine staatliche Inpflichtnahme des Bürgers abheben. Solche *workfare*-Konzepte haben beispielsweise zu gesetzlichen Änderungen geführt, die Hilfe nun zunehmend an Bedingungen koppelt und somit genau das Gegenteil von Nutzerbeteiligung ist. Auch auf der Ebene der Profession verlaufen die Diskussionen über eine vermehrte Einbeziehung von Nutzern keineswegs homogen und sind die zu beobachtenden Trends widersprüchlich. Der Ausgang dieser Diskussion und wird insofern folgenreich sein, als die Profession einen erheblichen Einfluss auf die Planung und Umsetzung von Kinder- und Jugendhilfe und den sozialen Diensten in Norwegen hatte und noch hat. Insofern gibt es gute Gründe für die Annahme, dass sie Einfluss auf die Art und Weise nehmen werden, wie und wann welche Reformen umgesetzt werden.

Wird sich deshalb der Widerstand von Seiten der Professionellen, Autorität aufzugeben, hemmend auf die Forderung nach einer stärkeren Nutzerbeteiligung auswirken? Auch hier zeigen die ebenfalls schon erwähnten Klientenstudien, dass sich die Professionellen zwar vordergründig auf Prinzipien wie Autonomie und Selbstbestimmung berufen, bei den Klienten aber ein Gefühl der Machtlosigkeit vorherrscht, das Gefühl, dass es ihnen nicht erlaubt ist, ihre eigenen Entscheidungen zu treffen. Darüber hinaus stoßen inzwischen Zwangsmethoden in der Kinder- und Jugendhilfe und in sozialen Diensten kaum noch auf Widerstand bei den professionellen Sozialarbeitern.

Vor einigen Jahren befaßte sich hier in Norwegen ein Praxisentwicklungsprojekt mit Langzeitbeziehern von Sozialhilfe mit der Frage, woher eigentlich der Widerstand der Professionellen gegen eine stärkere Einbeziehung der Nutzer bei Planungsprozessen rührt (Seim/Hjemdal 1992). Die Hauptargumente die dabei vorgebracht wurden bezogen sich in erster Linie auf den Status und die Arbeitssituation der Professionellen: Die Sozialarbeiter befürchteten, dass sie gegenüber dem Klienten Autorität einbüßen würde, was ihre Arbeitssituation schwieriger und die Arbeitsbelastung steigen lassen würde. Sie befürchteten weiterhin, dass sie die Kontrolle über ihre eigene Arbeit verlieren würden, während gleichzeitig von der Nutzerseite her unrealistische Erwartungen an die sozialen Dienste formuliert werden. Dass diese Befürchtung nicht ganz unbegründet ist, machen auch Studien über Nutzerbeteiligung im Gesundheitswesen deutlich, wo ebenfalls die Befürchtung formuliert wird, dass ein höheres Mass an Beteiligung den Druck auf überarbeitete Teams noch verstärke (Hickey/Kipping 1998, Poulton 1999).

Hemmend auf die Verbreitung der Forderung nach mehr Nutzerbeteiligung wirken aber gleichermaßen berufsständische Einstellungen, die üblicherweise auf der paternalistischen Ideologie das „Besten für den Klienten" zu wollen beruhen. Tatsächlich schafft mehr Selbstbestimmung für Sozialarbeiter oftmals ein Dilemma: Gerade in Fällen, in denen der Klient nach Ansicht des Sozialarbeiters die „falsche Wahl" trifft, also eine, die für ihn – und wohl auch für die meisten anderen Menschen – sozial unakzeptabel oder erkennbar nicht zu seinem Wohle ist (z. B. die Schule zu verlassen oder eine Arbeit aufzugeben), ist es schwierig, das Recht des Klienten, auf Selbstbestimmung zu respektieren. Das Prinzip der Selbstbestimmung war deshalb der Profession lange Zeit ein Dorn im Auge, wie man beispielsweise in dem Aufsatz „The Right to Fail" von Soyer aus dem Jahr 1963 nachlesen kann.

Demgegenüber behauptete McDermott (1975), dass das Prinzip der Selbstbestimmung lediglich von Interesse sei, wenn es einen Meinungsunterschied zwischen dem Klienten und der Fachkraft gebe, sofern beide Parteien einig seien, bestehe dagegen keine Notwendigkeit, darüber zu diskutieren, wer das Recht auf Entscheidung haben solle.

Aber nicht nur das Prinzip der Selbstbestimmung stößt bei Professionellen oftmals auf Widerstand, mehr noch sind es Vorschläge, Nutzern Wahlmöglichkeiten zwischen verschiedenen Angeboten zu verschaffen. Nutzer berichten vielfach von großen Schwierigkeiten, wenn sie an eine andere Institution oder zu einem anderen Sozialarbeiter wechseln wollen. Die Argumente, die dabei von Professionellen vorgebracht werden, um einen solchen Wechsel zu verhindern, unterstreichen nochmals deren schon erwähnte paternalistische Grundhaltung. So wird zum einen argumentiert, die Klienten, die Probleme haben, müssten „erzogen“ werden und ihnen seien Grenzen zu setzen, zum anderen, dass die Fähigkeit der Klienten, richtige Entscheidungen zu treffen, bezweifelt werden müsse und schließlich wird dann noch argumentiert, dass sich das Selbstbestimmungsprinzip nicht einfach auf ein Recht reduzieren lasse, vielmehr enthalte es auch die Pflicht des Klienten dabei mit zu helfen, Entscheidungen zu treffen, die sozial akzeptabel und zu seinem Besten seien (McDermott 1975, Seim 1987).

Vor dem Hintergrund dieser Anmerkungen wird man die am Beginn dieses Abschnitts gestellte Frage nach den Chancen, im Rahmen der Einführung marktförmiger Steuerungsmodelle den Einfluss von Nutzern zu erhöhen, eher skeptisch beantworten müssen. Strukturelle Reformen, die zwar in diese Richtung drängen, drohen in der konkreten Alltagspraxis am professionellen Selbstverständnis von Sozialarbeitern zu scheitern. Insofern muss gleichzeitig mit der Einführung markförmiger Steuerungsmodelle an einem „Umbau“ der in Norwegen dominanten paternalistischen Grundhaltung von Sozialarbeitern gearbeitet werden, wenn das Versprechen auf einen größeren Einfluss der Nutzer Realität werden soll. Hierfür bestehen in Norwegen durchaus gute Ansätze, da es zugleich andere starke Traditionen gibt, die im Rahmen von *Empowerment*-Prozessen den Schwerpunkt auf der Solidarität mit den Interessen des Klienten legt und sein Recht respektiert, eigene Lösungen zu finden und eigene Entscheidungen zu treffen. Es wird also zukünftig vor allem darum gehen, diese Ansätze zu stärken, um so die Rechte des Nutzers auf Beteiligung und Einfluss auf allen Ebenen der Sozialpolitik und Dienstleistungserbringung zu stärken.

4. Zusammenfassung

Marktförmige Steuerungsmodelle, die in Norwegen mit dem Versprechen angetreten sind, den Einfluss von Nutzern auf (sozial)politische Entscheidungs- und Planungsprozesse zu steigern und die Wahlfreiheit für Nutzer zu erhöhen, bieten keine Garantie dafür, dass dieses Versprechen auch eingelöst wird. Auf unterschiedlicher Ebene bestehen hier Hemmnisse, die der Forderung nach mehr Nutzerbeteiligung im Wege stehen. Dazu zählen beispielsweise

- die teilweise widersprüchlichen Zielhorizonte marktförmiger Steuerungsmodelle: Nutzerbeteiligung und Kundenwahl versus Kostenreduzierung und Haushaltskontrolle;
- die teilweise widersprüchlichen politischen Signale, die mehr Beteiligung von und Einfluss für Nutzer fordern, zugleich aber Leistungen an Aufgaben und Pflichten koppeln wollen und schließlich
- die dominierenden professionellen Haltungen, die noch immer relativ traditionell und paternalistisch ist.

Dieser unentschiedene Zustand, in dem sich die norwegische Sozialpolitik offensichtlich (noch) befindet, schafft aber gleichzeitig für Klientengruppen und -organisationen die Möglichkeit, sich durch gemeinsame Aktionen einen größeren Einfluss auf die Sozialpolitik – sowohl auf nationaler als auch auf lokaler Ebene – zu sichern. Hier bietet sich auch die Chance, durch die Veränderung von Rahmenbedingungen den Raum für eine individuelle Nutzerbeteiligung zu erweitern.

Vom professionellen Standpunkt aus können diese politischen Möglichkeiten zur Schaffung praxisorientierter Projekte und Forschung genutzt werden, um auf dieser Basis Modelle für die professionelle Praxis zu schaffen, die auf *Empowerment* und Nutzerbeteiligung beruhen. Forschung ist notwendig, um Wissen darüber zu gewinnen, wie Nutzerbeteiligung verstanden und in der heutigen professionellen Praxis umgesetzt wird, und um Modelle oder Strategien zu diskutieren, damit die Nutzerbeteiligung in unterschiedlichen organisatorischen Kontexten erhöht wird.

Literaturverzeichnis

alternative strategie,. Oslo: HIO rapport, 1

Andreassen, T.A. et al.(1994) *Brukermedvirkning – redskap for kvalitet og deltakelse i kommunene*, Oslo (Rådet for funksjonshemmede/Norsk byggforskningsinstitutt)

Barki, H./ J. Hartwick (1994) Measuring user participation, user involvement and user attitude, *MIS Quarterly*, **18**, 1, 59-83

Bell, M. (1999) Working in Partnership in Child Protection: The Conflicts, *British Journal of Social Work*, **29**, 437-455

Bergen (Fagbokforlaget)

Christensen, T./ P. Lægreid. (1999) New Public Management-Design, Resistance, or Transformation? A Study of How Modern Reforms Are Received in a Civil Service System, *Public Productivity and Management Review*, **23**, 169-193

Christiansen, C. (1992) Foreldreperspektiv på barnevernundersøkelsen, *Nordisk Sosialt Arbeid*, **12**, 29-42

Cleaver, H./ P. Freeman (1995) *Parental Perspectives in Cases of Suspected Child Abuse*, London (HMSO)

Collins, B./ T.Collins (1990) Parent-professional relationships in the treatment of seriously emotionally disturbed children and adolescents, *Social Work*, **35**, 522-529

Croft, S./ P. Beresford (1990) Listening to the voice of the consumer: A new model for social services research. *Convergence*, **23**, 4, 62-70

Egelund, T. (1997) *Beskyttelse av barndommen. Sosialforvaltningers risikovurdering og indgreb*. København (Hans Reitzels forlag)

Enberg, H./ R. Johannessen/ B.Scheldt/ D.Westerheim/ O. Ødegaard (1999) *Jakten på den fjerde sektor. En utredning om egenorganisering blant klienter, brukere, fattige, trygdede, gjeldsofre, arbeidsledige, arbeidssøkere, tapere, straffedømte, fangers pårørende og barnevernsbarn*, [Report from a working group of five Klient organisations: Fattighuset in Oslo, Klientaksjonen in Fredrikstad-distriktet, Gjeldsofferalliansen, Arbeidssøkerforbundet and Landsforeningen Rettferd for Taperne], Oslo

Eriksen, E. O. (1993) *Den offentlige dimensjon. Verdier og styring i offentlig sektor*

Eriksen, E. O. (1999) *Kommunikativ ledelse – om styring av offentlige organisasjoner*.

Farmer, E./ M. Owen (1998) Gender and the Child Protection Process, *British Journal of Social Work*, **28**, 545-564

Freedberg, S. (1989) Self-determination: Historical Perspektives and effects on current practice, *Social Work*, **34**, 33-38

Habermas J. (1981) New Social Movements, *TELOS*, **14**, 3, 33-37

Hall, M.F. (1995) *Poor people's social movement organizations: the goal is to win* Westport (Praeger)

Hallet, C. (1987) *Critical issues in Participation*, University of Leicester

Hansen, K. (1999) New Public Management på det kommunale niveau: En dansk NPM modell. *Nordisk Administrativt Tidsskrift*, **80**, 4, 333-338

Hickey, G./ C. Kipping (1998) Exploring the concept of user involvement in mental health through a participation continuum, *Journal of Clinical Nursing*, **7**,1, 83-88

Hove, O./ P.I. Langeng (1997) *Sosialhjelpen: Forskning og forskningsbehov*, Oslo: HiO-rapport 1997:4

Itzhaky, H./ A.S. York (1991) Client Participation and the Effectiveness of Community Social work Intervention. *Research on Social Work Practice*, **1**, 4, 387-399

Lister, R. (1998) Citizenship on the margins: Citizenship, social work and social action, *European Journal of Social Work*, **1**, 1, 5-18

McDermott, F.E. (Ed.) (1975) *Self-determination in Social Work*, London (Routledge and Kegan Paul)

McKean, J. D./ T. Gumaraes (1994) The relationship between user participation and user satisfaction: an investigation of four contingency factors, *MIS quarterly*, **18**, 4, 427-452

Oppedal, M. (1999) *Rettssikkerhet ved akutte vedtak etter barnevernloven*, Oslo: Institutt for offentlig retts skriftserie nr.6.
Ørstavik, S. (1996) *Brukerperspektivet – en kritisk gjennomgang*, Oslo: INAS notat:8
Oslo (Tano)
Otto, H.-U./ A. Schaarschuch (1999) A new Social Service Professionalism? The Development of Social Work Theory in Deutschland, *International Journal of Social Welfare*, **8**, 38-46
Petr, C. G./ D.D. Barney (1993): Reasonable efforts for children with disabilities: The Parent Perspective, *Social Work*, **38**, 3, 247-255
Piven, F. F., and R.A. Cloward (1993) *Regulating the poor: the functions of public welfare*. New York, Vintage Books.
Poulton, B.C. (1999) User involvement in identifying health needs and shaping and evaluating services: is it being realised? *Journal of Advanced Nursing*, **30**, 6, 1289-1296
Rønning, R./ L.J. Solheim (1998) *Hjelp på egne premisser? Om brukermedvirkning i velferdssektoren*, Oslo (Scandinavian University Press)
Sandbæk, M. (1995) *Fikk barna hjelp? En studie av barns kontakt med hjelpeapparatet, sett med de foresattes øyne*, Oslo (Barnevernets Utviklingssenter)
Sandbæk, M. (2000) Foreldres vurdering av hjelpetjenester for barn. *Tidsskrift for Velferdsforskning*. **3**, 1,.31-44
Seim, S. (1985) Gjennomgang av klientundersøkelser: Stigma, Kafka, absurd teater? *Sosionomen*, **17**, 5-11
Seim, S. (1987) Sosialt arbeid – frigjøring eller disiplinering av klienten, in: Lingås, L.G/ S. Seim (Ed.) *Tanker for handling*, Oslo (Universitetsforlaget)
Seim, S./ O.K. Hjemdal (1992) *Mellom makt og mulighet*. Oslo (Norges kommunal og sosialhøgskole)
Seim, S./ O.K. Hjemdal/ S. Nilsen (1997): *Selvhjelp for marginale grupper* -
Slettebø, T. (2000) Empowerment som tilnærming i sosialt arbeid. *Nordisk Sosialt Arbeid*, 2 (in press)
Soyer, D. (1963) The Right to Fail, *Social Work*, **8**, 72-80
St. meld. 34 (1996-97) *Resultater og erfaringer fra Regjeringens handlingsplaner for funksjonshemmede og veien videre*
St. meld. 4 (1996-97) *Langtidsprogrammet* 1990-2001
Stjernø, S./ A.M. Heszlein/ L.I. Terum (1988) *Et bedre sosialkontor*, Oslo (Universitetsforlaget)
Thomsen, O. (1999): "Fra Velfærd til selvværd"- brugerindflydelse for særligt udsatte. *Nordisk sosialt arbeid*, **19**, 217-224

Aus dem Englischen von: Petra Gause, Peter Hansbauer, Fabian Kessl

Tor Slettebø

Privatisierung in der norwegischen Heimerziehung

Im Mittelpunkt dieses Beitrags steht eine Diskussion der Hintergründe und Folgen des Kontraktmanagements zwischen Kommunal- und Bezirksverwaltungen und privatgewerblichen Heimerziehungsträgern in Norwegen. Zunächst sollen jedoch einführend einige wesentliche Elemente des Norwegischen Jugendhilfegesetzes (*Lov om barneverntjenester*) von 1993, sowie die Struktur der norwegischen Jugendhilfe und ihrer Dienste vorgestellt werden. Die nachfolgenden Ausführungen stützen sich auf Daten des norwegischen *Statistiks sentralbyrå* (im folgenden zitiert als *Statistics Norway*) über die Inanspruchnahme von Jugendhilfe, eine Auswertung der dort gesammelten Informationen über private Heime, sowie auf die Ergebnisse einer Befragung aller norwegischen Heime in privater Trägerschaft (Brovold et al. 1999) und auf (von uns selbst durchgeführten) Interviews mit Mitarbeitern der Jugendhilfe in zwei der größten Bezirksverwaltungen des Landes. Gleichwohl ist anzumerken, dass angesichts der lückenhaften Forschungslage nur sehr vorsichtige Schlussfolgerungen gezogen werden können.

1. Der Kontext: demographische Daten und die Struktur des norwegischen Jugendhilfesystems

Mit einer Bevölkerung von 4,25 Mio. ist Norwegen ein weit ausgedehnter Flächenstaat, der verwaltungsmäßig in 19 Bezirke gegliedert ist, in denen jeweils zwischen 75.000 und 460.000 Menschen leben. Die Bezirke umfassen zwischen 1 und 45 Kommunen. Von den insgesamt 448 Kommunen haben mehr als die Hälfte (56%) weniger als 5.000 Einwohner, 35% sogar weniger als 3,000. In nur 1,3% der Kommunen wohnen mehr als 60.000 Menschen.

In den vergangenen 20-30 Jahren folgte die Politik dem Trend, soziale Dienste zu dezentralisieren und lokale Lösungen zu unterstützen. Die politischen Schlagworte von der dezentralen Verantwortung, der Befriedigung von Klientenbedürfnissen auf lokaler Ebene, der Vorrangstellung von präventiven Maßnahmen usw. wurden dabei stets verknüpft mit der Zusicherung von Garantien auf gleiche Rechte und gleiche Zugangschancen zur Inanspruchnahme von professionellen Diensten – unabhängig vom Wohnort. Es ist leicht zu erkennen, dass diese Konzeption und das Gewicht, das lokalen Lösungen beigemessen wird, in Dilemmata führt, wenn man bedenkt, dass zur Entwicklung und Vorhaltung von spezialisierten Diensten grundsätzlich eine bestimmte Bevölkerungsgröße notwendig ist. Die prekäre Balance zwischen kommunaler Verantwortung, den durch die räumliche Ausdehnung des Landes bedingten Problemen und dem Bedarf an spezialisierten Diensten und Kompetenzen ist daher für ein Verständnis der organisatorischen Struktur der sozialen Dienste in Norwegen entscheidend (Grinde 1993).

Das Norwegische Jugendhilfegesetz von 1993

Unter das Norwegische Jugendhilfegesetz von 1993 fallen Kinder bis zum 18. Lebensjahr, wobei Maßnahmen jedoch bis zur Vollendung des 23. Lebensjahres verlängert werden können, wenn der junge Erwachsene dieser Maßnahme selbst zustimmt. Das Ziel des Gesetzes ist es, zu gewährleisten, dass Kinder und Jugendliche, die unter belasteten Bedingungen leben, zum richtigen Zeitpunkt die richtige Hilfe erhalten. Es weist der Jugendhilfe die Aufgabe zu, gemeinsam mit anderen öffentlichen Trägern zu gewährleisten, dass Kinder und Jugendliche in einem sicheren Umfeld aufwachsen.

Das Gesetz enthält zahlreiche Bestimmungen, die sicherstellen sollen, dass Jugendhilfedienste bereits in einem frühen Stadium eingeschaltet werden. Zudem werden darin Zeitlimits für die Prüfung von Berichten, die Durchführung von Ermittlungen und die Umsetzung von Maßnahmen festgelegt. Im Falle einer Außerachtlassung dieser zeitlichen Grenzen durch Kommunal- und Bezirksverwaltungen bestimmt das Gesetz die zu verhängenden Sanktionen.

Liegen die gesetzlichen Voraussetzungen vor, so können Eltern zur Annahme von Hilfe, sei es in Form eines Kindergartens oder einer anderen geeigneten Tageseinrichtung, angewiesen werden. Ebenso kann bestimmt werden, dass Eltern die Überwachung ihres Kindes zu Hause dulden müssen. In Fällen, bei denen die Eltern des Kindes nicht in der Lage sind, dem Kind die notwendige Fürsorge zukommen zu lassen, kann – entweder mit Zustimmung der Eltern oder durch eine entsprechende Entscheidung – eine Fremdunterbringung erfolgen. Die Entscheidung zur Fremdunterbringung kann nur dann getroffen werden, wenn es nicht möglich ist, durch entsprechende familienbezogene Hilfeleistungen das Wohl des Kindes in einer zufriedenstellenden Weise zu gewährleisten.

Verwaltungsstrukturen

Die primäre Verantwortung in der Jugendhilfe liegt bei der Kommunalverwaltung, die für alle Kinder in der Kommune zuständig ist. Sie führt fallbezogene Ermittlungen durch und entscheidet, ob sich ein Kind in einer Situation befindet, die ein Eingreifen durch die Jugendhilfe notwendig macht. Außerdem stimmt sie Entscheidungen über jene Hilfen zu, die von Familien aus freien Stücken akzeptiert werden. Mit der Ausnahme der Bereitstellung von Heimplätzen ist die Kommunalverwaltung für alle durchzuführenden Maßnahmen verantwortlich. In Fällen, bei denen es fraglich ist, ob eine Fremdunterbringung erforderlich ist oder ob das Kind in der Obhut der Eltern belassen werden kann, ob eine spezielle Unterbringung für verhaltensauffällige Kinder erfolgen soll oder Unterstützungsleistungen für die Familie anzuordnen sind, obliegt es der Kommunalverwaltung, den Fall zu untersuchen, zu berichten und schließlich entsprechende Maßnahmen einzuleiten. Die Entscheidungsbefugnis über solche (oder noch schwerwiegendere) Fälle ist jedoch der Kommune entzogen und einem *Bezirkswohlfahrtsausschuss (County Social Service Board)* übertragen worden. Dieser Bezirkswohlfahrtsausschuss ist ein neues Verwaltungsgremium, dessen Verfahrensordnung der eines Gerichtshofs ähnelt.

Der Bezirkswohlfahrtsausschuss

Die Einführung von Bezirkswohlfahrtsausschüssen stellt eines der radikalsten Elemente des neuen Gesetzes dar. Man beabsichtigte damit, die ‚Vollstrekkerrolle' der Kommunalverwaltung zu neutralisieren, die gesetzliche Sicherheit zu stärken und die Gleichheit der Behandlungsformen zu sichern. Für viele kleine Kommunen bedeutet der Bezirkswohlfahrtsausschuss eher räumliche Distanz und illustriert die mit der dünnen Besiedlung gegebenen Schwierigkeiten. Andererseits ist häufig hervorgehoben worden, dass das Eingreifen in kleinen Kommunen, in denen „jeder jeden kennt" und die Einhaltung der notwendigen professionellen Distanz Probleme bereitet, für die Jugendhilfe eine besondere Schwierigkeit darstellt, insbesondere wenn es um Zwangsentscheidungen geht. Als Verwaltungsdirektor des Bezirkswohlfahrtsausschusses fungiert der Präsident der Bezirksregierung. Die gesamte Vorbereitung von Fällen allerdings liegt im Verantwortungsbereich der Kommune, d.h. der Präsident der Bezirksregierung ist an der Bearbeitung oder Wiedervorlage von Fällen nicht beteiligt.

Organisationsstruktur auf kommunaler Ebene

Die Entscheidung zur Einbeziehung der Bezirkswohlfahrtsausschüsse in Jugendhilfefällen folgte der Absicht, die Kommunen von der Einrichtung eines dafür verantwortlichen spezialisierten Gremiums auf kommunaler Ebene zu entlasten. Der kommunale Jugendhilfedienst besteht aus einer Verwaltung, sowie deren Leitung; diese ist verantwortlich für alle Fälle, die unter das Jugendhilfegesetz fallen. Darüber hinaus steht es der Kommune frei, eine eigene Kommission für Kinder- und Jugendhilfe einzurichten. Anders ausgedrückt, das Gesetz lässt den Kommunen große Freiheit bei der Wahl einer Organisationsstruktur, die ihren Prioritäten, den örtlichen Bedingungen und Bedürfnissen entgegen kommt. Für die Einleitung von Untersuchungen und gegebenenfalls für konkrete Maßnahmen ist die Kommune verantwortlich, in der das Kind lebt. Wird ein Kind unter kommunaler Betreuung in einem Heim oder einer Pflegestelle einer anderen Kommune untergebracht, müssen die beiden Kommunalverwaltungen zuvor eine Vereinbarung über die finanzielle Zuständigkeit treffen.

Die Bezirksverwaltung

Der Bezirksverwaltung obliegt die Verantwortung für die Einrichtung und den Betrieb von Heimen, für die Suche und Vermittlung von Pflegestellen und für die Kontrakte mit privaten Heimerziehungseinrichtungen. Darüber hinaus sind die Behörden der Bezirksverwaltung für die Schulung und allgemeine Führung von Pflegestellen zuständig, wohingegen die Hauptverantwortung für Pflegestellen in Verbindung mit bestimmten Unterbringungen bei der Kommunalverwaltung verbleibt.

2. Unterbringungsformen

Die primäre Unterbringungsform ist die Pflegestelle; eine zweite Option stellt die Unterbringung in einer Einrichtung dar, die auf der von der Bezirksverwaltung geführten Liste von Erziehungsheimen verzeichnet ist. Mit anderen Worten: Institutionen, die die Bezirksverwaltung nicht auf die Liste setzen möchte, kommen als Unterbringungsmöglichkeit nicht in Frage. Der Bezirksverwaltung obliegt daher eine bedeutende Verantwortung in der Entwicklung und Vorhaltung des erforderlichen Angebots an Heimplätzen. Es ist unbestritten, dass nicht genügend Plätze zur Verfügung stehen. Zudem stellt die Sorge für die verschiedenartigen und komplexen Bedürfnisse von Kindern und Jugendlichen, die einer institutionellen Unterbringung bedürfen, ebenfalls eine größere Herausforderung für die Bezirksverwaltung dar. Auch nach dem geltenden Genehmigungsverfahren unterstehen die kommunalen Einrichtungen auf Bezirksebene einer gewissen Kontrolle. Die auf der Liste der Bezirksverwaltung geführten Heime unterliegen automatisch der Aufsicht des Präsidenten der Bezirksregierung. Sein Wächteramt bevollmächtigt ihn, Weisungen zu erteilen und nötigenfalls Heime schließen zu lassen. Ihm obliegt es daher, zu beurteilen, ob Einrichtungen ordnungsgemäß und zweckdienlich geführt werden. Heime im Geltungsbereich des Jugendhilfegesetzes können die Entscheidung zur Unterbringung eines Kindes weder ablehnen, noch ein Kind vor dem festgesetzten Datum entlassen, es sei denn, der zuständige kommunale Jugendhilfedienst stimmt dem ausdrücklich zu. Falls sich ein Jugendhilfedienst und eine Einrichtung über die Aufnahme oder Entlassung eines Kindes nicht einigen können, ist der Präsident der Bezirksregierung befugt, die Angelegenheit zu entscheiden.

Besondere Einrichtungen für Verhaltensauffällige

Zusätzlich zu den gewöhnlichen Heimen bestehen speziell für verhaltensauffällige Kinder gedachte Unterbringungsmöglichkeiten. Heime für verhaltensauffällige Kinder besitzen umfassendere Befugnisse gegenüber dem Kind als gewöhnliche Heime. Die Bezirksverwaltung ist nicht verpflichtet, für diese Kategorie von Kindern besondere Institutionen einzurichten. Ein Jugendhilfedienst kann für diese Gruppe von Kindern und Jugendlichen auch auf privat geführte Wohngruppen zurückgreifen. Die von der Bezirksverwaltung geführte Liste muss deutlich machen, welche Einrichtungen speziell für verhaltensauffällige Kinder benutzt werden dürfen. Hinsichtlich der privat geführten Heime und Hilfemaßnahmen, von denen ein Jugendhilfedienst Gebrauch machen möchte, enthält das Jugendhilfegesetz Regelungen bzgl. Aufsicht und Rechte der Kinder während der Dauer ihrer Unterbringung (diese Regeln entsprechen den Bestimmungen, die für alle Institutionen gelten, die dem Jugendhilfegesetz unterliegen).

Besondere Unterbringungsformen für verhaltensauffällige Kinder sind vom Gesetz ausdrücklich vorgesehen. Diese können in Anspruch genommen werden, wenn das Kind schwere Verhaltensprobleme aufweist, die sich in anhaltender oder schwerwiegender Kriminalität, Alkohol- oder Drogenmissbrauch oder anderen Verhaltensauffälligkeiten widerspiegeln, und eine Fremdunterbringung sinnvoll erscheint. Das Gesetz folgte dabei der Intention, eine erhöhte Aufmerksamkeit auf diese Gruppe von Kindern und Jugendlichen zu lenken, für die bislang nur wenige Einrichtungen bestehen. Solche besonderen Maßnahmen können auch für Jugendliche über dem 15. Lebensjahr ergriffen werden, sofern das Kind der Maßnahme zustimmt. Ein Kind unter 15 Jahren kann ohne seine Zustimmung und ohne Zustimmung der sorgeberechtigten Person in einer solchen Einrichtung für einen Zeitraum von bis zu 12 Monaten untergebracht werden.

Kompetenzen des Staates

Hinsichtlich der Verantwortung des Staates erwähnt das Jugendhilfegesetz die gesetzlich vorgeschriebene Verantwortung des Präsidenten der Bezirksregierung zur Überwachung der Heime und der Jugendhilfedienste auf kommunaler sowie auf Bezirksebene. Zusätzlich zur Verantwortung des Staates für die Ausarbeitung von Ausführungsbestimmungen und deren Evaluation und für die Erstellung von Informationsmaterialien liegt es im staatlichen Verantwortungsbereich, Forschung auf dem Gebiet der Jugendhilfe in die Wege zu leiten und ein Angebot von geeigneten Bildungseinrichtungen zu gewährleisten.

3. Jugendhilfestatistik – aktuelle Tendenzen

In den letzten Jahren ist die Zahl der Jugendhilfemaßnahmen insgesamt gestiegen, insbesondere die Inanspruchnahme von ambulanten Maßnahmen, d.h. Hilfeleistungen für Familien, in denen das Kind bzw. der Jugendliche während der Maßnahme weiterhin zu Hause wohnt.

Tabelle 1: Kinder und Jugendliche in Jugendhilfemaßnahmen (jeweils zum Jahresende 1990 – 1998)

Jahr	Kinder in Jugendhilfe		Maßnahmen zum 31.12.		% Verteilung	
	Insgesamt	Pro 1000	Unterbringung	Ambulante Maßnahmen	Unterbringung	Ambulante Maßnahmen
1990	15 337	14,1	4 836	10 502	32 %	68 %
1991	17 484	16,1	5 034	12 814	28 %	72 %
1992	19 590	18,4	7 351	12 239	38 %	62 %
1993	20 532	19,8	6 018	14 514	29 %	71 %
1994	20 699	19,9	5 350	15 349	26 %	74 %
1995	21 142	20,2	5 095	16 047	24 %	76 %
1996	21 505	20,2	4 845	16 660	23 %	77 %
1997	22 481	20,9	4 735	17 746	21 %	79 %
1998	23 462	21,4	4 845	18 617	21 %	79 %

(Statistics Norway 1999)

Tabelle 1 zeigt, dass zwar eine Zunahme bei den ambulanten Maßnahmen zu verzeichnen ist, die Veränderungen bei der Zahl der in Heimen oder Pflegestellen untergebrachten Kinder in den vergangenen 8 Jahren jedoch gering waren. Der Prozentsatz der untergebrachten Kinder ist während des letzten Jahrzehnts sogar zurückgegangen.

1990 waren 32 % der von Jugendhilfemaßnahmen betroffenen Kinder in Heimen oder Pflegestellen untergebracht, während 68 % ambulant betreut wurden. 1998 waren 21 % der Kinder untergebracht und 79 % erhielten ambulante Maßnahmen. In diesem Zusammenhang muss hinzugefügt werden, dass ambulante Maßnahmen bis zu einem gewissen Grad die eher traditionellen Unterbringungsbestimmungen, wie z.B. die kurzfristige freiwillige Unterbringung in Pflegestellen, einschließen können. Das bedeutet, dass die Gesamtzahl der untergebrachten Kinder sogar etwas höher liegt, als Tabelle 1 aufweist.

Aus der Statistik ergibt sich, dass von den Kindern und Jugendlichen, die sich 1998 in einer Unterbringung befanden, 87 % in Pflegestellen und 13 % in Heimen untergebracht waren. Dies deutet auf einen leichten Anstieg der Inanspruchnahme von Heimen im Vergleich zu Pflegestellen hin. Diese Tendenz wird möglicherweise durch die Tatsache verursacht, dass mehr und mehr untergebrachte Kinder schwerwiegende Verhaltensauffälligkeiten zeigen und in solchen Fällen Pflegestellen nicht unbedingt eine geeignete Maßnahme darstellen. Hinzu kommt, dass es in einigen Fällen schwierig ist, zeitnah geeignete Pflegestellen zu finden.

Ein Vergleich der Fremdunterbringungen in Deutschland und England hat gezeigt, dass für das Jahr 1996 die Quote (d.h. die Zahl der untergebrachten Kinder pro 10.000) in Deutschland 69 betrug, in England hingegen 31 (Janze 1999). In Norwegen betrug die Quote 42 Kinder (*Statistics Norway* 1997). Nach Janze (1999) waren in England 16 % der fremdplazierten Kinder in Heimen untergebracht, in Deutschland dagegen 59 % (zum Jahresende). In Norwegen befanden sich 14 % der untergebrachten Kinder in Heimen. Die unterschiedlichen Quoten verweisen auf die unterschiedlichen Unterbringungspolitiken dieser Länder; in England und Norwegen scheinen die Hürden für eine Unterbringung sehr viel höher zu liegen, als in Deutschland.

Daten zum Out-Contracting

In der norwegischen Jugendhilfe hat das *Out-Contracting* eine lange Tradition, zumal die Inanspruchnahme von Pflegestellen als vertragsmäßiges Arrangement betrachtet werden kann und somit in gewisser Hinsicht ein Beispiel für die öffentliche Inanspruchnahme privat erbrachter Leistungen in der Jugendhilfe darstellt. 1998 waren insgesamt 174 Heime für Kinder und Jugendliche in Norwegen registriert. 61% befanden sich im Besitz und unter der Leitung von öffentlichen Trägern, 34 % waren als private Heime eingetragen und 5 % wurden von sonstigen Trägern (z.B. professionellen Pflegestellen) geführt.

Tabelle 2: Die Zahl der Heime 1995 – 1998, in absoluten Zahlen und in Prozent

	1995	1996	1997	1998
Öffentlich	105 (64)	108 (64)	105 (62)	106 (61)
Privat	49 (30)	51 (30)	56 (33)	59 (34)
Sonstige	10 (6)	10 (6)	9 (5)	9 (5)
Insgesamt	164 (100)	169 (100)	170 (100)	174 (100)

(Statistics Norway 1999)

Die öffentlichen Heime sind im Besitz und unter der Trägerschaft einer Kommunalverwaltung, einer Bezirksverwaltung oder des Staats. Von den privaten Heimen sind 37 % als Aktiengesellschaften eingetragen, 35 % im Besitz von gemeinnützigen Stiftungen und 28 % im Besitz von privaten Firmen. Berücksichtigt man, dass einige mehrere Heime besitzen und leiten, so ergibt sich folgende Verteilung der insgesamt vorhandenen Heimplätze: Stiftungen verfügen über 43%, Aktiengesellschaften über 35 % und private Unternehmen über 22 % der Plätze (Brovold et al. 1999). Allerdings kann man sich fragen, inwieweit es notwendig ist, zwischen den einzelnen Typen privater Eigentümerschaft zu unterscheiden, zumal auch die gemeinnützigen Träger generell einem Trend der Professionalisierung und Marktorientierung folgen (Fimreite/ Stenvoll 1999).

Nach *Statistics Norway* verteilen sich die Heime in privater Trägerschaft auf die verschiedenen Typen wie folgt: Heime für Kinder (10 %), Heime für Jugendliche (27 %), Heime für Kinder und Jugendliche (14 %), Heime für alleinerziehende Mütter (12 %), Wohngruppen („Gemeinsam Wohnen und Arbeiten") (19 %), Beobachtungszentren (8 %) und sonstige (10 %).

Zwischen 1995 und 1998 konnten private Akteure ihren Anteil im Bereich der Heimerziehung von 30 auf 34 % erhöhen. Nach den langfristigen Plänen der Bezirksverwaltungen zu urteilen, sind keine Anzeichen dafür ersichtlich, dass die Zahl der Heime für Kinder und Jugendliche in öffentlicher Trägerschaft in der nächsten Zeit erhöht werden soll (Brovold et al. 1999). Statt dessen ist davon auszugehen, dass – im Zuge übergreifender Trends in der Sozialpolitik – das *Out-Contracting* in diesem Bereich zunehmen wird.

Herausgegebene Daten über Heime sind rar, was die Jugendhilfe angeht, aber es ist uns dennoch gelungen, einige Zahlen zusammenzutragen. Die norwegischen Heime sind traditionell klein. Entsprechend den nach dem Zweiten Weltkrieg entwickelten Richtlinien betrug die Höchstzahl von Kindern in Heimen 15. Beide Geschlechter sollten vertreten und die Heimbewohner möglichst unterschiedlichen Alters sein, ähnlich wie eine Gruppe von Geschwistern. Heutzutage sind die Heimeinheiten sogar noch kleiner und haben im Durchschnitt 8,8 Betten (am 31.12. 1998 gab es 174 Institutionen mit 1.536 Betten) verglichen mit 8,5 Betten im Jahr 1991 (*Statistics Norway* 1999). Im Durchschnitt verfügen private Heime über 9,3 Betten und öffentliche Heime über 8,3 Betten.

Was die Mitarbeiterzahl angeht, so arbeiten private Heime jährlich mit 1,8 Arbeitskräften pro Bett (1720 Arbeitsstunden), während öffentliche Institutionen 2,0 Arbeitskräfte pro Bett pro Jahr einsetzen. 1998 waren etwa 29 % der in allen Heimen Beschäftigten Arbeitskräfte ohne entsprechende Ausbildung. Dieser Prozentsatz liegt bei privaten Heimen etwas höher.

Die jährlichen Durchschnittskosten pro Bett in einem Heim beliefen sich 1998 auf 864.000 Kronen (etwa 192.000 DM). Die Kommunalverwaltung trägt etwa 15% der Kosten, für den Rest kommt die zuständige Bezirksverwaltung auf. Diese Aufteilung der Kosten wird abgeleitet aus dem Prinzip der Gewährleistung gleicher Zugangschancen für Kinder und Jugendliche, unabhängig von der geographischen und wirtschaftlichen Lage der Kommune.

Exakte Zahlen über die Unterbringungskosten in privaten und öffentlichen Heimen liegen nicht vor. Stichproben weisen darauf hin, dass es keinen eindeutigen Zusammenhang zwischen Trägerschaft und Unterbringungskosten gibt. Insgesamt muss man den Eindruck gewinnen, dass die Kosten in privaten Heimen ungefähr die gleichen sind wie in öffentlichen. In einigen Fällen ließe sich argumentieren, dass private Heime sogar kostengünstiger sind, da sie im Vergleich zu öffentlichen Heimen auch jene Klienten aufnehmen, die eine besonders intensive Betreuung benötigen.

Die Diskussion um die Kosten der Heimerziehung in Norwegen kreist nicht um die Frage der Trägerschaft, sondern um die Frage, wie es gelingt, Unterbringungen an sich zu vermeiden und die Unterbringungsdauer zu senken. Vor diesem Hintergrund kommt der Beobachtung von Unterbringungen, wie auch der Entwicklung und Anwendung ambulanter und familienbezogener Interventionsstrategien besondere Bedeutung zu. Neuere methodische Ansätze wie das *Parental Management Training* (PMT), das auf Familien mit kleinen Kindern ausgerichtet ist, oder die *Multi System Therapy* (MST) für Jugendliche werden daher derzeit mit Blick auf ihre wirtschaftlichen und professionellen Vor- und Nachteile intensiv diskutiert.

Hintergründe und Praxis

Während die Erbringung von sozialen Diensten durch private Träger im norwegischen Jugendhilfesystem auf eine lange Tradition zurückblicken kann, ist ihre Bedeutung im vergangenen Jahrzehnt spürbar gewachsen. Der Anstieg der Unterbringungen von verhaltensauffälligen Jugendlichen hat auf den gesamten Heimbereich einen enormen Druck ausgeübt, zumal kaum ein öffentlich geführtes Heim in der Lage ist, für diese Adressatengruppe – sei es kurz- oder langfristig – Plätze bereitzustellen. Lücken im Angebot der öffentlichen Träger, gesetzliche Änderungen, ein Wandel der Bedarfslagen von Kindern und Jugendlichen, sowie demographische Trends sind somit die Hauptgründe dafür, dass private Träger in der Heimerziehung einen zunehmend größeren Marktanteil erreicht haben (Brovold et al. 1999). Eine der wichtigsten Intentionen des Jugendhilfegesetzes von 1993 war es in der Tat gewesen, die Aufmerksamkeit auf die Gruppe der verhaltensauffälligen Jugendlichen zu lenken, für die kaum entsprechende Angebote existierten. Es hob daher u.a. die Zugangsvoraussetzungen und Genehmigungskriterien für die Einrichtung von Heimen auf – mit dem Effekt, dass nun (theoretisch) jedermann ein Heim für Kinder und Jugendliche eröffnen kann.[1]

Inzwischen haben Bezirksverwaltungen die Notwendigkeit erkannt, die Beziehung zu privaten Trägerorganisationen zu formalisieren, und greifen zunehmend auf den Kontrakt als Instrument der Regulierung zurück. Das Ministerium für Kinder und Familien hat sogar einen Koordinatoren ernannt, dessen Hauptaufgabe darin besteht, die Kooperation zwischen privaten Hei-

---

[1] Bis zum Jugendhilfegesetz von 1953 hatte es kaum Regelungen für die Gründung eines Heimes oder die Eröffnung einer Pflegestelle gegeben. Die meisten Heime wurden lange von gemeinnützigen Wohltätigkeitsorganisationen geleitet. Nicht wenige Pflegestellen änderten ihren Status von einer Pflegestelle zu einer „Mini-Institution", sobald sie mehr als ein Kind in Pflege nahmen. Zur Kontrolle der privaten Akteure sah das Gesetz von 1953 vor, dass alle Heime einer Aufsicht unterstehen und sich einem Genehmigungsverfahren zu stellen haben. Das Jugendhilfegesetz von 1993 hob diese Regelungen auf, weil sie „die altruistischen Motive [der Heimleiter] in Frage stellten". – Zweifellos war es dieser Abbau von Regulierungen, der zahlreiche Akteure dazu ermutigt hat, private Heime für Kinder und Jugendliche einzurichten. Über die Motive liegen zwar keine empirischen Daten vor. Es spricht jedoch vieles dafür, dass bei den meisten privaten Akteuren professionelle und ideologische Motive mit wirtschaftlichen Interessen zusammengehen. Die Mehrzahl der Leiter von privat angebotenen Diensten verfügt über langjährige Praxiserfahrungen in Jugendhilfeeinrichtungen in öffentlicher Trägerschaft.

men und Bezirksverwaltungen auszubauen. Um unter Vertrag genommen zu werden, muss ein privat geführtes Heim der Bezirksverwaltung zahlreiche Informationen über Struktur, Mitarbeiter, Mitarbeiterqualifikation, interne Organisation, Kontakte zu medizinischem Personal, Finanzen, Freizeitaktivitäten, Kooperation mit anderen Institutionen, Pädagogische Konzeption, Rechte der Heimbewohner, Anwendung von Strafen, Aufnahme- und Entlassungsroutinen usw. vorlegen: das sogenannte „Basisdokument", das jährlich aktualisiert und erneut vorgelegt werden muss. Solche Leistungsvereinbarungen werden in den meisten Fällen jährlich verlängert, in einigen Fällen werden auch langfristige Verträge ausgehandelt. Öffentliche Heime sind von der Einreichung dieses „Basisdokuments" befreit. Offenbar wird hier einfach unterstellt, dass die in öffentlichen Heimen gebotene Qualität die Kriterien erfüllt. Diese Politik wird immer mehr in Frage gestellt. Die Stadt Oslo ist dazu übergegangen, öffentliche und private Heime auf der selben Grundlage zu bewerten, wobei diese Bewertung auf den Informationen von verschiedenen Parteien beruht: Heimbewohnern, Eltern, Mitarbeitern aus den Heimen und Mitarbeitern aus den zuständigen Abteilungen der Kommunalverwaltung.

Einen echten Markt, auf dem „Käufer" und „Erbringer" vorrangig nach ökonomischen Gesichtspunkten entscheiden, gibt es aber bislang nicht. Es dominiert das Muster, nach dem Verträge an bekannte Erbringer vergeben werden, oder aber dass über Leistungsvereinbarungen jene speziellen Leistungsformen „dazugekauft" werden, für die es einen besonderen Bedarf gibt, der durch das öffentlich bereitgestellte Angebot nicht gedeckt ist. Wie einer unserer Interviewpartner sagte: *„Es gibt keinen Wettbewerb. Wir nehmen die Heime, die wir für unsere Klienten am besten geeignet finden. Wenn wir die besten nicht bekommen, nehmen wir die zweitbesten."* Diese Erkenntnisse decken sich weitgehend mit den Studien über *Out-Contracting* in der Heimerziehung in Großbritannien (Powell 1999). Auf der Basis von US-amerikanischen Studien verweist Powell (1999) u.a. auf die Tendenz, dass Kontrakte häufig immer wieder *fortgeschrieben* werden und dabei ein etwaiger Wandel der Bedürfnislagen nur sehr begrenzt berücksichtigt wird. Daran wird erkennbar, dass wichtige strukturelle Voraussetzungen eines Marktes fehlen, solange es im Prinzip nur *einen* Käufer gibt.

Die beschriebenen Veränderungen stehen im Zusammenhang mit übergreifenden Trends der 90er-Jahre. *Out-Contracting* ist *ein* Aspekt der gegenwärtigen Bemühungen zur Reform der öffentlichen Verwaltung in Norwegen. Insgesamt vollzieht sich die Umsetzung von Programmen des *New Public Management* in Norwegen jedoch langsamer als in anderen skandinavischen Ländern (Hansen 1999), insbesondere im Bereich sozialer Dienste. Andere sind der Ansicht, dass die Umstrukturierung des öffentlichen Sektors in Norwegen mehr durch Empfehlungen gekennzeichnet ist, als durch verbindliche Entscheidungen (Christensen/Lægreid 1999). Aus unserer Sicht dürfte es schwerfallen, die jüngsten Entwicklungen in der Organisation sozialer Dienste mit der Einführung von manageriellen Modellen im Ausland gleichzusetzen, etwa jenen in Australien und Neuseeland (Rees 1999). Aber dennoch: in der Stadt Oslo, die hier eine Vorreiterrolle einnimmt, werden Formen des Kontraktmanagements intensiv propagiert, und es wurde sogar eigens ein Minister für das *Out-Contracting* von Diensten ernannt. In der Altenpflege wurde ein Käufer-Erbringer-Modell eingeführt, und es scheint nur noch eine Frage der Zeit zu sein, bevor sich Jugendliche, die erzieherische Hilfen in Anspruch nehmen, in einer echten Marktsituation befinden.

Folgen für die professionelle Praxis in der Sozialen Arbeit

Diskutiert man die Konsequenzen, die sich aus dem *Out-Contracting* für die professionelle Praxis und Identität ergeben, dann muss man die Aufgliederung der verschiedenen Verantwortungsbereiche im norwegischen Jugendhilfesystem entsprechend berücksichtigen. Die Kommunalverwaltung ist für die Einleitung der Untersuchung zuständig und greift ein, falls konkrete Maßnahmen erforderlich sind. Die Bezirksverwaltung trägt die Verantwortung für die Einrichtung und Leitung von Heimen, einschließlich der Aushandlung und Überwachung von Verträgen mit privaten Leistungserbringern. Der Präsident der Bezirksregierung ist für die Überwachung aller Heime und Jugendhilfedienste sowohl auf Kommunalverwaltungs- als auch auf Bezirksverwaltungsebene verantwortlich. Auf allen diesen drei Ebenen sind professionelle Sozialarbeiter beschäftigt. Man könnte auch die Rolle von Sozialarbeitern in privaten Heimen untersuchen. Die folgenden Ausführungen konzentrieren sich jedoch auf die professionelle Rolle des Sozialarbeiters in der Bezirksverwaltung, wobei die Rolle des Sozialarbeiters, der auf der kommunalen Ebene im Außendienst tätig ist, ebenfalls berücksichtigt wird.

Wie beeinflusst der Prozess der Kontraktsteuerung die Rolle und Berufsidentität von Sozialarbeitern? Werden die Aufgaben von Sozialarbeitern erweitert (z.B. in Richtung Budgetverwaltung), oder beschäftigen die Behörden zusätzliche Fachkräfte für die Aushandlung und Überwachung von Verträgen? Wird Personal abgebaut? Wie gewährleisten Sozialarbeiter die Qualität der Dienste? Verändert der Prozess der Ökonomisierung die Beziehung zwischen Sozialarbeitern und Klienten? Wird durch Kontraktsteuerung eine Umstrukturierung professioneller Dienste gefördert? Gegenwärtige Trends in

Australien und Neuseeland weisen darauf hin, dass managerielle Steuerungsmodelle in der sozialen Arbeit zu immensen sozialen Kosten geführt haben, wie z.B. Personalabbau, Überlastung, Einführung von Informationstechnologien zur Quantifizierung von Mitarbeiterleistung usw. (Rees 1999). Gibt es in Norwegen ähnliche Trends? Im folgenden werden einige Beobachtungen und Schlußfolgerungen vorgetragen, die freilich im Rahmen erweiterter Forschungsbemühungen noch zu prüfen wären.

Insgesamt zeigt sich in Norwegen, dass die steigende Inanspruchnahme privater Heime in gewissem Maße die Rolle des Sozialarbeiters in der Bezirksverwaltung verändert hat. Die Beziehung zwischen privaten Heimen für Jugendhilfe und öffentlichen Trägern ist formalisierter geworden. Der Prozess der Umsetzung von Leistungsvereinbarungen – vom Anfangsstadium der Aushandlung über die formale Vereinbarung bis hin zur Überwachung und zu regelmäßigen Prüfungen – ist zeitaufwendig, er erfordert spezielle Fähigkeiten und hat den Anteil an Verwaltungsaufgaben für Fachkräfte erhöht. Die Aufstellung und Einhaltung von Budgets, Kostenverantwortung und Kostenkontrolle haben an Bedeutung gewonnen. Um Kosten zu senken, neigen manche Bezirksverwaltungen dazu, die Abnahme einer bestimmten Anzahl von Heimplätzen über einen längeren Zeitraum zu garantieren, statt einen Platz dann gezielt zu erwerben, wenn er benötigt wird. Das Beispiel zeigt, wie das Ziel einer optimalen Passung von Leistungsangebot und individuellen Bedarfslagen durch die Bemühungen um Kosteneinsparungen unterlaufen werden kann.

Der Bedarf an erweiterten Kompetenzen bei der Aushandlung und Überwachung von Verträgen und Budgets hat zu einigen Veränderungen bei den Organisationen der Bezirksverwaltungen geführt. Wo früher ein einzelner Mitarbeiter mit den Verträgen beschäftigt war, kümmern sich jetzt ganze Teams um diese Angelegenheiten. Zusätzlich zu den Sozialarbeitern wurden andere Fachleute, wie z.B. Anwälte und Psychologen, in die Teams aufgenommen.

Laut unserer Interviewpartner ist auf der Ebene der Bezirksverwaltungen keine Abwertung der Profession und der Bedeutung der Qualifikation von Mitarbeitern zu beobachten. Es ist nach wie vor weithin anerkannt, dass Sozialarbeiter zur Ermittlung der spezifischen Bedürfnisse der Klienten und zur Bestimmung der je angemessenen Hilfeformen unverzichtbar sind. Viele unserer Interviewpartner wiesen darauf hin, wie wichtig es ist, vor Beginn der Arbeit bei der Bezirksverwaltung Erfahrungen in Heimen gesammelt zu haben. Eine der größten Sorgen beim *Out-Contracting* in der Heimerziehung ist, dass private Träger die qualifizierten Sozialarbeiter aus verschiedenen öffentlichen Jugendhilfediensten abziehen könnten, da diese in der Lage sind, höhere Löhne, sowie mehr Fortbildung und Flexibilität usw. zu bieten. Nach unseren Eindrücken haben private Akteure bisher vor allem Sozialarbeiter von der kommunalen Ebene abgeworben, weniger jedoch aus den Bezirksverwaltungen. Obwohl eine Verallgemeinerung hier nicht möglich ist, ist zu konstatieren, dass eine ganze Reihe der kommunalen Jugendhilfedienste mit einem hohem Mitarbeiterwechsel und einem Mangel an qualifizierten Arbeitskräften kämpfen.

Eines der herausforderndsten Probleme des Kontraktmanagement ist die Sicherstellung der Qualität der Dienste. Wie bereits erwähnt, müssen private Heime gegenüber den Bezirksverwaltungen zahlreiche Informationen offenlegen, wenn sie Leistungsvereinbarungen abschließen wollen. Diese Informationen werden jedes Jahr aktualisiert. Der Präsident der Bezirksregierung sollte darüber hinaus jedem privaten Heim acht mal im Jahr einen Besuch abstatten. Tatsächlich finden jedoch nur halb so viele Besuche statt. Ferner treffen sich Sozialarbeiter der Kommunalverwaltung, Sozialarbeiter des Bezirks und Mitarbeiter in den privaten Institutionen zur Beobachtung der einzelnen Fallverläufe. In Oslo werden sowohl die privaten als auch die öffentlichen Heime regelmäßig Beurteilungen unterzogen, wobei die Nutzer der Dienste als Informanten fungieren. Allerdings scheint das *Follow-up* bei privaten Institutionen strikter gehandhabt zu werden, als bei öffentlichen, und in der Tat hat der Prozess des *Out-Contracting* die Frage aufgeworfen, warum die Qualität der Dienste in öffentlichen Heimen nicht genauer untersucht wird.

Die Beurteilung eines der privaten Heime in Oslo zeigt, dass die Eltern der Heimbewohner mit der Zusammenarbeit in dieser bestimmten privaten Organisation zufrieden sind. Sie fühlen sich am Behandlungsprozess beteiligt, und alle 16 Eltern würden das Heim weiterempfehlen; auch die Sozialarbeiter der Kommunalverwaltungen bewerten die Dienste dieser Organisation als sehr gut, da dort weniger bürokratisch und flexibler gehandelt wird und – verglichen mit öffentlichen Einrichtungen der gleichen Art – Verwaltungsaufgaben schneller erledigt werden (Karlsen 1995). Auf der Basis von Interviews mit Sozialarbeitern der Bezirksebene scheint uns die Behauptung gerechtfertigt, dass eine Leistungserbringung durch private Träger im allgemeinen keinesfalls weniger professionell erfolgt als durch öffentliche Träger. Interviews, die wir mit Sozialarbeitern in privaten Heimen geführt haben, bestätigen diesen Eindruck. Nachdem enorme Ressourcen darauf verwendet wurden, seriöse Anbieter von den rein profitorientierten zu unterscheiden, scheinen die

Professionellen in der Bezirksverwaltung weithin zu akzeptieren, dass private Dienste eine notwendige Alternative und eine Ergänzung zu den gesetzlichen Diensten darstellen (Storø 1998). Sie füllen eine Lücke im Angebot der öffentlichen Dienste.

4. Zwischenbilanz und Diskussion

Ein vorrangiges Ziel des *New Public Management* ist die Stärkung der Position des „Kunden": vermittels des Nachfrageverhaltens des Kunden, dem erweiterte Wahlmöglichkeiten eröffnet werden, werde den „Präferenzen" des Kunden besser entsprochen, und würden die Träger sozialer Dienste, die nun in einem von Wettbewerb bestimmten Markt agieren, effizienter arbeiten und „Produkte" höherer Qualität erzeugen (vgl. Otto/ Schaarschuch, 1999). Die Heimerziehungslandschaft in Norwegen liefert keine Beweise. Offenbar handelt es sich hier nicht um einen echten Markt, sondern vielmehr einen Quasi-Markt (Le Grand 1993). Eine Erweiterung der Wahlmöglichkeiten auf der Seite der Nutzer ist nicht zu verzeichnen. Die Nutzer (Kinder und Eltern) werden zwar bei der Entscheidung gehört und sie können zu einem gewissen Grad über die Unterbringung mitentscheiden. Insgesamt hat der *Out-Contracting*-Prozess jedoch nicht zu einer Erweiterung der Nutzerbeteiligung geführt, noch wurde dadurch die Beziehung zwischen Sozialarbeitern und Nutzern grundlegend verändert. Eine in Schweden durchgeführte Untersuchung hat gezeigt, dass die Klienten nur wenig mit den zur Verfügung stehenden Alternativen auf dem Quasi-Markt der sozialen Dienste vertraut sind (Blom 1998). In einer Studie über partnerschaftliche Zusammenarbeit im Kinderschutz kommt Bell (1999) zu der Schlussfolgerung, dass sich Sozialarbeiter zwar auf Partizipation als Handlungsziel verpflichtet fühlen, dass aber die Doppelaufgabe, einerseits Risikobewertungen abzugeben und andererseits in Partnerschaft mit den betroffenen Familien zusammenzuarbeiten, zu Interessen- und Rechtskonflikten führt. Bürokratische Kontrolle ist vermutlich einer der Hauptfaktoren, die eine Einbettung personenbezogener sozialer Dienste in ein Marktgeschehen erschweren. Vor dem Hintergrund unserer Beobachtungen über das *Out-Contracting* in der Heimerziehung kommen wir zu der gleichen Schlussfolgerung wie Otto/Schaarschuch (1999), nämlich dass sich an dem Machtverhältnis zwischen Professionellen und Nutzern nichts zu ändern scheint. Die Professionellen verfügen immer noch über sehr weitgehende Handlungsspielräume.

Dem Prozess der Privatisierung des öffentlichen Sektor wird mit sehr viel Skepsis begegnet, auch seitens des Norwegischen Berufsverbands der Sozialarbeiter (Luthen/Soma 1996); diese Skepsis stützt sich in erster Linie auf das Argument, die Privatisierung bedrohe den Wohlfahrtsstaat. Es wird allgemein angenommen, dass eine auf Profit ausgerichtete Trägerorganisation eher Personen ausschließen wird, deren Bedürfnisse entweder den Diensten, die die Organisation anbieten möchte, nicht entsprechen, oder die zu komplex sind, um von der Organisation in rentabler Weise abgedeckt zu werden, was dann dazu führe, dass vom öffentlichen Sektor zunehmend verlangt werde, mit weniger Ressourcen mehr zu leisten. Weiter wird befürchtet, in Folge eines intensiven *Out-Contracting* könne es zu einem weitgehenden Verlust altruistischer Motive in der Leistungserbringung kommen. Die Annahme, dass von einer Umstrukturierung von Diensten ein *one-way*-Effekt in Richtung De-humanisierung und De-Professionalisierung ausgeht, ist jedoch – zumindest in dieser Eindimensionalität – fragwürdig und wäre erst noch empirisch zu prüfen. In diesem Zusammenhang sei erneut die Gegenfrage erlaubt, weshalb man unter derselben Frageperspektive die öffentlichen Träger nicht ebenso kritisch untersuchen sollte.

Die Verantwortung für das Leistungsangebot verteilt sich auf die vier Säulen Kommunalverwaltung, Bezirksverwaltung sowie private und öffentliche Leistungserbringer. Die organisatorische Teilung von Funktionen und Diensten kann negative Folgen mit sich bringen, wie z.B. abweichende Fallbewertungen, mangelnde Abstimmung zwischen Organisationen, Überschneidungen, fehlende Kontinuität der Kontakte mit Sozialarbeitern usw. Der Prozess der Spezialisierung in der sozialen Arbeit kann jedoch nicht als Konsequenz der Implementation eines Quasi-Marktes betrachtet werden, sondern ist die Folge langjähriger Diskussionen über die Nachteile einer Berufsauffassung, die dem Sozialarbeiter die Rolle eines Generalisten zuweist. Gegenwärtig spricht freilich vieles für die Annahme, dass durch zunehmendes *Out-Contracting* die Spezialisierung in der Sozialen Arbeit einen zusätzlichen Schub erhält. Eines der größten strukturellen Probleme, das die Aufteilung der Zuständigkeit zwischen Kommunalverwaltung und Bezirksverwaltung mit sich bringt, hat seine Basis in den Regelungen zur Kostenübernahme. Da die Kommunalverwaltungen lediglich 15 % der Kosten für die Unterbringung bezahlen, fehlt ihnen der finanzielle Anreiz für eine Beschränkung der Unterbringungsdauer; für sie gilt daher: „aus den Augen, aus dem Sinn“. Schließlich können die Kommunalverwaltungen unter der gegebenen Finanzierungsform Geld sparen, wenn sie Kinder in Institutionen unterbringen, anstatt sie zu Hause wohnen zu lassen und ambulante Maßnahmen durchzuführen.

In der Durchsetzung des *Out-Contracting* von sozialen Diensten liegt zweifellos eine Herausforderung für die Theorie der Sozialen Arbeit. Der überwiegende Teil der Literatur zur Sozialen Arbeit basiert auch heute noch auf psychodynamischen Theorieansätzen, konzentriert sich auf den Handlungsspielraum des Sozialarbeiters und ist einem paternalistisches Denken verhaftet geblieben. Vielleicht stellt die Marktorientierung bzw. Ökonomisierung für die Rolle des Professionellen eine Bedrohung dar, indem nun nicht mehr die Sichtweise und Entscheidung des Professionellen, sondern die des Klienten den Aussschlag gibt. In dieser Hinsicht birgt die Ökonomisierung zumindest theoretisch ein Potential, das von den meisten Kritikern übersehen wurde, nämlich die Schaffung einer Vorrangstellung des Nutzers im Prozess der Leistungserbringung (vgl. Otto/Schaarschuch 1999). Das *Out-Contracting* von Diensten in der Jugendhilfe kann zu einem eher kooperativen Ansatz im Rahmen von Kontraktmanagement führen und eröffnet Möglichkeiten, einen größeren Kreis an interessierten Parteien zu beteiligen, einschließlich der Nutzer und jener Personen, die mit der alltäglichen Organisation und der Erbringung von Diensten zu tun haben. Aber man sollte dabei nicht vergessen, dass *Out-Contracting* als ein Instrument zur Erbringung der jeweils erforderlichen Dienste zu betrachten ist, nicht als Zweck an sich. Daraus ergibt sich auch, dass Studien zum *Out-Contracting* das Interesse an Untersuchungen über die Wirkungen von Heimerziehung nicht verdrängen sollten – vielmehr wären solche erst im Zusammenhang mit Wirkungsstudien wirklich weiterführend.

Literatur

Bell, M (1999) Working in Partnership in Child Protection: The Conflicts, *British Journal of Social Work*, **29**, 437-455

Blom, B (1998): *Marknadsorientering av socialtjänstens individ- och familjomsorg*. Umeå universitet, Institusjonene för socialt arbeite, **27**, 253-267

Brovold, D./ E.J. Jakobsen/ J., Jodalen/ M. Sandvik (1999) *Samarbeid mellom fylkeskommunalt barnevern og private institusjoner. Et samarbeidsprosjekt mellom Oslo kommune, Troms fylkeskommune, Akershus fylkeskommune og Sør-Trøndelag fylkeskommune*, Oslo (Barne- og familiedepartementet)

Christensen, T./ P. Lægreid (1999) New public mangagement – design, resistance, or transformation, *Public Productivity and Mangagement Review*, **23**, 169-193

Fimreite, A.L./ D. Stenvoll (1999) Privat tjenesteproduksjon i kommunesektoren, *Tidsskrift for Velferdsforskning*, **2**, 3, 161-175

Le Grand, J. (Hg.) (1993) *Quasi-markets ans social policy*, Houndmills-Basindstoke-Hampshire (Macmillan Press)

Grinde, T. (ed) (1993) Child Care Perspectives – English and Norwegian views, Report from conference in Lofoten (Nyvågar), May 31. - June 3., 1992, *Rapportserie fra Barnevernets Utviklingssenter*, 2/1993, Oslo (Barnevernets utviklingssenter)

Hansen, K. (1999) New Public Management på det kommunale nivå, *Nordisk admininstrativt tidsskrift*, **80**, 330-338

Janze, N. (1999) A comparative approach to public childcare for children living away from home in Germany and England, *European Journal of Social Work*, **2**, 151-163

Karlsen, C. (1995) *En evaluering av stiftelsen Leons familiehjemvirksomhet*, Rapport / Diakonhjemmets høgskolesenter, Forskningsavdelin, 2/95, Oslo (Diakonhjemmets høgskolesenter)

Luthen, H./ R. Soma (1996) Privatiseringshefte, *Fellesorganisasjonen for barnevernpedagoger, sosionomer og vernepleiere*, Oslo

Powell, J. (1999) Contract Management and Community Care: A Negotiated Process. *British Journal of Social Work*, **29**, 861-875

Otto, H-U/ A. Schaarschuch (1999) A new social service professionalism? The developments of social work theory in Germany, *International Journal of Social Welfare*, **8**, 38-46

Rees, S. (1999) Managerialism in social welfare: proposals for a humanitarian alternative – an Australian perspective, *European Journal of Social Work*, **2**, 193-202

Statistics Norway (1999, 1998, 1997) http://www.ssb.no [03 Health, social conditions and services / 03.03 Social care / 03.03.10 Child welfare]

Storø, J. (1998) Privatisering i barnevernet, *Tidsskriftet Norges Barnevern*, **74**, 3, 12-24

Aus dem Englischen von: Eva Harrison, Stefan Schnurr

Teresa Markowitz

Die Privatisierung der Jugendhilfe in Kansas und Florida

Eines der wichtigsten Geschenke im Leben eines Kindes ist ein sicheres und dauerhaftes Zuhause. Dies ist ein unveräußerliches Recht, das Kinder aufgrund ihrer Unschuld verdienen und das ihre Verletzlichkeit gebietet. Werden Kinder unter staatliche Obhut gestellt, so muss der Staat im Schutz dieses Rechts eine vordringliche Aufgabe sehen. Gleichwohl ist in den USA der Schutz von Kindern eines der dringlichsten und komplexesten Probleme, mit dem die Politik gegenwärtig konfrontiert ist. In den Vereinigten Staaten werden jährlich etwa eine Million Kinder Opfer von Misshandlung und Vernachlässigung. 500.000 Kinder sind als Pflegekinder untergebracht und dies für durchschnittlich 22 Monate (U.S. Department of Health and Human Services 1999) Das Problem liegt nicht allein darin, dass einzelne Mitarbeiter staatlicher[1] Träger unzulänglich arbeiten; vielmehr erscheint die gesamte Arbeits- und Umgangsweise als solche überholt.

Die Gründe, aus denen sich einzelne Bundesstaaten zu Änderungen im Bereich der Kinder- und Jugendhilfe entschlossen haben, sind vielfältig. Eines der immer wieder genannten Motive ist der Wunsch, das Erbringungssystem stärker an den Ergebnissen (*outcome)* auszurichten, indem die kreativen Gestaltungsmöglichkeiten innerhalb des Systems erweitert und zugleich die lokale Verankerung der Hilfen gestärkt wird. Weiter besteht der Wunsch, die Verlässlichkeit innerhalb eines nahtlos funktionierenden Leistungssystem zu erhöhen und mehr Mittel aus dem Bundeshaushalt zu erhalten. Man geht da-

[1] In den USA fällt die Kinder- und Jugendhilfe grundsätzlich in die Zuständigkeit der einzelnen Mitgliedstaaten. Entsprechend heterogen sind die Verwaltungs- und Erbringungsformen, wie auch die durchschnittlich erwartbare Qualität der Leistungen selbst. Bundesgesetze regeln die Voraussetzungen, unter denen die einzelnen Staaten für die Durchführung von Jugendhilfeaufgaben Gelder aus dem Bundeshaushalt zur (partiellen) Refinanzierung ihrer Maßnahmen erhalten können ("federal funding"). Wenn im folgenden von "staatlichen" Trägern, Mitarbeitern usw. die Rede ist, so bezieht sich dies grundsätzlich auf die Ebene der Mitgliedstaaten, also hier auf die Staaten Kansas und Florida und ihre internen verwaltungsmäßigen Untergliederungen (Anm. d. Hg.)

von aus, dass diese Initiativen allen Kindern in Form von fairen und sicheren Leistungen zugute kommen und sich gleichzeitig die Dauer des Aufenthaltes außerhalb der eigenen Familie verringern lässt.

Nach Angaben der *Child Welfare League of America* (etwa: Liga der amerikanischen Kinder- und Jugendhilfeträger) gibt es in neunundzwanzig Bundesstaaten eine oder mehrere Initiativen, die darauf abzielen, entweder das Management und die Vergabe bzw. Finanzierung von Hilfen oder deren praktische Umsetzung im Rahmen der jeweiligen Kinder- und Jugendhilfesysteme zu reformieren (Mc Cullough/Schmitt 1999). Es scheint, dass Kinder heute mehr denn je im Blickpunkt stehen und entsprechend die Notwendigkeit gesehen wird, Erwachsene für das Wohlergehen und die sichere und verlässliche Unterbringung dieser Kinder in Verantwortung zu nehmen.

1. Neue institutionelle Rahmenbedingungen

Ein entscheidender Aspekt bei der Implementation institutioneller Reformen ist der Wandel der Rollenverteilung unter den Beteiligten. Diese Veränderungen können viele betreffen: die Angestellten in den staatlichen Behörden, die Mitarbeiter bei den Leistungsanbietern, die Entscheidungsträger bei den Gerichten und die Pflegeeltern.

Hiervon kann abhängen – und dies ist auch tatsächlich der Fall –, wie effizient die Veränderungen sind. Zu oft kommt es vor, dass Angestellte von staatlichen Trägern als „schlechte Mitarbeiter" betrachtet werden – und schlimmstenfalls hält sie die Öffentlichkeit für Personen, die Kinder wissentlich der Gefahr von Misshandlung bzw. Vernachlässigung aussetzen. Ist ein Mitarbeiter der Überzeugung, dass Veränderungen eingeleitet werden, weil er miserable Arbeit leistet, so wird seine Reaktion und aktive Mitarbeit anders ausfallen, als wenn er zu der Überzeugung kommt, dass die Veränderungen aus einer Reform des Systems resultieren.

Viel zu lange sahen sich freie und staatliche Träger wechselseitig als Gegner in einem erbitterten Kampf um die richtigen Leistungen und Dienste für Kinder und Jugendliche, obwohl viele inhaltliche Übereinstimmungen in ihren Zielsetzungen bestehen. Zunehmend geht man davon aus, dass im Interesse der betreuten Kinder beide Seiten lernen müssen, besser zusammenzuarbeiten. Die Förderung und der Aufbau von jeweils autonomen Leistungssystemen ist für das Gesamtsystem nicht länger tragbar. Bei den Veränderungen sollte es nicht um gegenseitige Schuldzuweisungen gehen, sondern darum, für gemeinsame Zielsetzungen im Interesse der Kinder zu arbeiten und diesen schließlich bessere Dienste zur Verfügung zu stellen.

Bis dahin gilt es jedoch verschiedene Hindernisse zu überwinden. Eines der wichtigsten ist der Mangel an umfassenden Ergebnis–Daten (*outcome data*), auf deren Grundlage man die Ausgangssituation bestimmen kann, sowie das Fehlen präziser Zahlen über die Kostenentwicklung in der Vergangenheit. Eine weitere Erschwernis liegt in den gesetzlichen Bestimmungen, die die Zugangsvoraussetzungen für den Erhalt bundesstaatlicher Finanzmittel regeln und die eine Beibehaltung des Status quo mehr fördern, als die Entwicklung kreativer Lösungen. Bevor Erfolge verzeichnet werden können, sind außerdem zahlreiche Personalprobleme zu lösen; hierzu gehören die negativen Einstellungen gegenüber der bisher geleisteten Arbeit und der Bedarf an umfassenden Weiterbildungsmaßnahmen. Schließlich betrachten die Beteiligten die Reformansätze zu oft als fixe Zielsetzungen und zu wenig als einen Prozess der Qualitätsentwicklung, was oft negative Reaktionen hervorruft, wenn die zunächst vorgegebenen Ziele nicht erreicht wurden.

2. Beispiele für neue Jugendhilfe-Konzepte

Bundesstaat Kansas

Kansas war der erste Bundesstaat, in dem die Verwaltung und die Dienste der Kinder- und Jugendhilfe einem privaten Erbringer übertragen wurden. Dies geschah im Rahmen eines *Out-Contracting* des Pflegekinderwesens bzw. Gruppenpflegewesens im Februar 1997, mit dem der dritte und letzte Abschnitt der Privatisierung abgeschlossen wurde (Drissel/Strausbaugh 1997). Der Bundesstaat Kansas privatisierte drei wichtige Teilbereiche der Kinder- und Jugendhilfe, dazu gehören *Familienhilfe* (Häusliche Betreuung von Familien, in denen die Fremdunterbringung eines Kind bzw. mehrerer Kinder droht), *Adoption* (Adoptionsvermittlung) und *Pflegekinder/Gruppenpflege* (Kinder in staatlicher Obhut, für die eine Fremdunterbringung erforderlich ist).

Kansas strebte aus vielerlei Gründen Veränderungen im Kinder- und Jugendhilfesystem an. Der neue Gouverneur an der Spitze des Bundesstaates wurde folgendermaßen zitiert: “Unser Erfolg im nächsten Jahrhundert hängt maßgeblich vom Erfolg unserer Kinder heute ab”[2]. Er war gerade selbst Ad-

[2] Gouverneur von Kansas Bill Graves, Antrittsrede, Januar 1999

optivvater geworden und engagierte sich sehr stark für Kinder und Jugendliche. Außerdem ernannte er eine Staatssekretärin auf Kabinettsebene, die in diesem Bereich ebenso engagiert war wie er selbst und außerdem auf eine siebzehnjährige Erfahrung im Gesetzgebungsbereich in Kansas zurückblicken konnte. Gemeinsam stellten sie ein Team zusammen, mit dem die erforderlichen Verbesserungen im Bereich der Kinder- und Jugendhilfe angegangen werden sollten. In Kansas war man sich über die Notwendigkeit dieser Maßnahmen weitgehend einig, insbesondere weil mit der American Civil Liberties Union (Amerikanische Bürgerrechtsvereinigung) Vergleichsverhandlungen im Rahmen einer Sammelklage wegen unzureichender Maßnahmen beim Schutz von Kindern geführt wurden. Einer der wichtigsten Aspekte war der Wunsch, den Schwerpunkt nicht allein auf die Sicherheit des Kindes, sondern ebenso auf eine dauerhafte Unterbringung zu setzen und keine auf Jahre ausgelegte Unterbringung von Kindern innerhalb des Pflegedienstsystems anzustreben. Ebenso wollte man im ganzen Bundesstaat die gleichen Dienste anbieten und für alle Kinder in Kansas, unabhängig davon, ob sie in städtischen oder eher ländlichen Gebieten des Bundesstaates wohnen, eine Grundversorgung mit Jugendhilfediensten gewährleisten. Ebenso wurde Wert darauf gelegt, den Bereich des Kinderschutzes im Rahmen des Gesamtkonzeptes zu verbessern. In zu vielen Fällen verbrachten Außendienstmitarbeiter der staatlichen Behörden Tage und Wochen damit, Unterbringungsmöglichkeiten für Kinder zu finden. Man ging davon aus, dass diesen Mitarbeitern, sofern sie von dieser Aufgabe befreit wären, viel mehr Zeit bliebe, zur Meldung gebrachte Fälle im Bereich des Kinderschutzes zu verfolgen und damit letztendlich den Schutz der Kinder zu verbessern. (Zu diesem Zeitpunkt lag der Prozentsatz der nachgewiesenen Fälle von Kindesmisshandlung und Vernachlässigung im Bundesstaat Kansas mit 11 % landesweit am unteren Ende der Skala (Kansas Action for Kids and the University of Kansas, 1997: 7).

Alle an diesem Projekt beteiligten Personen waren eindeutig interessiert am Aufbau eines verantwortungsvollen und ergebnisorientierten (outcome) Systems, was bisher in dieser Form in Kansas noch nicht versucht worden war. In der Vergangenheit schienen Entscheidungen oftmals auf der Grundlage von anekdotischem Wissen getroffen worden zu sein. Die derzeitige Verlagerung der Schwerpunkte auf Verantwortung und Zuständigkeit machte den Aufbau einer kooperativen Beziehung zwischen dem Staat und den Leistungserbringern notwendig, so dass nun gemeinsame Zielen verfolgt werden konnten, ohne dass jeder wie bisher „sein eigenes Süppchen kochte“. Der Staat musste anerkennen, dass nicht nur Mitarbeiter staatlicher Träger sondern auch andere Leistungserbringer durchaus in der Lage waren, positive Lösungen für Kinder und Familien anzubieten.

Schließlich musste in finanzieller Hinsicht das überholte Konzept der „alten Welt“ verworfen werden, welches Träger bei Vollbelegung der Betten belohnte, und damit der Förderung der dauerhaften Unterbringung der Kinder völlig zu widersprechen schien. Obwohl bei dem Programm niemals Kosteneinsparungen im Vordergrund standen, war nun der verantwortungsvolle Umgang mit den finanziellen Ressourcen nur eine logische Konsequenz eines ergebnisorientierten Leistungssystems.

Die Erfahrungen in der Vergangenheit hatten gezeigt, dass es nicht einfach ausreichte, noch mehr Geld oder Mitarbeiter im Budget zu berücksichtigen, was in vielen Fällen mit geringem oder ohne Erfolg praktiziert worden war. Viele Beteiligte kamen überein, dass nun der Zeitpunkt gekommen war, Veränderungen an dem Leistungssystem an sich vorzunehmen. Durch umfassende Informationsveranstaltungen und Treffen mit potentiellen Leistungsrbringern, Richtern, Pflegeeltern, Mitarbeitern staatlicher Stellen, Vertretern kommunaler Einrichtungen, Anwälten und anderen Interessengruppen konnte der Staat das Konzept für eine neue Kinder- und Jugendhilfe entwickeln, das über geringfügige Änderungen des ohnehin überlasteten Systems weit hinausging. Das Ergebnis war ein Programm, das die im Rahmen dieser Treffen analysierten Erfordernisse einbezog und auf der gebündelten Kraft von Staat und Leistungserbringern basierte.

Die Struktur der Kinder- und Jugendhilfe in Kansas, die aus diesen Treffen hervorging, beruhte auf den folgenden Parametern: Die staatlichen Stellen behielten weiterhin die gesetzlich verankerte Zuständigkeit im Hinblick auf sämtliche Ermittlungstätigkeiten und den Schutz von Kindern, während sich die Zuständigkeit der Erbringer eher auf die Fallkoordination (*case managment*) und Fremdunterbringung erstreckte.

Der Bundesstaat Kansas entschied sich für ein sogenanntes *lead-agency*-Konzept, um die Anzahl der Leistungserbringung, mit denen der Staat Leistungsvereinbarungen abschließt, gering zu halten. Dieses Konzept sieht weiter vor, dass der *lead agency* die Möglichkeit eingeräumt wird, ihrerseits Aufträge an andere Träger (*agencies*) zu vergeben (subcontracting). Drüber hinaus beabsichtigte der Staat Kansas, sämtlichen Leistungserbringern innerhalb des Bundesstaats die Möglichkeit zu geben, ein Angebot im Rahmen einer Ausschreibung einzureichen. Die Planung sah daher die Aufteilung des Bundesstaates in fünf Regionen und die Einteilung der Leistungen in die drei Bereiche: Familienhilfe, Adoption und Pflegekinderdienste vor. Hierdurch wurden auch die Bedenken kommunaler Leistungserbringer, die Kapazitätsprobleme bei den potentiellen Anbietern befürchteten, berücksichtigt.

Ein Grundsatz in der Finanzstrategie war ein ergebnisorientiertes Leistungssystem (*outcome*) mit direktem Bezug zu den Leistungsvereinbarungen. Ebenso gab es Bestrebungen, die finanziellen Mittel so weit wie möglich zusammenzuführen, um damit den Trägern möglichst viel Spielraum für die Leistungserbringung einzuräumen. Ein weiteres Merkmal der Finanzpolitik war ein festgelegter Satz pro Fall je nach Falldauer anstelle des herkömmlichen Abrechnungsmodus „Gebühr nach Leistung", wodurch auch hier die Verantwortung für das Ergebnis (*outcome)* auf den Erbringer übertragen wurde. Die Verträge verpflichteten die Leistungserbringer auch nach Beendigung des Falles zu einer Fortdauer der Zuständigkeit, ihnen obliegt nicht nur die Verantwortung für das Kind während der Dauer seiner Fremdunterbringung, sondern ebenso Verantwortung für einen dauerhaften Erfolg innerhalb einer vorgegebenen Zeitspanne nach dessen Rückkehr in die Familie. Die letzten beiden Leistungsbereiche ermöglichten es, das finanzielle Risiko gemeinsam mit den Leistungserbringern zu tragen, da es sich für alle Beteiligten um eine ganz neue Strategie handelte, die auch bei der Planung umfangreiche Prüfungen notwendig machte. Hierfür musste eine externe Instanz mit der Evaluierung des gesamten Leistungssystems betraut werden, um dessen Funktionalität in der „neuen Welt" zu untersuchen.

Die Reform erwies sich als äußerst positiv für die Kinder im Bundesstaat Kansas. Trotz der Schwierigkeiten, die nur teilweise vorhersehbar waren, wurde bereits viel erreicht. Zu den indirekten und mit dem Übergang verbundenen Auswirkungen zählte ein starker Wettbewerb unter den Erbringern, der zu Konflikten führte, die zuvor nicht bestanden hatten. Zudem war eine große Zahl von Pflegeeltern über ihre Rolle in dem neuen Leistungssystem ebenso verunsichert wie auch über die Funktion des zuständigen Fallmanager (*case manager*). Der Mangel an qualifizierten Sozialarbeitern bei gleichzeitig steigendem Bedarf verschärfte diese Situation. Außerdem bestand anfänglich die Überzeugung, dass sich durch das neue Leistungssystem alle bislang bestehenden Probleme wie von selbst lösen würden, was den Reformprozess übermäßig belastete.

Die Reformen führten auch in personeller Hinsicht zu zahlreichen indirekten Konsequenzen, hierzu gehörte ein verbessertes Image der Mitarbeiter öffentlicher Träger, sowie – auf der Seite der freien Träger – die Erfahrung, dass die Aufgaben anspruchsvoller waren als erwartet. Die gravierenden Veränderungen stießen bei einigen Mitarbeitern der öffentlichen Träger auf heftigen Widerstand. Dennoch, und dies mag erstaunen, schienen sich die Beziehungen zwischen den öffentlichen und privaten Einrichtungen zu festigen, obwohl einzelne diese Partnerschaft in gewisser Weise als bedrohlich empfanden. Angesichts der Intensität öffentlicher Kontrollen, sahen sich einige Träger zu der Kritik veranlaßt, es handele sich eher um einen Prozess der „Verstaatlichung", als der „Privatisierung". Ein anderer kritischer Aspekt, liegt darin, dass die neu gewonnenen Daten häufig negativ verwendet wurden und nicht als Instrument zur Qualitätsverbesserung.

Die Datenlage verbesserte sich zunehmend und wurde wie erwartet zu einem festen Bestandteil des Erbringungssystems. Die Befürworter der Reform verließen sich nicht mehr ausschließlich auf anekdotisches Wissen, sondern stützen sich auf diese Daten, um ihre Stratgien zu begründen. Die Anfangskosten der Reform waren jedoch weit höher als geplant und zwar insbesondere im Hinblick auf die technischen Voraussetzungen für die Datenerhebung und für die Mitarbeiterfortbildungen

Insgesamt gesehen war jedoch als eine der wichtigsten Folgen des neuen Erbringungssystems eine höheres Maß an Vertrauen auf seiten der Politiker und anderer Entscheidungsträger festzustellen, da nun auf exakte und aktuelle Daten zurückgegriffen werden konnte.

Bundesstaat Florida

Die Initiative im Bundesstaat Florida ist unter dem Namen „*Community Based Care*" (Kinder- und Jugendhilfe auf kommunaler Ebene) bekannt und wird derzeit an vier Pilotstandorten durchgeführt. Die Regierung plant die landesweite Einführung in den nächsten drei Jahren. Die Initiativen in den beiden Bundesstaaten Florida und Kansas unterscheiden sich hauptsächlich in den folgenden Punkten:

Kansas	Florida
ohne Auftrag durch den Gesetzgeber	1996 Auftrag durch den Gesetzgeber zur Erstellung des Programms
geographisch in fünf Regionen unterteilt	Eine auf Kommunalverbänden basierende geographische Aufteilung, wobei ein Kommunalverband mindestens die Größe eines Kreises/county hat, so dass sich insgesamt 67 Kommunalverbände bzw. Programme ergeben
Dienste zum Schutz von Kindern (*child protective services*) sind weiterhin in staatlicher Hand	*Out-Contracting* des Kinderschutzes
Aufteilung des Leistungssystems in drei Bereiche: Familienhilfe, Adoptions- und Pflegekinderwesen	keine Aufteilung des Leistungssystems, bleibt als Einheit erhalten
monatlich oder jährlich festgelegter Satz pro Fall	Gesamtbudget wird unabhängig von Schwankungen bei den Leistungsempfängern kalkuliert und zugewiesen
Risikobeteiligung in den ersten Jahren	keine Risikobeteiligungsklausel im Vertrag
keine Pilotprojekte	Pilotprojekte mit allmählicher Einführung im gesamten Bundesstaat

3. Positive Erfahrungen

Fragt man nach den Lehren, die aus den in Kansas durchgeführten Reformen gezogen wurden, so sind folgende Aspekte von besonderer Bedeutung. Es wäre sinnvoller gewesen, die Kosten für bereits in dem System geführte Kinder bzw. für neu aufgenommene Kinder separat auszuweisen. Die Übergabe der Kinder und der sie betreffenden Akten hätte besser koordiniert werden müssen, und es wäre praktikabler gewesen, längerfristigere Zeitvorgaben für die Übergabe der noch nicht abgeschlossenen Fälle an die Zieleinrichtungen zu setzen. Was die Finanzen betrifft, so hätten die Anfangskosten im voraus besser kalkuliert werden müssen. Eine regelmäßige Überprüfung hätte kostengünstiger und einfacher erfolgen können, wenn das in den Kontrakten geführte Geschäftsjahr dem Rechnungsjahr des Bundesstaates entsprochen hätte.

Für die zentralen Akteure wären über die angebotenen umfangreichen Fort- und Weiterbildungsveranstaltungen hinaus noch weitere notwendig gewesen. Der Bundesstaat hätte nicht voraussetzen dürfen, dass die Leistungserbringer im Bereich der Kinder- und Jugendhilfe ausreichende Kenntnisse besaßen, insbesondere im Hinblick auf prozessuale Belange vor Gericht und die damit zusammenhängenden Bestimmungen. Es wäre bestimmt hilfreich gewesen, Beteiligte der Justiz und die Pflegeeltern in größerem Maße in die Planung mit einzubeziehen.

Aus einer am Ergebnis orientierten Perspektive mussten die Ziele auf der Grundlage der jeweiligen Ausgangsdaten betrachtet werden. Wo diese nicht verfügbar waren, wäre es vielleicht besser gewesen, bis zu ihrer Vorlage nicht allzu große Erwartungen zu hegen.

4. Was wurde bislang erreicht?

- Die Organisation eines ergebnisorientierten Erbringungssystems, einschließlich empirischer Untersuchungen zur Zufriedenheit; zum ersten Mal in der Geschichte ist dem Bundesstaat bekannt, ob seine Aktivitäten im Bereich der Kinder- und Jugendhilfe ausreichend sind.
- Die Partnerschaft zwischen privaten und öffentlichen Einrichtungen hat die wechselseitigen Beziehungen gestärkt.
- Mehr Geld aus bundesstaatlichen Quellen floss in die Kinder- und Jugendhilfe (ein Mehrbetrag von 58,2 Mio. US$ in den vergangenen fünf Jahren).
- Die Mitarbeiter staatlicher Stellen können sich nun verstärkt dem Schutz von Kindern widmen, was teilweise zu einer um 30 % höheren Meldequote von Fällen von Kindesmisshandlung und Vernachlässigung führte.
- Der Bundesstaat betreibt nun eine Politik, derzufolge niemand mehr abgelehnt oder ausgeschlossen wird (*no eject/no reject*). Dadurch werden die Leistungserbringer verpflichtet, nicht nur Leistungen für Kinder anzubieten, die relativ leicht zu versorgen sind, sondern für alle Kinder im Bundesstaat Kansas eine Grundversorgung zu garantieren.
- Alle Leistungen können nun im gesamten Bundesstaat angeboten werden; vor Beginn dieses Programms konnten Kinder und Familien in ländlichen Bereichen des Bundesstaates keine Leistungen im Bereich „Familienhilfe" in Anspruch nehmen, weil diese nicht existierten.
- Im ersten Jahr stieg die Adoptionsrate um 44 %.
- Innerhalb der ersten beiden Jahre stieg die Adoptionsrate um 81 %.
- Die Zahl der zugelassenen Pflegeeinrichtungen stieg bemerkenswert an, während die Fluktuation prozentual um 10 % sank.
- Die Anzahl potentiell zur Verfügung stehender Adoptivfamilien hat sich verdreifacht.

- Ergebnisberichte werden nun monatlich erstellt (vgl. *Anhang* für vollständige Liste aller Ergebnisse).
- Man kann nunmehr in stärkerem Maße auf empirische Daten zurückgreifen und arbeitet viel weniger nach dem herkömmlichen Zufallsmodell.
- Intensivierung der Einbeziehung der Bevölkerung.
- Die privaten Leistungserbringer haben die Zielvorgaben in allen drei Bereichen erfüllt.

5. Schluss

Zusammenfassend sind bei der Bedarfsanalyse im Hinblick auf die Änderungen im Bereich der Kinder- und Jugendhilfe verschiedene Faktoren zu berücksichtigen. Zunächst müssen die spezifischen Ziele der Reformen klar und deutlich herausgestellt werden. Alle Beteiligten müssen ein genaues Bild von den vordringlichen Ziele haben. Im Idealfall wird ein Modell auf Grundlage der Bedürfnisse der Menschen vor Ort entwickelt und an den jeweiligen lokalen Bedürfnissen und Erwartungen ausgerichtet. Es gibt keine „perfekte" Reformstrategie und jede Initiative muss unter Berücksichtigung dieser Bedürfnisse sorgfältig geplant werden.

Ein System, das mit verlässlichen Ergebnis Daten anstelle von anekdotischem Wissen arbeitet, kann schnell zum Standard werden und muss keine Ausnahme bleiben. Je mehr die verwaltungstechnischen und politischen Entscheidungen auf Grundlage klarer Fakten und nicht mehr nach dem Zufallsprinzip getroffen werden, desto eher können Veränderungen und Verbesserungen erreicht und eine Grundlage für die Erbringung von Leistungen und Diensten geschaffen werden.

Die bisherigen Erfahrungen zeigen, dass bei laufenden Reformmaßnahmen zumindest kurzfristig keine Einsparungen möglich sind. Mit einer Reform werden in einem herkömmlichen Erbringungssystem mit knappen Mitteln wahrscheinlich keine Kosten eingespart, aber es lässt sich klar aufzeigen, wo, wann und ob finanzielle Mittel erforderlich sind. Alle zentralen Akteure der Reform sollten in alle Aspekte der Entwicklung einbezogen sein. Nachhaltige Änderungen lassen sich nur dann verwirklichen, wenn die Schlüsselakteure auch in den Planungsprozess integriert sind. Hieraus entstehen wiederum starke Partnerschaften, die gleichzeitig auch Voraussetzung dafür sind, gemeinsam die Anforderungen des Erbringungssystems formulieren zu können.

Wenn die Erkenntnis reift, dass nicht generell die in der Kinder- und Jugendhilfe arbeitenden Personen die Ursache für ineffiziente Abläufe sind, sondern der Fehler vielmehr in der Struktur des Systems liegt, dann ist der Weg für eine echte Reform frei. Oftmals war es einfacher, den Einzelnen zur Verantwortung zu ziehen und Disziplinarmaßnahmen gegen das Individuum als Korrektiv für systemimmanente Probleme durchzuführen. Leider lässt sich ein Erbringungssystem durch Korrekturen am Verhalten eines Einzelnen wohl kaum in seiner Gesamtheit ändern. Hier wurden falsche Schwerpunkte gesetzt. Das gesamte System muss einer genauen Prüfung unterzogen werden, wobei die gut funktionierenden Bereiche beibehalten und die unzureichend funktionierenden geändert und verbessert werden müssen. Natürlich erfordern derartige Neustrukturierungen viel Zeit, Mut, Geduld und Flexibilität, aber unsere Kinder verdienen auf jeden Fall unsere Aufmerksamkeit, unseren Einsatzwillen und unser Engagement im Hinblick auf eine Verbesserung des Systems.

6. Anhang: Leistungsziele der Kinder- und Jugendhilfe in Kansas („Kansas Outcomes“)

Familienhilfe

- 97 % aller zugewiesenen Familien werden am Behandlungsprozess teilnehmen
- Bei 90 % der Familien wird während der Teilnahme an dem Programm kein Fall von Kindesmissbrauch oder Vernachlässigung nachgewiesen werden
- Bei 80 % der Familien, die das Programm erfolgreich absolvieren (ohne Fremdunterbringung eines Kindes) wird es innerhalb von sechs Monaten nach Schließung der Akte keinen nachgewiesenen Fall von Kindesmisshandlung oder Vernachlässigung geben
- Bei 80 % der Familien wird während der Teilnahme an dem Programm keine Fremdunterbringung eines Kindes erfolgen
- Bei 80 % der Familien, die das Programm erfolgreich absolvieren (ohne Fremdunterbringung eines Kindes) wird innerhalb von sechs Monaten nach Schließung der Akte keine Fremdunterbringung eines Kindes erfolgen
- Bei den Teilnehmern am Programm (Eltern und Jugendliche [Alter: 14 - 21 Jahre] im Haus) wird bei einer Umfrage über ihre Zufriedenheit mit

den erbrachten Dienstleistungen 30 Tage nach Beginn des Programms eine Zufriedenheitsrate von 80 % ermittelt werden[3]

Adoption

- 55 % der Kinder werden innerhalb von 180 Tagen nach Erhalt der Freigabe zur Adoption in Adoptivfamilien untergebracht
- 70 % der Kinder werden innerhalb von 365 Tagen nach Erhalt der Freigabe zur Adoption in Adoptivfamilien untergebracht
- 90 % der Unterbringungen in Adoptivfamilien werden nach 12 Monaten abgeschlossen sein
- 90 % der Adoptivkinder werden 18 Monate nach Beendigung weiterhin ihre Adoptiveltern als gesetzlichen Vormund behalten
- 90 % der Familien (Eltern und Jugendliche ab 14 Jahre im Haus) werden sich nach Abschluss der Adoption zufrieden mit der Abwicklung der Adoption äußern
- 65 % der Kinder werden zusammen mit mindestens einem ihrer Geschwister untergebracht werden
- 90 % der Kinder, die zur Adoption freigegeben werden, werden von dem Zeitpunkt, zu dem das elterliche Sorgerecht endet, bis zum Abschluss der Adoption höchstens an zwei verschiedenen Orten untergebracht sein
- 95 % der Kinder, die unter der Fürsorge und Aufsicht eines vertraglichen Leistungserbringers stehen, werden vor Zustandekommen der Adoption keine nachgewiesene Misshandlung oder Vernachlässigung erfahren

Pflegekinder-/Gruppenpflegebereich

- 98 % der Kinder, die unter der Fürsorge und Aufsicht eines vertraglichen Leistungserbringers stehen, werden während ihrer Unterbringung keine nachgewiesene Misshandlung oder Vernachlässigung erfahren
- 80 % der Kinder werden 12 Monate nach ihrer Reintegration keine nachgewiesene Misshandlung oder Vernachlässigung erfahren
- 70 % der Kinder, die an einen vertraglichen Leistungserbringer überwiesen werden, werden nach dieser Zuweisung in maximal drei weiteren Einrichtungen untergebracht werden
- 70 % aller Kinder werden mit mindestens einem seiner Geschwister untergebracht werden

---

[3] Das Department of Social and Rehabilitation Services (SRS), also das für den Bereich der sozialen Dienste zuständige Amt des Staates Kansas, führt eine Kundenzufriedenheits-Survey durch (Client Satisfaction with SRS Service Survey). (Anm. d. Hg.)

- 70 % der überwiesenen Kinder werden innerhalb ihres Heimat-Bezirks (County) oder in einem angrenzenden Bezirk untergebracht werden
- 75 % der Jugendlichen im Alter von mindestens 16 Jahren, die aus der staatlichen Obhut entlassen werden, haben einen Abschluss an der High School bzw. einen vergleichbaren Abschluss erworben oder an einem Erziehungs- oder Berufsausbildungsprogramm teilgenommen
- 40 % der Kinder, die außerhalb der eigenen Familie untergebracht waren, werden zu ihrer Familie zurückgebracht, erhalten eine dauerhafte Unterbringungslösung oder werden sechs Monate nach ihrer Unterbringung bei dem vertraglichen Leistungserbringer zur Adoption freigegeben
- 80 % der Kinder, die wieder in ihre Familie zurückkehren, werden innerhalb eines Jahres nach ihrer Reintegration nicht wieder außerhalb der Familie untergebracht
- 65 % der Kinder, die außerhalb der eigenen Familie untergebracht waren, werden zu ihrer Familie zurückgebracht, erhalten eine dauerhafte Unterbringungslösung oder werden zwölf Monate nach ihrer Unterbringung bei dem vertraglichen Leistungserbringer zur Adoption freigegeben
- Bei den Teilnehmern am Programm (Eltern und Jugendliche im Alter von 16 - 21 Jahren) werden bei einer Umfrage über ihre Zufriedenheit mit den Diensten der Familienzusammenführung 180 Tage nach der Unterbringung oder nach Schließung der Akte eine Zufriedenheitsrate von 80 % ermittelt.[4]

* Die Ergebnis-Daten werden regelmäßig überprüft und routinemäßig im Rahmen von Tests und nach Vorlage weiterer Informationen abgeändert.

Literatur

Drissel, A. J. Strausbaugh, Kansas is First in U.S. to Privatize Child Welfare Services, *The Children's Vanguard - The Children's Services Management Advisor* **1**, März 1997, 4-5

Mc Cullough, C./ B. Schmitt (1999) Child Welfare League of America, *Managed Care & Privatization Child Welfare Tracking Project: 1998 State and County Survey Results*, Washington, DC (CWLA Press)

Kansas Action for Kids and the University of Kansas (1997) *Kansas Kids Count Data Book*, 1997, Baltimore Maryland (Annie E. Casey Foundation)

---

[4] Dieses Kriterium bezieht sich auf eine weitere Kundenzufriedenheits-Survey (Client Satisfaction with Family Reunification Services Survey). (Anm. d. Hg.)

U.S. Department of Health and Human Services, Administration for Children and Families, Administration on Children, Youth and Families, Children's Bureau, Washington DC, [www.acf.dhhs.gov/programs/cb], *Adoption and Foster Care Analysis and Reporting System Report*, March 31, 1999, 1-2

Aus dem Englischen von: Wiebke Horn, Karin Marx, Stefan Schnurr, Mark Schrödter

Paul Linossier

Träger im Wettbewerb – ein Bericht aus der Innenperspektive

Seit mehr als einem Jahrzehnt wird die Entwicklung der australischen Wirtschafts- und Sozialpolitik vorwiegend nach ökonomischen Rationalitätskonzepten ausgerichtet. Diese Strömung sowie der hohe Stellenwert, der dabei dem „Markt" zugesprochen wird, um effektive und effiziente Systeme und Dienste zu gewährleisten, haben einen äußerst markanten Einfluss auf die Erbringung und Planung von sozialen Diensten für Jugendliche im Bundesstaat Victoria gehabt. Mit nachdrücklichem Verweis auf ähnliche soziale Experimente in Großbritannien und Neuseeland hatte die frühere Kennett-Regierung in Victoria durchgreifende Veränderungen für die Rolle der Regierung bei der Erbringung von sozialen Diensten, der Beziehung zwischen Regierung und Trägern sowie den Beziehungen von Trägern untereinander vorgesehen.

Der Kontext

Die Bevölkerung Australiens bemisst sich auf knapp 19 Millionen Einwohner. Von den acht Bundesstaaten und Territorien ist Victoria mit rund 4,7 Mio. Einwohnern der zweitgrößte Bundesstaat. Die Bevölkerung Australiens und Victorias wird zunehmend älter; der Anteil der über 65-jährigen, der 1901 erst 4 % betragen hatte, lag 1998 bereits bei 12 %. Man nimmt an, dass diese Kohorte im Jahre 2051 etwa 25 % der Bevölkerung ausmachen wird. Die Einwohnerzahl unseres Staates wächst in geringem Maße (um rund 1,2 % im letzten Jahr), und im Juni 1998 hatten 70 % der australischen Haushalte keine Kinder unter 15 Jahren. Das Durchschnittsalter in Victoria steigt weiterhin und erhöhte sich zwischen 1993 und 1998 von 33,2 Jahre auf 34,8 Jahre. Der Anteil von Kindern an der Bevölkerung ging von 21,1 % im Jahre 1993 auf 20,4 % (etwa 950.000) im Jahre 1998 zurück. Vier Prozent aller Kinder in Australien sind Kinder von Ureinwohnern.

Im australischen Wohlfahrtssystem liegt die Verantwortung für das System der sozialen Sicherung bei der Bundesregierung; für den Bildungs- und Gesundheitsbereich besitzt diese eine mittelbare Verantwortung, insofern sie einen wesentlichen Anteil der bundesstaatlichen Ausgaben in diesem Sektor über Transferzahlungen finanziert. Im Gegenzug sind die bundesstaatlichen Regierungen für die Erbringung der entsprechenden sozialen Dienste zuständig. Ähnlich greifen auch Kommunalverwaltungen auf Steuer- und Fördergelder des Commonwealth oder von staatlichen Quellen zurück, um eine breite Palette an allgemeineren Diensten offerieren zu können. Victoria verfügt über das breiteste Spektrum an Nicht-Regierungsorganisationen für soziale Dienste und kann auf eine lange – bis zu den Anfängen der britischen Kolonialzeit zurückreichende – Tradition an kirchlichen und unabhängigen Wohltätigkeitsorganisationen zurückblicken, die unterschiedliche Unterstützungsdienste für Obdachlose, Alte und gefährdete Kinder und Jugendliche anbieten.

Dieser Beitrag bilanziert die jüngere Entwicklung der Jugendhilfe in Victoria unter besonderer Berücksichtigung des Zusammenschlusses der Jugendhilfeträger auf Landesebene, der *Children's Welfare Association of Victoria.*[1] Die *MacKillop Family Services*, wurde am 1. Juli 1997 gegründet, um die Arbeit von drei katholischen Orden im Bereich der Kinder- und Jugendhilfe weiterzuführen.[2] *MacKillop Family Services* entstand durch die Neugründung bzw. Vereinigung von sieben kleinen Trägern unter der Schirmherrschaft der drei Ordensgemeinschaften. Diese Träger wurden zum größten Teil vor der Jahrhundertwende gegründet, zwei der jüngeren in den 20er- bzw. 30er Jahren. Die frühesten Anfänge können auf das Jahr 1854 zurückgeführt werden, so dass von einer nahezu 150-jährigen kontinuierlichen Arbeit mit Kindern, Jugendlichen und ihren Familien, die sich am Rande der Gesellschaft befinden, gesprochen werden kann.

In dem hier behandelten Fall waren drei treibende Kräfte für die Veränderungen verantwortlich. Die demographischen Veränderungen innerhalb der australischen Bevölkerung zeigen sich auch in den Ordensgemeinschaften. Als 1991 neue Organisationsformen diskutiert werden sollten, wurden – mit einer Ausnahme – noch alle Träger von Ordensleuten geleitet. Es war den Leitern der Kongregationen zu dieser Zeit bereits klar, dass diese Arbeit – so gehütet und geschätzt sie auch war – in die Hände von Laien gelegt werden musste, wenn es im neuen Jahrtausend überleben sollte. Die zweite treibende

---

[1] Der Autor ist Leiter der *MacKillop Family Services* (Melbourne, Australien) und zugleich Präsident des Zusammenschlusses der Jugendhilfeträger auf Landesebene (*Children's Welfare Association of Victoria*).

[2] *MacKillop Family Services* ist einer der drei größten spezialisierten Kinder- und Jugendhilfeträger in Victoria mit einem Jahresumsatz von $12,5 Mio. und rund 300 Mitarbeitern.

Kraft war der Umstand, dass jeder Träger seine eigenen Schwierigkeiten hatte. Einige waren finanziell angeschlagen, andere hatten versäumt, ihre Angebotsstruktur und Arbeitsmethoden dem aktuellen Wissensstand anzupassen. Allgemein benötigten viele der angebotenen Dienste neue Impulse und mussten auf die Höhe der Zeit gebracht werden. Die dritte treibende Kraft hatte ihren Ausgang in internationalen Erfahrungen: außerhalb Australiens setzten sich Tendenzen durch, größere und besser ausgestattete Organisationen für die Erbringung von komplexeren Diensten vorzuziehen, wie sie heute für Kinder und Jugendliche notwendig sind.

Dieser letzte Punkt war besonders entscheidend. Er begann seinen Niederschlag zu finden in der Einstellung der bundesstaatlichen Bürokratie und im Reformpaket der neuen konservativen Kennett-Regierung.

Die sieben zu MacKillop zusammengeschlossenen Träger entwickelten sich alle aus dem sogenannten „Waisenhaus auf dem Berg"-Modell und erweiterten im Laufe der Zeit ihr Dienstangebot auf Wohngruppen, Pflegekinderwesen und Familienunterstützung sowie Ausbildungs- und Schulungsprogramme. Das Hauptorgan für derartige Organisationen ist die *Childrens' Welfare Association of Victoria.* Dieser Verband besteht seit 88 Jahren und vertritt traditionell das breite Spektrum konfessioneller und unabhängiger Organisationen, die substitutive und unterstützende Dienste für Familien in Victoria anbieten. Gegenwärtig gehören ihr mehr als 70 Mitgliedsorganisationen an, und die Verwaltung wird durch Mitgliedsbeiträge und Regierungszuschüsse finanziert.

Das Kinder- und Jugendhilfesystem in Victoria hat in den letzten 40 Jahren bedeutende Veränderungen erfahren. Der Trend zur „De-Institutionalisierung" (der Schließung von alten Waisenhäusern) begann erst in den 60erJahren. Bis zur Schließung der letzten Institution nach altem Stil wird es noch etwa 12 Monate dauern. In den 70'er Jahren wurde der Bundesstaat in 13 Regionen unterteilt, und die zentrale Bürokratie wurde teilweise regionalen Ämtern und Unterämtern übertragen. Im Zuge der Regionalisierung und De-Institutionalisierung führten die Stadtteilträger ihre Dienste wieder ein, um unabhängige regionale Versorgungssysteme zu schaffen. Vor dieser Zeit hatte man Kinder aus dem ganzen Bundesstaat fern von ihren Familien und Gemeinschaften in zentralisierten Einrichtungen untergebracht, wobei sich 90 % der Heimbetten in Victoria in den von Mittel- und Oberschicht bewohnten östlichen Vororten der Hauptstadt des Bundesstaats befanden.

Bis Mitte der 80er Jahre konnte die Beziehung zwischen der Regierung und dem Nicht-Regierungssektor weitgehend als partnerschaftliche Beziehung mit relativ gleichem Einfluss charakterisiert werden. Seit Mitte der 80er Jahre wurden die zentralen und regionalen Bürokratien bedeutend einflussreicher und pro-aktiver bei der Einrichtung von Strukturen, der Finanzierung und der Entwicklung von Programmen und sozialen Diensten. Anfang der 90er Jahre war man sich weitgehend einig, dass die Vertreter ökonomischer Rationalitätskonzepte die Bürokratie sowohl der linken als auch der rechten Regierungen dominiert hatten und dass ihre Ideologie der Hauptantrieb für die Entwicklung öffentlicher Programme war.

Das Reformpaket der Kennett-Regierung

Die ökonomische Rationalisierung war in Australien am einflussreichsten im Bundesstaat Victoria der 90er Jahre. In zwei aufeinanderfolgenden Legislaturperioden führte die Kennett-Regierung einen umfassenden und radikalen Reformprozess durch. Befürworter von Kennetts Ansatz argumentierten, dass der Bundesstaat hoch verschuldet und von der vorherigen Labor-Regierung schlecht geführt worden sei und der Wirtschaftssektor das Vertrauen in die wirtschaftliche Entwicklung des Bundesstaats verloren habe. Kritiker der Regierung führten an, dass der Konservativismus – im Bestreben, eine starke und gesunde Wirtschaft zu schaffen – grundlegende soziale Infrastrukturen abgebaut und den ohnehin schon benachteiligten *Communities* eine unnötig harte Last auferlegt habe.

Während dieser Reformperiode fungierten die Vorstellungen von Markt- und Wettbewerbspolitik (sowohl seitens der Labor- als auch der konservativen Regierung) als Schlüsselinstrumente oder Paradigmen der Neuerungen. Die erste Reformwelle umfasste die lokale Verwaltung – gewählte Vertreter wurden entlassen, Räte (*councils*) zusammengelegt oder neu strukturiert und Bevollmächtigten des Bundesstaats wurde aufgetragen, einen beträchtlichen Anteil der jährlichen Ausgaben der lokalen Verwaltung durch öffentliche Ausschreibung auszulagern. Soziale Dienste, Parks und Grünanlagen, Essen auf Rädern, Reinigungsdienste und ähnliches wurden nun routinemäßig öffentlich ausgeschrieben. Erst als diese bedeutenden Reformen abgeschlossen waren, wurde den Ratsmitgliedern gestattet, ihre Rolle in der Kommunalverwaltung wieder einzunehmen. Die Regierung konnte diese Aufgabe weitgehend in ihrer ersten Amtszeit erledigen und wandte sich dann den sozialen Diensten für Jugend und Familien zu.

In Victoria wird allgemein akzeptiert, dass Melde- und Untersuchungsdienste bis hin zur Entscheidung durch das Kinder- und Jugendgericht (*Childrens Court*)[3] in der Verantwortung des Bundesstaates liegen. Diese Verantwortung beginnt dort, wo Kinder oder Jugendliche inhaftiert werden, wie z.B. bei der sogenannten „*Secure Welfare*" (d.h. in Fällen, in denen bei einem Kind Eigengefährdung vorliegt) oder bei der Jugendgerichtsbarkeit. Die Kennett-Regierung hatte die Bereitstellung von einigen Gefängnissen für Erwachsene an private „profitorientierte" Anbieter vergeben und drohte einmal sogar (ankündigen) mit dem *Out-Contracting* von Jugendhaftanstalten an private Erbringer.

In den frühen 90er Jahren erfolgte die Einführung des gesetzgeberischen Rahmens für die Meldepflicht von Kindesmisshandlung. Diese war von vielen gemeinnützigen Organisationen aus einer Vielzahl von Gründen bekämpft worden. Das Endergebnis war eine Krise innerhalb der staatlichen Kinderschutzdienste, die personell stark unterbesetzt waren und die der zunehmenden Anzahl gemeldeter Verdachtsfälle aus Zeitgründen nicht nachkommen konnten. (die Zahl der Untersuchungen hatte sich von 20.000 in den Jahren 1992/1993 auf 35.000 in den Jahren 1998/1999 erhöht, wobei die begründeten Fälle im gleichen Zeitraum von 4.400 auf 7.400 stiegen). Nach der Zeit der Krise und des Orientierungsverlusts wurden beträchtliche Summen in diesen Bereich investiert. Als Folge davon stieg auch die Nachfrage nach Unterbringungsdiensten. Die Finanzierung von Diensten im Bereich der Fremdunterbringung verbesserte sich nicht, vielmehr nahm die Leistungsfähigkeit ab. Die Strategie zu einer Effektivierung der Reaktionsweisen auf diesen Bedarf lag in der schrittweisen Abschaffung der freiwilligen Fremdunterbringung, so dass alle Kinder und Jugendlichen, die *irgend*eine Art von Unterstützung oder Intervention benötigten, durch das Nadelöhr des Kindesschutzes mussten. Um zu gewährleisten, dass diese Dienste ausschließlich auf Kinder und Jugendliche ausgerichtet blieben, die dieses ‚Nadelöhr' passierten, wurden die Leistungsvereinbarungen zwischen der Regierung und den gemeinnützigen Organisationen auf der Erbringerseite enger definiert; Finanzierungs- und Dienstleistungsvereinbarungen nahmen einen zunehmend

---

[3] Vor dem Children's Court (wörtl. Kindergericht) werden all jene Fälle verhandelt, die Kinder und Jugendliche unter 17 Jahren betreffen. Das Gericht ist in zwei Abteilungen gegliedert: eine familienrechtliche Abteilung (Kinderschutzsachen, Sorgerechtssachen) und eine jugendstrafrechtliche Abteilung. Rechtsystematisch entspricht das Aufgabengebiet damit in etwa dem der deutschen Vormundschafts- und Jugendgerichtsbarkeit. (siehe: http://www.magistratescourt.vic.gov.au/) (Anm. d. Hg.)

präskriptiven Charakter an und enthielten nun u.a. Produktkosten-Kennzahlen und die Refinanzierung wurde an *output*-Werten gemessen.

Zur gleichen Zeit änderte sich das Profil der Jugendlichen in Heimen. Es wurde eine klare politische Entscheidung getroffen, nach der Kinder unter 12 Jahren nicht in Heimen, sondern bei ihrer Familie oder einer Pflegefamilie untergebracht werden sollten. Im großen und ganzen war dies ein guter Schritt. Für die Heime hatte dies jedoch zur Folge, mit den altmodischen Fürsorgemodellen nicht mehr all den Jugendlichen gerecht werden zu können, die Opfer und oft auch Täter von physischer und sexueller Misshandlung waren. Die Jüngeren unter ihnen hatten oft Erfahrungen mit Farb- und Klebstoffschnüffeln und experimentierten mit Marihuana und leichteren Drogen, während die älteren Jugendlichen Heroin nahmen, in kriminelle Aktivitäten verstrickt waren und im wesentlichen von Ausbildung und alternativen Schulungsprogrammen ausgeschlossen waren.

Der Rückzug des Bundesministerium für Soziale Dienste aus dem Bereich der jugend- und familienbezogenen Dienste kündigte sich an, als dieses sich aus dem Bereich der Heimerziehung völlig zurückzog und diesen Sektor den gemeinnützigen Trägern überließ. Dies war zugleich der Vorläufer einer umfassenden Restrukturierung. Der Bundesstaat intendierte eine Trennung von Käufer und Erbringer, bei der das Ministerium der bundesstaatlichen Regierung als Käufer von Diensten und gemeinnützige Organisationen als Anbieter fungierten. Innerhalb der regionalen Behörden der bundesstaatlichen Regierung waren die fallbezogenen und ermittelnden Aufgaben von den planungs- und kontraktmanagementbezogenen Aufgaben getrennt.

Es wurde eine weitreichende Neustrukturierung der Jugend- und Familiendienste vorgeschlagen, der zufolge die Regierung die bestehende Finanzierung zurücknehmen würde und die Dienste in neuer Verpackung, neuem Design und mit neuen Etiketten versehen in öffentlicher Ausschreibung vergeben würde. Die Kritiker dieser Entwicklungen behaupteten, es sei ein Trojanisches Pferd vor die Tore des Sozialen Sektors gerollt worden. Von außen verspricht es bessere Leistungen, leichteren Zugang und erweiterte Wahlmöglichkeiten für die Nutzer; im Innern dagegen finde man den Rückzug der Regierung aus der Verantwortung für soziale Dienste, die Senkung der öffentlichen Ausgaben, die Rationalisierung des gemeinnützigen Sektors, leistungsbasiertes Kontraktmanagement mit fixierten Kosten sowie die Öffnung der Leistungserbringung für privatgewerbliche Träger.

Die ersten Reaktionen waren zaghaft und eher konfus, denn man war sich allgemein darüber einig, dass das bestehende Leistungsangebot hinter den

Erwartungen zurückblieb. Die Neustrukturierung des Systems, die nach der Einführung der Meldepflicht für Kindesmisshandlung erfolgt war, war im Bereich der unterstützenden Hilfe für Familien unzureichend und mangelhaft umgesetzt worden. Dennoch: die Entwicklung der Organisationen, wie auch die interne Ausdifferenzierung der Dienste reflektieren die Geschichte und die darin eingeschlossenen politischen Aushandlungsprozesse. Niemand hatte das System für perfekt gehalten, folglich konnte auch niemand behaupten, es seien keine Veränderungen nötig. Die Methode und das Ziel der Veränderungen wurden jedoch zum Kern der Auseinandersetzungen. Nach sechs Monaten intensiver Lobby-Arbeit war die *Childrens' Welfare Association of Victoria* erfolgreich, und die konservative Regierung legte die obligatorische öffentliche Ausschreibung aller regelmäßigen Finanzierungen vorerst auf Eis.

An ihrer Stelle sollten durch ein Konsensmodell mit gemeinsamer Planung durch die Mitarbeiter vor Ort und den gemeinnützigen Organisationen regionale Strategie- oder Geschäftspläne entwickelt werden. Der Beteiligungs- bzw. Kooperationsprozess erwies sich als Gewinn für den Sektor. Der Nachteil war die Rationalisierung der Finanzierung der Dienste in Form von sieben Gruppen oder Paketen, je zu einem Durchschnittspreis pro Einheit ohne Berücksichtigung der Intensität der Intervention. Mit großer Vorsicht begann der Sektor den Kooperationsprozess; dann wurde bei einer erneuten bundesstaatlichen Wahl im September 1999 die Kennett-Regierung abgesetzt und die Labor-Regierung unter der Führung von Steve Bracks gewählt, deren Programm für soziale Dienste die partnerschaftliche Zusammenarbeit zwischen Politik und Leistungserbringern sowie den (Wieder-) Aufbau von sozialen Netzwerken und Gemeinschaften betonte.

Schlussbetrachtung

Es war nicht der beste Zeitpunkt zur Schaffung einer neuen Organisation, die versuchte, sich selbst Form und Gestalt zu geben und gleichzeitig ein komplexes Paket von Diensten anzubieten, sowie auf einen wichtigen externen Reformprozess zu reagieren.

Vielen auf dem Gebiet war klar, dass einige der angebotenen Dienste nicht funktionierten. Es bestand ein guter Grund zur Veränderung. Es hatte auch in der Vergangenheit kleinere bürokratische Reformprogramme gegeben, die die in sie gesetzten Erwartungen nur teilweise erfüllt und selbst zu dem mangelhaften Hilfesystem beigetragen hatten.

Die Frage, wie man das Gute vom Schlechten trennte, stellte ein ständiges Dilemma dar. Es wäre zu leicht, die alten und bekannten Arbeitsweisen und die Beziehungen zur Regierung romantisch zu verklären und zu loben, und die neuen und kommenden Vorschläge zu verteufeln. Genauso wäre es falsch, alle Organisationen für soziale Dienste (ob groß oder klein) als Einrichtungen zu charakterisieren, die stets ausschließlich einen höheren Zweck oder das Gemeinwohl im Sinn gehabt. Einige Organisationen profitierten von der neuen Wettbewerbslandschaft und wuchsen, andere versuchten, benachbarte Organisationen auszumanövrieren, und so gab es in vielen Bereichen starke Spannungen zwischen tatsächlichen und potentiellen Gewinnern und Verlierern. In einem solchen Klima wurde gemeinschaftliches Handeln durch das Hauptorgan, die *Childrens' Welfare Association of Victoria*, problematisch. Zur gleichen Zeit, als die Spannungen in den Beziehungen zwischen einigen Organisationen zunahmen, befanden sich nahezu alle Organisationen in einer Identitätskrise.

Eine Untersuchung, durchgeführt vom *Victorian Council of Social Services* (dem Dachorgan aller Träger und Gruppierungen, die für die Interessen der unteren Einkommensschichten eintreten) im ganzen Bundesstaat, kam zu dem Ergebnis, daß sich alle gemeinnützigen Organisationen – ob groß oder klein, kirchlich oder gemeinschaftlich – in einer Identitätskrise befinden. Zunehmend sahen sich gemeinnützige Organisationen als Arm der Regierung, denn den Managern und Professionellen vor Ort wurde die Umsetzung von Programmstrukturen und -entscheidungen überlassen, welche in Foren getroffen wurden, die vom Sozialsektor nicht beeinflusst werden konnten. Je machtloser sich die Organisationen fühlten, desto ineffektiver handelten sie bei der Stärkung und dem Aufbau der Infrastruktur der Kommune. Im Laufe der Zeit verstärkte sich die bürokratische Kontrolle und Intervention in bedeutendem Maße; wahrscheinlich als direkte Konsequenz der Meldepflicht von Kindesmisshandlung und dem Trend, Interventions- und Unterbringungsdienste zu verbinden, um die Bedürfnisse ausschließlich der Kinder und Jugendlichen zu erfüllen, die durch das Kindesschutzsystem gegangen waren. In der Realität wurden viele Jugendliche und Familien so definiert, dass sie keinen Anspruch auf die Dienste hatten, und das System verfiel in einen sich selbst perpetuierenden Zirkel, in dem sich die Umstände des Einzelnen bzw. der Familie bis zur absoluten Krise verschlechtern mussten, bevor eine Intervention als legitim betrachtet (oder zumindest finanziert) wurde.

Wenn sich Organisationen in einer Identitätskrise befanden, dann traf das auch auf die dort tätigen Fachleute zu. Professionellen Sozialarbeitern wird gelehrt, nicht nur die Umstände ihrer Klienten kritisch zu reflektieren, sondern auch das umfassende politische und soziale Umfeld. Das viel gepriesene ‚*Big is Beautiful*' ging einher mit der Schließung bzw. dem Verschwinden mehrerer kleinerer Organisationen und mit einer Reihe von Zusammenschlüssen, ähnlich des Entstehungsprozesses der *MacKillop Family Services*. Wenn Organisationen misstrauisch waren oder Berührungsängste voreinander hatten, waren auch die Professionellen argwöhnisch in Bezug auf die Steuerprogramme und der Möglichkeit, die Leistung, die Werte und die Programmstrukturen beeinflussen zu können. Als *MacKillop Family Services* gegründet wurde, sahen die Mitarbeiter darin ein großes Problem. Wie bereits zuvor beschrieben, war dieser Neugründungsprozess eine Überlebensstrategie von sieben kleinen und mittelgroßen Trägern, und er wurde weitestgehend durch einen offenen und kommunikativen Prozess angetrieben. Trotzdem bestand die Befürchtung, ein Ungetüm zu schaffen, das sich der Kontrolle und dem Einfluss entzog oder den persönlichen und beruflichen Werten der Mitarbeiter nicht entsprach.

Abschließend soll die These vertreten werden, dass wir eine Mischung von Organisationsformen benötigen, um ein effektives Diensterbringungssystem im ganzen Bundesstaat gewährleisten zu können. Eine Monokultur großer oder kleiner, kirchlicher oder unabhängiger Organisationen wird letzten Endes am gleichen feindlichen Klima scheitern. Eine gute Mischung von Organisationsformen und -merkmalen innerhalb unserer sozialen Institutionen sollte uns meines Erachtens mit der Zeit größere Elastizität geben. Kleine Organisationen sind vielleicht idiosynkratisch, aber sie können auch einige der marginalisiertesten oder schwierigsten Klienten in unserer Kommune effektiver miteinbeziehen. Gleichzeitig können größere Organisationen, wenn sie richtig geführt werden, eine Ressourcengrundlage einführen, die entwicklungsfähig ist und innovative Programme steuern, sowie Freiraum für die Reflexion und Forschung über sozialpolitische Programme schaffen kann.

Die traditionellen Ansichten des gemeinnützigen Sektors gründen sich auf den Wert des Individuums, der gesellschaftsstrukturellen Bedingtheit von Benachteiligung, der Bedeutung von Innovation und flexiblen Antworten und den starken Beziehungen, die zwischen Professionellen und Nutzern sowie zwischen Mitarbeitern untereinander in einer Organisation bestehen. In neuen oder größeren Organisationsformen wird es schwieriger, diese Beziehungsdynamik aufrecht zu erhalten. Der Zwang zur Größe und die damit verbundene Lockerung und Entfremdung der informellen Beziehungen kann dazu beitragen, dass nun nicht mehr die Frage der Werte – und der Übereinstimmung der Arbeit mit diesen im Sinne von Engagement – im Mittelpunkt des Dialogs steht, sondern stattdessen die technischen Verfahrensweisen der Ausführung und der Implementation. Gewiss besteht die Herausforderung in dem Versuch, die Vorteile von Planung und Programmentwicklung, Programmprüfung und -bewertung zu nutzen, ohne die beziehungsrelevanten Stärken zu zerstören, die es unseren verschiedenen Teams erlauben, zusammenzuarbeiten und herausfordernde und komplexe Klientengruppen einzubeziehen.

Der Abbau des Wohlfahrtsstaates wurde unterstützt durch die öffentliche Verurteilung der Opfer von Generationskonflikten und struktureller Ungleichheit und Benachteiligung. In einem solchen Umfeld fiel es der Regierung nicht schwer, ihre Zuständigkeit einzuschränken. In Australien beförderten die gescheiterten Unternehmer der 80er Jahre den starken Individualismus und das Eigeninteresse, womit man sich von der gemeinschaftlichen Verantwortung lossagte. *Downward envy* (etwa: nach unten gerichteter Neid) spielt nun in Debatten über die Mechanismen von ausgleichender Gerechtigkeit, wie z.B. die Steuerreform, eine große Rolle. Eine engere Zuständigkeit sowie strengere Prüfungen erfordern zur Sicherstellung ihrer Effizienz eine Verwaltungsmaschinerie. Bei großen Systemen kann dies nur allzu oft zu Prozeduralismus und De-Professionalisierung führen. Je weiter die Stimme des Klienten (und derer, die direkt mit dem Klienten arbeiten) von den Prozessen des Programm- und Systementwurfs entfernt ist, desto wahrscheinlicher geht die Tendenz in diese Richtung. Andererseits, je besser ein System der Diensterbringung definiert und beschrieben wird, desto größer ist das Potential für seine konstitutiven Teile, die beabsichtigten Outcomes als eigene anzuerkennen und Verantwortung dafür zu tragen. Daraus könnte Verantwortungsbereitschaft für die Qualität des Gesamtsystems erwachsen. Wenn sich dann auch noch die Formen und Möglichkeiten der Beteiligung am Programm- und Planungsprozess im selben Maße erweitern, sowohl für die Erbringerorganisation als auch für die Nutzer, schließt sich die „Feed-back-Schleife“ zu einem Kreis.

Aus dem Englischen von: Eva Harrison, Mark Schrödter

Harald Koht

Erfahrungen mit dem Outsourcing öffentlicher Dienste – Ein Fallbeispiel

Die Einführung marktförmiger Steuerungsmodelle in den sozialen Diensten Norwegens wurde nicht in der Form eines umfassenden Plans durch die Zentralregierung durchgeführt. Es handelt sich vielmehr um Reformen, die fragmentarisch zu verschiedenen Zeiten von unterschiedlichen Akteuren eingeführt wurden. In den 80er Jahren verstärkte die Regierung ihre Anstrengungen für eine verbesserte Lebensqualität für geistig Behinderte. Diese Reform öffnete den Weg für eine schärfere Trennung zwischen öffentlichen und gemeinnützigen Trägern und ermöglichte dadurch das Outsourcing von Diensten an unabhängige Organisationen.

In den letzten zehn bis fünfzehn Jahren hat dieser Trend dazu beigetragen, die nahezu vollständige Integration von Institutionen freier Träger in die Kommunalverwaltung rückgängig zu machen. Nach dem Zweiten Weltkrieg entwickelte sich ein System der staatlichen Lenkung privater Krankenhäuser und Sozialinstitutionen in privater Trägerschaft auf verschiedenen Ebenen. Unabhängige, gemeinnützige Organisationen besaßen zwar weiterhin Einrichtungen und ernannten Vorstandsmitglieder, aber die Institutionen wirtschaften nach den von den Behörden festgesetzten Richtlinien und Budgets. Die meisten nicht-staatlichen Krankenhäuser werden immer noch in dieser Weise geleitet, doch durch eine Reihe von neuen Reformen und Initiativen sind die Kommunalverwaltungen in der Lage, neue Managementpraktiken in ihren sozialen Diensten, einschließlich der Kinder- und Jugendhilfe, einzuführen.

Insbesondere die Stadt Oslo hat die Gelegenheit genutzt, ihr Verwaltungssystem neu zu organisieren. Oslo ist nicht nur die Hauptstadt, sondern mit 500.000 Einwohnern auch die größte Kommune des Landes. Auf subkommunaler Ebene richtete Oslo eine aus 25 Stadtteilbehörden bestehende neue Verwaltungsebene ein. Jede dieser neuen Verwaltungen bietet nicht nur Dienste direkt für ihr jeweiliges Einzugsgebiet, sondern fungiert gleichzeitig als Kunde stadtweiter Behörden und Abnehmer zusätzlicher Dienste, die von anderen subkommunalen Stellen angeboten werden. Als die jetzige konservative Stadtregierung 1998 einen Bericht über das *Outsourcing* von Waren und Dienstleistungen vorlegte, war somit das Prinzip der Marktorientierung bereits mehrere Jahre zuvor eingeführt worden.

Diese vorläufige Studie zeigt, dass die sozialen und verwaltungsmäßigen Reformbemühungen der letzten fünfzehn bis zwanzig Jahre weitreichende Konsequenzen hatten, zumindest für einige Institutionen im Bereich der Kinder- und Jugendhilfe. Die folgende Dokumentation basiert auf Daten aus einer Fallstudie einer Tageseinrichtung und eines Unterstützungsheimes für geistig Behinderte in Oslo.

New Public Management

Das *Out-Contracting* bzw. *Outsourcing* von öffentlichen Diensten stellt nur einen Aspekt der gegenwärtigen Anstrengungen zur Reform der öffentlichen Verwaltung dar. International wird diese Bewegung als *New Public Management* bezeichnet, aber national spricht man in den Vereinigten Staaten von *Reinventing Government* und in Deutschland vom *Neuen Steuerungsmodell*. Insgesamt betrachtet scheinen die NPM-Programme eine Vereinfachung der öffentlichen Verwaltung anzustreben und Einzelnen mehr Möglichkeiten und größeren Einfluss bei Entscheidungen der öffentlichen Verwaltung zu gewähren. Zu diesen Reformen der öffentlichen Verwaltung können Managementmethoden, Dezentralisierung, Deregulierung, Marktreformen und kundenbezogene Dienste gehören. NPM richtet sich auf Leistungsindikatoren, Qualitätsmanagement, Deregulierung und *Out-Contracting*. Die Experten sind sich jedoch weitgehend darüber einig, dass diese Änderungsprogramme in Bezug auf Inhalt und Richtung noch weit von einer Vereinheitlichung entfernt sind. Einige Länder leiteten *New Public Management*-Programme als konzertierte Reformpakete ein, dies gilt jedoch nicht für Norwegen. wo seit den frühen 80er Jahren Verwaltungsreformen schrittweise eingeführt wurden (Christensen/Lægreid 1999: 169). Trotz der Zerstückelung des Reformprozesses argumentieren Christensen/Lægreid, dass sich die norwegischen Programme durch eine „besondere, richtungsweisende Vision“ auszeichnen, Effizienz und Dienst zu verbessern; es waren jedoch Empfehlungen und nicht verbindliche Entscheidungen, die die Umstrukturierung des öffentlichen Sektors förderten (170). Dies gewährleistete eine bedeutende Variationsbreite bei der Umsetzung durch staatliche Behörden und lokale Verwaltungen.

Im Vergleich zu anderen Länder bestand in Norwegen kein großes Interesse daran, NPM zu implementieren. In ihrer jüngsten Beurteilung von NPM-Entwicklungen in drei skandinavischen Ländern argumentiert Hansen (1999), dass, „verglichen mit Schweden und Dänemark, Norwegen als ziemlich 'rückständig' in Bezug auf seine Umstrukturierung bezeichnet werden kann" (331). Ergebnisse einer umfassenden norwegischen Umfrage zeigen, dass "von der Mehrheit der Beamten kein einziges Reformelement als relevant betrachtet wird" (Christensen/Lægreid 1999: 176). Hierzu gehört die Verwendung von *Out-Contracting*-Systemen, denen nur neun Prozent der Beamten eine sehr hohe oder ziemlich hohe Bedeutung zuschreiben (175).

Theoretische Begründungen

Die Autonomie des Klienten dient als ideologische Rechtfertigung für Privatisierung und *Out-Contracting*, in dem das staatliche Monopol aufgelöst und der Wettbewerb im öffentlichen Sektor verstärkt wird. Der *Public Goods Theory* zufolge ist im Interesse der Klienten die Privatisierung zu favorisieren. Kritiker halten diese Behauptungen für nicht plausibel (Handler 1996:78 ff., Sand 1997). Unter der Voraussetzung, dass die Ergebnisse wichtiger sind, als die eingesetzten Methoden, dass weiter die Durchführung von Kontrollen schwierig ist und Ausführende leicht ersetzt werden können, müssen die ausgegliederten Dienste – wollen sie bessere Leistungen anbieten als öffentliche Dienste – bestimmten Leistungsanforderungen genügen, die im voraus mit hoher Präzision dann bestimmt werden können (Donahue 1989 zit. n. Handler 1996). Empirische Untersuchungen sind notwendig, um diese Behauptungen und Gegenbehauptungen über die Vorzüge des *Outsourcing* von öffentlichen Diensten, insbesondere in solch politisch sensiblen Bereichen wie der Kinder- und Jugendhilfe, zu bestätigen bzw. zu widerlegen.

Die Zerstückelung und Dezentralisierung der jüngsten Verwaltungsreformen in Norwegen machen es erfolgversprechender, das Thema des *Out-Contracting* eher auf Institutionen-Ebene als aus einer *Top-Down*-Perspektive anzugehen. Eine Untersuchung auf institutioneller Ebene eröffnet die Möglichkeit, den Vorwürfen nachzugehen, *New Public Management* verzerre die Beziehung zwischen öffentlichen Diensten und ihren Kunden. Rusaw (1997) argumentiert, dass durch die NPM-Ideologie befürwortete Dezentralisierung Kontrakte mit Vetragspartnern abgeschlossen werden, die wenig von gesetzlichen Zielen der Behörde verstehen. Sie behauptet, dass „der Um- und Neubau der Verwaltung aus gegenseitigem Lernen und Veränderung hervorgeht," Merkmale, die in Vertragsbeziehungen nicht zu finden seien.

Von anderer Seite wurden Bedenken vorgetragen, dass durch die Verwaltungsreformen Bürgern zu Nutzern und Verbrauchern werden, die zur Beeinflussung öffentlicher Dienste statt ihrer kollektiven politischen Macht auf ihre eigene „Stimme“ angewiesen sind (Johansen 1998). In seiner Publikation über Privatisierung und *Empowerment* argumentiert Handler (1996:5), dass Dezentralisierung, Delegation und Privatisierung, wozu auch das *Out-Contracting* gehört, Schritte in Richtung örtlicher Kontrolle sind. Für untergeordnete Gruppen, die Handler im Umgang mit öffentlichen und privaten Stellen als eher machtlos ansieht, könnte Deregulierung und Privatisierung „nur eine Re-Regulierung unter einem neuen Herrn bedeuten“. Fredrickson, ein anderer Experte im Bereich öffentliche Verwaltung, weist darauf hin, dass die Marktorientierung zu einem wichtigen Merkmal des gegenwärtigen öffentlichen Managements geworden ist. Das heißt, dass „die Unterschiede zwischen Institutionen, die von ihrer Art her im Wesentlichen nichtkommerziell sind, und Institutionen, die auf Profit ausgerichtet sind, jetzt verschwimmen“ (Fredrickson 1999, cf. Meier 1999). Ein norwegischer Kritiker ist davon überzeugt, dass die Marktorientierung in den betroffenen Bereichen zur Schwächung der demokratischen Steuerung führen kann (Sand 1997).

Während sich der gegenwärtige Fachdiskurs im Bereich der öffentlichen Verwaltung auf die Konsequenzen der Marktorientierung auf die Verbraucher konzentriert, müssen wir gleichzeitig die Auswirkungen auf die betroffenen Mitarbeiter der Verwaltung berücksichtigen. Brehm/Gates argumentieren, dass auf Sozialarbeiter die allgemeine Definition des Weberschen Bürokraten zutrifft (Brehm/Gates 1997: 109). In ihrer empirischen Studie fanden sie heraus, dass das Handeln von Sozialarbeitern in untergeordneten Stellungen – wie andere Bürokraten – hauptsächlich durch ihre persönliche Einstellung und nur in geringem Maße durch die ihrer Vorgesetzten beeinflusst werden (196). In der Praxis bedeutet das, dass sich Sozialarbeiter an berufliche und persönliche Normen halten. Wie aber wird es sich auf die Arbeit von Sozialarbeitern auswirken, wenn ihre Vorgesetzten keine Beamten sondern Unternehmer sind? Verändern sich die Arbeitsmoral und Loyalität der Sozialarbeiter, wenn professionelle Kinder- und Jugendpfleger in privaten Organisationen beschäftigt sind? Dies sind einige der Themen, mit denen wir uns in diesem Kapitel beschäftigen.

Outsourcing in der Stadt Oslo

Erst 1998 erließ die Stadt Oslo neue Regeln und Richtlinien zur Vergabe von Aufträgen zur Lieferung von Waren und Dienstleistungen. Statt damit aber den ersten Schritt zur Entwicklung von *Out-Contracting*-Grundsätzen darzustellen, ist der Erlass von 1998 als eine Bündelung einer Reihe von Verfahren und Grundsätzen zu verstehen, die bereits seit mehreren Jahren bestehen.

In ihrem Bericht über freies *Out-Contracting* nennt die konservative Stadtregierung zwei Ziele, die sie damit zu erreichen glaubt: 1. Mehr, bessere und billigere Dienste und 2. einen besonderen Schwerpunkt auf Qualität. Die erweiterte Zulassung von Wettbewerb hilft der Stadt, „auf kostengünstigste Art" die politischen Ziele zu erreichen, die sich die Stadt zum Wohle von Nutzern städtischer Leistungen gesetzt hat (Oslo 1998: 3).

Der Bericht weist darauf hin, dass Oslo schon seit langer Zeit öffentliche Ausschreibungen zum Erwerb von Waren und technischen Dienstleistungen nutzt. Oslo erwirbt auch viele Dienste von privaten Trägern sozialer Dienste, wie z.B. Kindertagesstätten, Kindergärten, Waisenhäuser, Mütterheime, Kinderbehandlungszentren, Wohlfahrtsdienste für alte Menschen, Pflegeheime oder Institutionen für Drogen- und Alkoholabhängige. Der Bericht gibt nicht an, wieviel die Stadt für die einzelnen Dienste ausgibt, erwähnt jedoch, dass sich 1995 die Ausgaben für 200 private Institutionen auf 1,7 Milliarden norwegische Kronen (∈210 Mio.) oder 8 Prozent des Stadthaushalts beliefen. Diese Dienste wurden allerdings nicht öffentlich ausgeschrieben. Bezeichnenderweise stellt der Bericht fest, dass ein Mangel an messbaren Qualitätsanforderungen bei Gesundheits- und sozialen Diensten ein Hindernis sein kann, was die Stadt bereits zu beseitigen versucht (6).

Die Stadtregierung stellte einige Leitprinzipien für öffentliche Ausschreibungen auf. Einige davon sind für diese Studie von besonderer Relevanz.

- Die Stadt behält die Verantwortung für den Dienst
- Die Kompetenz der Stadtverwaltung muss erhöht werden
- Es wird eindeutige und messbare Qualitätsanforderungen bzgl. der Dienste geben
- Alle betroffenen Parteien, einschließlich Nutzer, haben zu relevanten Informationen Zugang
- Ergebnisse müssen evaluiert werden
- Die Stadt darf nicht von privaten Monopolen abhängig sein.

Es bleibt abzuwarten, ob die Kommunalverwaltung ihre Ziele für das *Outsourcing* von Diensten durch die Befolgung dieser Prinzipien erreichen wird.

1. DIE FALLSTUDIE

Das *Holmenkollen Day Center* ist eine Einrichtung für geistig behinderte Kinder und Erwachsene. Die Gebäude dieser modernen und gut ausgestatteten Institution befinden sich auf einem Gelände in einer der attraktivsten Wohngegenden von Oslo. Das Zentrum bietet Plätze für 49 Personen; das neue Heim unterstütze 1998 zehn Familien. Von den Beschäftigten sind 62 festangestellt. Seit 1991 wird die Tageseinrichtung als gemeinnützige Stiftung betrieben und verfolgt das wirtschaftliche Ziel, seinen Nutzern erstklassige Dienste zum niedrigstem Preis zu geben. Die Tagesstätte bietet Betreuung und Schulbildung für geistig Behinderte und sorgt für Aktivitäten und auf sie zugeschnittene Arbeiten. Das Unterstützungsheim bemüht sich, seinen Klienten, größtenteils Kindern und deren Eltern, tägliche Betreuung, Beteiligung und Lernmöglichkeiten zu bieten.

Institutionelle Veränderung

Das *Holmenkollen Day Care Center* wurde 1965 von der „Gesellschaft für die Unterstützung von Schwachsinnigen" (später „Gesellschaft für die Unterstützung von geistig Behinderten") gegründet. Aufgrund der Verabschiedung eines neuen Gesetzes für Krankenhäuser im Jahre 1970 wurde die Gesellschaft lediglich mit dem Management der Immobilien betraut, während ein kommunaler Träger für die Leitung der täglichen Dienste im Zentrum die Verantwortung übernahm. In den späten 80er Jahren fand eine größere Reform der Leistungen im Gesundheitswesen für geistig Behinderte statt. Die großen Institutionen wurden zugunsten von Familien oder Gruppenheimen auf kommunaler Ebene aufgegeben. Andere Dienste für diese Zielgruppe wurden gewöhnlichen Schulen, Tagesgruppen oder geschützten Arbeitsplätzen übertragen

Diese Entwicklung hätte wohl das Ende des bestehenden Zentrums bedeutet, hätte nicht der Vorstand der Gesellschaft beschlossen, die alten Gebäude zu sanieren und das Zentrum als unabhängige Stiftung einzurichten. Während der kommunale Maßnahmeträger für geistig Behinderte im Zuge der allgemeinen Reform der Stadtverwaltung aufgelöst wurde, übertrug die Stadt die Verantwortung für diese Personen auf 25 Stadtteilbehörden. Dementsprechend wurde das Zentrum nicht nur vollständig privatisiert, sondern stand einem neuen Markt für seine Dienste gegenüber. Aus Käufer/Erbringer-Sicht wurde das Zentrum Auftragnehmer und die örtliche Stadtteilbehörde Auftraggeber mit Überwachungsfunktion, während mehrere andere Stadtteilbehörden in Oslo als Käufer fungierten. Die Beziehung zwischen den einzelnen Stadtteilbehörden und dem Zentrum beruhte auf Verträgen für die Betreuung der einzelnen Klienten. Für die Untersuchung der Auswirkungen vom *Outsourcing* sozialer Dienste ist dieses Zentrum also ein Prototyp. Die Reform der Leistungen im Gesundheitswesen für geistig Behinderte diente als Hauptantrieb für diese weitreichende Veränderung, es waren jedoch andere Reforminitiativen, wie beispielsweise die Verwaltungsreform in Oslo, die dazu beitrugen, sie in Gang zu halten. Interviews mit der Leitung des Zentrums zeigen allerdings, dass der Zweck des *Outsourcing* noch nicht voll realisiert worden ist.

Bedeutung von Reformen

Das Holmenkollen Zentrum hat in den 90er Jahren eine Umgestaltung vollzogen, die sich auf seine Beziehung mit der Stadt, seinen Besitzern und seinen Nutzern auswirkt. Unsere Untersuchung bezieht sich insbesondere auf die Auswirkungen dieser institutionellen Veränderungen auf das Management, die Organisation und die Marktbeziehungen des Zentrums. Um Antworten auf diese Fragen zu bekommen, entwarfen wir einen Fragebogen für die Führungskräfte des Zentrums. Die Fragen waren so ausgewählt, dass die Ergebnisse mit einer ähnlichen Umfrage verglichen werden konnten, die von Christensen/Lægreid (1999) unter norwegischen Beamten durchgeführt worden war. Mit der Verwaltungsdirektorin des Zentrums und zwei ihrer Geschäftsführer wurde ein Interview arrangiert. Mitarbeiter wurden für diese Studie nicht interviewt.

Für jede Frage im Fragebogen gaben die Beantworter an, ob eine bestimmte Reformvariable für das Zentrum von hoher, mittlerer oder geringer/ohne Bedeutung war. Die Ergebnisse werden in *Tabelle 1* dargestellt. Beim Vergleich der einzelnen Spalten von *Tabelle 1* ist zu beachten, dass in der Beamtenbefragung keine Frage auf der Liste eine überwiegende Zustimmung fand. Die Zustimmungsrate lag überwiegend zwischen 29 und 42 Prozent (S. 175). Die Ergebnisse zeigen dennoch eine hohe Übereinstimmung zwischen der Leitung des Zentrums und den Beamten hinsichtlich der Bedeutung, die die Reformen nach NPM-Muster für die Alltagspraxis aufweisen, insbesondere hinsichtlich des *Managments.* Im Unterschied dazu wird *organisatorische Reformen* und der *Marktorientierung* nur von den Führungskräften des Zentrums eine hohe Relevanz zugesprochen.

Die Leiter der Tageseinrichtung wurden gebeten, bei jeder Frage des Fragebogens ihre Antwort auf die vorgegebenen Alternativen zu kommentieren. Damit wurde der Zweck verfolgt, nähere Informationen über die Art und den

Zeitpunkt der eigentlichen Veränderung zu erhalten. Wir wollten auch in Erfahrung bringen, wer oder was nach Einschätzung der jetzigen Leiter die Veränderungen eingeleitet hatte.

Tabelle 1: Bedeutung von New Public Management-Maßnahmen aus der Sicht der Leiter

Art der Reform	Leiter der Einrichtung	Beamte[1]
Managementreformen:		
Formulierung von Zielsetzungen	hoch	hoch
Messung von Ergebnissen	hoch	hoch
Follow-up von Ergebnissen	hoch	hoch
Betriebliche Planung	hoch	hoch
Qualitätssystemmanagement	hoch	hoch
Weiterbildung von Leitern und Mitarbeitern	mittel	hoch
Neue Budgetrichtlinien, Behördenkontrolle	gering	hoch
Erhöhte Befugnisse in der Personalpolitik	hoch	gering
Organisatorische Reformen:		
Dezentralisierung von Aufgaben	hoch	nicht relevant
Vereinfachung von Regeln	hoch	nicht relevant
Erhöhte Kunden/Klienten-Beteiligung	gering	gering
Marktreformen:		
Vertragssysteme	hoch	nicht relevant
Interne Markt/Preis-Mechanismen	hoch	nicht relevant
Aufgabenübertragung an private Instanzen/ größere institutionelle Unabhängigkeit	hoch	nicht relevant

Anmerkung: [1]Daten von Christensen und Lægreid (1999) wurden von Prozenten umgerechnet, um Mehrheiten zu zeigen; N=2.397 (Durchschnitt).

Managementreformen

Die Leitung des Zentrums berichtete, dass die Einrichtung mehrere Managementreformen durchlaufen hat. Diese Reformen berührten die Formulierung von Zielsetzungen, Messung von Ergebnissen, Planung, Qualitätsmanagement, Budgetierung sowie Personalpolitik. Einige Reformen wurden von den Mitarbeitern eingeführt, nachdem das Zentrum nicht mehr unter städtischer Kontrolle stand. Andere Reformen wurden auf Anregung und Unterstützung der APO übernommen, einer Organisation unabhängiger Arbeitgeber im Gesundheitsbereich und Sozialwesen. Aus der Sicht der Leitung war es jedoch nicht die Stadtteilbehörde, die die für sie relevanten Reformen erlassen oder eingeleitet hatte. Die Leitung des Zentrums berücksichtigte bei der Umsetzung der Ziele die Ideen ihrer Mitarbeiter. Damit sollte erreicht werden, dass die Mitarbeiter – unter der besonderen Berücksichtigung der Nutzerperspektive – ein besseres Verständnis für die Ziele ihrer Arbeit haben.

Für das Zentrum hat der wirtschaftliche Erfolg an Bedeutung gewonnen. Jeder Überschuss dieser gemeinnützigen Institution kann jetzt wieder in neue Pläne investiert werden, statt – wie zuvor – zur Defizitbegleichung von Schwesterinstitutionen genutzt zu werden. Auf der profesionellen Ebene lassen sich die Erfolge daran messen, wie das Zentrum von den Stadtteilbehörden anerkannt wird, die dort Plätze für ihre Klienten erwerben. Die derzeitige Leitung ist der Aufassung, dass qualifiziertes Personal deshalb relativ leicht zu gewinnen ist, weil das Zentrum angesehen ist und für die Mitarbeiter eine interessante Tätigkeit geboten wird.

Anstatt jedes Jahr von neuem kurzfristige Pläne zu machen, entwickelte das Zentrum Leitsätze und langfristige Ziele. Im Rahmen dieser neuen Planungsmethode wurden kürzlich neue Unterstützungsheime für Familien von geistig Behinderten gebaut. Diese werden ohne formale Vereinbarung mit der Stadtteilbehörde betrieben.

Auf Qualitätssicherungsmaßnahmen legt das Zentrum jetzt sehr großen Wert. Alle Beschäftigten sollen an der Qualitätssicherung sowohl medizinischer als auch verwaltungsmäßiger Routinevorgänge beteiligt sein. Die Verwendung einer Dokumentation für jeden Klienten ist ein wichtiges Qualitätsinstrument. Von seinem Arbeitgeberdachverband erhält das Zentrum wesentliche Unterstützung bei der Entwicklung von Instrumenten zum Qualitätsmanagement, aber die Leiter besuchen auch andere private Institutionen, um zu sehen, ob das Zentrum seinen Leitsatz : „Wir werden die Bestmöglichen sein" beibehalten kann. Das Zentrum muss zwar Richtlinien der Stadt Oslo bzgl. Löhne und Gehälter befolgen, im übrigen aber hat es freie Hand bei der Einstellung von Mitarbeitern. Dadurch wurde es möglich, die Personaleinstellung und die Verteilung von Ressourcen für Weiterbildungen an untergeordnete Stellen innerhalb des Zentrums abzugeben.

Als unabhängige Einrichtung wurde das Zentrum von der kommunalen Verwaltung abgekoppelt. Zum jetzigen Zeitpunkt gibt es so gut wie keine nennenswerten externen Budget- und Kontrollroutinen. Der Stadtteil interessiert sich nur für höhere Überschüsse, im übrigen spielt die Kontrolle des Zentrums kaum noch eine Rolle. Die Leitung des Zentrums ist der Ansicht, dass die Reduzierung der Budget- und Kontrollroutinen dem Zentrum geholfen hat, besser zu arbeiten.

Organisatorische Reformen

In Bezug auf die Delegation von Aufgaben und die Vereinfachung von Regeln waren die Reformen für das Zentrum von hoher Bedeutung. Es wurde zuvor praktisch in jeder Hinsicht von der Stadt kontrolliert. Mittlerweile erhält das Zentrum keine Rundschreiben mehr von der Stadtverwaltung.

Die Miteinbeziehung von Nutzern und insbesondere von deren Angehörigen in den Betrieb der Tageseinrichtung hat abgenommen. Seit Einführung der norwegischen „Zuständigkeits-Reform“ verschwinden Kleinkinder zunehmend zugunsten von älteren Klienten aus den Tagesstätten. In den neuen Unterstützungsheimen sind Eltern jedoch sehr beteiligt, da diese Einrichtungen für Familien mit kleineren Kindern gedacht sind.

Marktreformen

Aus Sicht der Zentrumsleitung kam bei den Reformen der Einführung von Kontrakten sowie Veränderungen bei der Preispolitik hohe Bedeutung zu. Die gegenwärtigen Kontrakte mit den Stadtteilbehörden beschränken sich auf Preis- und Zahlungsabläufe. Die Preise sind nach einzelnen Klientenkategorien differenziert. In besonderen Fällen akzeptiert das Zentrum auch Preisverhandlungen oder trifft Vereinbarungen, die den auf öffentlichen Ausschreibungen basierenden Verträgen entsprechen. Eigentlich soll sich nur die unmittelbare Stadtteilbehörde um berufliche und medizinische Angelegenheiten kümmern. Im allgemeinen haben Marktreformen dem Zentrum mehr Freiheiten gegeben. Wo zuvor Entscheidungen von dem für die Leistungen für geistig Behinderte zuständigen Stadtdirektor getroffen wurden, entscheidet die Leitung des Zentrum jetzt selbst.

Diskussion

In Bezug auf New Public Management war die Verwaltungsreform des Holmenkollen Day Care Center bis jetzt erfolgreich. Die Leitung des Zentrums ist sehr stolz darauf, dass sie ihre Einrichtung von einem Anhängsel städtischer Bürokratie zu einer unabhängigen privaten Institution umstrukturieren konnte. Anstatt von einer übergeordneten städtischen Behörde kontrolliert zu werden, verlässt sich das Zentrum auf die Kompetenz seiner eigenen Mitarbeiter, auf die Mitgliedschaft beim Arbeitgeberverband und auf eine formlose – vielleicht zu wenig genutzte – kollegiale Selbstkontrolle. Dies widerspricht den Absichten der Stadt, die davon ausgeht, dass Verträge mit privaten Erbringern von sozialen Diensten strengste Standards für die Qualitätskontrolle, die von der Stadt selbst erlassen werden, enthalten müssen.

Auswirkungen von Reformen

Auch wenn Reformen als besonders wichtig eingeschätzt werden, kann es vorkommen, dass sie in der Praxis keine nennenswerte Rolle spielen. So wie Christensen/Lægreid (1999) die Beamten befragt hatten, wollten auch wir von der Leitung des Zentrums für geistig Behinderte wissen, wie sie die Auswirkungen der einzelnen Verwaltungsreformen einschätzten. In ihren Antworten betonten sie, dass die Reformen ihrer Meinung nach äußerst effektiv waren. Sie stimmten voll mit den meisten der in *Tabelle 2* dargestellten Aussagen überein, mit der Ausnahme, dass nach Ansicht der Leiter des Zentrums die Reformen die Stadt nicht in die Lage versetzt haben, ihre Kontrolle über die Einrichtung zu verbessern.

In Jahresberichten informiert das Zentrum den Gouverneur und das Stadtteilkomitee Oslos die Ergebnisse ihrer Aktivitäten. In jedem jeweiligen Stadtteil skizziert eine „Rechenschaftsgruppe" (*accountability-group)* den Fortschritt der einzelnen Klienten. Der Psychologe der Institution führt ein Forschungsprojekt durch und berichtet regelmäßig darüber vor Fachkollegen. Während das Zentrum zuvor alle Rechnungsführungsleistungen von der städtischen Verwaltung erhalten hatte, führt es jetzt die Bücher für sein Budget von 20 Mio. NKr. (2,48 Mio. Euro) selbst. War das Zentrum ursprünglich im Besitz der Vereinigung zur Unterstützung geistig Behinderter und wurde von der Stadt verwaltet, arbeitet es jetzt als unabhängige Stiftung mit eigenem Vorstand. Für die Leitung des Zentrum stellt dies eine wichtige verwaltungsmäßige Vereinfachung dar.

Tabelle 2: Die Auswirkungen von Managementreformen im eigenen Arbeitsbereich

Managementreformen führten zu	**Leiter der Einrichtung**	**Beamte**[1]
Erhöhte Betonung auf der Kommunikation von Zielen und Leistung	stimme voll zu	stimme voll oder teilweise zu
Verbesserte Kontrolle durch die Stadt[2]/ verbesserte Kontrolle von untergeordneten Behörden[3]	stimme nicht zu	stimme voll oder teilweise zu
Verbesserte Kosteneffizienz	stimme voll zu	stimme weder zu noch nicht zu
Veränderte Beziehung zu Besitzern[2]	stimme voll zu	–
Verbesserte politische Kontrolle[3]	–	stimme weder zu noch nicht zu
Bessere Dienste für Klienten und Nutzer	stimme voll zu	stimme weder zu noch nicht zu

Anmerkungen: [1]Siehe Anmerkung in *Tabelle 1.*; [2]Frage an die Zentrumsleitung; [3]Frage an die Beamten.

Tabelle 1 zeigte zwar, dass zwischen den Leitern des Zentrums und den befragten Beamten bzgl. der Bedeutung von Managementreformen Übereinstimmung herrscht.

Betrachtet man dagegen die Einschätzungen zu den tatsächlichen Auswirkungen der Verwaltungsreformen, ergibt sich ein anders Bild. Während die Leitung des Zentrums angeben, dass die in den 90er Jahren und danach eingeführten Reformen sich auf ihre Aufgabenbereiche nachhaltig ausgewirkt haben, teilen die Beamten insgesamt diesen Eindruck in Bezug auf ihre eigenen Arbeitsbereiche nicht. Dies bestätigt unseren Eindruck, dass die Verwaltungsreformen in Norwegen heterogen sind. Christensen/Lægreid (1999) stellten in ihrer Studie fest, dass die jüngsten Verwaltungsreformen den Behörden in begrenztem Maße geholfen haben könnten, ihre Ziele zu verbessern und hierarchische Kontrollen zu stärken. Diese Fallstudie zeigt jedoch, dass Marktorientierung und *Out-Contracting* bedeutende, umfassende Auswirkungen haben können, wenn sie konsequent angewendet werden. Natürlich bleibt es abzuwarten, ob diese Schlussfolgerung auch dann zutrifft, wenn wir andere private Institutionen im Bereich Kinder- und Jugendhilfe untersuchen.

2. SCHLUSSFOLGERUNG

In diesem Beitrag wurden einige Auswirkungen der Einführung von Marktreformen, wie z.B. das *Outsourcing* von öffentlichen Diensten bei der norwegischen Kinder- und Jugendhilfe betrachtet. Als empirische Grundlage für diese Diskussion führten wir eine Fallstudie an einer Institution für die Betreuung von geistig Behinderten durch. Wir stellten fest, dass sowohl die Staatsregierung als auch die Kommunalverwaltung mehrere Reformen durchgeführt hatten, die die Leitung der Institution betrafen. Der größte Effekt dieser Reformen hat zumindest diese Einrichtung in die Lage versetzt, sich der täglichen Überwachung und Kontrolle durch die Behörden zu entziehen. Stattdessen verlässt sich die Institution jetzt viel mehr auf das fachliche Können ihrer eigenen Mitarbeiter bei der Aufrechterhaltung der Qualität der Dienste. Zur Bewertung der eigenen Ergebnisse scheint die Einrichtung hierarchische Kontrollen durch ein weniger formales System ersetzt zu haben, das auf die Kenntnisse und Erfahrungen des Arbeitgeberdachverbands und auf die regelmäßige Teilnahme von Beschäftigten an fachbezogenen Meetings zurückgreift. Durch den kollegialen Austausch mit den Mitarbeitern anderer Institutionen hält sich das Personal des Zentrums bei den Entwicklungen in ihrem

Arbeitsgebiet auf dem neuesten Stand. Das Zentrum wird wahrscheinlich davon profitieren, das sogenannte „Peer Review"-System noch mehr in Anspruch zu nehmen, mit dem wissenschaftliche und universitäre Einrichtungen schon länger vertraut sind. Dazu gehört die weitere Inanspruchnahme von „Rechenschaftsgruppen" (*accountability groups*), die sich aus Fachleuten aus der Institution und der entsprechenden Stadtteilverwaltung zusammensetzt.

Für die örtlichen Behörden führten die praktischen Auswirkungen des *Outsourcing* von relevanten Diensten in diesem Fall zu Vereinbarungen, die vorwiegend die wirtschaftliche Ebene betrfeffen, wenig Bedeutung wurde hingegen der fachlichen Aufsicht beigemessen. Das heißt, dass das ehrgeizige Ziel der Stadtregierung, öffentliche Ausschreibungen mit strengen Qualitätsanforderungen und -kontrollen zu kombinieren, bis jetzt noch nicht erreicht wurde. Die Inhalte spielen in der Beziehung zwischen Auftraggeber und Auftragnehmer keine Rolle, und deshalb ist dieses Prinzip wenig geeignet, die professionelle Kompetenz des Auftraggebers zu stärken.

Repräsentiert der hier vorgestellte Fall ein zukunftsfähiges Modell für die Regulierung von *Out-Contracting* in der Kinder- und Jugendhilfe? Nach amerikanischer Erfahrung erscheint die gegenwärtige Lösung problematisch. Es ist davon auszuhegen, dass mit der Zeit beim Contracting Out große, gut etablierte Erbringer mit Monopolstatus vorgezogen werden. Folgt man Handler (1996, 89-90), so werden Bürokratien dazu neigen, sich auf langfristige Beziehungen mit wenigen Auftragnehmern einlassen und diese festigen, selbst wenn dies im Ergebnis höhere Kosten und weniger responsive Dienste bedeutet. Unsere Fallstudie hat gezeigt, wie eine kleine Institution erfolgreich von behördlicher Kontrolle zu unabhängigem Management übergegangen ist, aber dieses Ergebnis dürfte nur das anfängliche Stadium in der Entwicklung des Outsourcing von Kinder- und Jugenddiensten darstellen. Es bleibt abzuwarten, wie die Verwaltung problematische Themen in bezug auf messbare Standards, wie Professionalisierung und Klientenbeteiligung unter dem neuen System des Public Management angehen wird.

Es ist davon auszuggehen, dass mit der Zeit beim *Out-Contracting* große, gut etablierte Erbringer mit Monopolstatus vorgezogen werden. Folgt man Handler (1996: 89 ff.), so werden Bürokratien dazu neigen, sich auf langfristige Beziehungen mit wenigen Auftragnehmern einlassen und diese festigen, selbst wenn dies im Ergebnis höhere Kosten und weniger responsive Dienste bedeutet. Unsere Fallstudie hat gezeigt, wie eine kleine Institution erfolgreich von behördlicher Kontrolle zu unabhängigem Management übergegangen ist, aber dieses Ergebnis dürfte nur das anfängliche Stadium in der Entwicklung des *Outsourcing* von Diensten der Kinder- und Jugendhilfe darstellen. Es bleibt abzuwarten, wie die Verwaltung problematische Themen in Bezug auf messbare Standards, wie Professionalisierung und Klientenbeteiligung unter dem neuen System des *Public Management* angehen wird.

Literatur

Brehm, J./ S. Gates (1997) *Working, shirking, and sabotage*, Ann Arbor (University of Michigan Press)

Christensen, T./ P. Lægreid (1999) New public management—design, resistance, or transformation, *Public Productivity and Management Review*, **23**, 169-193

Donahue, J. (1989) *The Privatization Decision: Public Ends, Private Means*, New York (Basic Books), Zitiert in Handler (1996)

Fredrickson, G.H. (1999) The repositioning of American public administration, *PS: Political Science and Politics*, **32**, 701-711

Handler, J.F. (1996) *Down from bureaucracy: the ambiguity of privatization and empowerment*, Princeton (Princeton University Press)

Hansen, K. (1999) New Public Management på det kommunale nivå [NPM auf kommunaler Ebene], *Nordisk administrativt tidsskrift*, **80**, 330-338

Johansen, I.J. (1998) Trekk ved norsk of svensk forvaltningspolitikk på åtti- of nittitallet [Merkmale der norwegischen und schwedischen öffentlichen Verwaltungspolitik in den 80er und 90er-Jahren, *Nordisk administrativt tidsskrift*, **79**, 79-92

Meier, K.J. (1999) The scientific study of bureaucracy: a road map, *Administration and Politics*, **9** (1). Http//:h-net.msu.edu/~pubadmin/newsletters/1999/aandp4.htm.

Oslo. *Bystyremelding* (1/1998) Konkurranse of kvalitet i Oslo kommune [Bericht des Stadtrats 1/1998. Wettbewerb und Qualität in der Stadt Oslo]

Rusaw, A.C. (1997) Reinventing local government: a case study of organizational change through community learning, *Public Administration Quarterly*, **20**, 419-432

Sand, I.J. (1997) Demokrati of forvaltningspolitisk diskurs [Demokratie und der Diskurs über öffentliche Verwaltungspolitik], *Nordisk administrativt tidsskrift*, **78**, 32-47

Aus dem Englischen von: Eva Harrison, Wiebke Horn

Sune Sunesson

Schweden zwischen staatlicher Wohlfahrt und Marktorientierung

Der Wohlfahrtsstaat in Schweden zieht sich aus verschiedenen Bereichen zurück und überlässt wohlfahrtsstaatliche Aufgaben und Verantwortungen anderen Wohlfahrtsakteuren, Familien, Marktakteuren, freien Trägern und lokalen Kommunalverwaltungen. Zwar wurden einige der allgemeinen Systeme geflickt und in Teilbereichen wieder instand gesetzt, die damit verbundenen negativen Folgen, etwa in der Form von verlängerten Anwartschaftszeiten und Leistungsabbau, werden vor allem auf der lokalen Ebene des Wohlfahrtsstaates sichtbar. Zur gleichen Zeit sind Privatisierung, marktorientierte Modernisierungsansätze und die Grundsätze des *New Public Management* immer deutlicher hervorgetreten. Lundström (2000) hat in seinem Beitrag zu diesem Buch die Situation der Fremdunterbringung in der Jugendhilfe untersucht. Das Folgende kann als eine Einführung zu seinem Beitrag verstanden werden.

Der Schock, den die Arbeitslosigkeit in den frühen 90er-Jahren verursacht hat, spiegelt sich überall in der schwedischen Wirtschaft und Gesellschaft wider. Die steigende Massenarbeitslosigkeit wurde begleitet von umfassenden Kürzungen der Sozialausgaben und von institutionellen Veränderungen, die selektive Mechanismen im schwedischen Wohlfahrtsstaat förderten und damit den Rückzug des Wohlfahrtsstaats einleiteten.

Haben diese Transformationsprozesse nun neue Elemente einer Logik des Wohlfahrtsstaates hervorgebracht? Wie mehrere Autoren aufgezeigt haben, werden nun einzelne Elemente, die früher dem universellen Wohlfahrtsprogramm angehörten, dezentralisiert. Gleichzeitig findet auf lokaler Ebene ein paralleler Transformationsprozess statt, der durch umfangreiches *Out-Contracting* von Dienstleistungen und durch die Verlagerung von Zuständigkeiten, gekennzeichnet ist, so bswp. im Bereich der Altenpflege.

Selektivität im Bereich der personenbezogenen sozialen Dienste macht sich vor allem in Form von Zugangsbeschränkungen bemerkbar, durch eine restriktive Handhabung von Berechtigungen und die Reduzierung von Leistungen. Bei diesem Prozess werden Einzelpersonen sowohl ausgeschlossen als auch abgewiesen. Andere wiederum ziehen es u.U. vor, Leistungen, die sich in Bezug auf Qualität, Kosten und Überprüfungsverfahren nachteilig verändert haben, gar nicht mehr in Anspruch zu nehmen.

In der Jugendhilfe hat eine umfassende Rationalisierung stattgefunden, in deren Verlauf sich die Anzahl der Klienten pro Mitarbeiter erhöht und die Anzahl der Beschäftigten in diesem Sektor abgenommen hat. So zeigt eine Studie der Nationalen Kommission für Gesundheit und Wohlfahrtspflege, dass im Rahmen der Kinder- und Jugendhilfe in Schweden im Jahre 1996 170.000 Kinder mehr betreut wurden als 1991 – ohne dass höhere Kosten entstanden wären.

Der Altenpflege ist wahrscheinlich der Sektor, in dem die Transformation des lokalen Wohlfahrtssystems am offensichtlichsten zu Tage tritt. Auf der kommunalen Ebene sind die Kosten für die Dienstleistungen angestiegen und auf allen Ebenen wurden Bedürftigkeitsprüfungen eingeführt. Das eigentliche Ergebnis dieser Änderungen besteht nun darin, dass die Pflegemaßnahmen zunehmend auf diejenigen älteren Menschen konzentriert werden, die in besonderem Masse der Pflege bedürfen, so dass immer weniger ältere Menschen überhaupt öffentliche Hilfe und Pflege erhalten. Als Folge wurde der Schwerpunkt der Unterstützungsleistungen verlagert und zwar von Diensten, wie z.B. Hilfen im Haushalt, hin zu persönlicher und medizinischer Pflege für die Schwächsten und Gebrechlichsten (Blomberg et al. 2000, Szebehely 1998).

Gleichzeitig werden private Unternehmen dazu aufgefordert, Leistungen in diesen zwei zentralen Bereichen des Wohlfahrtssystems anzubieten. Damit wird versucht, marktähnliche Bedingungen zu schaffen, die sich auf andere Bereiche sozialer Dienstleistungen, wie z.B. auf die Behandlung von Alkohol- und Drogenabhängigen oder auf die Jugendhilfe ausdehnen. In diesem Bereich stellen kleine Privatunternehmer bereits seit langer Zeit wichtige Akteure dar, wenngleich eher in einem Rahmen, der als Quasi- bzw. Vor-Markt zu bezeichnen ist. Diese bereits seit längerem bestehende nichtstaatliche Steuerung öffentlicher Angelegenheiten führt nun aber zu einer gewissen Verkomplizierung der Diskussion um „New Public Management", „Marktorientierung" und „Privatisierung", denn damit wird die Vorstellung in Frage gestellt, nicht-öffentliche Steuerung sei etwas Neues – und das sogar in Schweden.

Söderström et al. (1999) haben versucht, Entwicklungstendenzen des öffentlichen Managements im Wohlfahrtsbereich zu identifizieren und gleichzeitig die Komplexität dieses Feldes aufgezeigt. Sie nehmen zwei zentrale Unterscheidungen vor, um die Form der Steuerung zu kennzeichnen. Das erste Merkmal differenziert zwischen „Öffentlich geleiteten (Ö)" und „Nicht-öffentlich geleiteten (NÖ)" Angeboten. Das zweite Merkmal bezieht sich auf die Frage der Finanzierung und stellt die „öffentliche Finanzierung (Ö)" der „privaten Finanzierung (NÖ)" gegenüber. Die folgende Tabelle verdeutlicht einige mögliche Kombinationen dieser beiden Merkmale.

Tabelle 1

1:1 Ein von der Stadt geleitetes und finanziertes Opernhaus. 1:2 Ein von der Stadt geleitetes Stromversorgungsunternehmen, das aus städtischen Mitteln finanziert wird. Ö/Ö	3:1 Ein von der Stadt geleitetes Opernhaus, das durch Fördervereine oder große Privatunternehmen unterstützt wird. 3:2 Ein von der Stadt geleitetes Stromversorgungsunternehmen, das durch die Ausgabe von Aktien auf den Finanzmärkten finanziert wird. Ö/NÖ
2:1 Ein privates Opernhaus, das vollständig oder teilweise aus kommunalen Mitteln finanziert wird. 2:2 Ein Stromversorgungsunternehmen im Besitz der Stadt, das durch ein privates Unternehmen im Auftrag der Stadt geleitet wird. NÖ/Ö	4. Vollständig private Theater und Stromversorgungsunternehmen. NÖ/NÖ

Feld 1 dieser Tabelle stellt die öffentliche Steuerung vor Beginn der „Privatisierung" dar. Die Felder 2 und 3 dagegen zeigen verschiedene Entwicklungsrichtungen oder Ausdifferenzierungen dieses Originals. Es ist leicht zu erkennen, dass Konzepte wie „öffentliche" bzw. „private" Finanzierung oder Steuerung lediglich grobe Vereinfachungen beschreiben, die für eine weitergehende Analyse ungeeignet sind. Diese Konzepte verbergen tatsächlich mehr als sie erkennen lassen.

Im ersten Feld lassen sich jedoch mehrere unterschiedliche Formen marktorientierter Ansätze und Merkmale des *New Public Managements* erkennen, die in Tabelle 2 aufgezeigt sind.

Tabelle 2: Im 'Ö/Ö'-Feld (öffentlich geleitet und finanziert) können die Tätigkeiten geleitet werden als:

1. Rein ergebnisbezogene Organisationseinheiten
2. Käufer/Erbringer-Organisationen
3. Selbststeuernde Einheiten
4. Traditionelle professionelle oder amtliche Träger
5. Kombinationen dieser Formen

Einige Formen, wie z.B. die Käufer/Erbringer-Organisation mit ihrem Schwerpunkt auf der Trennung von Funktionen und der Ersetzung intra-organisatorischer Hierarchien durch Quasi-Marktbeziehungen, fordern geradezu dazu auf, das Management öffentlicher Aufgaben nicht-öffentlichen Akteuren zu öffnen. Fehlen nicht-öffentliche Akteure, die diese Aufgabe übernehmen könnten, beginnen öffentliche Stellen damit, intern marktförmige Verhältnisse mit virtuellem Geld und Wettbewerb zu schaffen. Interne Preiskonkurrenz kann nun aber bizarre Konsequenzen nach sich ziehen: Wenn aus Schulgebäuden auf einmal „Angebote" werden, die zu Preisen vermietet werden können, wie sie für innerstädtische Büros üblich sind, wird möglicherweise das gesamte Geld der Schule für die Miete ausgegeben und nicht für den Unterricht. Ähnliche Effekte können auch private Monopole erzeugen.

Es hat sich gezeigt, dass solche Situationen Privatisierung geradezu herausfordern und sogar private Akteure ins Spiel bringen, um gewissermaßen ex-post den Spielregeln einen Sinn zu verleihen. Selbst die anderen Kategorien (die Felder Ö/NÖ und NÖ/Ö) können weiter unterteilt werden. Den aus öffentlichen Mitteln finanzierten Angeboten verschiedener Träger liegen unterschiedliche Organisationsformen zugrunde, die wiederum Folgen für die Entwicklung öffentlicher Dienstleistungen haben.

Tabelle 3: Im 'Ö/NÖ'-Feld (öffentlich finanziert, nicht-öffentlich geleitet) können die Tätigkeiten wie folgt beschrieben werden:

1. Öffentliche Unternehmen im Besitz der Stadt (z.B. beim öffentlichen Wohnungsbau, öffentlichen Verkehrsmittel etc.).
2. Unterstützung oder Subventionen an andere Organisationen durch die Stadt (wie für Theater, Schulen, Museen oder wohltätige Einrichtungen).
3. Kauf von bestimmten Sonderdienstleistungen (z.B. Labortests oder andere Dienstleistungen, für die spezielle und rare Kenntnisse notwendig sind).
4. Von der Stadt bezahlte „Wahlfreiheitssysteme" (z.B. der subventionierte Besuch von Privatschulen).
5. Erbringung von Dienstleistungen durch Unternehmer auf mehreren Sektoren, von Transportmitteln über Straßenreinigung bis hin zu Pflegeheimen.

Es erübrigt sich, darauf zu verweisen, dass einige dieser Systeme (wie z.B. die Erbringung von Dienstleistungen durch Unternehmer) schon fast so lange bestehen, wie es lokale oder dezentralisierte Verwaltungen gibt. In der Stadt Berlin wurde beispielsweise der erste kommerzielle Auftrag zur Beseitigung von Müll im Jahre 1777 vergeben, nachdem zuvor die Müllabfuhr über einen langen Zeitraum hinweg in städtischer Hand gelegen und wahrscheinlich unklare Regelungen vorgeherrscht hatten (Bryntse 2000: 1).

Der neue Trend scheint etwas mit der Typik der beteiligten Akteure zu tun zu haben, sowie mit der forcierten Privatisierung, die durch wettbewerbsfreie interne Marktspiele hervorgerufen wird, wie sie oben beschrieben wurden,. Damit wenden wir der uns der Entwicklung eines spezifischen Dienstleistungssektors in Schweden zu.

Spezifische Erfahrungen im Fall Schweden

In einigen Standardwerken der Literatur wird Schweden als typisches Beispiel für staatliche Dominanz und sogar für staatliche Monopolbildung bei der Erbringung sozialer Dienste bezeichnet. Was allerdings häufig nicht gesehen wird, ist: das Prinzip, gemäß dem die staatlichen und örtlichen Verwaltungen die *Kompetenz* besitzen, Dienste anzubieten und zu steuern, ist nicht gleichzusetzen mit der tatsächlichen und vollständigen Durchführung dieser Dienste (ausf. siehe Lundström/Wijkström 1997).

So zeigt Stenius (1999) in ihrer Studie, dass nationale Politik, ideologischer Wandel und soziale Bewegungen einen Einfluss auf die Erbringung von Dienstleistungen und auf die Frage der Verantwortung und Steuerung bei der Alkoholtherapie in Schweden genommen haben. Der Zentralstaat, verschiedene Ebenen der lokalen Regierung, private Initiativen, die Staatskirche, andere Konfessionen sowie öffentliche und nicht-staatliche Organisationen haben alle auf diese Entwicklung eingewirkt.

Einige der wichtigsten Ergebnisse der Studie sind unten in Tabelle 4 zusammengefasst. Stenius unterscheidet hier vier Zeiträume, die sich in der Problemauffassung, der Entwicklung staatlicher Programme, der Rolle des Staates und dem Grad an Dezentralisierung unterscheiden. Der erste Zeitraum steht im Zeichen von Innovation bzw. „Erfindung“ und Mobilisierung. Ein Alkoholiker war nun jemand, der gerettet und versorgt werden musste und nicht zynisch ignoriert werden durfte. Der Anteil an stationären Dienstleistungen, die von staatlichen Trägern erbracht wurden, lag zwischen 10 und 50%, die übrigen stationären Angebote befanden sich in kirchlicher Trägerschaft. Staatliche Programme führten dazu, Initiativen anzuregen.

Die nächste Periode begann, als der Zentralstaat mehr und mehr Aufgaben übernahm und versuchte, kommunale Stellen zur Behandlung von Alkoholikern aufzubauen und diesen lokalen Entzugseinrichtungen die notwendigen Mittel zu Behandlung zur Verfügung stellte.

Während der dritten Periode gerieten die informellen Organisationen (*voluntary organisations*) und Selbsthilfegruppen an verschiedenen Stellen mit dem umfassend durchstrukturierten System in Konflikt, wobei sie durch mehrere politische und professionelle Akteure Unterstützung erhielten. Der letzte Zeitraum steht in einer neuen Weise im Zeichen der Förderung „privater", unternehmerischer Initiativen.

Tabelle 4: Vier Zeiträume in der Fürsorge von Personen mit schweren Alkoholproblemen

Zeitraum	**1910 - 45**	**1945 - 65**	**1965 - 85**	**1985 -**
Öffentlicher Anteil (in %)	10 - 50	30 - 60	40 - 70	25 - 40
Neue Tendenzen oder neue Akteure	„Rette die Trinker"	Örtliche Verantwortung	Klienten-organisationen, „Wiedergeborene Christen"	Unternehmer
Rolle des Staates	Gewährt Zugang	Umfassende Ausarbeitung	Zentrale Politik, dezentralisierte Dienste	Zieht sich von den Diensten zurück.
Rolle der öffentlichen und gemeinnützigen Organisationen	Quelle an Initiativen und Kenntnissen	Anbieter von billigen und guten Arbeitskräften	Gern gesehen, solange sie kreativ sind und die Initiative ergreifen.	Müssen geschützt werden, da vom Aussterben bedroht.

(Nach Stenius 1999)

Die Tabelle 5 beschreibt diese Entwicklung wiederum auf eine andere Weise. Die Dienstleistungen wurden danach unterschieden, welchem Typus die jeweiligen Institutionen angehörten. Die Kategorie non-profit-Organisationen umfasst hierbei kirchliche und konfessionelle wohltätige Organisationen, Abstinenzverbände und Selbsthilfegruppen.

Tabelle 5: Stationäre Behandlungszentren. Anzahl der Betten pro Sektor in verschiedenen Jahren in Prozent

Jahr	**1967**	**1976**	**1984**	**1990**	**1997**
Öffentlich	39	39	66	39	26
Gemeinnützig	59	59	32	41	29
Profitorientiert	2	2	2	20	45

(Nach Stenius 1999)

Ist letzten Endes der Profit das neue Element? Als nicht *New Public Management*, nicht die nicht-öffentlichen Anbieter an sich, sondern der Profit? Kritiker könnten darauf verweisen, dass bei der städtischen Müllabfuhr nicht-öffentliche Stellen immer mit Profitinteresse gearbeitet haben. Was wäre dann also neu?

Darauf könnte man natürlich erwidern, im Falle der Müllbeseitigung sei es schließlich nie darum gegangen – wie im Falle der Alkoholikerbehandlung – (scheinbar) gemeinschaftliche Werte auf kirchliche und informelle Träger zu übertragen. Angesichts der neuen Umweltschutzbewegung steht dieses Argument aber nicht mehr so gut da, und in einem nächsten Schritt könnten Ökologie- und Naturschutzprogramme auch *for-profit* durchgeführt werden und dies weniger, weil es sich um ein gemeinsames Gut handelt. Der grundlegende theoretische Gedanke von Stenius' Studie ist die Vorstellung eines historischen Institutionalismus, d.h. dass die Art der Veränderung von Institutionen immer stark von der institutionellen Vergangenheit geprägt wird. Die Ergebnisse ihrer Untersuchung bezüglich der tatsächlichen Verhaltensweisen in Kommunalverwaltungen verweisen auf ein pragmatisches Experimentieren und eine Suche nach ausbalancierten Formen von Neuerungen.

Karin Bryntse (2000) hat eine bedeutende Studie zum *Out-Contracting* als Steuerungsform im Rahmen des New Public Management vorgelegt. In dieser Untersuchung geht es in der Hauptsache um einen Vergleich zwischen schwedischen, englischen und deutschen Städten. Sie weist auf einige interessante Merkmale in der Entwicklung von Kontraktmanagement hin. Erstens, *Out-Contracting* und Käufer/Erbringer-Modelle tragen zwar zu einer Reduktion von Hierarchie bei, erhöhen aber gleichzeitig Transaktionskosten. Dies wurde von mehreren Seiten festgestellt, scheint nun aber (etwas spät) auch von wirtschaftswissenschaftlicher Seite Beachtung gefunden zu haben. Zweitens weist sie darauf hin, dass die einzelnen Länder für den Prozess des Aushandelns der ökonomischen Bedingungen offenbar sehr unterschiedliche Handlungsmuster institutionalisiert haben. Das schwedische Muster ist vertrauensbasiert, experimentierfreudig und pragmatisch, von einer Informalität, die an Naivität grenzt – aber vergleichweise offen für Revisionen. Das englische Muster ist von Antagonismus geprägt und zeigt einen Mangel an gegenseitigem Vertrauen, während das deutsche als vertrauensvoll, gut organisert und umfassend charakterisiert werden kann. Das bedeutet, daß die Begriffe eines mehr oder weniger gemeinsamen Vokabulars in unterschiedlichen Settings unterschiedliche Bedeutungen haben.

Aus der Perspektive der institutionalistische Organisationstheorie fällt es leicht, die Bedeutung anzuerkennen, die die je lokalen Erfahrungen – in ihren regional- und länderspezifischen wie auch sektoren- und berufsspezifischen Ausprägungen – für das Schicksal der Innovationen im Bereich der sozialen Dienste besitzen. Selbst privatisierte Dienste weisen Elemente auf, die sie mit den früheren Formen verbinden. Will eine privatisierte deutsche Jugendhilfe überlebensfähig sein, so tut sie gut daran, in ihrer deutschen Umgebung als Jugendhilfe identifizierbar zu sein. Gleichwohl läßt sich nicht sagen, bis zu welchem Grad die institutionalisierten Elemente sich aufweichen und verdünnen lassen, oder anders: welches Minimum an Kontinuität und Konservatismus erforderlich ist.

Der Beitrag von Lundström in diesem Band zeigt die Veränderungen und deren Auswirkungen im Kinder- und Jugendhilfesystem in Schweden im Detail auf und gibt Anregungen für weitere Untersuchungen auf dem Gebiet der Privatisierung von wertorientierten Bereichen der öffentlichen Dienste.

Literatur

Blomberg, S./ P.G. Edebalk/ J. Peterson (2000) The Withdrawal of the Welfare State: Elderly Care in Sweden in the 1990s. *European Journal of Social Work*, **3**, 151-163

Bryntse, K. (2000) *Kontraktsstyrning i teori och praktik*, Lund, Lund Studies in Economics and Management, 56

Lundström, T. (2000) *Quasi-Märkte ohne Qualitätskontrolle? Kommunalverwaltungen, gemeinnützige Träger und Privatunternehmen in der schwedischen Jugendhilfe*, in diesem Band.

Lundström, T./ F. Wijkström (1997) *The Nonprofit Sector in Sweden*, Manchester-New York (Manchester University Press)

Stenius, K. (1999) *Privat och offentligt i svensk alkoholistvård*, Lund (Arkiv)

Szebehely, M. (1998) Changing Divisions of Carework. Caring for Children and Frail Elderly People in Sweden, in: Lewis, J. (Ed.) *Gender, Social Care and Welfare State Restructuring in Europe*, Aldershot (Ashgate)

Söderström, L./ A. Björklund/ P.-G. Edebalk/ A. Kruse (1999) *Från dagis till servicehus. Välfärdspolitik i livets olika skeden*, Stockholm (Välfärdspolitiska rådet, SNS)

Aus dem Englischen von: Eva Harrison, Gertrud Oelerich, Stefan Schnurr

Tommy Lundström

Quasi-Märkte ohne Qualitätskontrolle? Kommunalverwaltungen, Gemeinnützige Träger und Privatunternehmen in der schwedischen Jugendhilfe

Dieser Beitrag behandelt die organisatorischen Neustrukturierungen der schwedischen Jugendhilfe in den 80er und 90er-Jahren. Von besonderem Interesse ist dabei die Entwicklung im Bereich der Heimerziehung, doch werden auch die übergreifenden Veränderungen der Rahmenbedingungen Sozialer Arbeit im Bereich der Jugendhilfe thematisiert. Zunächst soll aber im Kontext einer Beschreibung allgemeiner Trends skizziert werden, wie die Soziale Arbeit in Schweden organisiert ist und welche Einrichtungen für die Kinder- und Jugendhilfe (im folgenden: Jugendhilfe) bereitgestellt werden.

Im internationalen sozialpolitischen Diskurs wurde Schweden traditionell als das Ideal des redistributiven Wohlfahrtsstaates angesehen: die Verwirklichung eines Wohlfahrtsmodells, das sich durch einen relativ hohen Grad gleicher Zugangschancen auszeichnet und mit seinen Sozialversicherungssystemen, der Gesundheitsversorgung, dem Bildungssystem sowie familienbezogene Hilfen über gut ausgebaute Wohlfahrtsstrukturen verfügt. Zumindest bis Ende der 1970er Jahre wurde das „Modell Schweden" oft als der mehr oder weniger ideale Typus eines wohl bestellten Kapitalismus beschrieben. Seit den 70er Jahren wird das schwedische Modell auf politischer und ideologischer Ebene jedoch zunehmend in Frage gestellt, und im Zuge der Wirtschaftskrise der 90er Jahre kam es zu spürbaren Einschränkungen. Diese sind jedoch wiederum nicht so weitreichend, wie man aufgrund der öffentlichen Diskussion vermuten würde (SOU 2000: 3).

In Schweden, wie auch in zahlreichen anderen Ländern, wurden in den 80er Jahren marktorientierte Modelle im öffentlichen Sektor eingeführt. Die Diskussionen dieser Zeit lassen vielleicht den Eindruck aufkommen, Schweden hätte bei der Privatisierung und der Implementierung von Marktmodellen eine führende Rolle gespielt. Doch hielten sich die Neuerungen zumindest im Vergleich zu einigen anderen Ländern in Grenzen. In einer Vergleichsstudie von zehn Industrieländern platzierten Pollitt/Bouckaert (1999: 93ff.) Schweden im Mittelfeld bei den „Modernisierern", und zwar zusammen mit Kanada, Finnland, Frankreich und den Niederlanden. Laut Pollitt/Bouckaert geht die Gruppe der Modernisierer davon aus, dass dem Staat eine wichtige Rolle zukommt, sehen aber gleichzeitig die Notwendigkeit, die Organisation des Verwaltungssystems grundsätzlich zu ändern. Unter den zehn anderen untersuchten Ländern wird Deutschland als das einzige Land beschrieben, das eine Strategie der Beibehaltung seiner vorhandenen Strukturen im öffentlichen Sektor verfolgt. Zur dritten Gruppe – den radikalen Vertretern der Marktorientierung – gehören Australien, Neuseeland und Großbritannien (die USA, das neunte in der Studie von Pollitt/Bouckaert abgehandelte Land, sind nach Ansicht der Autoren nur schwer einzuordnen).

Auch wenn in Schweden die organisatorischen Strukturen des staatlichen Wohlfahrtssystems nicht die dramatischen Veränderungen durchlaufen hatten, die man angesichts der Rhetorik vermuten könnte, schließt dies jedoch nicht aus, dass bedeutende Veränderungen stattgefunden haben und wohl auch in Zukunft stattfinden werden. Im weitesten Sinne können die Veränderungen unter dem Schlagwort *New Public Management* zusammengefasst werden – jenem eher vagen Begriff, der die charakteristische Form der Neustrukturierung des öffentlichen Sektors seit etwa 1980 bezeichnet. *New Public Management* umfasst im wesentlichen: die Einführung von Managementmodellen, die aus dem privatwirtschaftlichen Sektor stammen, den Ausbau der Kostenkontrolle als Regulierungsinstrument sozialer Dienste und schließlich die Privatisierung. (Diese sieht in Schweden gewöhnlich so aus, dass der Staat die Leistungen bezahlt, diese jedoch von Privatunternehmen oder Organisationen aus dem dritten Sektor erbracht werden.) Eine bedeutende Organisationsform ist das so genannte Käufer/Erbringer-Modell, das eine (mehr oder weniger) klare Linie zwischen der Politik (Käufer) und der Leistungserbringung zieht, die innerhalb oder außerhalb des Staates erbracht wird. Darüber hinaus beinhaltet die Idee des *New Public Management* eine Modifikation der Nutzerrolle. Der „Kunde“, nicht der „Klient“ oder der „Staatsbürger“ wird zum Idealtypus, der in den Diskussionen auf den Schild gehoben wird.

Schweden ist ein dezentralisierter Wohlfahrtsstaat. Tatsächlich lässt sich die Expansion wohlfahrtsstaatlicher Einrichtungen zu einem guten Teil als Expansion der Kommunalverwaltung auf der lokalen Ebene verstehen. Seit den 50er Jahren sind die wichtigsten Institutionen, die in den Bereichen wie Kindertagesstätten, Altenpflege, Ausbildung und soziale Dienste Programme entwickeln und organisieren, in den Kommunen zu finden. Tatsächlich kommt dem Begriff der Dezentralisierung eine Schlüsselbedeutung zu, will man die Bedingungen der Einführung von *New Public Management*-

Modellen verstehen. Montin/Persson (1996) sprechen diesbezüglich von drei verschiedenen Dezentralisierungsschüben, die seit den 60er-Jahren stattgefunden haben. Der erste beinhaltete eine Übertragung von Aufgaben des Zentralstaates auf die Kommunen. Im Rahmen des zweiten Schubs wurden Stadtteilräte eingeführt, wodurch manche dieser Aufgaben noch weiter nach unten verlagert wurden. Der dritte Schub begann Ende der 80er Jahre. Gerade in dieser Zeit können wir eine Expansion der Privatisierung und eine Übertragung der kommunalen Aufgaben auf Privatunternehmen, gemeinnützigen Organisationen und andere zivilgesellschaftliche Akteure feststellen (vgl. Lundström/Wijkström 1997).

Montin/Persson (1996: 72) haben die politische Situation Mitte der 80er Jahre auf den Nenner gebracht: „too little efficiency and too much political control of details". Wurde Dezentralisierung früher als Instrument der Demokratisierung betrachtet, so wurde sie nun zu einem Kriterium für Effizienz und entsprechende Managementmodelle aus dem privatwirtschaftlichen Sektor wurden in dieser Hinsicht viel beachtet. Ende der 80er Jahre wurde das Problem dann folgendermaßen reformuliert: „too much politics and too much public sector" (Montin/Persson 1996: 72). Vor diesem Hintergrund avancierte das sogenannte Käufer/Erbringer-Modell zu einem probaten Instrument der Separierung der Politik von den Diensten, wobei gleichzeitig die politische Verantwortung für die tatsächliche Leistungserbringung reduziert wurde. Vom Käufer/Erbringer-Modell zur Privatisierung ist es nur ein kleiner Schritt, jedenfalls dann, wenn man unter Privatisierung versteht, dass die Leistungen von Privatunternehmen erbracht, aber vom Staat finanziert werden. Folgt man weiter den Autoren Montin und Persson, so lässt sich die Debatte über den Wohlfahrtsstaat in den 90er Jahren charakterisieren durch die Problemformulierung „too weak civil society" (1996: 72). Dem Wohlfahrtsstaat wurde vorgeworfen, die 'natürlichen' Bindungen zwischen den Bürgern zu schwächen und einflussreiche Akteure der politischen Arena plädierten für eine Stärkung des gemeinnützigen Sektors. Hinzu kommt, dass gemeinnützige Organisationen (zumindest in gewissem Maße) als Erbringer von Diensten tatsächlich größere Bedeutung erlangt hatten. Im Bereich der Jugendhilfe findet man beispielsweise Organisationen wie 'Rettet die Kinder' und 'Kinderrechte in der Gesellschaft', die u.a. Hotlines einrichten und spezialisierte Dienste anbieten für Kinder, die Opfer von sexuellem Missbrauch wurden. Quantitativ betrachtet spielt jedoch in Schweden der gemeinnützige Sektor bei den sozialen Diensten im allgemeinen und der Jugendhilfe im besonderen eine nur randständige Rolle, besonders wenn man Schweden mit Deutschland, den USA oder Großbritannien vergleicht (Lundström 1996; Lundström/Wijkström 1997; Lundström/Svedberg 1998).

Seit den 80er Jahren konzentrierten sich Privatisierungsstrategien innerhalb der Kernsphäre des Wohlfahrtsstaats hauptsächlich auf die drei Bereiche Kinderbetreuung, Altenpflege und Bildung. Hier wurde die Privatisierung im Verlauf der 80er und 90er Jahre auch heftig diskutiert. Es fällt auf, dass im Vergleich zu *diesen* Sektoren über die Einführung von Marktmodellen im Bereich der sozialen Dienste im allgemeinen und der Jugendhilfe im besonderen kaum öffentlich debattiert wurde. Ein Grund hierfür könnte darin liegen, dass die Veränderungen in diesem Bereich nicht so dramatisch waren; andererseits zählt die Heimerziehung – darauf wird weiter unten noch näher eingegangen – zu jenen Bereichen, in denen die Privatisierung am weitesten vorangeschritten ist. Ein weiterer Grund für das Fehlen einer öffentlichen Diskussion könnte darin liegen, dass soziale Dienste mit einem ausgeprägten Individualbezug generell eher selten im Mittelpunkt der öffentlichen Aufmerksamkeit stehen.

1. Soziale Dienste und Jugendhilfe in Schweden

In Schweden liegt die Verantwortung für die Gewährleistung von jugendhilfespezifischen Diensten und Leistungen sowie von anderen sozialen Diensten bei den Kommunen und wird hauptsächlich durch das 'Gesetz über Soziale Dienste' *(Socialtjänstlagen [SoL], Social Services Act)* von 1982 geregelt. Hierbei handelt es sich um ein Rahmengesetz, das den Kommunen ein beträchtliches Maß an Eigenständigkeit bei der Organisation der Dienste einräumt. Derjenige Teil sozialer Dienste, den man in der Regel meint, wenn man in Schweden von „Sozialer Arbeit" spricht, umfasst die Dienste für Einzelpersonen und Familien einschließlich der sogenannten „sozialen Unterstützung" (d.i. in der Regel auf der Grundlage einer Bedürftigkeitsprüfung festgesetzte monetäre Hilfe), die Arbeit mit Alkoholkranken und Drogenabhängigen (auf freiwilliger Basis oder zwangsweise) und schließlich die Jugendhilfe. Die Mehrheit der schwedischen Sozialarbeiter ist in den von Kommunalverwaltungen organisierten sozialen Diensten beschäftigt, und die Jugendhilfe gehört zu ihren bedeutendsten Aufgabengebieten (Bergmark/Lundström 2000).

Es existiert keine Vorschrift, die verlangt, dass die Jugendhilfe als unabhängige Verwaltungseinheit innerhalb der Kommunalverwaltung organisiert werden muss. Und in einigen kleinen Kommunen ist sie bisweilen tatsächlich in die anderen Dienste für Einzelpersonen und Familien integriert (Bergmark/Lundström 1998). Dies zeigt, dass die Jugendhilfe in Schweden nicht etwa auf Fälle von Kindesmisshandlung oder auf jugendliche Verhaltensprobleme beschränkt ist. Statt dessen ist sie Teil eines weiteren Spektrums von sozialen Diensten für Erwachsene und Familien, und ein Klient kann Leistungen der Jugendhilfe beantragen und hat entsprechende Leistungsansprüche, ohne dass notwendigerweise Aspekte von Kindesmissbrauch oder -vernachlässigung im Spiel sind. Mit anderen Worten: Dienste und Unterstützung sind in der schwedischen Sozialgesetzgebung Begriffe mit hohem Stellenwert. Neben dem *Social Service Act* gibt es ein weiteres besonderes Gesetz (das so genannte LVU[1]) das speziell für solche Fälle im Bereich des Kinder- und Jugendschutzes zuständig ist, in denen Zwangsmaßnahmen erwogen werden.

Der Prävention kommt in der Jugendhilfe eine Schlüsselrolle zu. Prävention von Kindesmisshandlung oder die Vorbeugung krimineller Karrieren gehören zu den Hauptaufgaben der Sozialarbeiter in den Kommunen. Allerdings gibt es nur wenige Beispiele etablierter, gut dokumentierter und erfolgreicher Programme. Die praktische Soziale Arbeit in den Kommunen wird oft als bürokratisch beschrieben. Ihre Bezugspunkte liegen nicht so sehr in einer gefestigten Wissensbasis der Profession, sondern eher in den gesetzlichen Regeln und lokalen Ausführungsbestimmungen. Dies widerspricht nicht der Tatsache, dass ausgebildete Sozialarbeiter den stärksten Einfluss darauf haben, in welcher Weise und mit welchem Profil die einzelnen angebotenen Dienste ausgestaltet werden (Bergmark/Lundström 2000; Lundström/Sunesson 2000).

Anders als in der angelsächsischen Tradition können in Schweden gewählte Repräsentanten der Kommunen (also Politiker und damit Laien) bis in die Bearbeitung einzelner Fälle hinein auch in der Jugendhilfe einen entscheidenden Einfluss ausüben. Dies gilt zumindest für solche Fälle, in denen Zwangsmaßnahmen ergriffen werden oder in denen die Kosten für die jeweiligen in Frage kommenden Hilfeformen hoch sind. Wie bereits erwähnt, liegt die Verantwortung für die Jugendhilfe in Schweden, wie auch für die andere Bereiche sozialer Dienste, bei den Kommunen, die in Schweden weitgehend selbständig sind. Dennoch war bis zu den 80er Jahren die Kontrolle der Sozialen Arbeit durch den Staat vergleichsweise hoch. Erst in den 80er Jahren

---

[1] Lagen med särskilda bestämmelser om vård av unga (LVU); Care of Young Persons [(Special Provisions] Act

wurde diese Kontrolle massiv reduziert, und die Prozesse der Dezentralisierung wurden – zumindest in einem bestimmten Ausmaß – Teil derselben politischen Agenda wie die Einführung von Marktmodellen.

Heimerziehung

Betrachtet man den gesamten Bereich der Jugendhilfe, so sind die Auswirkungen der Privatisierung und Dezentralisierung nirgendwo so deutlich zu sehen, wie in der Heimerziehung (d.i. der Bereich der stationären Unterbringung für Kinder und Jugendliche). Auch in der schwedischen Heimerziehung gibt es eine Tradition der Trägerpluralität. Ende des 19. und zu Beginn des 20. Jahrhunderts wurden auf breiter Basis Waisenhäuser für mittellose Kinder und Besserungsanstalten für „verwahrloste“ Jugendliche eingerichtet. Diese wurden oft von Privatpersonen oder gemeinnützigen Organisationen gegründet. Ende der 30er Jahre, als die Anzahl der Einrichtungen ihren Höhepunkt erreichte, befanden sich über die Hälfte der Betten außerhalb staatlicher Trägerschaft. Wie in anderen Bereichen der sozialen Dienste nahmen zu dieser Zeit die gemeinnützigen Träger eine führende Rolle ein. Mit 50 % der Gesamtbettenzahl hatten karitative Organisationen eine Vorrangstellung, nur ungefähr 5 % befanden sich in privater Trägerschaft. In den meisten Fällen wurden die Einrichtungen des gemeinnützigen Sektors von kleineren Organisationen betrieben; und unter diesen verschiedenen karitativen Organisationen lassen sich keine dominierenden Träger identifizieren (Lundström 1995, 1996; Lundström/Wijkström 1997; Sallnäs 2000)

Seit Mitte der 40er Jahre bis Ende der 70er Jahre nahm die Anzahl der gemeinnützigen und privaten Einrichtungen stetig ab. Gegen Ende dieser Periode befanden sich nur noch ungefähr 10 % der Institutionen außerhalb des staatlichen Sektors (die meisten unter ihnen in gemeinnütziger und nur eine Handvoll in privatgewerblicher Trägerschaft). Der Bedeutungsrückgang des gemeinnützigen Sektors in dieser Periode betraf nicht allein die Jugendhilfe. Die Übernahme gemeinnütziger Aktivitäten durch den Staat war im Nachkriegsschweden eher eine übliche Strategie, zumindest in den Kernbereichen des institutionalisierten Wohlfahrtsstaates (Gesundheit, soziale Sicherung und Bildung). Die schwindende Bedeutung der gemeinnützigen Heimträger muss zu einem großen Teil vor dem Hintergrund der Professionalisierung des Wohlfahrtsstaates und der Modernisierung der Dienste verstanden werden. Staatliche Kontrolle, Normen und Regelungen verdrängten gemeinnützige Organisationen, die die Anforderungen der Modernisierung nicht erfüllen konnten, aus dem Geschäft, während die Anzahl der Institutionen gleichzeitig insgesamt sank. Der staatlichen Kontrolle kam somit für die Restrukturierung gerade dieses Bereiches wesentliche Bedeutung zu. Die Tatsache, dass die Gesamtzahl der Einrichtungen abnahm, muss zumindest teilweise vor dem Hintergrund der in den internationalen Debatten wohlbekannten Kritik an der „totalen Institution" im allgemeinen und der Heimerziehung für Kleinkinder im besonderen gesehen werden (Sallnäs 2000). Dennoch bleibt es eine wesentliche, aber bisher nicht ausreichend diskutierte Frage, ob ohne eine starke staatliche Kontrolle die Zahl der Einrichtungen in der Heimerziehung in derselben Weise zurückgegangen wäre.

Im Laufe der 80er und 90er Jahre wurde der Bereich der Heimerziehung dann weitgehend privatisiert. Infolgedessen können wir im Verlauf des 20. Jahrhunderts hier eine Entwicklung verfolgen, in der zunächst der gemeinnützige Sektor, dann der Staat und schließlich der private Sektor dominierte. Heute werden (vgl. Tabelle 1) nahezu 60 % der Heime für Kinder und Jugendliche von Privatunternehmen betrieben; ein Zehntel der Einrichtungen sind im Besitz gemeinnütziger Träger, und nur ein Drittel befindet sich in staatlicher Trägerschaft. Noch zu Beginn der 80er Jahre hatte es nur wenige Institutionen außerhalb des staatlichen Sektors gegeben – und keine von ihnen gehörte zu einem privatgewerblichen Träger. Dies weist darauf hin, dass die Heimerziehung von Privatisierungstendenzen vermutlich am stärksten betroffen ist. Dies gilt zumindest dann, wenn man sie mit den Erbringungsarrangements im Gesundheitswesen, dem Bildungssystem und den sozialen Diensten als Gesamtbereich vergleicht.

Tabelle 1: Verteilung von Institutionen und Betten in der Heimerziehung (1995)

Eigentümer	**Anzahl der Institutionen**	%	**Anzahl der Betten**	%
Gemeinnützige Organisationen	30	8	418	12
Privatgewerbliche Organisationen	221	58	1545	46
Staat/Kommunen	128	34	1427	42
Summe	**379**	**100**	**3390**	**100**

(Quelle: Sallnäs 2000)

Diese massive Veränderung beruht auf der Tatsache, dass ehemals staatlich geführte Einrichtungen geschlossen oder privatisiert bzw. quasi-privatisiert wurden. Letzteres bedeutet, dass sie von Unternehmen geführt werden, bei denen die Kommunen als Aktionäre fungieren. Weiterhin ist zu beobachten, dass neue Formen von professionell geführten, oft kleinen privaten Einrichtungen in der Grauzone zwischen Pflegestellen, Unternehmen und traditionellen Kinderheimen entstanden sind. In Großbritannien sind diese neuen Typen als „*home industries*“ bezeichnet worden, womit angedeutet wird, dass die Einrichtungen von kleiner Größe sind und dass die Hilfe in einem erweiterten Privathaushalt angeboten wird. Trotzdem – und dies macht sie zu einem Gewerbe – kann eine Familie ihren Lebensunterhalt mit einer derartigen Einrichtung verdienen (Colton 1988). Viele dieser „Hybriden“, die irgendwo zwischen Unternehmen und Familien angesiedelt sind, werden von einem Ehepaar betrieben, gelegentlich mit der Unterstützung von ein oder zwei Teilzeitkräften.

Im Gegensatz zu anderen Gebieten kann man in der Heimerziehung keine bedeutenderen Unternehmen bzw. Akteure identifizieren, die eine dominierende Stellung einnehmen oder anstreben. Doch lässt sich auf lokaler Ebene (beispielsweise in Stockholm) ein Trend zu relativ großen Unternehmen erkennen, die relative viele Heime betreiben und zusätzlich andere verwandte Dienste anbieten. Diese Unternehmen entstammen oft dem staatlichen Sektor und können manchmal als ‘quasi-privat’ bezeichnet werden, da ihre Haupteigentümer oft die Kommunen sind. Ein Beispiel hierfür ist AB Vårljus (Frühlingslicht AG) in Stockholm. Die Frühlingslicht AG betreibt neun Institutionen von beträchtlicher Größe in Stockholm und Umgebung. Obwohl das Unternehmen von den Kommunen kontrolliert wird, arbeitet es in vielerlei Hinsicht wie ein Marktunternehmen. Es versucht, seine Marktanteile durch Expansion in verwandte Bereiche zu erweitern, z.B. durch die Einführung von Programmen der ambulanten Familienhilfe. In einer Debatte über die Privatisierung einzelner sozialer Dienste stellte die Frühlingslicht AG ihre eigenen positiven Erfahrungen als Modell für „soziales Unternehmertum“ dar und begrüßte einen marktförmigen Wettbewerb als positive Ressource auch im Bereich der Jugendhilfe. Auch wenn die Vertreter der Frühlingslicht AG dem Unternehmertum und Privatfirmen grundsätzlich positiv gegenüber stehen, weisen sie jedoch gleichzeitig auf einige Probleme hin, z.B. darauf, dass es notwendig ist, die Grenzlinien zwischen Markt und Staat abzustecken (Zetterberg 2000).

Insgesamt handelt es sich bei einem sehr großen Teil der privat geführten Einrichtungen um Kleinstheime mit höchstens vier oder fünf Betten, was auch ersichtlich wird, wenn man die Anzahl der Betten mit der Anzahl der Institutionen vergleicht (siehe Tabelle 1). Doch auch wenn man die absolute Zahl der Betten zugrundelegt, übertreffen die von den privatgewerblichen Trägern bereitgestellten Kapazitäten die des staatlichen Sektors. Darüber hinaus befinden sich unter den privatgewerblichen Heimen auch große Institutionen mit bis zu 25 Betten, und immerhin die Hälfte unter ihnen verfügt über 6 oder mehr Betten.

Über die Qualität oder die inhaltliche Ausrichtung der Heimerziehung ist generell wenig bekannt, und darüber, was in den Einrichtungen dieses neuen Typs der privatgewerblich geführten Institutionen abläuft, weiß man praktisch überhaupt nichts. Als Indikator für mögliche Differenzen zwischen den Institutionen lässt sich jedoch der Grad der Professionalisierung der Mitarbeiterschaft heranziehen. Tabelle 2 zeigt den Anteil derjenigen Institutionen, die *keine* Mitarbeiter mit beruflichen Qualifikationen in den hier in Frage kommenden Kern-Professionen beschäftigen, also *keine* Psychologen oder Sozialarbeiter.

Tabelle 2: Heimerziehung und Kernprofessionen (1995)

Eigentümer	Institutionen ohne Fachpersonal aus den Kernprofessionen
Gemeinnützige	17 %
Privatgewerbliche	52 %
Staat/Kommune	5 %

(Quelle: Sallnäs 2000)

Wie Tabelle 2 zeigt, findet man Fachpersonal aus den beiden Kernprofessionen in fast allen Heimerziehungseinrichtungen des staatlichen Sektors (95 %), während dies bei den entsprechenden Institutionen in privater Trägerschaft zu einem überwiegenden Teil nicht der Fall ist (52 %). Ob dies nun ein Indiz für Qualität ist oder nicht, kann man selbstverständlich diskutieren. Die Daten zeigen jedoch, dass man die privatgewerblich erbrachte Heimerziehung nicht als professionalisiertes Feld bezeichnen kann, da die Professionellen ungleichmäßig verteilt sind und in mehr als der Hälfte der Institutionen völlig fehlen.

Man könnte natürlich die Position vertreten, dass die neuen „Hybridinstitutionen“ (oder zumindest viele davon) nicht als marktförmige Organisationen bezeichnet werden können (handelt es sich wirklich um eine „Heimerziehung-GmbH“?). Alternativ dazu können manche dieser Institutionen als „erweiterte Familien“ oder vielleicht als „zivilgesellschaftliche Initiativen“ bezeichnet werden. Dies mag natürlich in gewisser Hinsicht zutreffen. Unumstritten ist aber, dass man in diesen Mischformen zwischen Familie und Unternehmen seinen Lebensunterhalt verdienen kann, sogar einen recht guten.

Einige Unternehmen der Heimerziehungslandschaft haben ihre Wurzeln ursprünglich im staatlichen Sektor und bieten Einrichtungen an, die zumindest oberflächlich betrachtet den traditionellen Heimen für Kinder sehr ähnlich sind. Darüber hinaus gibt es hier einige gemeinnützige Organisationen (Stiftungen und Vereinigungen), die als Träger fungieren. Während Organisationen wie die *Heilsarmee* und die *City Mission of Stockholm* zu einem gewissen Grad in der Heimerziehung aktiv sind, betreiben die traditionellen Kinderschutzorganisationen wie *Save the Children* kaum Kinderheime und verfügen auch über keine entsprechende Tradition.

Im Gegensatz zur Altenpflege und zum Gesundheitssystem findet man in der Heimerziehung keine (bedeutenden) Unternehmen, deren Wurzeln im rein gewerblichen Sektor liegen: das *big business* hat die Heimerziehung nicht besetzt, und es scheint aus unternehmerischer Sicht kein großes Interesse daran zu bestehen, Heime für Kinder und Jugendliche zu betreiben. Statt dessen ist gerade dieser Bereich ein Beispiel für die Komplexität, die sich im Bereich der sozialen Dienste herausbilden kann. Hier finden sich nicht nur privatgewerbliche und staatliche, sondern auch gemeinnützige Akteure und solche aus der eher informellen Sphäre der Familie. Darüber hinaus findet man auf diesem Markt bzw. Quasi-Markt zahlreiche Grenzfälle, bei denen sich Merkmale der verschiedenen Sektoren vermischen.

Historisch betrachtet ist ein Engagement nicht-staatlicher Träger in der Jugendhilfe keineswegs neu. Dennoch kann man den Eindruck gewinnen, die schwedischen Behörden seien von den mehr oder weniger revolutionären Veränderungen hinsichtlich der Zusammensetzung der Einrichtungen in der Heimerziehung, die in den 80er und 90er Jahren stattgefunden hatte, geradezu überwältigt worden und verharren seitdem in einer Art Schockzustand. Die Institutionen bedürfen zwar einer formalen Genehmigung durch die Bezirksverwaltungen, faktisch sind die Zulassungskriterien jedoch ausgesprochen vage und Nachkontrollen finden nur selten statt. Die Gremien der Bezirksverwaltung sind darüber hinaus für die Überwachung der Einrichtungen verantwortlich, doch es hat den Anschein, dass das Kontrollniveau ziemlich niedrig und von schwankender Qualität ist. Weiterhin besteht ein ganz offensichtlicher Mangel an Qualitätsstandards zur Ausübung dieser Kontrollfunktion (siehe beispielsweise Länsstyrelsen 2000; Kilsved/Hartelius 1993).

Liest man die Entwürfe des „Gesetzes über Soziale Dienste“ *(Socialtjänstlagen [SoL], Social Services Act)* von 1982, dann muss man zu der Einschätzung kommen, dass der Gesetzgeber offensichtlich davon ausging, dass die Heimerziehung im Verhältnis zu den Pflegestellen weiterhin an Bedeutung verlieren würde. Weiter muss man den Eindruck gewinnen, dass vorgesehen war, die Heimerziehung nicht dem Marktsektor zu überlassen, sondern in staatlicher Verantwortung zu behalten (Lundström 1993; Sallnäs 1995; SOU 1974:7). Die Entwicklung der 80er und 90er Jahre war somit genau das Gegenteil dessen, was man vermuten würde, wenn man die offiziellen Dokumente liest (Vinnerljung et al. 1999). Sie vollzog sich ohne besondere Entscheidungen der Zentralbehörden und ohne Evaluation oder systematisches Wissen über die Qualität der neuen privaten Einrichtungen (wobei man hinzufügen muss, dass letzteres auch für die Einrichtungen in staatlicher Trägerschaft zutrifft). In zwei Berichten, die Anfang der 90er Jahre erschienen (Socialstyrelsen 1990, 1991), macht das *National Board of Health and Welfare* (etwa: Zentrale Koordinations- und Lenkungsstelle für den Gesundheits- und Sozialbereich) Bedenken gegen die Privatisierung deutlich, doch ein paar Jahre später bezeichnet sie die mehr oder weniger marktähnlichen Verhältnisse als erwünscht (Socialstyrelsen 1994). Diese Positionsverschiebung seitens der zentralen Behörden scheint aber eher eine Änderung im politischen Klima widerzuspiegeln, als dass ihr eine Analyse der Situation der Kinder und Jugendlichen in den Heimen zugrunde läge.

2. Neue Aufgaben für die kommunale Sozialarbeit: Sozialarbeiter als Manager

Für den Bereich der Heimerziehung bedeutet *New Public Management* hauptsächlich Privatisierung und Quasi-Privatisierung. Was die übrige Jugendhilfe betrifft, die größtenteils unter die Verantwortung der Kommunen fällt, so sind die aktuellen Tendenzen und Veränderungen eher mit der Einführung neuer Finanzierungs- und Steuerungsmodelle und einer Intensivierung der Kostenkontrolle verknüpft. Es lassen sich einige Beispiele anführen, die zeigen, dass auch andere Leistungen der kommunalen Jugendhilfe per *Out-Contracting* an Privatunternehmen vergeben werden. Innerhalb der Kommunen bestehen jedoch offensichtliche Wissenslücken hinsichtlich der Nutzung von *New Public Management*-Modellen. Eine Erklärung hierfür liegt im Mangel an einschlägiger Forschung; ein anderer Aspekt, der hier von Bedeutung ist, ist die Tatsache, dass die Kommunen hinsichtlich der Art der Durchführung von Jugendhilfeaufgaben weitgehend freie Hand haben. Organisationsstrukturen der Sozialen Arbeit und damit die jeweiligen Modelle und Ausprägungen der Marktorientierung variieren von Kommune zu Kommune, was das Aufzeigen allgemeiner Trends erschwert. Dennoch lässt sich sagen, dass in Großstädten die Privatisierung und Einführung von Marktmodellen weiter fortgeschritten ist, als in ländlichen Gebieten. Was die Umsetzung von *New Public Management*-Modellen betrifft, so nimmt Stockholm in vielerlei Hinsicht eine Vorreiterrolle ein. Es gibt klare Anzeichen dafür, dass die Stadt Stockholm eine entsprechende Neustrukturierung der sozialen Dienste anstrebt. So wurden zu Beginn des Jahres 2000 Pläne zur Einführung verschiedener marktorientierter Pilotprojekte in der Jugendhilfe und Sozialhilfe bekannt.

In gewisser Hinsicht lässt sich die kommunale Jugendhilfe beschreiben als das „andere Ende" der Heimerziehung: die Kommunen sind die Käufer derjenigen Leistungen, die von den Heimerziehungsträgern angeboten werden. Heimerziehung wird heutzutage in den meisten Fällen auf der Basis eher unkomplizierter Kontrakte geleistet, bei denen die Kommune für einen bestimmten Zeitraum für ein bestimmtes Kind die Kosten übernimmt. Manche Kommunen haben vertragliche Vereinbarungen mit Institutionen über die Bereitstellung eines bestimmten Kontingentes an Plätzen (also eine Art „Abonnement").

Die Einführung von Managementmodellen in den sozialen Diensten erfolgt üblicherweise durch die Einrichtung von Quasi-Märkten innerhalb der Kommunen erreicht, was in den meisten Fällen vor allem die systematische Trennung von Organisationseinheiten in Käufer und Leistungserbringer bedeutet. Die kaufende Instanz kann Dienste entweder von den Leistungserbringern innerhalb der Kommunen oder von Akteuren auf dem „offenen" Markt erwerben. Über die Funktionsweise von Käufer- und Erbringermodelle in der Jugendhilfe liegen bislang keine wissenschaftlichen Studien vor (vgl. jedoch Blom 1998). Mit der Arbeit von Stenius (1999) über stationäre Angebote der Drogehilfe verfügen wir jedoch über die Analyse eines Gebiets, das mit Blick auf die administrativen Rahmensetzungen und den Professionalisierungsgrad mit der Jugendhilfe vergleichbar ist. Sie kommt zu dem Ergebnis, dass die Einführung von Marktmodellen für die Institutionen, die stationäre Drogentherapie durchführen, einen „harten Wettbewerb um die kommunalen Haushaltsmittel" bedeutete: „wo die Alkohol- und Drogentherapie eingebettet ist in eine Kultur des Kontrakts, ist der Käufer und damit die Kommune König" (Stenius 1999: 252). Die Einführung der neuen Modelle hat zu einem enormen Wettbewerb zwischen den Institutionen geführt, was dadurch zusätzlich verstärkt wurde, dass gerade in diesem Bereich die Einführung der neuen Marktmodelle mit drastischen Budgetkürzungen einher ging.

Was die Kürzungen betrifft, so nimmt die Jugendhilfe im Vergleich mit der Drogenhilfe und vielen anderen Wohlfahrtsbereichen, die ebenfalls von

Einsparungen betroffen waren, eine Sonderstellung ein. Oberflächlich betrachtet – d.h. wenn man die offiziellen Statistiken über Personal, Anzahl der Maßnahmen (Pflegestellen, Inanspruchnahmen von Heimerziehung usw.) zugrundelegt – ist in der Jugendhilfe ein Leistungsabbau nicht erkennbar. Vielmehr entsteht der Eindruck, dass die Jugendhilfe während der 90er Jahre ein vor gegen Haushaltskürzungen weitgehend geschützter Bereich war. Was jedoch sowohl für die Heimerziehung als auch für die Drogenhilfe zuzutreffen scheint: offenkundiger herrscht innerhalb der Kommunen ein Mangel an einschlägigen Kompetenzen hinsichtlich der Gestaltung der Kontrakte mit den Erbringer-Institutionen. Sieht man einmal vom Kostenfaktor ab, so hört man nur selten von Qualitätsindikatoren, die systematisch in die Leistungsvereinbarungen aufgenommen werden, wenn Aufträge vergeben werden (Hessle/Vinnerljung 1999; Lundström 2000).

Mit Ausnahme der Heimerziehung gibt es keine Forschungsergebnisse hinsichtlich der quantitativen Bedeutung von Käufer-Erbringer-Modellen für den Erwerb von Diensten außerhalb der Kommunen. Es existieren also keine Zahlen darüber, wie häufig *Out-Contracting* vorkommt. In einer repräsentativen Stichprobe der kommunalen Sozialdienste antworteten auf die Frage, ob die Kommune Dienste von externen Privatpersonen oder Unternehmen (ausgenommen Heimerziehung und Pflegestellen) angekauft hätten, 60 % der Befragten mit Ja. Vieles spricht dafür, dass einer der am häufigsten von Privatunternehmen oder Privatpersonen im Auftrag der Kommunen durchgeführten Dienste die Familientherapie ist. Aber auch verschiedene Formen von Ermittlungen im Bereich des Kinderschutzes werden auf privatgewerblicher Basis durchgeführt (Lundström 2000; Bergmark/Lundström 1998). Über die Organisationen, die diese Dienste anbieten, weiß man sehr wenig. Auf der Basis der uns vorliegenden eher anekdotischen Daten lässt sich aber ein Zuwachs von (eher kleineren) Privatunternehmen konstatieren, die den Kommunen alles verkaufen – von der Familientherapie bis hin zu Ermittlungstätigkeiten in Jugendhilfefällen. Es ist nicht unüblich, dass die Beschäftigten dieser Unternehmen ursprünglich aus dem staatlichen Sektor kommen. Wie auch im Fall der Heimerziehung deutet nichts darauf hin, dass auch größere Wirtschaftsunternehmen sich an diesen Aktivitäten beteiligten oder dies anstreben.

Wie weit auch immer die Durchsetzung der Marktorientierung in den sozialen Diensten bzw. in der Jugendhilfe vorangeschritten sein mag – die zentralen Behörden wie z.B. das *National Board of Health and Welfare* haben offenbar weder einen Überblick über die Situation, noch Vorstellungen über etwa erforderliche Maßnahmen. Dezentralisierung und die erweiterte Eigenständigkeit der Kommunen haben in der Tat dazu geführt, dass es den zentralen Behörden an Instrumenten fehlt, diese Prozesse zu kontrollieren.

Neben der Einführung von eindeutigen Marktmodellen wie dem Käufer-Erbringer-Modell und der Privatisierung war es die Einführung von *New Public Management*-Ansätzen in Schweden, die einen erhöhten Druck in Richtung einer Dezentralisierung der ökonomischen Verantwortung und einer Rationalisierung innerhalb der Kommunen ausgeübt hat. Obwohl auch hier keine systematischen Studien vorliegen, so sind die Folgen dieser Entwicklung für die Soziale Arbeit weithin bekannt: die Budgetverantwortung wurde auf die Ausführungsebene verlagert. Die Leitungskräfte jener Organisationseinheiten in den Sozialen Diensten, die an der Ausführungsebene tätig sind, sehen sich gezwungen, wie Manager zu agieren, und müssen erheblich mehr Budget- und Personalverantwortung tragen, als das zu Beginn der 80er-Jahre der Fall war. In dieser Hinsicht verläuft die Entwicklung in Schweden parallel zu der in anderen Ländern Europas.

Für Großbritannien hat Harris (1998) die Entwicklung folgendermaßen beschrieben: Mit dem Aufstieg des Managerialismus, der den bis dahin geltenden Typus des *„bureau-professionalism"* ablöste, setzte sich unter den leitenden Mitarbeitern in der Sozialen Arbeit angesichts der erweiterten Budgetverantwortung mehr und mehr eine „Business"-Mentalität durch: „scrupulous gate-keeping and strict rationing of scarce ressources have become the major activities of social workers" (Harris 1998: 856). In diesem Zusammenhang verweist Harris auch auf einen Anstieg der Überwachung und Kontrolle von Sozialarbeitern auf der Basis neuer Informationstechnologien. Die gleichen Tendenzen lassen sich im schwedischen Kontext beobachten, obwohl die Auswirkungen hier nicht so weitreichend zu sein scheinen wie in Großbritannien. Es muss nochmals unterstrichen werden, dass in der Jugendhilfe keine tatsächlichen Abbaumaßnahmen erkennbar sind. Doch in welchem Ausmaß und in welcher Weise sich Schweden in dieser Hinsicht nun von Großbritannien und anderen europäischen Ländern unterscheiden könnte, bleibt weiterhin eine offene Frage.

3. Schlussfolgerungen und kritischen Anmerkungen

Der auffallendste Effekt des *New Public Management* in der schwedischen Jugendhilfe ist die Restrukturierung der Heimerziehung. Dieser Bereich wird heute von privatgewerblichen (in der Regel eher kleinen) Unternehmen dominiert. Es ist somit offenkundig, dass marktförmige Steuerungsmodelle und

Privatisierung in Verbindung mit einer Dezentralisierung die Restrukturierung der schwedischen Heimerziehung in den vergangenen fünfzehn bis zwanzig Jahren stark beeinflusst haben. Gleichzeitig repräsentiert die Heimerziehung einen eher ungewöhnlichen *Mix* aus staatlichen, privatgewerblichen und gemeinnützigen Organisationen und speziellen Mischformen, die eher in der Familiensphäre beheimatet sind. Hier gibt es folglich zahlreiche Grenzfälle, d.h. Organisationen, die die Charakteristika der verschiedenen Sektoren in sich aufnehmen. Am typischsten sind die Mischformen, aus Familien und Privatunternehmen. In dieser Hinsicht wäre die Heimerziehung für die Organisationsforschung – aus theoretischer Perspektive – von großem Interesse.

Repräsentanten des *big business* sucht man in der Heimerziehung aber auch in anderen Sparten der Jugendhilfe vergeblich. Nirgendwo in Schweden haben größere Privatfirmen Heime eröffnet oder an anderen Angeboten der Jugendhilfe Interesse gezeigt. Im Gegensatz zu vielen anderen Ländern Europas kennt man in Schweden den Typus der traditionsreichen und fest etablierten gemeinnützigen Organisation weder in der Heimerziehung noch in anderen Diensten der Jugendhilfe. Die Ursache ist zweifellos in der schwedischen Politik der staatlichen Übernahmen zu sehen, die in den 1940er bis 1960er Jahren dominierte. Eine andere Erklärung dafür ist vermutlich die historisch eher schwache Position der nicht-staatlichen Kirchen, insbesondere das Fehlen einer starken katholischen Kirche. Mit anderen Worten: in Schweden fehlen einige jener Institutionen, die traditionell bei der Ausdifferenzierung eines jugendhilfespezifischen Leistungsangebots in gemeinnütziger Trägerschaft eine zentrale Rolle gespielt haben (Lundström/Wijkström 1997).

Im Bereich der vor Ort erbrachten kommunalen Jugendhilfedienste ist die Entwicklung weniger dramatisch als in der Heimerziehung. Man kann mit Sicherheit davon ausgehen, dass in den meisten Kommunen die Budgetverantwortlichkeit nach unten verlagert wurde. Dementsprechend beinhalten die Aufgaben der Leitungskräfte in der praktischen Sozialen Arbeit heute nicht nur die herkömmlichen Formen von Dienstaufsicht und Sachautorität in den Gebieten des Rechts, der Methoden Sozialer Arbeit und der Gestaltung der Beziehungen zwischen Sozialarbeitern und Klienten. Zusätzlich dazu ist heute die Fähigkeit, Budgets zu planen und einzuhalten, neben anderen manageriellen Aktivitäten eine wichtige Komponente von Leitung in der Sozialen Arbeit. Im Vergleich zu Ländern wie Großbritannien sind die Auswirkungen der beschriebenen Veränderungen jedoch relativ milde ausgefallen.

Was die Jugendhilfe angeht, so ist dies zumindest teilweise dadurch zu erklären, dass dieser Bereich von Mittelkürzungen verschont blieb.

In den sozialen Diensten gehören verschiedenen Varianten von Käufer/Erbringer-Modellen seit den 80er Jahren mehr und mehr zum Alltag. Bei manchen Kommunen ist die Bereitschaft groß, diese Modelle weiter auszubauen. Betrachtet man diese Modelle und ihren Auswirkungen auf die Soziale Arbeit, so drängen sich drei kritische Fragen auf. Bei der *ersten* Frage geht es darum, welche Dienste von Privatunternehmen über Verträge mit den Kommunen geleistet werden können und sollen – mit anderen Worten: Sind dem *Out-Contracting* von Diensten Grenzen gesetzt? Die heutige Situation sieht folgendermaßen aus: Manche Kommunen testen mehr oder weniger aus, wie weit sie gehen können. Ermittlungen bei vorliegendem Verdacht auf den Missbrauch oder die Vernachlässigung von Kindern stellen möglicherweise ein Beispiel für eine derartige Grenze dar. Was bedeutet es für die rechtliche Sicherheit der Familie, wenn mit der Durchführung solcher Ermittlungen (teilweise) Privatunternehmen beauftragt werden (selbst wenn die Mitarbeiter dieser Unternehmen als Experten gelten können und formal nicht in die Entscheidungsfindung miteinbezogen sind)? Darüber hinaus ist es keineswegs geklärt, inwiefern es möglich ist, die Mitarbeiter von Privatunternehmen für inadäquate oder mangelhafte Hilfen bzw. Interventionen im Rahmen der sozialen Dienste bzw. der Jugendhilfe zur Verantwortung zu ziehen. Solche Fragen werden in der schwedischen Diskussion selten gestellt, während gleichzeitig stillschweigend viel herumexperimentiert wird.

Die *zweite* Frage bezieht sich auf die Qualität. Auf welche Qualitätsmerkmale sollen die Verantwortlichen in der Kommune bei der Auslagerung von Diensten achten – außer darauf, dass der Preis günstig ist? Dieses Problem tritt besonders in der Heimerziehung zutage, wo gesichertes Wissen, auch über die Sichtweisen der Nutzer, kaum vorhanden ist. Auch in dieser Hinsicht erhalten Kommunen und Sozialarbeiter in Schweden nur kaum Hilfestellung von den zentralen Behörden (Kilsved/Hartelius 1993). In einem Feld, das von einem klaren Mangel an professioneller Steuerung gekennzeichnet ist, besteht somit ein offensichtlicher Bedarf an zentral vorgegebenen Richtlinien und staatlicher Kontrolle.

Beim *dritten* Problem geht es um die Veränderungen im Verhältnis zwischen Sozialarbeitern und Klienten, die durch eine markförmige Restrukturierung der Jugendhilfe oder ähnlicher Handlungsfelder in Gang gesetzt werden. Welche Auswirkungen hat es für Sozialarbeiter, wenn diese mehr als bisher zwischen verschiedenen Alternativen wählen müssen, und dabei der

Preis die entscheidende Variable ist? Und wie reagieren Klienten darauf, wenn ihnen (zumindest manchmal) die Möglichkeit eingeräumt wird, als informierte Verbraucher zu handeln und zwischen verschiedenen Alternativen zu wählen? Solche Fragen stellen sich mit besonderem Nachdruck, zumal die schwedische Gesetzgebung der Klientenperspektive hohe Priorität einräumt.

In seiner Studie über eine schwedische Kommune, die die Einführung eines Käufer/Erbringer-Modells ziemlich umfassend betrieben hatte, kam Blom zu dem Ergebnis, dass die marktorientierten sozialen Dienste „teilweise in der Art eines responsiven Quasi-Markts für starke, rationale und gut informierte Klienten funktionieren. Im Hinblick auf die sozial Schwachen versagen sie jedoch in vielerlei Hinsicht“ (Blom 1998: 252). Folgt man den Sozialarbeitern, die in Bloms Studie zu Wort kommen, dann waren es die Klienten mit den schwächsten Ressourcen, die am wenigsten in der Lage waren, von einer Situation zu profitieren, die den informierten Nutzer zum normativen Ideal erhoben hatte.

Forschungen zum gemeinnützigen Sektor unterscheiden hinsichtlich der verschiedenen Akteursrollen im Kontext von Wohlfahrtsarrangements gewöhnlich zwischen den beiden Kernaktivitäten: Finanzierung und Leistungserbringung (siehe Gidron et al. 1992). Legt man diese Unterscheidung zugrunde, so wurden die Dienste im traditionellen schwedischen Wohlfahrtsstaatmodell (von den 40er bis zu den 80er Jahren) innerhalb des staatlichen Sektors sowohl finanziert als auch erbracht. In den meisten Fällen bedeutet die Privatisierung in den Kernbereichen des Wohlfahrtsstaates (Gesundheit, Bildung, Soziale Dienste), dass die Erbringung von Leistungen an Privatunternehmen oder quasi-private Unternehmen vergeben wird, während die Finanzierung weiterhin in der Verantwortung des Staates liegt. In der Jugendhilfe existiert bislang in der Tat noch kein Beispiel dafür (und es ist auch keines in Sicht), dass der Staat Verantwortungsbereiche völlig aufgibt und privatgewerblichen oder gemeinnützigen Organisationen überlässt.

Folgt man jedoch Rothstein (1988), so gehört zur Wohlfahrtsproduktion nicht nur die Finanzierung und die Erbringung, sondern noch ein dritter Aspekt, nämlich der der Einflussnahme der verschiedenen beteiligten Akteure auf eine jeweilige Maßnahme oder Leistung. Dieser dritte Aspekt betrifft folglich den Aspekt der Regulierung einschließlich der Frage, „wer die Richtlinien für eine Maßnahme festlegt und dafür sorgt, dass diese eingehalten werden“ (Rothstein 1998: 205). Es stellt sich nicht nur die Frage, wer eine Tätigkeit ausführt und wer sie finanziert, sondern auch, wer die Kontrolle darüber ausübt, was getan wird. Regulierung, Kontrolle und Fachaufsicht sind für die Dienste im Bereich der Jugendhilfe in der Tat von besonderer Bedeutung, bei denen die Nutzer – Kinder, Jugendliche und deren Eltern – kaum dem idealen Verbraucher, dem Homo Oeconomicus, entsprechen dürften, der seine Wahl auf rationale Weise und in Kenntnis aller relevanten Informationen trifft. Auch kann man offensichtlich nicht einfach davon auszugehen, dass Sozialarbeiter, oder andere, die als Ankäufer von Heimerziehung fungieren, als (Verbraucher)-Anwälte im Interesse der Kinder handeln, zumal in solchen Fällen, in denen eine Divergenz der Interessen von Sozialarbeitern, Kindern, Jugendlichen und Eltern deutlich zu tage tritt. Unter diesen Umständen aber stellt eine gewisse kontinuierliche und richtliniengebundene Kontrolle der Institutionen – mit anderen Worten: Regulierung – eine Schlüsselfrage dar.

Nun hatten die Dezentralisierung und die Einführung managerieller Steuerungsmodelle nicht nur Auswirkungen auf die Finanzierung und die Erbringung, sondern auch auf die Regulierung als solche. Viele Akteure in der Sozialen Arbeit sind eher desorientiert und verfügen nicht über die erforderliche Sicherheit im Umgang mit den spezifischen Herausforderungen der Kontrakt-Kultur und der *New Public Management*-Modelle. Dies gilt auch für die zentralen Behörden, von denen man angesichts der bürokratischen Tradition Schwedens eigentlich erwarten könnte, dass sie in Sachen Regulierung ihrer Schlüsselrolle gerecht werden und ihre Leitungsfunktion wahrnehmen. Eine Erklärung hierfür wäre möglicherweise, dass es eine Tradition des *Out-Contracting* in Schweden wenigstens in der Jugendhilfe nicht gibt. Es ist aber ebenfalls eine Tatsache, dass die Soziale Arbeit ein Bereich ist, der sich durch einen eklatanten Mangel an Qualitätsindikatoren auszeichnet (mit Ausnahme des Preises). Eine Kontrolle der Wirkungen und anderer Aspekte von Qualität wird dadurch erschwert, und dies erst recht in einer Situation zunehmender Dezentralisierung und Marktorientierung. Im Bereich der sozialen Dienste und der Jugendhilfe wurden Regulierungsfunktionen (formal betrachtet) zu einem großen Teil vom zentralen Staat auf die Kommunen übertragen. Man könnte die hiesige Entwicklung daher folgendermaßen auf den Punkt bringen: in der schwedischen Jugendhilfe gibt es keinen Rückbau der Ausgaben, aber einen Rückbau der Regulierung.

In den Jahren der rechtlichen bzw. bürokratischen Disziplin gab es durchaus Mittel und Wege, die es ermöglichten, die Soziale Arbeit – zumindest oberflächlich – zu kontrollieren. Diese Kontrolle erstreckte sich zwar nicht auf die Ergebnisse und Wirkungen sozialarbeiterischen Handelns als solchen, aber mit den sogenannten „Heimplänen“ (in denen festgelegt wurde, wie viele und welche gebaut werden sollten), den staatlichen Subventionen und dem Institut der regelmäßigen Inspektion standen immerhin Instrumente der Regulierung zur Verfügung, auf die man entsprechend zurückgreifen konnte. Darüber hinaus war die Distanz zwischen den Bezirksräten und Bezirksverwaltungen als Steuerungsinstanzen und den jeweiligen Einrichtungen selbst weitaus geringer, zumal die Bezirksräte häufig als Träger der Heime fungierten. Elaborierte und erprobte Alternativen zu diesem Modell von Kontrolle wird man freilich heute – jedenfalls in Schweden – vergeblich suchen. Der Prozess der Marktorientierung und Ökonomisierung dauert an, aber wirksame Strategien für eine Regulierung dieser Prozesse und eine Evaluierung ihrer Wirkungen stehen nicht zur Verfügung.

Literatur

Bergmark, Å./ T. Lundström (1998) Metoder i socialt arbeite, *Socialvetenskaplig tidskrift*, **5**, 291-314

Bergmark, Å./ T. Lundström (2000) Metoder i socialt arbete vad är det? in: Meuwisse, A./ S. Sunesson/ H. Swärd (Hg.) *Sócialt arbete en grundbok*, Stockholm (Natur und kultur)

Blom, B. (1998) *Marknadsorientering av socialtjänstens individ- och familjeomsorg: om villkor, processer och konsekvenser*, Umeå (Univ., Institutionen för socialt arbeite)

Colton, M. (1988) *Dimensions of substitute child care practice: a comparative study of foster and residential care practice*, Avebury (Aldershot)

Gidron, B./ R.M. Kramer/ L.M. Salamon (1992) Government and the third sector in comparative sector: Allies or adversaries, in: Gidron, B./ R.M. Kramer/ L.M. Salamon (Ed.) *Government and the third sector Emerging relationships in welfare states*, San Fransico (Jossey Bass Publishers)

Harris, J. (1998) Scientific management, bureau-professionalism, new mangerialism: The labour process of state social work, *British Journal of Social Work*, **28**, 839-862.

Hessle, S./ B. Vinnerljung (1999) *Child welfare in Sweden: an overview*, Stockholm (Univ. Institutionen för socialt arbeite)

Kilsved, H./ B. Hartelius (1993) *Privata institutioner för vård eller boende ökar sin andel av länets vårdmarknad*, Stockholm (Länsstyrelsen)

Lundström, T. (2000) Om kommunernas sociala barnavård, in: Szebehely, M. (Hg.) *SOU 2000:38*, forskarantologi.

Lundström, T./ S. Sunesson (2000) Socialt arbete utförs i organisationer, in: Meuwisse, A./ S. Sunesson/ H. Swärd (Hg.) *Socialt arbete en grundbok*, Stockholm (Natur und kultur)

Lundström, T/ F. Wijkström (1997) *The Nonprofit Sector in Sweden*, Manchester (Manchester University Press)

Lundström, T. (1993) *Tvångsomhändertagande av barn: en studie av lagarna, professionerna och praktiken under 1900-talet*, Stockholm (Stockholms universitet, Socialhögskolan)

Lundström, T. (1996) The State and Voluntary Social Work in Sweden, *Voluntas*, 7, 123-146.

Lundström, T./ L. Svedberg (1998) Svensk frivillighet i internationell belysning – en inledning, *Socialvetenskaplig tidskrift*, **5**, 106-127.

Lundström, T. (1995) Staten och det frivilliga sociala arbetet i Sverige, in: Klausen, K.K./ P. Selle (Ed.) *Frivillig organisering i Norden*, Oslo (Tano)

Lundström. T./ F. Wijkström (1997) *The nonprofit sector in Sweden*, Manchester (Manchester University Press)

Länsstyrelsen (2000) *Tillsyn över enskild vårdverksamhet för barn och unga*. Lägesbeskrivning 1999, Stockholm (Länsstyrelsen)

Montin, S./ G. Persson (1996) Local institutional change in Sweden, in: Bogason, P. (Ed.) *New modes of local political organizing: Local government fragmentation in Scandinavia*, Commack (Nova Science Publishers)

Pollitt, C./G. Bouckaert (1999) *Public management reform: a comparative analysis*, Oxford (Oxford University Press)

Rothstein, B. (1998) *Just institutions matter: the moral and political logic of the universal welfare state*, Cambridge (Cambridge Univ.)

Sallnäs. M. (1995) Att utreda föräldraskap. Om modern institutionsvård för barn. *Socialvetenskaplig tidskift*, **2**, 334-349

Sallnäs, M. (2000) Barnavårdens institutioner: framväxt ideologi och struktur, Stockholm (Institutionen för socialt arbete)

Socialstyrelsen (1990) *Vård utom hemmet*, Stockholm (Socialstyrelsen)

Socialstyrelsen (1991) *Privat och offentligt i vårde*,. Stockholm (Socialstyrelsen)

Socialstyrelsen (1994) *Barn- och ungdomsinstitutioner (utom de s k §12-hemmen): hur påverkas vården av kommunernas ekonomiska situation och nya ekonomiska styrsystem?* Socialstyrelsen följer upp och utvärdera, 1994:10, Stockholm (Socialstyrelsen)

SOU [Statens offentliga utredningar] (1974) Barn- och ungdomsvård: betänkande avgivet av Fosterbarnsutredningen

SOU [Statens offentliga utredningar] (2000) Välfärd vid vägskäl: [utvecklingen under 1990-talet]: delbetänkande av Kommittén Välfärdsbokslut.

Stenius, K. (1999) *Privat och offentligt i svensk alkoholistvård: arbetsfördelning, samverkan och styrning under 1900-talet*, Lund (Arkiv)

Vinnerljung, B./ M. Sallnäs/ L. Oscarsson (1999) Dygnsvård för barn och ungdom 1983-1995: förändring i vårdlandskapet sedan Socialtjänstlagens tillkomst, *Socionomens forskningssupplement*, **11**, 1-20.

Zetterberg, C. (2000) Undvik Citypendeln i Stockholms socialtjänst, in: *Nyhetsbrevet HVB.nu nr* 1 / 2000 [www.hvb.nu]

Aus dem Englischen von: Karin Jurek, Beate Koglin, Stefan Schnurr

Modernisierungsperspektiven für die deutsche Jugendhilfe – Eine Diskussion

Edith Niehuis

Politische Zukunftsperspektiven einer am Gemeinwohl orientierten Jugendhilfe

Neue Steuerung aus der Sicht der KGSt

Kaum hatte der Gesetzgeber im Jahre 1990 mit dem neuen Kinder- und Jugendhilfegesetz die rechtliche Grundlage für ein neues gesellschaftspolitisches und fachliches Verständnis von Jugendhilfe gelegt und die Praxis in den Jugendämtern und bei freien Trägern herausgefordert, da brach mit der Diskussion um Neue Steuerungsmodelle in der öffentlichen Verwaltung ein neuer Sturm auf die Jugendhilfe herein. Die kommunale Gemeinschaftsstelle für Verwaltungsvereinfachung – besser unter ihrem Kürzel „KGSt" bekannt – legte in rascher Folge verschiedene Berichte vor, mit denen sie die einzelnen Bausteine ihres Modells einer Neuen Steigerung der Fachöffentlichkeit vorstellte. Sehr früh machte sie die Jugendhilfe – genauer gesagt die Verwaltung des Jugendamts – zum Gegenstand ihrer Vorschläge. Dass man sich gerade das Jugendamt zum Exerzierfeld für eine Modernisierung der Verwaltung ausgesucht hat, erscheint mir bis heute nicht ganz einleuchtend.

Einem ihrer ersten Berichte, dem zur „Outputorientierten Steuerung der Jugendhilfe" (KGSt-Bericht 1994) hat die kommunale Gemeinschaftsstelle vier *Herausforderung der Jungendhilfe* vorangestellt, aus denen sie die Notwendigkeit neuer Wege und Strategien der Jugendhilfe ableitet:

1. Sie konstatiert „hohe Anforderungen und Erwartungen an ihre Fachlichkeit und Qualität" – und zitiert dabei die aus dem Achten Jugendbericht bekannten Strukturmaximen wie ganzheitliche, lebenswelt- und lebenslagenorientierte sowie präventive Ausrichtung der Jugendhilfe.
2. Sie konstatiert einen großen Bedarf der Bürgerinnen und Bürger an Beratung und Unterstützung und bezeichnet diesen Bedarf als steigend angesichts gesellschaftlicher und sozialstruktureller Entwicklungen.
3. Sie konstatiert hohe Anforderungen an die Mitarbeiterinnen und Mitarbeiter und verlangt Arbeitsbedingungen, die ein hohes Maß an Verantwortlichkeit bieten.
4. Schließlich weist die KGSt auf die prekäre finanzielle Situation der Kommunen hin, die keinen vermehrten Ressourceneinsatz zulasse, son-

dern eher ein kritisches Überprüfen ihrer Leistungen und ihrer Leistungsfähigkeit erwarten lasse.

Letzteres ist schon ein Kontrapunkt in der Argumentation. Denn die in Punkt 1 bis 3 enthaltene Analyse stößt auf eine breite fachliche Akzeptanz. Die Aussage zu Punkt 4, das Finanzargument, ist zwar nachvollziehbar, muss aber in seiner Rigidität hinterfragt werden. Sicherlich kann der Staat, können die Kommunen nicht mehr Mittel ausgeben als sie einnehmen. Dennoch muss der Mitteleinsatz nicht nur *kommunalpolitisch* diskutiert und verantwortet werden, die Folgen von Leistungskürzungen im Bereich der Kinder- und Jugendhilfe müssen auch im Hinblick auf andere Haushalte und die Entwicklung von Staat und Gesellschaft bedacht werden.

Die KGSt spricht von „Outputorientierter Steuerung“ (Bericht 9/94) und von „Integrierter Fach- und Ressourcenplanung“ (Bericht 3/96) in der Jugendhilfe, bei genauerem Hinsehen wird hier Jugendhilfe mit der „Verwaltung des Jugendamtes“ gleichgesetzt. Damit verfehlen diese Berichte ihr Thema, indem sie die Spezifika der Jugendhilfe in Deutschland ausblenden.

Spezifische Anforderungen der Jugendhilfe

Völlig unberücksichtigt bleibt der *Grundsatz der partnerschaftlichen* Zusammenarbeit zwischen öffentlichen und freien Trägern als Strukturprinzip der Jugendhilfe in Deutschland. Dies gilt zum einen für die institutionelle Seite dieser Zusammenarbeit, die ihren Ausdruck in der *Zweigliedrigkeit des Jugendamts* findet, das aus der Verwaltung des Jugendamts und dem Jugendhilfeausschuss besteht. Dies gilt aber auch für das Verhältnis des Jugendamts zu den freien Trägern unterschiedlichster Einrichtungen und Dienste. Durch die Verwendung des Begriffs *Kontraktmanagement* sowohl für die Vereinbarungen zwischen den einzelnen Verwaltungseinheiten untereinander als auch zwischen diesen und externen Anbietern, also freien Trägern, werden die spezifischen Unterschiede zwischen verwaltungsinterner und – externer Zusammenarbeit verwischt. Freie Träger erscheinen nur noch als Zulieferer für das Jugendamt, wie Fabrikanten von Türschlössern für die Autoindustrie.

Nur bedingt tauglich erscheint auch der Weg, Bereiche wie die Jugendhilfe über die *Definition von Produkten* zu steuern. Im Bereich der Sozialarbeit lassen sich Produkte nicht „werkseitig“ herstellen und sodann an den Kunden verkaufen. Personenbezogene soziale Dienstleistungen werden in partizipativen Verfahren, im Wege der Koproduktion erbracht. Der Inhalt der einzelnen Produkte ist das Ergebnis der Koproduktion zwischen Leistungsanbieter und Leistungsempfänger. Insbesondere die Sachverständigenkommission zum 9.

Jugendbericht unter dem Vorsitz von Prof. Dr. Hans-Uwe Otto hat auf die Bedeutung der *Nachfragedimension* für eine bedürfnisgerechte Leistungserbringung hingewiesen.

Erstaunlich ist auch, dass die kommunale Gemeinschaftsstelle – jedenfalls in ihren ersten Berichten – die *jugendhilfespezifischen Steuerungselemente des KJHG* – wie das individuelle Hilfeplanverfahren und die strukturelle Jugendhilfeplanung – in keiner Weise würdigt. Erst in den letzten Berichten scheint ein gewisser Umdenkungsprozess im Gange zu sein.

Die Berichte der kommunalen Gemeinschaftsstelle haben eine lebhafte Diskussion in den verschiedenen Aufgabenfeldern der Kinder- und Jugendhilfe ausgelöst. Kein Verband, keine Institution, die sich nicht kritisch mit diesen Vorstellungen auseinandergesetzt hätte. Dabei scheinen Skepsis und Sorge um den Erhalt fachlicher Standards zu überwiegen. So befürchtete etwa Hans Thiersch, es könne sich bei der „Neuen Steuerung“ um ein trojanisches Pferd der fachlichen Enteignung und damit der Dequalifikation sozialer Arbeit handeln (Thiersch 1995).

Hilfreich war in diesem Zusammenhang, dass der *Deutsche Städtetag* und die *Arbeitsgemeinschaft für Jugendhilfe* sich zusammengesetzt haben, um Steuerungsgrundlagen und -instrumente nach dem Kinder- und Jugendhilfegesetz mit dem neuen Steuerungsmodell der kommunalen Gemeinschaftsstelle für Verwaltungsvereinfachung in Form von Empfehlungen für die Praxis in Beziehung zu setzen. Es hat lange gedauert, bis die Gremien des Deutschen Städtetags auf der einen Seite und der Arbeitsgemeinschaft für Jugendhilfe auf der anderen Seite Hinweise und Empfehlungen zur Steuerung der Jugendhilfe verabschiedet haben. Schon dieser lange Zeitraum zeigt, eine Kompatibilität zwischen den Grundprinzipien der Jugendhilfe einerseits und den Konzepten und Methoden der Verwaltungsmodernisierung andererseits herbeizuführen, ist schwierig, wenn Spannungen und Widersprüche nicht unter den Tisch gekehrt werden. Zusammenfassend heißt es dort:

Das „Neue Steuerungsmodell“ insgesamt gibt wichtige Impulse für die unabdingbare Modernisierung der Kommunalverwaltungen. Wenn wesentliche Elemente unter den spezifischen normativen Vorgaben der Jugendhilfe und ihrer Speziellen strukturellen Verfasstheit konsequent angewendet werden, können sie die qualitative Weiterentwicklung der Jugendhilfe fördern. So können

- Leitbildentwicklung
- dezentrale Ressourcenverantwortung und Integration mit der fachlichen Verantwortung

- Kontaktmanagement
- exakte Definition und Beschreibung von Leistungen und Aufgaben
- Qualitätsmanagement aus fachlicher Sicht
- ein ausdifferenziertes Berichtswesen und ein
- Controlling-System innerhalb der Jugendhilfe

fachliche Impulse zur Qualifizierung der Jugendhilfe geben und ihre Steuerungsmöglichkeiten verbessern.

„Voraussetzung ist jedoch," so fahren die Empfehlungen fort – „dass im Rahmen der örtlichen Verwaltungsreformprozesse und bei der Neustrukturierung der Kommunalverwaltung Jugendhilfe als Aufgabenfeld mit spezifischen strukturellen Erfordernissen akzeptiert wird. Qualität und Quantität sozialer Leistungen bleiben Gegenstand gesellschaftspolitischer Aushandlung."

Das ist der theoretische Anspruch, die *Umsetzung in die Praxis* ist noch einmal ein Thema für sich. Nicht selten werden die inhaltlichen und organisatorischen Herausforderungen, die mit den Neuen Steuerungsmodellen einhergehen, entweder nicht ausreichend verstanden oder mit äußerlichen Modernisierungsetiketten verdeckt. So wurden z.B. alte Leistungen oder Maßnahmen schlicht in ein neues Vokabular gepresst und dann als Produkte ausgegeben. Elemente wie Steuerung über Kontrakte oder Steuerung mit Hilfe von Kennziffern wurden in ihrem strategischen Gehalt nicht verstanden, sondern an manchen Orten nur noch bürokratisch abgearbeitet. Der durchaus sinnvolle Gedanke der Budgetierung wurde nicht selten auf die Aufforderung reduziert, künftig mit weniger Geld auszukommen. Budgetierung stand hier für Deckelung.

Neue Steuerung und Qualitätsentwicklung

Obwohl die kommunale Gemeinschaftsstelle für Verwaltungsvereinfachung in ihren Berichten von Anfang an auch das Qualitätsthema behandelt und entsprechende Empfehlungen dazu gemacht hat, scheint es in der Praxis der Neuen Steuerung weitgehend ausgeblendet zu werden. Eine vom Deutschen Jugendinstitut (1998: 121f.) vorgelegte Zwischenbilanz zu „Situation und Perspektiven der Jugendhilfe" kommt zu dem ernüchternden Ergebnis, dass die Verpflichtung, Produktbeschreibungen zu erstellen, nicht zur Qualitätsentwicklung genutzt wird. Dabei führen wir in den letzten Jahren auch eine lebhafte Qualitätsdiskussion, die aber offensichtlich nicht ausreichend mit der Diskussion um Neue Steuerung verknüpft wird.

Fachliches Handeln und seine Verbesserung sind eine Forderung, die den Prozess der Neuordnung und Weiterentwicklung des Kinder- und Jugendhilferechts seit Beginn der 70er Jahre begleitet. Es hat seinen Niederschlag in den Vorschriften des Kinder- und Jugendhilfegesetzes über Mitarbeiter und Fortbildung, in der Ausgestaltung der einzelnen Hilfetypen, vor allem aber im *Hilfeplanverfahren* und in der Verpflichtung zur *Jugendhilfeplanung* erfahren. Dies geschah zu einer Zeit, als die Begriffe Qualitätsentwicklung und Qualitätssicherung noch unbekannt waren. Einen neuen Schub hat diese Diskussion im Zusammenhang mit der *Reform der Pflegesatz- oder Entgeltfinanzierung* erhalten, die ausgehend vom Gesundheitsbereich, über die Altenpflege und die Sozialhilfe auch die Jugendhilfe erreicht hat und ihren Niederschlag in der Einführung der §§78a–78f. in das Kinder- und Jugendhilfegesetz gefunden hat. So werden Jugendämter und die Träger von Einrichtungen seit dem 1.1.1999 dazu verpflichtet, nicht nur – wie bisher – Vereinbarungen über die Entgelte für die Leistungsangebote und die betriebsnotwendigen Investitionen, sondern auch Vereinbarungen

- über *Inhalt, Umfang und Qualität* der Leistungsangebote (sog. Leistungsvereinbarungen) und
- Vereinbarungen über *Grundsätze und Maßstäbe für die Bewertung der Qualität der Leistungsangebote* sowie über geeignete *Maßnahmen zu ihrer Gewährleistung* (sog. Qualitätsentwicklungsvereinbarungen) abzuschließen.

Staatliche Dienstleistungen zwischen Markt und Gemeinwohlauftrag

Aber Humandienstleistungen können nur bedingt über Marktmechanismen gesteuert werden. Personenbezogene Dienstleistungen, wie sie von Einrichtungen und Diensten der Jugendhilfe, aber auch der Sozial- oder der Altenhilfe gewährt werden, haben vor allem auch einen *Gemeinwohlauftrag*. Dem Staat als regulierender Instanz kommt dabei eine doppelte, zum Teil widersprüchliche Funktion zu:

- einerseits muss er eine möglichst kostengünstige Lösung suchen. Insoweit ist der Staat Anwalt der Steuerzahler und Arbeitsplatzbesitzer, die weder ihr Einkommen noch den Wirtschaftsstandort Deutschland durch hohe Sozialleistungskosten gefährdet sehen wollen.
- andererseits ist der Staat aber zugleich auch Anwalt der Konsumentinnen und Konsumenten dieser Dienstleistungen, da deren Qualität und Effizienz nicht über den Markt reguliert werden kann, ihr Funktionieren aus kompensatorischen und legitimatorischen Gründen notwendig ist.

Der Ausgleich zwischen diesen beiden Anforderungen gelingt eher, wenn der Steuerzahler zugleich auch Konsument der Dienstleistungen ist, wie z.B. in weiten Bereichen des Gesundheitswesens. Überall dort, wo dies nicht der Fall ist, insbesondere bei den sog. „Sozialen Randgruppen“, ist das Verständnis der Bevölkerung, in hohem Maße finanzielle Mittel zu investieren, begrenzt. Denken wir nur an die Ausgaben im Bereich der Sozialhilfe oder der HILFEN zur Erziehung. „Missbrauch sozialer Leistungen“ ist in diesem Zusammenhang immer wieder ein populäres Thema. Besonders fatal ist diese Diskussion, wenn Kinder die Leidtragenden sind. Eine Regierung, die sich nicht nur dem Sozialstaatsprinzip verpflichtet weiß, sondern Benachteiligungen abbauen will und für Chancengerechtigkeit eintritt, muss daher allen populistischen oder neoliberalen Versuchungen widerstehen, das soziale Netz abzubauen.

Das technologische Defizit personenbezogener sozialer Dienstleistungen

Nun haben personenbezogene soziale Dienstleistungen, zu denen die Leistungen der Jugendhilfe gehören, noch mit einem weiteren Handicap zu kämpfen, das sie in den Augen von Technokraten und Betriebswirtschaftlern verdächtig macht. Um in diesem Sektor Leistungen zu gewähren, ist es nämlich nicht allein damit getan, finanzielle Mittel aufzuwenden und den Adressatinnen und Adressaten diese Mittel auf ihr Konto zu überweisen, wie etwa beim Kindergeld oder dem Erziehungsgeld. Jeder, der im Bereich psychosozialer Hilfen tätig ist, weiß: Ohne die Motivation, ohne die Mitarbeit von Adressatinnen und Adressaten, geht gar nichts. Dies bedeutet zugleich auch, dass nicht nur die Beteiligung von Adressatinnen und Adressaten an der Planung und Gestaltung der Leistungen, sondern bereits bei der Formulierung von Qualitätskriterien unverzichtbar ist – und dies nicht nur aus moralischen, sondern sozusagen auch aus technologischen Gründen. Denn bei der Produktion von Humandienstleistungen sind die Adressatinnen und Adressaten (oder Konsumentinnen und Konsumenten) zugleich auch die Produzentinnen und Produzenten des Ergebnisses der Interaktion. Der Drogenabhängige muss mindestens ebenso hart daran arbeiten, wieder clean zu werden, wie seine Helferin. Die Eltern müssen bereit sein, ihr Verhalten zu reflektieren, schädliche Folgen zu erkennen und mit fachlicher Unterstützung und unter Ausschöpfung ihrer persönlichen Ressourcen neue Handlungsmuster einzuüben. Häufig muss erst mühsam der Zugang zu Eltern und zu jungen Menschen ausgebaut werden, um sie überhaupt für eine pädagogische Einflussnahme gewinnen zu können.

Sicherlich lassen sich Verfahren und Konzepte entwickeln, mit denen die Erfolgschancen pädagogischer Bemühungen verbessert werden können. Den Anforderungen der Betriebswirtschaft an Ergebnisqualität werden Pädagogen aber niemals genügen können – und dürfen. Sinn aller pädagogischen Bemühungen ist nicht die Konditionierung des Menschen, sondern die Aufnahme einer helfenden Beziehung in Respekt vor der individuellen Persönlichkeit. Die Möglichkeit des Scheiterns pädagogischen Bemühens ist die antropologische Grundbedingung für die persönliche Freiheit des Menschen. In einer zivilisatorisch-kulturellen Umwelt, in der praktische Machbarkeit zum dominierenden Interpretationsmuster auch sozialer Problemlagen wird, hat eine sich so verstehende Pädagogik einen schweren Stand.

Wenn wir also im Bereich der Kinder- und Jugendhilfe von Qualitätssicherung und Qualitätsentwicklung sprechen, dann müssen wir uns dieses „Technologiedefizit" im Bereich personenbezogener sozialer Dienstleistungen bewusst sein und alle Bemühungen um ein umfassendes Qualitätsmanagement auch darauf ausrichten. Dabei gilt es nicht nur, personelle Standards zu entwickeln und einzuhalten, einmal geplante Ziele umzusetzen (Effektivität) und die eingesetzten Mittel optimal zu verwenden (Effizienz). Bereits die Zielsetzung kann nicht allein durch die Verwaltung erfolgen, sondern ist ein Prozess der Konsenssuche, ein Prozess der Aushandlung und Kooperation. Eine Jugendhilfe, die an einer rein organisatorischen Rationalität festhält, die in erster Linie auf eine effiziente Problembearbeitung bedacht ist, läuft – so die Sachverständigenkommission zum 9. Jugendbericht – Gefahr, an den Interessen, Bedürfnissen und Problemlagen ihrer Adressatinnen und Adressaten vorbei zu agieren.

Der Münsteraner Fachhochschullehrer Joachim Merchel kommt zu dem Ergebnis, dass von den Neuen Steuerungsmodellen nur begrenzt Impulse zur inhaltlichen und organisatorischen Weiterentwicklung in der Jugendhilfe ausgegangen sind. „Zwar sind für eine differenzierte Beurteilung zum Stand der Umsetzung von Neuer Steuerung in der Jugendhilfe weitere Forschungen erforderlich, doch man kann wohl jetzt schon aufgrund der Erfahrungsberichte und der noch spärlich vorliegenden Untersuchungsergebnisse zu der Einschätzung gelangen: Die Hoffnungen, den Gesamtprozess der Verwaltungsmodernisierung auch für innovative Prozesse in der Jugendhilfe nutzen zu können, haben sich offensichtlich bei weitem nicht in der gewünschten Weise erfüllen lassen" (Merchel: S.138, 142f.)

Neue Steuerung und zweigliedriges Jugendamt

Im Rahmen der Diskussion um die Verwaltungsmodernisierung kommt auch die Konstruktion des Jugendamtes und deren bundesrechtliche Vorgabe auf den Prüfstand. Mit dem Jugendamt haben die Mütter und Väter des Reichsjugendwohlfahrtsgesetzes von 1922 eine Institution geschaffen, die bis heute in der Kommunalverwaltung einzigartig ist. Sie haben nämlich der Verwaltung einen Ausschuss an die Seite gestellt, in dem neben den Mitgliedern der Vertretungskörperschaft Frauen und Männer mit Sitz und Stimme agieren, die auf Vorschlag der im Bereich des öffentlichen Trägers wirkenden und anerkannten Träger der freien Jugendhilfe von der Vertretungskörperschaft gewählt werden. Diese besondere Verfassung des Jugendamts □ist der institutionelle Ausdruck der partnerschaftlichen *Zusammenarbeit zwischen öffentlichen und freien Trägern.* Wie aus der Regierungsbegründung zur Novelle von 1953 deutlich wird, die zum Ziele hatte, nach dem Ende der Hitlerdiktatur die Mitverantwortung der freien Verbände für Jugendwohlfahrt und der Jugendverbände im Jugendamt zu installieren, sollte es darum gehen, „gerade im Jugendamt eine echte Demokratie zu verwirklichen, und den Bürgern, die durch freie Mitarbeit zum Gemeinwohl Gemeinsinn bewiesen haben, Mitverantwortung zu übertragen. Dadurch wird am Besten vermieden, dass sich eine nur repräsentative Demokratie entwickelt" (Regierungsbegründung, BT-Drs. I/3641 S.5).

Wie das Reichsjugendwohlfahrtsgesetz, so verpflichtet auch das Kinder- und Jugendhilfegesetz die Kreise und Städte „zweigliedrige" Jugendämter (bestehend aus der Verwaltung des Jugendamts und dem Jugendhilfeausschuss) einzurichten. Diese Konstruktion ist insbesondere von kommunalpolitischer Seite immer wieder kritisch betrachtet und als Eingriff in die kommunale Organisationshoheit verstanden worden. Obwohl das Bundesverfassungsgericht bereits im Jahre 1967 entsprechende Bedenken zerstreut hat, ist die Diskussion um die „Verfassung" des Jugendamts bis heute nicht zur Ruhe gekommen, ja sie hat durch die Diskussion zur Verwaltungsmodernisierung allerorten neue Nahrung erhalten. Das Anliegen der Mütter und Väter des Reichsjugendwohlfahrtsgesetzes war es, durch die Etablierung von Jugendämtern ehrenamtliches Engagement im Bereich der sozialen Arbeit nicht zu ersticken, sondern dieses Potential einzubringen in die neue Behörde „Jugendamt". Bürokraten und engagierte Bürgerinnen und Bürger sollten diese Behörde gemeinsam leiten oder – neudeutsch – steuern. Im Laufe der 70er Jahre ist dieser Ansatz zunehmend in Vergessenheit geraten. Die Besetzung der Ausschüsse ist zunehmend aus den Reihen der Jugend- und Wohlfahrtsverbände erfolgt. So mancher dieser Interessenvertreter hatte bzw. hat aber in erster Linie die Interessen seines eigenen Verbands und seiner finanziellen Ausstattung, weniger aber die Interessen der Kinder und Jugendlichen in der einzelnen Region vor Augen. Wenn wir es deshalb mit dem Grundgedanken des Jugendhilfeausschusses, insbesondere der *Stärkung bürgerschaftlichen*

Engagements Ernst meinen, dann sollten wir über die Zusammensetzung dieses Gremiums neu nachdenken. Aus meiner Sicht erscheint es durchaus überlegenswert, auch (ältere) Kinder und Jugendliche sowie Eltern als Nutzer der Einrichtungen und Dienste der Jugendhilfe an den Entscheidungen des Kinder- und Jugendhilfeausschusses stärker zu beteiligen.

Wie man sich einen erweiterten Jugendhilfeausschuss vorstellen kann, so kann man sich Gleiches hinsichtlich des Jugendamtes vorstellen.

Ich halte die *Altersphase Kindheit und Jugend* nach wie vor für einen überzeugenden Anknüpfungspunkt zur Bildung einer Organisationseinheit in der kommunalen Verwaltung. Entwicklung und Fortschritt, Integration in die Gesellschaft, dies sind Aufgaben, wie sie sich besonders im Hinblick auf junge Menschen stellen

- einmal für Kinder und Jugendliche im Kontext ihrer *Eltern* als primär für die Erziehung Verantwortliche
- zum anderen auch für Kinder und Jugendliche, die als junge Menschen durchschnittlich 10 Jahre in *Schulen* verbringen und durch sie geprägt und gebildet werden sollen
- für Kinder und Jugendliche im Kontext (über)mächtiger *Miterzieher* und Verführer in Gestalt von Medien und den Gefahren, die von Drogen und neuen Heilslehren drohen
- schließlich auch für junge Menschen, die den schwierigen Übergang von der *Ausbildung in die Arbeitswelt* bewältigen sollen.

Aufgrund der Individualisierung der Lebensverhältnisse und der Pluralisierung der Lebensformen schwindet der Einfluss von allgemeinen Überzeugungen, sozialen Milieus, Kirchen und Interessengemeinschaften. Damit sind Kinder auch neuen Entwicklungsrisiken ausgesetzt. Häufig sind Eltern mit der Erziehung überfordert. Die Schule beschränkt sich (immer noch) weitgehend auf ihren Bildungsauftrag. Räumen also die klassischen Erziehungsinstanzen das Feld und überlassen die Erziehung den Medien, der Jugendkultur und der Straße? Entzieht sich der Staat seiner Mitverantwortung für das Aufwachsen der jungen Generation? Hier bedarf es einer leistungsfähigen öffentlichen Agentur, die die noch vorhandenen Ressourcen für die Förderung von Kindern und Jugendlichen in Familie, sozialem Umfeld, Stadtteil und der Region bündelt und stärkt.

Wie wichtig die Zusammenarbeit verschiedener Institutionen ist, erleben wir bei allen Bemühungen zur *Prävention und Intervention* von Kinder- und Jugendkriminalität. Obwohl seit Jahrzehnten in Empfehlungen und Dienstanweisungen Kooperation gepredigt wird, sind die einzelnen Institutionen noch immer zu stark mit sich beschäftigt, als dass sie ressortübergreifend sich an runde Tische setzen. Das Jugendamt könnte und sollte die federführende Stelle für eine solche Kooperation sein. Dies bedeutet aus der Außenperspektive: Polizei, Gerichte, Gesundheitsämter, aber auch Eltern und vor allem Kinder und Jugendliche selbst brauchen ein Jugendamt als jederzeit identifizierbaren Ansprechpartner.

Sollen Bürgernähe, Niederschwelligkeit, Ganzheitlichkeit nicht nur Schlagworte in bunten Broschüren bleiben, dann hat dies auch konkrete organisatorische Konsequenzen zur Folge. Wenn sich ein Kind oder Jugendlicher in Fragen der Erziehung jederzeit an das Jugendamt wenden können soll, wie es §8 KJHG verspricht, dann darf dieses Jugendamt nicht nur abstrakt als Summe unterschiedlich strukturierter Organisationseinheiten, Regiebetriebe oder Teile von Fachbereichen existieren, sondern muss konkret identifizierbar und erfahrbar bleiben.

Wenn wir also den Ausgangspunkt bei der Altersphase Kindheit und Jugend nehmen, dann geht mein Plädoyer dahin, das Jugendamt mit seinem gegenwärtigen Aufgabenzuschnitt zur Grundlage zu nehmen, um darauf aufbauend eine leistungsfähige kommunale Fachbehörde weiter zu entwickeln, die ein breites Spektrum von Aufgaben mit Relevanz für Kinder, Jugendliche und ihre Eltern sowie junge Volljährige zusammenfasst. Vielleicht halten sie mich für einen Utopisten, aber könnte es nicht sinnvoll sein, Jugendamt und Schulamt zusammenzufassen und alle materiellen Leistungen für Kinder, Jugendliche und Eltern bei diesem Amt zu bündeln? Ich denke, wir sollten deshalb über eine neue erweiterte Organisationseinheit, eine *Agentur für Kinder, Jugend und Familie* nachdenken.

Literatur

Deutsches Jugendinstitut (1998) Situation und Perspektiven der Jugendhilfe, München

KGSt – Kommunale Gemeinschaftsstelle für Verwaltungsvereinfachung (1994) *Outputorientierte Steuerung der Jugendhilfe*, KGSt-Bericht Nr. 9, Köln

KGSt – Kommunale Gemeinschaftsstelle für Verwaltungsvereinfachung (1996) *Integrierte Fach- und Ressourcenplanung in der Jugendhilfe*, Bericht Nr. 3, Köln

Merchel, J. (1999) Wohin steuert die Jugendhilfe? Innovationsfähigkeit der Jugendhilfe zwischen neuen Steuerungsmodellen und Debatten um Jugendamtsstrukturen, Jugendhilfe **3**, 138-150

Thiersch, H. (1995) Alltagshandeln und Sozialpädagogik *Neue Praxis* **3**, 215-234

Reiner Prölß

Was haben die Modernisierungsansätze der 90er Jahre gebracht? – Eine Zwischenbilanz

Die Vorgabe, in einem drei bis fünf Minuten dauernden Statement eine so komplizierte, differenzierte und insgesamt komplexe Materie zu bilanzieren, stellt eine schier unlösbare Aufgabe dar. Ich werde deshalb nach den Vorbemerkungen nur sechs sehr generalisierte, pauschalierte, subjektiv gefärbte und damit auch angreifbare thesenhafte Gedanken vortragen.

Zunächst: Verwaltungsmodernisierung umfasst nicht Verwaltung insgesamt. Sie findet fast ausschließlich auf der kommunalen Ebene statt. Bei Bund und Ländern ist außer Sonntagsreden und Verkauf des Tafelsilbers wenig zu erkennen. Die Perspektive meiner Aussagen ist deshalb die kommunale Ebene. In der ganzen Diskussion stelle ich ein babylonisches Sprachgewirr fest: eine Diskussion, bei der es nur um Etiketten, nicht um Inhalte geht, die Leerformelhaftigkeit und Beliebigkeit von Begriffen, das unterschiedliche semantische Verständnis. Es gibt keine eindeutige Nomenklatur und das macht eine Verständigung, einen Vergleich oder eine Bewertung schwierig.

Verwaltungsreform war nirgendwo ein Ziel oder Wert an sich, sondern war immer ausgelöst und verbunden mit Haushaltskonsolidierung. Deshalb ist sie bis heute oberflächlich geblieben und hat kaum zu einer tiefgreifenden substantiellen Veränderung von Bewußtsein in Kommunalverwaltungen geführt. Es gibt nur ein begrenztes Maß an Identifizierung mit dem Reformprozess, es fehlt vielfach an Akzeptanz und Motivation, und aufgrund der Stelleneinsparung findet in den Verwaltungen auch keine personelle Erneuerung statt. Es sind vielfach die gleichen Köpfe, die den alten Trott unter neuen Etiketten fortsetzen.

Ökonomisierung als Entpolitisierung

Das Grundproblem bei allen Modernisierungsbemühungen ist ungelöst und wird auch ungelöst bleiben müssen: Die Adaption des betriebswirtschaftlichen Denkens in öffentliche Verwaltung hat ihre Grenzen. Mit einer rein monetären Betrachtung kommt man den öffentlichen Gütern nicht bei. Wie ist aber dann ihr Wert messbar und identifizierbar? Marktgesetze mit Preis und Qualität funktionieren nicht, weil wir es zwangsläufig mit einem Monopol – in der sozialen Arbeit hier mit ihren neokooperatistischen Formen mit einem Oligopol – von Anbietern öffentlicher Güter und Leistungen haben, die „pauschal" durch Steuern bezahlt sind, und womit der Anspruch auf alles und zwar sofort in bester Qualität abgeleitet wird. Eine Entscheidung über die Produktion bestimmter Güter und deren Qualität – die eine subjektive Größe ist -, erfolgt nicht nach der Logik der Gewinnmaximierung, sondern – bestenfalls – aufgrund einer werteorientierten politischen Entscheidung, in der Regel aber aus opportunistischen Gründen auf Grundlage demokratischer Legitimation. Diese politische Logik folgt ganz anderen Gesetzen als eine betriebswirtschaftliche.

Auffallend ist, dass im Rahmen der Verwaltungsreform – vor allem aber aufgrund des Diktats der leeren Kassen – Politik sich zunehmend vor diesen Entscheidungen drückt und sich auf Einsparungsvorgaben reduziert. Dieser Prozess – schön umschrieben als Budgetierung – ist demokratietheoretisch auf Grund seiner Verlagerung von inhaltlichen Entscheidungen von der „Legislative" auf die „Exekutive" – soweit man dies auf der Ebene der kommunalen Selbstverwaltung überhaupt so nennen kann – höchst fragwürdig.

Marktsimulation und Kostenentwicklung

Ich stelle fest, dass alle Bemühungen, das zu simulieren, was nicht ist, nämlich den Markt, dies oft um ein vielfaches teuerer und vor allem noch bürokratischer macht. Das Bemühen um Kostendämpfung durch mehr Markt verkehrt sich somit häufig in das Gegenteil. Die Entwicklung des SGB XI, der Pflegeversicherung, des § 93 BSHG oder § 78a KJHG sind deutliche Belege für diese aufgeführte Gefahr.

Die Besonderheiten der Jugendhilfe berücksichtigen

Jugendhilfe ist ein eigenständiger Aufgabenbereich, um Kindern und Jugendlichen eine gelingende Sozialisation zu ermöglichen und Eltern bei der Erziehung zu unterstützen. Jugendhilfe ist die Einheit von allgemeiner Förderung und individuellen Hilfen. Sie besteht aus den Säulen Erziehung, Bildung und soziale Sicherung, ist also Hilfe zur Lebensbewältigung. Die Einheit der Jugendhilfe beinhaltet ihre Vielfalt und Pluralität, gleiche Chancen durch eine besondere und einheitliche Struktur und Organisation, Partizipation und Teilhabe. Diese Besonderheiten der Jugendhilfe sind konstitutiv, werden aber in den Bestrebungen zur Verwaltungsmodernisierung vielfach nicht ausreichend berücksichtigt und sind somit gefährdet.

Reformen und fachliche Weiterentwicklung

Die Steuerungsinstrumente der Verwaltungsreform und die Steuerungsinstrumente der Jugendhilfe sind an sich kein Gegensatz, sondern ergänzen sich. Leitbilddiskussion, Zielvereinbarung, Leistungsbeschreibung, Festlegung von Standards, Dokumentation und Statistik, Berichtswesen, Kostenrechnung, Kennziffernvergleiche etc. sind Instrumente, die auch fachliche Defizite in der Jugendhilfe deutlich werden lassen, und können somit zu einer fachlichen Weiterentwicklung der Jugendhilfe führen. Diese und ähnliche Arbeitsmethoden hätten aber aufgrund des KJHG schon längst angewendet werden müssen. Wenn sich nun daraus eine Neuorganisation der Jugendhilfe vor Ort in ihrer Aufbau und Ablauforganisation ergibt und damit die Leistungserbringung effizienter und effektiver wird, ohne die Strukturmerkmale von Jugendhilfe zu beseitigen, dann kann man von gelungener Verwaltungsmodernisierung reden. Dafür kenne ich aber kaum Beispiele.

Keine Budgetierung von Rechtsansprüchen

Durch die Dezentralisierung der Ressourcenverantwortung und – der technischen Seite – der Ressourcenverwaltung, verbunden mit dem Zusammenführen von fachlicher Verantwortung und Finanzverantwortung, hat sich partiell sicher ein gewisses Kostenbewusstsein entwickelt. Das ist durchaus positiv zu bewerten, hat aber nicht mit Markt und seinen Mechanismen zu tun!

Vor allem darf die andere Seite dieser Medaille nicht außer Acht gelassen werden, nämlich die Segmentierung des kommunalen Haushalts in sogenannte Einzelbudgets. Jugendhilfe ist aber eine öffentliche Gesamtaufgabe und die Ausgaben und Leistungen der Jugendhilfe müssen ins Verhältnis zu anderen kommunalen Aufgaben gesetzt werden. Individuelle Rechtsansprüche können nicht budgetiert werden. Sie bestehen! Und es darf auch nicht angehen, dass zu deren Erfüllung dann andere Aufgaben der Jugendhilfe nicht mehr wahrgenommen werden können, weil es das Budget nicht mehr hergibt. Deshalb gehören individuelle Rechtsansprüche nicht in ein Budget.

Grenzen der Kundenorientierung

Eine stärkere Ausrichtung der öffentlichen Verwaltung in Richtung einer stärkeren Dienstleistungsorientierung, eines freundlichen Umgangs, rascher Bearbeitung, guter zeitlicher und räumlicher Erreichbarkeit, nettem Ambiente etc. ist zu begrüßen. Immer wieder schimmert der Mief obrigkeitsstaatlicher Verwaltung durch, nach dem Motto: „Wir wissen schon was richtig ist.“ Eine stärkere Kundenorientierung kann als Handlungsmaxime, als Verhaltensmuster überall Anwendung finden. Allerdings muss auch berücksichtigt werden, dass der Bürger nicht immer nur Kunde ist. Als Kunde suche ich mir aus, wo ich hingehe, ob ich eine Leistung in Anspruch nehme oder ein Produkt kaufe. Diese Wahlfreiheit gibt es aber nach der Zustellung eines Gebührenbescheids nicht. Ebenso wenig wird berücksichtigt, dass öffentliche Verwaltung auch Funktionen eines Wächteramtes hat und auch Eingriffe veranlassen muss, beispielsweise wenn es um den Schutz eines Kindes geht. Das hat mit Kundenorientierung absolut nichts zu tun.

Fazit

Wir befinden uns am Beginn eines höchst komplexen Prozesses mit vielen Irrungen und Wirrungen, Gefahren, Risiken und Nebenwirkungen. Auch wenn in meinen sechs Gedanken eine skeptische Distanz zu vernehmen ist, zu diesem Prozess der Modernisierung gibt es keine Alternative und soziale Arbeit muss sich unter dem Primat der Fachlichkeit darauf einlassen. Deshalb ist es um so notweniger, die gesellschaftliche Dimension von solchen Prozessen stärker zu berücksichtigen. Dem „Spiel des Marktes“ sind Grenzen zu setzen, ist ein Ordnungsrahmen vorzugeben. Der 9. Jugendbericht forderte den Zusammenhang des Sozialen mit dem Politischen als notwendige Handlungsdimension einer Jugendhilfe der Zukunft. Davon sind wir, wie die Diskussionen um Verwaltungsmodernisierung zeigen, sehr weit entfernt. Markt und demokratisch legitimierte öffentliche Verantwortung müssen Spannungsfelder bleiben. Deshalb wächst auch nicht zusammen, was nicht zusammen gehört.

Joachim Merchel

Verwaltungsmodernisierung und sozialarbeiterische Fachlichkeit – ein „Spiel ohne Sieger“?

Zur Diskussion der Frage, in welchem Verhältnis Prinzipien der Verwaltungsmodernisierung und sozialarbeiterische Fachlichkeit stehen, ob also – vereinfacht gesprochen – Verwaltungsmodernisierung Fachlichkeit eher verhindert oder eher zu fördern vermag, standen sich schon 1993/1994, als die Diskussionen zur „Neuen Steuerung“ in der Jugendhilfe begannen zwei Positionen gegenüber:

- Die einen verstanden Neue Steuerung als Vehikel für eine umfassende betriebswirtschaftliche Ausrichtung („BWL-isierung“; Schmidt-Grunert 1996), mit der sich nun auch die Soziale Arbeit den neoliberalen Modernisierern andiene und durch die die fachliche Innovationsfähigkeit der Jugendhilfe verkürzt werde auf das wirtschaftlich Rechenbare.
- Die anderen erblickten in den Prinzipien der Neuen Steuerung Reformchancen für die Jugendhilfe. Sie sahen fachliche Handlungsprinzipien im Programm der Neuen Steuerung aufgenommen (z.B. Dienstleistungsorientierung, Transparenz bei der Leistungsstruktur, zumindest teilweise Überwindung bzw. Reduktion der Spannung zwischen Administration und Fachlichkeit et al. m.), und sie erhofften sich von der Neuen Steuerung einen Impuls für fachliche Reformen. Einige – es waren eher wenige – begrüßten die Verwaltungsmodernisierung daher fast euphorisch, andere traten ihr mit einem hoffnungsvollen Blick entgegen, bei dem allerdings ein gewisses Maß an Skepsis und Zurückhaltung nicht zu verkennen war.

Mittlerweile hat das Wort „Neue Steuerung“ seinen Mythos und damit auch seinen Schrecken verloren, und man kann etwas nüchterner fragen, was aus den Bemühungen um „Neue Steuerung“ geworden ist und wie sich die vermeintliche „Verwaltungsmodernisierung“ auf die Jugendhilfe ausgewirkt hat.

Zur Beurteilung des mittlerweile erreichten Standes des Verhältnisses zwischen Verwaltungsmodernisierung und sozialarbeiterischer Fachlichkeit kann man nur in geringem Umfang auf empirisches Material zurückgreifen. Neben der Untersuchung des Deutschen Jugendinstituts (Seckinger et al. 1998; van Santen 1998), die thematisch umfassender angelegt war und Verwaltungsmodernisierung nur einen als einen von mehreren Aspekten beleuchtet hat, existieren einige Analysen (u.a. Damkowski/ Precht 1998; Kißler et al. 1997), die sich vorwiegend auf bestimmte Städte konzentrieren und aus diesen Betrachtungen allgemeinere Schlußfolgerungen ableiten, die sich aber dabei kaum spezieller auf die Jugendhilfe einlassen. Neben diesen wenigen empirischen Materialien ist man weitgehend auf Eindrücke angewiesen, die man durch den Umgang mit der Praxis sowie auf Tagungen und Fortbildungsveranstaltungen gewonnen hat. Meine Einschätzungen möchte ich in sieben Thesen (mit jeweiligen Erläuterungen) zusammenfassen:

(1). Betrachtet man die gesamte Landschaft der Jugendhilfe und legt man das von der KGSt formulierte strukturell weitgehende Programm der Neuen Steuerung zugrunde, so hat sich nach meiner Einschätzung die Verwaltungsmodernisierung, verstanden als ein konzeptioneller Zusammenhang der Organisationsentwicklung in Jugendämtern, weitgehend nicht durchsetzen können. Zustande gekommen ist höchstens eine „halbierte Reform". Es ist erschreckend zu beobachten, wie wenig Erkenntnisse zur Funktionsweise von Organisationen und zu den Mechanismen von Organisationsentwicklung in den Prozeß eingebracht wurden.

In der Jugendhilfe haben viele Menschen viel Zeit damit zugebracht, Jugendhilfeleistungen als „Produkte" umzudefinieren, „Produktkataloge" zu erstellen u.a.m. Es ist fraglich, ob tatsächlich Strukturveränderungen oder nur veränderte Etikette dabei herausgekommen sind. Zugespitzt formuliert: Viele Gesamtverwaltungen scheinen reformiert zu werden, aber die Jugendhilfe merkt es eigentlich gar nicht richtig; sie nimmt ein modernes Vokabular an („Produkt" statt Hilfeleistung etc.) und arbeitet mit kleinen Veränderungen weiter wie bisher. Die inhaltlichen Herausforderungen der neuen Steuerungsmodelle werden nicht ausreichend ernst genommen und häufig ersetzt durch eine Flucht in neue Etikettierungen, durch die man sich nach außen als „modern" erweisen will, ohne eigene Strukturen und Handlungsabläufe ernsthaft zu überprüfen. Die Anforderungen, Geld einzusparen, werden meist in traditioneller Weise verarbeitet, auch wenn Mittelkürzungen in die Gestalt einer als „Budgetierung" etikettierten Praxis verpackt werden.

Von einigen wird „Neue Steuerung" auch funktionalisiert, als Etikett benutzt, um vieles, was man im Jugendamt bereits seit längerem an Veränderung durchsetzen wollte, neu zu legitimiere, ohne daß dies jedoch stringent mit den Prinzipien der Neuen Steuerung verbunden wäre. Heraus kommt eine inflationäre Verwendung des Begriffs „Neue Steuerung“ mit einer entsprechenden Diffusität seiner Inhalte: Jede Änderung wird plötzlich in einem Bezug zur Neuen Steuerung interpretiert und legitimiert. Diese Funktionalisierung geschieht von zwei Seiten: von den Fachpersonen der Jugendhilfe, die die Chance sehen, mit Hilfe moderner Etikette bereits länger ersehnte Veränderungen endlich durchsetzen zu können, und von solchen Personen, die sich an der Widerständigkeit der Jugendhilfe stören, indem sie das Vokabular der Neuen Steuerung benutzen, um z.B. Jugendamtsstrukturen, die ihnen schon lange ein Dorn im Auge sind, zu ändern (z.B. die Auflösung der Zweigliedrigkeit des Jugendamtes etc.)

Als wesentliche Gründe für die mangelnde Umsetzung von Konzepten der Neuen Steuerung sind vor allem die naive Erwartung hinsichtlich der intentionalen Steuerungsmöglichkeiten gegenüber komplexen Organisationen und die völlig unrealistischen Zeitperspektiven für Veränderungsprozesse zu nennen. Damit einher geht die Vernachlässigung des Zusammenhangs zwischen der Einführung von Instrumenten der Neuen Steuerung und notwendiger Organisationsentwicklung. Jede Institution wird von den in ihr wirkenden Akteuren sinnhaft strukturiert, sie spiegelt ihren spezifischen Entstehungskontext und ihre Einordnung in ihre Umwelt wider, sie ist mit einem spezifischen Set von Einstellungen und Gewohnheiten verbunden. Beachtet man diesen Kontext und die darin wirkenden Menschen nicht ausreichend, indem man die Organisation als eine „ordnungsgenerierende Maschine“ (Klatetzki 1998) und nicht als strukturiertes und interpersonales Gefüge von menschlichen Akteuren versteht, so steht man in der Gefahr, die Institution und die in ihr wirkenden Anforderungen und Mechanismen zu verfehlen. Das mangelnde Verstehen des Charakters von Organisationen führt dann zu einer Vernachlässigung der notwendigen Maßnahmen zur Organisationsentwicklung. Man kann der KGSt den Vorwurf wohl nicht ersparen, in ihren Veröffentlichungen den Prozeßcharakter der Verwaltungsmodernisierung vernachlässigt zu haben und dadurch implizit dem Mißverständnis von Organisation als einer „ordnungsgenerierenden Maschine“ Vorschub geleistet zu haben. Die mangelnde Berücksichtigung der spezifischen Aufgaben, Sinnkonstruktionen und Institutionskulturen zeigt sich ferner darin, daß z.T. bedenkenlos allgemeine Schlagworte auf die Jugendhilfe übertragen wurden und damit komplexe Probleme oberflächlich und den Anforderungen unangemessen diskutiert wurden.

(2) In manchen Fällen wurde die Neue Steuerung zu Hilfe genommen, um die Jugendhilfe gründlich zu entstrukturieren und der Jugendhilfe ihre spezifische fachliche Gestalt zu entreißen.

In einigen Städten wurden in Form einer Kolonialisierung vermeintliche Prinzipien der Verwaltungsmodernisierung der Jugendhilfe übergestülpt, wobei keine Rücksicht auf fachliche und organisatorische Eigenheiten genommen wurde bzw. gar nicht erst darüber nachgedacht wurde, daß Aufgabenstruktur und Organisationsform einen komplizierten Zusammenhang bilden. Diese Formen der Kolonialisierung gehen in einigen Fällen (z.B. Wuppertal oder Bielefeld) so weit, daß die Jugendämter als eine eigene Organisationsform gar nicht mehr oder nur noch nominal (ohne Realisierung der umfassenden Jugendamtsfunktionen) sichtbar sind und damit fachliche Kontexte der Jugendhilfe zerstört wurden. Bisweilen wurden Teile der Jugendhilfe ausgegliedert und in andere Organisationseinheiten der Verwaltung verschoben, so daß auf diese Weise der Organisationskontext der Jugendhilfe angegriffen wurde. Nicht in allen Fällen der „Kolonialisierung" sind die Ergebnisse so auffällig wie bei der Abschaffung der Jugendämter als eigene oder für die gesamte Jugendhilfe zuständige Organisationseinheit. Manches spielt sich unter der Oberfläche ab, hat aber ebenfalls problematische Auswirkungen (z.B. die Propagierung „flacher Hierarchien" ohne Beachtung der inhaltlichen Leitungsdefizite in Institutionen der Jugendhilfe oder die Ausgliederung von eigentlich der Jugendhilfe zugehörigen Bereichen in andere Ämter).

(3) Nicht nur bei den – an wenigen Stellen vollzogenen – umfassenden Eingriffen in die Jugendhilfe, sondern auch bei den „halbierten Neuen Steuerungen" wird die Jugendhilfe mit problematischen Aspekten konfrontiert, die der Jugendhilfe langfristig eher schaden als nützen werden. Ferner besteht die Gefahr, daß durch eine äußerliche Modernisierung manche Akteure bereits glauben, sich den inhaltlichen Anforderungen einer Erneuerung der Jugendhilfe gar nicht mehr stellen zu müssen.

Als Beispiele für die Aspekte mit möglicherweise problematischen Auswirkungen seien hier genannt: die undifferenzierte Behandlung von Leitungsstrukturen (falsche, weil undifferenzierte Forderung nach „flachen Hierarchien" in der Jugendhilfe), die unreflektierte Handhabung von Kennziffern, die simplifizierende Einführung des „Produkt"-Vokabulars. Als Beispiel für den Effekt des Umgehens von inhaltlichen Reformanforderungen mag die Forderung nach stärkerer Verankerung des Dienstleistungsgedankens in der Jugendhilfe genannt sein. Es wäre wenig gewonnen, wenn man nur von Dienstleistungen und von „Produkten" redet und sich dann schon am Ziel glaubt, ohne die inhaltlichen Herausforderungen des Dienstleistungsgedankens in der Jugendhilfe überhaupt richtig zur Kenntnis zu nehmen.

(4) Während die Bestrebungen zur Verwaltungsmodernisierung über lange Zeit weitgehend im Formalen stecken blieben, wurde Ende 1998 erstmals mit der Herausgabe der KGSt-Empfehlungen zum „Kontraktmanagement" in der Jugendhilfe eine Position eingeführt, die inhaltliche Perspektiven vermittelt („Sozialraumorientierung") und die freie Träger in das Regelungsgebilde substantiell einbezieht. Sozialpolitisch außerordentlich problematisch ist an diesen Vorschlägen zum „Kontraktmanagement" (z.B. KGSt 1998), daß der kooperative Charakter der Steuerung unter Beteiligung aller Träger (der öffentlichen wie der freien Träger) so sehr in den Mittelpunkt gestellt wird, daß die Verantwortung des öffentlichen Trägers für die Sozialen Dienste marginalisiert bzw. fast ausgehebelt wird.

In den Vorschlägen der KGSt zum Kontraktmanagement kommt eine intensivierte und zugespitzte Tendenz zur kooperativen Steuerung in der Jugendhilfe zum Ausdruck, bei der die bisher geltende systematische Differenz der Funktionen von öffentlichem Träger und freien Trägern allmählich aufgeweicht wird, und zwar in einer Weise, die die tradierte Einbindung von Repräsentanten der freien Träger in den Jugendhilfeausschuß überschreitet und erweitert. Freie Träger und ihre Einrichtungen werden in die alltagsnahe, kleinteilige und kleinräumige Steuerung von sozialpädagogischen Leistungen so eingebunden, daß Funktionsdifferenzen des öffentlichen Trägers nur noch marginal bedeutsam werden. Eine Aufweichung der spezifischen Gewährleistungsfunktionen des öffentlichen Trägers und damit eine Rollendiffusität der Repräsentanten des öffentlichen Trägers in den Steuerungsverfahren könnte sich für die Jugendhilfe – abgesehen von der drohenden Qualitätseinbuße bei der einzelfallbezogenen Hilfeplanung – als Effizienzeinbuße bei der Steuerung und möglicherweise in einem Verlust an politischer Bedeutung gegenüber anderen kommunalen Politikbereichen auswirken.

(5) Das Qualitätsmanagement, das für die Legitimation und für die Steuerung Sozialer Arbeit immer bedeutsamer wird, hat sich eigentümlicherweise weitgehend neben und unabhängig von der Verwaltungsmodernisierung entwickelt, obwohl doch Neue Steuerung mit ihrem Prinzip der „Outputorientierung" Qualitätsfragen zumindest programmatisch *hervorgehoben hatte.*

Trotz der programmatischen „Outputorientierung" und trotz der Aufnahme der Qualitätskategorie in die Erfassungsbögen zur Produktbeschreibung blieb der Qualitätsaspekt bei der Verwaltungsmodernisierung weitgehend unterbelichtet. Dies verstärkt den Verdacht, daß zu einem großen Teil das Programm der Verwaltungsmodernisierung „bürokratisch abgearbeitet" wurde, ohne daß die damit verbundenen inhaltlichen Herausforderungen genauer ausdifferenziert worden wären. Die fachlichen Herausforderungen der Qualitätsdebatte in der Jugendhilfe mögen zwar durch die Vokabeln der Neuen Steuerung gestützt worden sein (dies aber eher marginal), jedoch wird die Qualitätsdebatte in der Jugendhilfe stärker gespeist aus den allgemeinen politischen Rahmenbedingungen (Stichwort: Legitimationsanforderungen im Kontext knapper öffentlicher Finanzmittel), von gesetzlichen Anforderungen (§ 78b KJHG) und von aus der Profession entwickelten Diskussionssträngen (vgl. z.B. die lang anhaltende Debatte zur Selbstevaluation oder zur Strukturierung methodischen Handelns in der Sozialen Arbeit).

(6) Es ist noch unklar, ob und wie weit sich im Gefolge der Neuen Steuerung ein schleichender Mentalitätswandel vollzieht, bei dem professionelle Problemdefinitionen und Bearbeitungsmechanismen allmählich erodieren und zurückgedrängt werden durch andersartige Interessen und Logiken der Definition und Bearbeitung von Problemen.

In Frage steht und zu beobachten ist, ob über den Weg der Verwaltungsmodernisierung andere Professionen und deren Denkweisen (z.B. Betriebswirte mit Controllingkonzepten) folgenreich in das berufliche Feld von sozialpolitisch und sozialarbeiterisch tätigen Personen eindringen können, ob wir es also mittel- und langfristig mit einer interprofessionellen Verschiebung in der Jugendhilfe zu tun haben werden. Eine solche Entwicklung könnte allerdings auch damit in Verbindung stehen, daß die sozialpädagogische Profession sich bedeutsame Teile der Steuerungsanforderungen und Steuerungsverfahren (z.B. Controlling, Qualitätssteuerung etc.) nicht oder nur mangelhaft kompetent aneignet. Zur Abwehr der befürchteten interprofessionellen Verschiebung bedarf es einer reflektierten Aneignung von Steuerungsverfahren durch die sozialpädagogische Profession, bei der elementare Prämissen der Sozialen Arbeit mit managerialen Konzepten und Verfahrensweisen produktiv verbunden werden können.

(7) Die weiteren Prozesse eines möglichen Umbaus von Verwaltungen müssen sorgfältig beobachtet werden, und aus der Perspektive der Jugendhilfe muß gewarnt werden vor weiteren Strategien, bei denen das Programm der Neuen Steuerung funktionalisiert wird, um Veränderungen bzw. Deregulierungen zu legitimieren, an denen die Jugendhilfe nachdrücklich Schaden nimmt.

Aktuelles Beispiel ist hier die Debatte um „verschwindende Jugendämter" im Rahmen der Bemühungen einiger Bundesländer und zweier kommunaler Spitzenverbände um ein sog. „Zuständigkeitslockerungsgesetz". Allerdings hängt die politische Stabilität von Jugendämtern u.a. auch von der Veränderungsbereitschaft der Jugendämter selbst ab, also davon, ob diese Institution sich als lernfähig erweist und diese Lernfähigkeit als Legitimationspotential in die politische Debatte um ihre Grundstrukturen einbringen kann. Perspektivisch kann es also nicht um ein Beharren auf alten Strukturen gehen, sondern um das Entfalten eines eigenen, aus der Profession heraus gestalteten und dabei die politischen Bedingungen einkalkulierenden Modernisierungsimpulses.

Literatur

Damkowski, W./ C. Precht. (Hg.) (1998) *Moderne Verwaltung in Deutschland. Public Management in der Praxis,* Stuttgart-Berlin-Köln (Kohlhammer)

Kißler, L. et. al (1997) *Moderne Zeiten im Rathaus ? Reform der Kommunalverwaltung auf dem Prüfstand der Praxis*, Berlin (Ed. Sigma)

KGSt-Kommunale Gemeinschaftsstelle für Verwaltungsvereinfachung (1998) *Kontraktmanagement zwischen öffentlichen und freien Trägern in der Jugendhilfe, KGSt*-Bericht Nr. 12/1998, Köln

Klatetzki, Th.(1998) Qualitäten der Organisation. in: Merchel, J. (Hg.) *Qualität in der Jugendhilfe - Kriterien und Bewertungsmöglichkeiten*, Münster (Votum), 61-75

van Santen, E. (1998) „Output" und „outcome" der Implementierung Neuer Steuerung. in: *Neue Praxis*, **28**, 1, 36-49

Schmidt-Grunert, M.(1996) Die „BWL-isierung" als Hoffnungsträger der sozialen Arbeit - Eine unangemessene und unrealistische Einschätzung des „gesellschaftlichen Ansehens" der Sozialen Arbeit. in: *Sozialmagazin*, **21**, 4, 30-43

Seckinger, M. et al. (1998) *Situation und Perspektiven der Jugendhilfe. Eine empirische Zwischenbilanz*, München (DJI Verlag)

Norbert Wohlfahrt

Markt und Wettbewerb im Verhältnis zwischen öffentlichen und freien Trägern der Jugendhilfe

(1) In der Sozialgesetzgebung der letzten Jahre lässt sich ein Trend beobachten, den man als Auflösung und Eliminierung des bedingten Vorrangs der Träger der Freien Wohlfahrtspflege bei der sozialen Dienstleistungserstellung einstufen muss. Ziel ist es, die Trägerlandschaft zu pluralisieren, um *Trägerkonkurrenz* (Backhaus-Maul 1996; Backhaus-Maul/Olk 1997) zu initiieren. Mit dem Kinder- und Jugendhilfegesetz (KJHG) begann zu Beginn der 1990er Jahre der Versuch, den Begriff des freien Trägers über das „verbandszentrierte Subsidiaritätsverständnis" (Backhaus-Maul 1996: 283) auszudehnen. Die angestrebte Trägerkonkurrenz war zu diesem Zeitpunkt – ganz im Geiste des KJHG – aber eher fachpolitisch als effizienztheoretisch begründet, und dementsprechend weit ist der Trägerbegriff des KJHG gefasst: Träger von Maßnahmen und Einrichtungen kann man werden, wenn man geeignete, lebensweltorientierte Angebote für Zielgruppen erstellen und fachlich-methodisch übermitteln kann. Der Versuch, mehr Trägerkonkurrenz zu erzeugen, wird neu bestimmt, als 1994 mit der Neufassung von § 93 des Bundessozialhilfegesetzes (BSHG) erstmals Wirtschaftlichkeitsregeln für die Träger von sozialen Einrichtungen formuliert werden, die seitdem mehrfach (1996 und 1999) präzisiert und weiterentwickelt wurden, in der Absicht, freie Träger und gewerbliche Anbieter gleichzustellen. Mit den seit dem 1.1.1999 in Kraft getretenen Neufassungen von § 93 BSHG (Einrichtungen u. Leistungsvereinbarungen) und §§ 78a - 78g KJHG (Vereinbarungen über Leistungsangebote, Entgelte und Qualitätsentwicklung) kennt die Sozialgesetzgebung keine freien Träger mehr, sondern nur noch Leistungserbringer und hat damit faktisch den bedingten Vorrang der Träger der Freien Wohlfahrtspflege so weit außer Kraft gesetzt, dass auch die nach § 10 BSHG noch bestehenden Privilegierungen der Wohlfahrtsverbände praktisch kaum noch Bedeutung haben. Die gesamte Sozialgesetzgebung ist dabei, nachzuholen, was 1995 mit dem Pflegeversicherungsgesetz eingeleitet wurde (vgl. Landenberger 1994): die Einführung eines Systemwechsels bzw. Paradigmenwechsels in der Sozialen Arbeit; was anfänglich auf einen Teilbereich der

Sozialen Arbeit beschränkt war, hat sich zum konstitutiven Merkmal des Sozialen Dienstleistungssektors weiterentwickelt.

(2) Die Etablierung einer neuen wettbewerbsbasierten Ordnungsstruktur im sozialen Dienstleistungsbereich hat auch zum Dominantwerden *neuer vertragsrechtlicher Beziehungen* zwischen Dienstleistungserbringern und öffentlichen Kostenträgern geführt. Werden durch die Sozialgesetzgebung alte Anbieter und neue Marktteilnehmer gleichgestellt, dann müssen auch die „Geschäftsbeziehungen" zwischen Staat und nicht öffentlichen Anbietern (freien und gewerblichen Leistungserbringern) neu geordnet werden (vgl. Mehls/Salas-Gomez 1999, Münder 1998), was sich insbesondere durch die Abschaffung des Selbstkostenerstattungsprinzips und die Einführung neuer leistungsbezogener Entgelte (§ 93 BSHG; §§ 77, 78a-78g KJHG; §§ 75, 84f PflegeVG) in der Sozialgesetzgebung vollzieht. Die zu Anbietern und Leistungserbringern gewordenen Träger sozialer Hilfen und Einrichtungen sind über den Preis und die Qualität der von ihnen erstellten und erbrachten Leistung vergleichbar geworden, und Staat und Verwaltung greifen verstärkt auf die im Allgemeinen Verwaltungsrecht enthaltene Möglichkeit zurück, ihre Beziehungen zu den Leistungserbringern in verschiedenen Rechtsformen zu organisieren (vgl. Maurer 1997). Durch die neuere Sozialgesetzgebung gestützt, machen Staat und Verwaltung zunehmend für sich ein Wahlrecht der Finanzierungsart und des Vertragsrechts geltend, um damit Marktsteuerung auszuüben. Durch die Einführung leistungsbezogener Entgelte wird in weiten Bereichen des organisierten Helfens die klassische Zuwendungsfinanzierung nicht eliminiert, aber doch stark zurückgedrängt und durch neue privatrechtliche Vertragsformen ersetzt, die es auch z.T. ermöglichen, die Vergabe von Verträgen durch Ausschreibung zu steuern. An Bedeutung gewonnen haben Kostensatzrahmenvereinbarungen und darauf fußende Kostensatzvereinbarungen (bzw. Pflegesatzvereinbarungen) mit einzelnen Trägern oder Einrichtungen, die den Charakter öffentlicher Verträge (Verträge im Koordinationsverhältnis, koordinationsrechtliche Verträge, vgl. Maurer 1997: 351ff) haben und die Bereitstellung von Leistungen regeln, sowie den Leistungen prospektive Kosten- oder Pflegesätze (Entgelte) zuordnen. Die Bezahlung der erbrachten Leistungen erfolgt retrospektiv in dem Maße, wie vorab festgelegte Leistungen erbracht wurden. Öffentliche Kostenträger und Leistungserbringer regeln zunehmend ihre Beziehungen im Rahmen öffentlich-rechtlicher Verträge, nachdem durch die zuvor etablierte Trägerkonkurrenz genügend „Konkurrenzdruck" zu einer möglichst effizienten Erfüllung sozialpolitischer Aufgaben hergestellt wurde (vgl. Backhaus-Maul 1996: 284). Der Wandel der Rechtsform zur Regelung der öffentlichen Finanzierung so-

zialer Dienste und Einrichtungen macht deutlich, dass das Verhältnis zwischen öffentlichem Kostenträger und Leistungserbringer zwar enthierarchisiert wird, aber nicht ausschließt, dass die „Marktmacht" ungleich verteilt bleibt: durch die Etablierung von Trägerkonkurrenz verfolgen Staat und Verwaltung die Zwecksetzung, ihre Position als Nachfrager sozialer Dienste zu stärken.

(3) Vernetzung und Kooperation spielen im *Kinder- und Jugendhilfegesetz* eine herausragende Rolle: das KJHG setzt auf vernetzte Arrangements, insbesondere im Rahmen der kooperativen Jugendhilfeplanung (§ 80 KJHG), bei der Forderung, Arbeitsgemeinschaften zur Abstimmung von Maßnahmen (§ 78) zu schaffen, im Allgemeinen Zusammenarbeitsgebot mit anderen Stellen und Einrichtungen (§ 81), sowie im Rahmen der individuellen Hilfeplanung (§ 36). Da das KJHG an verschiedenen Stellen auch eine Pluralisierungsstrategie (§§ 3 Abs. 1, 4 Abs. 3, 11 Abs. 2) enthält, durch die der Begriff des „freien Trägers" eine starke Ausweitung erfährt und sich seitdem mehr Anbieter als in den Jahrzehnten zuvor auf Feld der Kinder- und Jugendhilfe betätigen, werden in der Logik des KJHG kooperative Koordination und diskursive Steuerung zunehmend notwendig, will man in dieses Politikfeld weiterhin politisch steuern. Die Notwendigkeit des Aufbaus vernetzter Strukturen in der Kinder- und Jugendhilfe ergibt sich auch zwingend aus dem Wunsch- und Wahlrecht der Leistungsberechtigten (§ 5), das wiederum die Zusammenarbeit der Hilfeanbieter (§ 4 Abs. 1) zur Folge hat. Freie Träger müssen dem Sinn des KJHG nach eine aktive Rolle in der Steuerung der Jugendhilfe übernehmen, was wiederum nur möglich wird, wenn lokale Netzwerke und Verhandlungssysteme entstehen, die politische Debatten über lokale soziale Probleme und Prioritäten der Problembearbeitung setzen. Statt eine Unzahl von Einzelmaßnahmen zu formulieren, setzt der Gesetzgeber im KJHG auf das freiwillige Zusammenwirken der Professionellen in der Sozialen Arbeit, die diskursiv über Ziele und geeignete Maßnahmen verhandeln und insbesondere entscheiden sollen, welche Instrumente und Angebote von welchen Trägern vorgehalten werden sollen. Kooperation und Netzwerkbildung wird nicht zuletzt auch deshalb notwendig, da die Hilfen nach der Logik des KJHG sich durch Lebensweltorientierung ausweisen sollen, was nur funktioniert, wenn sie sozialräumlich ausgehandelt und organisiert werden.

Durch das Dominantwerden managementwissenschaftlicher Methoden und betriebswirtschaftlicher Instrumente im Verlauf der Verwaltungsreform, die zunehmend in den Sog des *New Public Management* geriet, hat sich die Diskussion um Kooperation und Netzwerkbildung allmählich sowohl ihrer emanzipatorischen und partizipatorischen wie auch ihrer fachpolitischen

Elemente entledigt. Empfahlen sich Kooperation und Netzwerkbildung anfänglich noch als Alternative zu hierarchischer oder marktzentrierter Steuerung, so sind die Diskurse um Kooperation und Vernetzung zunehmend ökonomisiert: die Etablierung von Verhandlungsarenen in vernetzten Arrangements dient in erster Linie der Förderung von Wettbewerb, den der Leistungskoordinator – in der Jugendhilfe das Jugendamt – organisiert.

Im Prozess der Verwaltungsmodernisierung werden deshalb die traditionellen Steuerungsleistungen im politisch-administrativen System nicht nur im Hinblick auf eine binnenadministrative „Übersteuerung" oder „Überregulierung", sondern auch hinsichtlich der formal hierarchischen inter- und intraorganisatorischen Beziehungen kritisiert, die als „eine Kette von problematischen 'low-trust principal-agent'-Beziehungen" (Jann 1998:56) charakterisiert werden. Es scheint deshalb aus Sicht der Verwaltung ein neues Kooperations-Konzept erforderlich, dass im Hinblick auf seinen Steuerungsanspruch weitaus anspruchsvoller konzipiert ist als das klassische Subsidiaritätsprinzip und deshalb eine grundlegende Veränderung der klassischen Organisationsbeziehungen zwischen administrativen und gesellschaftlichen Akteuren notwendig macht. Ich möchte kurz einige Ausprägungen dieser Neuordnung skizzieren:

- Die sozialrechtlichen Änderungen der letzten Jahre zielen in allen Bereichen Sozialer Arbeit auf die Stärkung der Stellung des „Kostenträgers" gegenüber den „Leistungserbringern". Die ehemaligen Kostenträger sollen zum Versorgungsmanagement befähigt werden und auf diese Weise eine wirkungsbezogene Steuerung sozialer Dienste herbeiführen. Die Autonomie der Definition von Umfang und Qualität der Leistungen, die traditionell durch die Leistungserbringer gegeben war, erscheint dabei als Hindernis effektiver und effizienter Leistungserstellung und soll deshalb schrittweise eingeschränkt werden. Es geht also um die Herbeiführung von Instrumenten einer möglichst umfassenden „Außensteuerung" der sozialen Dienstleistungserstellung.
- Durch die Schaffung von Quasi-Märkten und staatlich inszenierten Wettbewerbsfeldern unter dem Leitbild des competitive government (vgl. Nullmeier 1998) werden die Leistungsanbieter gezwungen, ihre Aufgaben neu zu ordnen und an Effizienzkriterien auszurichten. Der Staat bleibt als Auftraggeber „Monopolist" der Vergabe von Finanzmitteln und zwingt die Akteure im Sozialsektor zu einer Reorganisation ihrer organisatorischen und verbandlichen Strukturen, die dazu führt, dass interne Vernetzungen der Aufgabenfelder vorgenommen werden müssen und durch Zusammenarbeit Effizienzvorteile gesichert werden müssen. Stationäre und

ambulante Träger bilden zweckorientierte Kooperationsgemeinschaften, bestehende regionale Begrenzungen der Anbieter werden zunehmend als Schranke der wirtschaftlichen Betätigung empfunden und durch die Bildung von Versorgungsketten soll die kostengünstige Grundversorgung von Stadtteilen gewährleistet werden.
- Zugleich werden in den so geschaffenen Quasi-Märkten Qualitätssicherungsverfahren vereinbart und durchgesetzt, die transparente Aufbau- und Ablaufstrukturen bedingen und die bislang isolierten und unzugänglichen internen Arbeits- und Verfahrensweisen der Träger und Organisationen im Sozialsektor externen Kontrollmöglichkeiten öffnen. Benchmarking und andere Verfahren zur Systematisierung von Kosten- und Leistungsvergleichen ergänzen die in den inszenierten Wettbewerbsmärkten etablierten inputs, die kollektive Lernprozesse auslösen sollen und zur Etablierung verlässlicher Standards der Leistungserbringung führen.
- In Folge dieser Entwicklung ist eine zunehmende Standardisierung Sozialer Arbeit zu beobachten. Im Rahmen der Vereinbarungssysteme werden Leistungen immer tiefer ausdifferenziert und definiert. Das Ziel der Kostenträger, Preisbildung über Einrichtungsvergleiche zu führen, setzt die weit gehende Vergleichbarkeit auf der Leistungsseite der Einrichtungen und damit deren Vereinheitlichung voraus. Diese Form einer quasi-Verrechtlichung Sozialer Arbeit schränkt den Raum für ideelle Aspekte oder besondere Ausformungen sozialer Dienste immer mehr ein.

(4) Es stellt sich die Frage, ob diese Entwicklung durch die Einführung sozialraumbezogener Budgets auf der Basis von Leistungsverträgen durchbrochen werden kann. Am Beispiel der Hilfen zur Erziehung lässt sich ein solches Kontraktmanagement exemplarisch darstellen:

Danach erhalten die Leistungsträger ein Budget für die Erbringung von gebündelten Jugendhilfeleistungen in einem zuvor bestimmten sozialen Raum. Mit diesem Budget muss der Träger (oder auch mehrere Träger) alle in dem jeweiligen Sozialraum anfallenden Hilfen erbringen, und zwar auf der Grundlage der im Leistungsvertrag vereinbarten Ziele, Standards und Indikatoren. Dies bedeutet in der Konsequenz eine Abkehr von im Hilfeplanverfahren vereinbarten festgelegten Stundensätzen zu Gunsten einer an inhaltlichen Zielen orientierten Steuerung. Die Leistungsträger sollen damit gezwungen werden, die Logik „Fälle zu bekommen“ in eine Logik „Fälle zu verhindern“ umzupolen. Zusätzlich sollen Sozialraumbudgets dazu anregen, individuelle Sozialleistungen wie etwa ambulante Erziehungshilfen in vorhandene Regelangebote zu integrieren.

Die fachlich anspruchsvolle Zielsetzung, Hilfen präventiv zu vermeiden oder zumindest lebensweltnäher zu organisieren, setzt Leistungsbeschreibungen voraus, die dementsprechende Aktivitäten durch ein entsprechendes Sozialraumbudget fördern.

Ein solches Verfahren setzt eine hohe Vertrauenskultur zwischen öffentlichen und freien Trägern voraus, es bedarf funktionsfähiger Kooperationsformen und dem Willen des Kostenträgers, auf fallbezogene Kontrollen zu verzichten.

Dem widerspricht die im Kontraktmanagement enthaltene Tendenz zur Etablierung von Auftraggeber-Auftragnehmer-Beziehungen, die in der praktischen Gestaltung von Leistungsverträgen zum Ausdruck kommt: So bewirkt bspw. eine detaillierte Ausschreibung von Einzelleistungen seitens des öffentlichen Trägers, die zu marktmäßiger Konkurrenz führen soll, dass die freien Träger dazu übergehen, Dumping-Angebote zu stricken, mit denen sie sich gegenseitig unterbieten. Dies führt schon jetzt in Teilbereichen zu einer Konkurrenz um Billigangebote in der Jugendhilfe. Zugleich werden die Träger der Jugendhilfe gezwungen, eine interne Organisationsentwicklung mit dem Ziel zu betreiben, bestehende Sektoren und Abteilungen auf soziale Räume zu orientieren und diese mit den Organisationsstrukturen anderer Träger abzugleichen, um überhaupt wechselseitige Kontraktfähigkeit herzustellen. Dies fördert die o.g. Tendenz, sog. „lukrative" Geschäftsfelder von solchen zu trennen, die bislang aus mehr oder weniger ideellen Motiven aufrechterhalten wurden, aber für die Identität eines Verbandes nicht unerheblich waren.

Ebenfalls festzustellen ist, dass entgegen der im KJHG fachpolitisch begründeten Pluralisierung von Trägerstrukturen sich die Tendenz zeigt, dass in fiskalischen Krisenzeiten auch bei wettbewerblichen Strukturen nicht zwangsläufig eine Pluralisierung der Trägerlandschaft zu erwarten ist, sondern eine Verfestigung korporatistischer Strukturen beobachtet werden kann. Der gegenwärtig beobachtbare „Verbandlichungsdruck" insbesondere bei kleinen Trägern und Initiativen zeigt, dass diese nur dann überleben können, wenn sie sich einem Verband anschließen. Insofern fördert das Kontraktmanagement nicht unbedingt den Ausbau wohlfahrtspluralistischer Strukturen, in denen kleine und oftmals innovative Träger spezifische Aufgaben der Wohlfahrtsproduktion im Rahmen eines *welfare-mix* bereitstellen (vgl. Heinze 1998).

Die aus der Ökonomisierung der Jugendhilfe sich verstärkende Tendenz, dass derjenige, „der die Musik bezahlt, auch bestimmt, was gespielt wird", könnte durch ein Verfahren, wie es im sozialraumbezogenen Kontraktmanagement angelegt ist, eher verstärkt als durchbrochen werden.

Die gegenwärtig beobachtbaren Prozesse der sozialräumlichen Gestaltung von Jugendhilfe deuten eher auf die Etablierung eines neuen Managements der Leistungserstellung mit der Konsequenz eines Ausbaus der zentralen Steuerungsfähigkeit des Jugendamts hin, was schon mittelfristig auch Auswirkungen auf die Leistungserbringung haben kann: organisiertes Helfen könnte sich zukünftig – wie schon im Pflegebereich beobachtbar – noch stärker dem *managed care* angleichen und dann durch den Kostenträger einem Mikromanagement unterworfen werden, das den Akt der einzelnen Leistungserbringung zunehmend steuert und damit die Deprofessionalisierung sozialer Dienstleistungserbringung vorantreibt.

Das Kontraktmanagement in der Öffentlichen Verwaltung zeigt am augenfälligsten, dass in stark auf Kooperation angelegten Arrangements, wie denen der Jugendhilfe, Hierarchie- mit Wettbewerbselementen kombiniert werden (vgl. Lüder 1996).

Die Etablierung netzwerkorganisatorischer Beziehungen zwischen öffentlichen und nicht öffentlichen Trägern kann nicht ohne Rückwirkung auf die Binnenstruktur sozialer Dienstleistungsanbieter bleiben. Diese geraten zunehmend unter Modernisierungsdruck und müssen im Zuge der Rationalisierung von Versorgungssystemen ihre eigenen Geschäftsfelder und ihre Leistungstiefe überprüfen, ihren Betrieb selbst rationalisieren (ebenso, wie die Verwaltung eine *make or buy*-Debatte führen). Die Tendenz ist schon beobachtbar, dass die großen verbandlich organisierten sozialen Dienstleistungsanbieter selbst netzwerkartige Organisationsstrukturen entwickeln, indem *outsourcing* betrieben wird oder neue zwischenbetriebliche Beziehungen zu anderen Anbietern aufgebaut werden.

Die Gefahr, dass soziale Dienste durch den Leistungskoordinator – trotz aller Vertrauens- und Konsenslyrik der KGSt – in der Praxis wie ein Zulieferungsnetzwerk in der Automobilindustrie organisiert werden, in der die Verwaltung als fokale Organisation die strategische Führung der Leistungserbringung übernimmt, Preise diktiert und das diskursive Element in der Kooperation allmählich ausgehöhlt wird, ist längst keine pessimistische Vision mehr und hat schon jetzt nachhaltige Folgen für die fachliche Identität und Entwicklung der Profession. In den durch Wettbewerb und hierarchische Koordination neu arrangierten sozialen Dienstleistungssystemen könnte die Profession als ein bislang dominanter Ordnungsfaktor an Bedeutung verlieren, und damit die traditionelle Doppelfunktion der Freien Wohlfahrtspflege als Sozialanwält und Leistungserbringer vor ihrer Auflösung stehen.

Literatur

Backhaus-Maul, H./ T. Olk (1997) Vom Korporatismus zum Pluralismus? Aktuelle Tendenzen im Verhältnis zwischen Staat und Wohlfahrtsverbänden, in: *Theorie und Praxis der sozialen Arbeit,* **48**, 3, 25-32

Backhaus-Maul, H. (1996) Trägerkonkurrenz und Wirtschaftlichkeit im Sozialsektor, in: *Nachrichtendienst des Vereins für öffentliche und private Fürsorge*, **76**, 9, 280–286

Heinze, R.G., 1998, Die blockierte Gesellschaft, Sozioökonomischer Wandel und die Krise des "Modell Deutschland", Opladen (Westdt. Verlag)

Jann, W. (1998) Verwaltungswissenschaft und Managementlehre, in: von Bandemer, S./ B. Blanke/ F. Nullmeier/ G. Wewer (Hg.) *Handbuch zur Verwaltungsreform*, Opladen (Leske + Budrich), 70-80

Landenberger, M. (1994) Pflegeversicherung als Vorbote eines anderen Sozialstaats, in: *Zeitschrift für Sozialreform*, **40**, 314-342

Lüder, K. (1996)Triumph des Marktes im öffentlichen Sektor? Einige Anmerkungen zur aktuellen Verwaltungsreformdiskussion, in: *Die Öffentliche Verwaltung*, **49**, 93-100

Maurer, H. (1997) *Allgemeines Verwaltungsrecht*, München (Beck)

Mehls, S./ P. Salas-Gomez (1999) Von der Zuwendung zum Leistungsvertrag, in: *Blätter der Wohlfahrtspflege*, **146**, 1+2, 5-11

Münder, J. (1998) Von der Subsidiarität über de Korporatismus zum Markt? In: *Neue Praxis*, **28**, 1, 3-12

Nullmeier, F. (1998) Kennzahlen und Indikatoren, in: von Bandemer u.a. (Hg.) *Handbuch zur Verwaltungsreform*, Opladen (Leske + Budrich), 339–347

Gaby Flösser

Vom Ende des Korporatismus zum Wettbewerb ohne Ende?

Gegenüber den 80er und frühen 90er Jahren ist die Diskussion über die Zukunft Sozialer Arbeit mittlerweile in ein fortgeschritteneres Stadium eingetreten. Dem Siegeszug des Dienstleistungsgedankens folgen heute Übersetzungs- und Implementationsversuche in den sozialen Diensten. Im Kern lassen die Modelle, so unterschiedlich sie im einzelnen auch sein mögen, dabei auf ein verändertes gesellschaftspolitisches Grundverständnis in den modernen westlich geprägten spätkapitalistischen Staaten zurückführen, das sich die Modernisierung des öffentlichen Sektors auf die Fahne geschrieben hat. Hoch subventionierte gesellschaftliche Subsysteme wie der Bildungs- und Sozialbereich reagieren entsprechend auf die neuen Vorgaben: „Die Funktionsverschiebungen in der strategischen Rolle des Staates von der Produzentenrolle zur Gewährleistungsrolle einerseits, die systematische Entkoppelung und Neuzusammensetzung von Programmierung, Realisierung und Finanzierung der Dienstleistungsproduktion andererseits. Mit diesen beiden neuen Konstitutionsprinzipien eröffnen sich Gestaltungsoptionen jenseits der traditionellen bürokratischen Aufgabenerledigung: Ausdifferenzierung von Politik und managerialistischer Steuerung, Verschlankung und radikale Dezentralisierung der Organisationsstrukturen, Bildung von vielfältigen, ergebnisorientierten Einheiten mit operativer Verselbständigung, Betonung des internen und externen Wettbewerbsumfeldes bei der Aufgabenbestellung und insbesondere auch systematische Kunde/Bürger-Qualitätsfeedback-Systeme“ (Naschold 1995: 7ff.). Die Soziale Arbeit als Bestandteil des öffentlichen bzw. quasi-öffentlichen Sektors unterzieht sich entsprechend den geforderten Neujustierungen.

Das Ende des Korporatismus

Zukunftsvisionen, unter den einschlägigen Titeln „Vom Wohlfahrtstaat zur Wettbewerbsstaat“ (Heinze et al. 1999) oder „Schöne neue Arbeitswelt. Vision: Weltbürgergesellschaft“ (Beck 1999), künden von einem neuen Zeitgeist, der auch für die Soziale Arbeit in den 90er Jahren an Relevanz gewinnt. Entsprechend bricht der alte sozialstaatliche Konsens bundesrepublikanischer Prägung auf: Nicht länger werden eigenständige Theorien, Modelle und Konzepte für die Produktion sozialer Dienstleistungen entworfen, sie werden vielmehr der Gesamtgroßwetterlage, dem Primat kapitalistischer Produktionsformen untergeordnet. „Was in der amerikanischen betriebswirtschaftlichen Literatur seit Viktor R. Fuchs und in der Sozialpolitik auch hierzulande energisch diskutiert worden ist, nämlich die besonderen Merkmale der personenbezogenen Dienstleistungen, ihr immaterieller Charakter, ihre Nicht-Lagerungsfähigkeit, die Notwendigkeit einer räumlichen und zeitlichen Synchronisierung von Produzent und Klient und die Bedeutung der Kundenbeteiligung (Ko-Produktion) in der unmittelbaren Erbringung, werden nun auch betriebswirtschaftlich repetiert“ (Gross 1993: 14), womit der Weg von der Dienstleistungsgesellschaft zum Dienstleistungsmanagement beschritten ist.

Diese ökonomisch untersetzte Neuorientierung wird dabei ebenso wie der Dienstleistungsgedanke von einer Fülle von Verheißungen begleitet. Erwartet wird, daß sie sowohl die legitimatorische Krise der sozialen Dienste, in deren Zusammenhang ein allgemeiner gesellschaftlicher Akzeptanzverlust im Hinblick auf öffentlich bereitgestellte Dienstleistungen beklagt wird, wie auch die Krise des Managements, die sich in der Innovationsresistenz vieler Träger, Dienste und Einrichtungen ausdrückt, indem geänderte Umweltbedingungen (demographischer Wandel, Wertewandel, veränderte Erwerbsarbeitsbiographien etc.) keinen systematischen Niederschlag in entsprechend angepaßten organisatorischen Programmen finden, löst. Diese Hoffnungen begleiten jedenfalls die Reformbestrebungen der öffentlichen Verwaltungen wie auch der freien Träger in der Alten-, Familien-, Jugend- und Sozialhilfe, die mit Ende der 80er Jahre fast flächendeckend begonnen wurden.

Die Koppelung des Dienstleistungsparadigmas mit einem neo-liberalen Gesellschaftsmodell, das den Siegeszug des Kapitalismus propagiert, lenkt den Fokus der Aufmerksamkeit in der sozialen Dienstleistungsproduktion auf die systemimmanenten Voraussetzungen, die eine angemessene, d.h. öffentlich erwünschte und u.U. sogar lukrative Bearbeitung sozialer Problemlagen ermöglichen. In diesem Zusammenhang ist es bedeutsam, sich noch einmal des Kristallisationspunktes, vielleicht sogar des zentralen Ausgangspunktes ernstzunehmender Kritiken an dem bestehenden Sozialstaatsmodell zu vergewissern, der lautete, daß das gegenwärtige Sozialstaatsmodell durch ein Übermaß an Regulierungen zum einen die Bedürfnisse, Interessen und Wünsche der Abnehmerinnen und Abnehmer sozialstaatlich produzierter Dienstleistungen strukturell mißachte und zum anderen, daß die sozialen Dienste – einer Art Perpetuum mobile gleich – sich ausschließlich mit sich selbst beschäftigen würden, was auf der einen Seite die Anspruchsspirale der Bürgerinnen und Bürger hochschraube und auf der anderen Seite Ressourcen verschwende. Diese Kritik an der Verrechtlichung, Expertokratisierung und Bürokratisierung der sozialen Dienste, bildet nach wie vor den Anlaß, der neben den Argumenten der Kostendämpfung auch eine Initialzündung der neueren Dienstleistungsdebatte nicht nur in Deutschland, sondern europaweit darstellt. Im Zentrum der sich rasant und fast flächendeckend ausbreitenden Diskussion um eine angemessene Dienstleistungsproduktion in den Handlungsfeldern der Sozialen Arbeit steht dabei die feste Überzeugung, daß rationales Verwaltungshandeln, bis dato nahezu konsensfähige Legitimation in der Bearbeitung von Hilfeersuchen, nicht geeignet ist, den Ansprüchen moderner Risikogesellschaften zu genügen, da ihm ein wesentlicher Bestandteil erfolgreichen unternehmerischen Handelns fehle: Die Verantwortung für die erzeugten Leistungen zu übernehmen. Das Verwaltungshandeln, das Anspruchsberechtigungen und -niveaus lediglich nach dem Maßstab ihrer Legitimität und Legalität beurteile, dispensiere die Anbieter sozialer Dienstleistungen davon, die Effekte, Ergebnisse, Wirkungen oder kurz: die Qualität ihrer Leistungen nachzuweisen, und führe mithin dazu, daß Rechenschaftspflichten, in denen Aufwendungen zu den erzielten Erträgen in Relation gesetzt werden, in den Bereich des Unseriösen verdrängt werden. Der Transfer betriebswirtschaftlicher Ansätze stellt mithin zum einen die Reaktion auf einen bedrohlichen Verlust an Legitimität öffentlich erbrachter Aufgabenerledigung dar. Die Philosophie des „value for money", „der Gedanke, daß auch jede öffentliche Leistung Geld kostet und der Bürger Anspruch darauf hat, einen echten Gegenwert zu angemessenen Preisen und mit einem hohen Qualitätsstandard zu erhalten" (KGST 1992:44), wird als Gegenmodell zu dem bestehenden „System organisierter Unverantwortlichkeit" (Banner 1991) entworfen.

„Value for money" ist zum anderen der entsprechende Slogan, mit dem unüberhörbar verkündet wird, daß nicht nur die direkten Kunden sozialer Dienstleistungen, diejenigen, die für die Leistungserbringung auch zahlen, sondern darüber hinaus auch die mittelbaren Kunden, die Öffentlichkeit in ihrer Funktion als Steuerzahlerinnen und Steuerzahler, ein vitales Interesse daran entwickeln, Gegenwerte für ihre Zahlungsbereitschaft zu erhalten.

In dieser, in Deutschland noch recht kompliziert geführten Debatte, übernehmen die Länder, die einem eher als liberal zu bezeichnenden Sozialstaatsmodell (vgl. zur Typologisierung der Wohlfahrtsstaaten z.B. Esping-Andersen 1990; Schmid 1996) verpflichtet sind, z.B. Großbritannien oder die Niederlande eine Vorreiterrolle, als mit diesem Sozialstaatsmodell auch schon die Instrumente für die Behebung der Mißstände beschrieben werden können. Als Garant einer qualitativ hochwertigen Bereitstellung sozialer Dienstleistungen wird dabei eine konsequente Orientierung an den neoliberal reformulierten Prinzpien der Marktwirtschaft, insbesondere der ihr inhärenten Wettbewerbsorientierung angesehen. „Als effizienz- und innovationsfördernd gilt in dieser neuen Sicht nicht mehr das private Eigentum, sondern der Wettbewerb selbst, unabhängig von den Eigentumsstrukturen. Dem Wettbewerb werden vor allem folgende Funktionen zugeschrieben: 1. Allokationsfunktion: Wettbewerb sorgt für einen optimalen Einsatz der ökonomischen Ressourcen, so daß Ziele von Produzenten wie Nachfragern bestmöglich erfüllt werden. Wettbewerb verbürgt auch eine hinreichende Flexibilität gegenüber den Bedürfnissen und Wünschen der Nachfrager. 2. Innovationsfunktion: Wettbewerb zwingt zur Verwendung der jeweils fortgeschritteneren Technologien, Produktionsverfahren und Organisationsweisen, sie fördert innovative Umstrukturierungen in allen Bereichen und Phasen der Güter- und Dienstleistungsbereitstellung. 3. Verteilungsfunktion: Wettbewerb leistet zudem eine ökonomisch leistungsgerechte Verteilung von Einkommen und bildet eine Sicherung gegen die Entstehung von Monopolstellungen und Machtkartellen" (Nullmeier 1998: 81). Die so verstandene und dann aber auch politisch gewollte Konkurrenz der Dienstleistungsanbieter kann sich in den entwickelten Sozialstaaten allerdings nur unter zwei Voraussetzungen etablieren: 1. Es müssen einheitliche Grundsätze der Finanzierung der sozialen Dienste geschaffen werden, die die Privilegierung einzelner Träger oder Verbände beenden und 2. bedarf es einer Neudefinition der Funktion und Aufgaben des Staates innerhalb der zu initiierenden Marktordnung (vgl. z.B. die programmatischen Formulierungen „Vom Verwaltungsstaat zum Verhandlungsstaat" (Heinelt 1998) oder „Vom expandierenden zum aktivierenden Staat" (Bandemer/Hilbert 1998)).

Im Hinblick auf die Reform der Finanzierung lassen sich dann auch heute schon beachtliche Anstrengungen vermerken: prospektive Pflegesätze, Rahmenvereinbarungen und Leistungsverträge sind Ausdruck der sich verändernden Finanzierungssysteme; dem bislang vorherrschenden Prinzip der Kostendeckung sind nicht zuletzt durch die Neuregelungen des Sozialgesetzbuches (SGB), namentlich der Pflegeversicherung, der Strukturreformen im Gesundheitswesen, des Bundessozialhilfegesetzes (BSHG) und des Kinder- und Jugendhilfegesetzes (KJHG) veränderte gesetzliche Grundlagen geschaffen worden.

Etwas anders sieht es in diesem Zusammenhang mit der Neudefinition der Rolle und Funktion des Staates aus: Obwohl die Ansätze zur Verwaltungsreform einhellig die Rolle des Staates auf ein Minimum begrenzen, die öffentlichen sozialen Dienste mithin die Funktion eines Ausfallbürgens – oder anders formuliert – des Letztgewährleistungsträgers übernehmen sollen, laufen die damit verbundenen Auslagerungen bzw. Privatisierungen nur zögerlich an. Da in den Verwaltungsstrukturreformen auch kaum Anreize für entsprechende Vorhaben mitgeliefert werden, ist dieses auch erst einmal nicht verwunderlich. Da, wo jedoch in dieser Hinsicht erste Anstrengungen unternommen werden, betritt ein neues Steuerungsmedium die Bühne der Sozialen Arbeit: der Vertrag. Verträge zwischen den öffentlichen und freien Trägern der Sozialen Arbeit beinhalten jedoch gegenseitige Statuszuweisungen und damit verbundene Erwartungen, die auf seiten der sozialen Dienste nur bedingt auf Gegenliebe stoßen: Verträge legen eine Verhältnisbestimmung zwischen öffentlichen und freien Trägern im Sinne einer Auftraggeber- Auftragnehmer-Relation nahe, womit der Abschied vom Subsidiaritätsprinzip eingeläutet wird und auch der partnerschaftlichen Zusammenarbeit enge Grenzen gesetzt werden. Dies hat allerdings zur Voraussetzung, daß das staatliche Engagement weitgehend zurückgedrängt wird, da ansonsten Wettbewerbsverzerrungen eine Folge wären. Verliert der Staat aber damit einen wesentlichen Einfluß auf das zukünftige marktlich geordnete Geschehen der Sozialen Arbeit stellt sich die Frage, wie er seine ordnende Funktion weiterhin erfüllen kann. In diesem Zusammenhang erhält die Dienstleistungsdiskussion eine neue Qualität: Der Kontrollverlust des Staates wird nämlich tendenziell durch Forderung nach Transparenz in der Leistungsgewährung und Rechenschaft über die Leistungsfähigkeit der sozialen Dienste nivelliert. Die geforderten Nachweise über die Leistungsfähigkeit der sozialen Dienste sind mithin als Bemühungen des Staates zu lesen, Steuerungskompetenz gegenüber den künftig vermehrt auftretenden freien und privaten Anbietern zu behalten.

Implementationsstrategien

Im Hinblick auf die so geforderte Neuorientierung der Sozialen Arbeit gehen öffentliche und freie Träger durchaus unterschiedliche Wege. Während die Kommunen den Anforderungen und Folgen des gesellschaftlichen Wandels mit strukturorientierten Reformen begegnen, setzen die freien Träger eher auf kulturorientierte Strategien des geplanten sozialen Wandels in den sozialen Diensten. Soziale Arbeit in öffentlicher Trägerschaft ist als Bestandteil der kommunalen Verwaltungsstrukturen derzeit entsprechend mit der Herausforderung konfrontiert, ihre Aufbau- und Ablauforganisationen an einem neuen Organisationskonzept, das von der Kommunalen Gemeinschaftsstelle für Verwaltungsvereinfachung (KGST) unter dem Titel „Neues Steuerungsmodell“ eingeführt wurde, zu überprüfen. Den Ausgangspunkt der Reformvorhaben bilden Überlegungen, die innovationsresistenten, bürokratischen Prinzipien des Verwaltungshandelns dadurch zu überwinden, daß zukünftig private Unternehmen und Verwaltungen mit einem einheitlichen Steuerungskonzept zu führen seien. Wurden in der Vergangenheit vor allem die Differenzen zwischen Unternehmens- und Verwaltungsorganisationen betont, die wesentlich auf Unterschieden in den Zielsetzungen, den Haushaltswesen, den Effektivitätskriterien und den Annahmen über die Bedingungen des Bestandes der Organisationen zurückzuführen sind, und – dadurch bedingt – eigenständige Theorien z.B. für Bildungs- und Sozialorganisationen gefordert, setzt sich gegenwärtig das Bild eines „Konzern Stadt“ durch, das eine effektivere, effizientere (nunmehr betriebswirtschaftlichen Kriterien folgend) und damit letztendlich auch qualitativ verbesserte Aufgabenwahrnehmung und Leistungserbringung zumindest der öffentlichen Sozialadministrationen verheißt. Die Kernbestandteile dieser Neuorientierung der Kommunalverwaltungen verdeutlicht nochmals Tabelle 1 unten.

Noch stärker, noch tiefgreifender als die Umbrüche auf Seiten der öffentlichen Träger haben die gesellschaftlich artikulierten Modernisierungserfordernisse existenzbedrohende Fragestellungen für die freien Träger aufgeworfen, indem deutlicher als jemals zuvor das etablierte Staat/Verbände-Verhältnis zur Disposition gestellt und der freien Wohlfahrtspflege Privilegien entzogen werden. Während im Hinblick auf die öffentlichen Träger allenfalls deren sukzessiver Bedeutungsverlust im Rahmen der Neuorganisation beklagt wird (vgl. Wilts 1997; Greese 1997), nicht aber ihre Funktion in der kommunalen Gewährleistung sozialer Hilfe und Unterstützung grundsätzlich in Frage gestellt werden, sind die freien Träger, die Wohlfahrtsverbände wie auch die kleinen Vereine und Initiativen, vor diesen radikalen Anfragen nicht gefeit. Eine zentrale Ursache hierfür liegt in der Verschiebung des Begründungsspektrums für die eigene Daseinsberechtigung. War bis in die 90er Jahre hinein die Pluralität der Leistungsanbieter von sozialer Hilfe und Unterstützung ein zu schützender Wert an sich, erzwingt der politisch sich durchsetzende Wille nach „mehr Markt“ und „weniger Staat“ Legitimationsnachweise in Form von Leistungsbilanzen: Effektivität, Effizienz, Qualität etc. sind die künftigen Bezugsgrößen, deren Beleg über Fortbestand bzw. Auflösung der sozialen Dienstleistungsbetriebe entscheiden soll. Mit der Generalisierung der Begründungsmuster sozial-(politischer) Aktivitäten auf die Leistungsfähigkeit einzelner Organisationen als ausschließlichem Legitimationskriterium wird die schützende Hand über den Wohlfahrtsverbänden, den Einrichtungen und Diensten freier Trägerschaft weggezogen, sie müssen sich den Wettbewerbsbedingungen eines politisch initiierten Marktes stellen. Niederschlag hat dieses Interesse schon in neueren gesetzlichen Initiativen gefunden, in denen die traditionell durch das Subsidiaritätsprinzip geregelte Nachrangigkeit öffentlicher Träger bei der Leistungserbringung gegenüber freien Trägern zugunsten eines „freien" Marktes, auf dem sich auch privatgewerbliche Anbieter plazieren sollen, aufgegeben wurde (vgl. §93 BSHG, §§ 77ff. KJHG und §§80ff. Pflegeversicherung).

Tabelle 1: Traditionelle Verwaltungsorientierung vs. Neues Steuerungsmodell

bürokratische und zentralistische Steuerung (derzeitig e „Steuerungspraxis")	**ergebnisorientierte und dezentrale Steuerung („Neues Steuerungsmodell")**
Steuerung über Inputs (Regeln und Ressourcen)	ziel- und ergebnisorientierte Steuerung (Produktsteuerung)
ständige Eingriffe ins Tagesgeschäft, Übersteuerung im Detail	Steuerung auf Abstand, Steuerung über Ziele
exzessiver Zentralismus	Selbststeuerung dezentraler Einheiten (Steuerung im Regelkreis)
organisierte Unverantwortlichkeit (Trennung von Fach- und Ressourcenverantwortung)	abgestufte, weitgehend delegierte Entscheidungsverantwortung (Einheit von Fach- und Ressourcenverantwortung)
übertriebene Arbeitsteilung und Spezialisierung	Re- Integration von fragmentierter Aufgabenwahrnehmung (Gesamtprozeß-Optimierung)
Orientierung an den internen Erfordernissen des Verwaltungsablaufs	Bürger- und Kundenorientierung
Orientierung an arbeitsplatzbezogener Ordnungsmäßigkeit	umfassende Qualitätsorientierung
Abschottung vom Marktdruck, natürliche und künstliche Monopole	Marktorientierung und Wettbewerb
Präferenz für Eigenerstellung (übertriebene vertikale und horizontale Integration)	Konzentration auf Kernkompetenzen (Gewährleistungsverwaltung, Leistungstiefenpolitik)
kameralistische Haushaltsführung	Transparenz von Kosten und Leistungen (Kosten- und Leistungsrechnung)
juristische Personalverwaltung	Personalmanagement (Leistungsanreize, Führung, Personalentwicklung)

(Quelle: Jann 1998: 72)

Für die freien Träger ergibt sich hieraus die Notwendigkeit, innerhalb dieses neu geschaffenen wohlfahrtskulturellen Arrangements ihre eigene Position zu definieren: „Gegen die nun virulent werdende wirtschaftliche Konkurrenz privater Anbieter reicht dagegen ein Beharren auf Privilegien, die in der Blütezeit des Korporatismus errungen wurden und noch lange danach Gültigkeit hatten, nicht mehr aus. Durch politische Einflußnahme im Konkurrenzkampf Vorteile zu sichern und so eine Marktschließung zu erreichen, wird immer schwieriger, zumal unter Bedingungen eines auf europäischer Ebene vereinbarten 'freien', d.h. streng marktwirtschaftlichen Dienstleistungstransfers, jene den Nationalstaaten abgetrotzten Privilegien mehr und mehr an Bedeutung verlieren" (Nokielski/Pankoke 1996: 148).

Vor diesem Hintergrund stehen im Zentrum von Organisationsentwicklungsprozessen der freien Träger die Initiierung von Reflexionspotentialen sowohl der eigenen Ziele, der Rolle und Aufgabenstellung im Geflecht wohlfahrtsstaatlicher Dienstleistungsanbieter als auch die Überprüfung der eigenen Leistungsfähigkeit. Organisationsentwicklung im Feld der freien Träger beinhaltet damit eine duale Perspektive: Zum einen geht es im Kontext der Zunahme von marktförmigen Elementen in den sozialen Handlungsfeldern darum, sich im Sinne des Wettbewerbs von den anderen – insbesondere auch gewerblichen – Anbietern im Hinblick auf die Leistungsfähigkeit der Organisation zu unterscheiden. Zum anderen gilt es, die freien Träger als eine jeweils geschlossene, identifizierbare Einheit mit dem spezifischen, unverwechselbaren, gesellschaftlich anerkannten Proprium nach innen wie nach außen zu repräsentieren. Diese Forderungen nach einem exklusiven, vermarktbaren Profil stellen eine existentiell bedeutungsvolle Aufgabe für die freien Träger dar, der im Rahmen von handlungsorientierten Konzepten der Organisationsentwicklung begegnet werden soll.

Wettbewerb ohne Ende?

Die derzeit erprobten Implementationsstrategien einer Stärkung der Wettbewerbsorientierung in den sozialen Diensten verweisen in gleichem Atemzug auf deren Grenzen. Der politisch initiierte Wettbewerb unter den Trägern und Einrichtungen der Sozialen Arbeit stößt in dem Maße an interne Begrenzungen, in dem es *nicht* gelingt, die soziale Dienstleistungsproduktion als funktionierenden Markt zu etablieren. Aus den Erfahrungen anderer Dienstleistungssegmente, die früher als die Soziale Arbeit ähnlichen Tendenzen der Deregulierung und Privatisierung unterworfen wurden, können Gefahrenpotentiale abgeleitet werden, die in Ansätzen auch die Neuorganisation der Sozialen Arbeit schon begleiten (vgl. hierzu auch Nullmeier 1998: 90ff.):

1. Den Wettbewerbsgedanken konterkarierend liegt eine der größten Gefahren in der Ausbildung von Monopolen oder Oligopolen auf Seiten der Träger und Dienste. So zeigen die Vergleiche, daß nach einer ersten Phase der Neugründung und Pluralisierung der Träger- und Einrichtungslandschaft in der Konsolidierung starke Konzentrationsbemühungen wirksam werden, die das Überleben kleiner und wenig etablierter Dien-

ste erschweren. Gelingt es entsprechend nicht, wirksame Strategien der Wettbewerbsförderung auf Dauer zu stellen, könnte sich auch in der Sozialen Arbeit zukünftig verstärkt das Engagement von Großkonzernen durchsetzen.

2. In diesem Zusammenhang kommt dem öffentlichen Träger eine besondere Bedeutung zu, da er im Prinzip neben der Gewährleistung eines differenzierten Hilfe- und Unterstützungsangebotes auch die kontinuierliche Wettbewerbsorientierung garantieren muß. Solange jedoch der öffentliche Träger selbst Mitbewerber um die Leistungserstellung ist, bleibt seine Garantenfunktion unglaubwürdig.

3. Wird der öffentliche Träger jedoch konsequent im Sinne einer Steuerungszentrale ausgebaut, setzt sich also das Modell des *„Purchaser-Provider"*-Verhältnisses nach Maßgabe des *New Public Management* durch, geht der spezifische Eigensinn der freien Wohlfahrtspflege, wie ihn die bundesrepublikanische Sozialstaatlichkeit ausgebildet hat, unter Umständen verloren. Auftraggeber-Auftragnehmer-Relationen bergen die Gefahr struktureller Abhängigkeit und den Verlust unternehmerischer Eigenständigkeit, wodurch „freie" Träger tendenziell zu Subunternehmen der öffentlichen Hand werden.

4. Neben den sozialpolitischen Konsequenzen in der Veränderung der sozialen Träger- und Einrichtungslandschaft liegt eine Fülle von Gefahren in den entstehenden Konkurrenzen zwischen den sozialen Akteuren. Bekanntermaßen sind Folgeerscheinungen der Konkurrenz vor allem in berufspolitischen Dimensionen anzusiedeln, in der Flexibilisierung von Arbeitsmärkten, der Arbeitsverdichtung und der Verschlechterung der Lohn- und Arbeitsbedingungen. Gerade in nicht marktförmig organisierten Produktionsbereichen wird hier über den Preis als einzigem Regulativ ein fruchtbarer Boden bereitet.

5. Sollen neben dem Preis allerdings zusätzliche Standards eingezogen werden, die eine Differenzierung der konkurrierenden Einrichtungen und Dienste erlauben, so müssen neben möglichen Einsparungen, die die Wettbewerbsorientierung mit sich bringen kann, auch die Aufwendungen für die zu entwickelnden Steuerungsstrategien (z.B. Qualitätsmanagement) mit in Betracht gezogen werden.

Literatur

Bandemer, St.von/ J. Hilbert (1998) Vom expandierenden zum aktivirenden Staat, in: von Bandemer, St.von u.a. (Hg.) *Handbuch zur Verwaltungsreform*, Opladen (Leske und Budrich), 25-32

Banner, G. (1991) Von der Behörde zum Dienstleistungsunternehmen, in: *Verwaltungsführung, Organisation und Personalwesen (VOP)*, 1/1991, 6-11

Beck, U. (1999) Schöne neue Arbeitswelt. Vision: Weltbürgergesellschaft, Frankfurt-New York (Campus)

Esping-Andersen, G. (1990) The three worlds of welfare capitalism, Cambridge (Polity Press)

Greese, D. (1997) Jugendämter vor dem Aus? - Geschichtslos in die Beliebigkeit der Postmoderne, in: *Forum Erziehungshilfen*, **3**, 2, 82-85

Gross, P. (1993) Die Dienstleistungsstrategie in der Sozialpolitik. Neue Herausforderungen, in: Braun, H./ G. Johne (Hg.) *Die Rolle sozialer Dienste in der Sozialpolitik*, Frankfurt a.M.-New York (Campus), 11-26

Heinelt, H. (1998) Vom Verwaltungsstaat zum Verhandlungsstaat, in: Bandemer, St. von u.a. (Hg.) *Handbuch zur Verwaltungsreform*, Opladen (Leske und Budrich), 18-25

Heinze, H./ J. Schmid/ Ch. Strünck (1999) Vom Wohlfahrtsstaat zum Wettbewerbsstaat, Opladen (Leske und Budrich)

Jann, W. (1998) Neues Steuerungsmodell, in: Bandemer, St. von u.a.(Hg.) *Handbuch zur Verwaltungsreform*, Opladen (Leske und Budrich), 70-80

KGSt (Kommunale Gemeinschaftsstelle für Verwaltungsvereinfachung) (1992) *Wege zum Dienstleistungsunternehmen Kommunalverwaltung. Bericht Nr.19/1992*, Köln

Naschold, F. (1995) *Ergebnissteuerung, Wettbewerb, Qualitätspolitik. Entwicklungspfade des öffentlichen Sektors in Europa*, Berlin (Edition Sigma)

Nullmeier, F. (1998) Wettbewerb und Konkurrenz, in: Bandemer, St. von u.a. (Hg.) *Handbuch zur Verwaltungsreform*, Opladen (Leske und Budrich), 80-93

Nokielski, H./ E. Pankoke (1996) Post-korporative Partikularität. Zur Rolle der Wohlfahrtsverbände im Welfare-Mix, in: Evers, A./ Th. Olk (Hg.) *Wohlfahrtspluralismus. Vom Wohlfahrtsstaat zur Wohlfahrtsgesellschaft*, Opladen (Westdeutscher Verlag), 142-165

Schmid, J. (1996) *Wohlfahrtsstaaten im Vergleich. Soziale Sicherungssysteme in Europa: Organisation, Finanzierung, Leistungen und Probleme*, Opladen (Leske und Budrich)

Wilts, H. (1997) Jugendamt Wuppertal - über die Wupper? in: *Forum Erziehungshilfen*, **3**, 2, 78-81

Autorinnen und Autoren

EVELYN Z. BRODKIN, Ph.D., Associate Professor an der School of Social Service Administration und Lecturer an der Law School, beide University of Chicago, Chikcago, USA, brodkin@uchicago.edu

GABY FLÖSSER, Dr. PD, Hochschulassistentin in der Arbeitsgruppe Sozialarbeit/ Sozialpädagogik, Fakultät für Pädagogik, Universität Bielefeld

NEIL GILBERT, Ph.D., Chernin Professor of Social Welfare and Social Services in der School of Social Welfare, University of California, Berkeley, USA. ngilbert@uclink4.berkeley.edu

JOHN HARRIS, Ph.D., Reader in Social Work im Department of Social Policy and Social Work an der Warwick University, England. j.harris@warwick.ac.uk

BRUCE KIRK, (MA, Applied Social Studies) ist Manager des *Spurgeon's Youth and Family Support Service* (Wolverhampton) und Lehrbeauftragter im Department of Social Policy and Social Work an der Warwick University, England. brucemkirk@ukgateway.net

HARALD KOHT, Ph.D., Associate Professor in der Faculty of Economics, Public Administration and Social Work am Oslo University College, Norwegen. harald.koht@oks.hio.no

PAUL LINOSSIER, Senior Manager der *MacKillop Family Services* in Melbourne und Präsident der *Children's Welfare Association of Victoria*, Australien. Paul.Linossier@mackillop.org.au

TOMMY LUNDSTRÖM, Ph.D., Assistant Professor an der School of Social Work der Universität Stockholm, Schweden. Tommy.Lundstrom@socarb.su.se

TERESA MARKOWITZ, Sozialarbeiterin und ehem. *Commissioner for Children and Family Services* des US-Bundesstaates Kansas; als freie Beraterin hat sie die Privatisierung von Jugendhilfediensten in Florida begleitet und evaluiert. teresa@sunflower.com

JOACHIM MERCHEL, Dr., Professor für Verwaltung und Organisation am Fachbereich Sozialwesen der der Staatlichen Fachhochschule Münster.

MICHAEL MUETZELFELDT, Ph.D., Professor an der School of Management, Faculty of Business and Law, Victoria University, Melbourne, Australien. michael.muetzelfeldt@vu.edu.au

EDITH NIEHUIS, Dr., Parlamentarische Staatssekretärin im Bundesministerium für Familie, Senioren, Frauen und Jugend

HANS-UWE OTTO, Professor, Dr. Dr. h.c., Arbeitsgruppe Sozialarbeit / Sozialpädagogik, Fakultät für Pädagogik, Universität Bielefeld und Honorarprofessor an der University of Pennsylvania, (Philadelphia). hansuwe.otto@uni-bielefeld.de

REINER PRÖLß, Diplom-Pädagoge, Referat für Jugend, Familie und Soziales der Stadt Nüürnberg, Vorsitzender der Arbeitsgemeinschaft für Jugendhilfe (AGJ)

STEFAN SCHNURR, Dr., Arbeitsgruppe Sozialarbeit/ Sozialpädagogik, Fakultät für Pädagogik, Universität Bielefeld. stefan.schnurr@uni-bielefeld.de

IRA M. SCHWARTZ, Dean und Professor an der School of Social Work, sowie Direktor des *Centre for the Study of Youth Policy*, beide an der University of Pennsylvania, Philadelphia, USA. iram@ssw.upenn.edu

SISSEL SEIM, Associate Professor an der Faculty of Economics, Public Administration and Social Work am Oslo University College, Norwegen. Sissel.Seim@oks.hioslo.no

TOR SLETTEBO, Associate Professor am Diaconia College, School of Social Work in Oslo, Norwegen. slettebo@diakonhjemmet.no

SUNE SUNESSON, Dr., Professor an der School of Social Work der Universität Lund, Schweden. Sune.Sunesson@soch.lu.se

MARK J. STERN, Ph.D., Professor of Social Work and History an der School of Social Work und Leiter des *Social Impact of the Arts Project*, University of Pennsylvania, Philadelphia, USA stern@ssw.upenn.edu

GEERT VAN DER LAAN, Ph.D., Professor für Sozialarbeit im Institute for Care and Welfare der Universität Utrecht und Berater mit eigenem Beratungsinstitut in Utrecht, Niederlande. G.vanderLaan@fss.uu.nl

TAMMY WHITE, Doktorandin an der School of Social Work, University of Pennsylvania, Philadelphia, USA.

NORBERT WOHLFAHRT, Dr., Professor am FB Sozialarbeit der Ev. FH Rheinland/Westfalen-Lippe, Bochum. N.Wohlfahrt@cityweb.de